테니스 인 & 아웃

마니아들의 재미있는 테니스 이야기

인하대학교 교수테니스회 편

테니스 인 & 아웃
마니아들의 재미있는 테니스 이야기

2022년 3월 08일 1쇄
2022년 10월 14일 2쇄
2022년 3월 15일 발행

저 자 | 인하대학교 교수테니스회

인 쇄 | 레인보우북스
주 소 | 서울특별시 관악구 신림로 75 레인보우 B/D
전 화 | 02-2032-8800
팩 스 | 02-871-0935
이메일 | min8728151@rainbowbook.co.kr

값 20,000원
ISBN 978-89-6206-513-8 (93690)

* 본서의 무단복제를 금하며, 잘못된 책은 구입한 곳에서 교환해 드립니다.

머리말

일반적으로 공으로 하는 운동을 구기 종목이라고 한다. 여기에는 축구, 야구, 농구, 배구, 핸드볼 등이 포함된다. 테니스도 공으로 하는 운동이지만 구기 종목이라고 부르지는 않는다. 왜냐하면 앞에서 열거한 종목들과는 달리 테니스는 공을 치는 도구로서 라켓을 사용하기 때문이다.

라켓을 사용하여 공을 치는 종목에는 테니스를 포함하여 배드민턴, 탁구, 라켓볼, 스쿼시 등이 있다. 이와 같이 다양한 라켓 스포츠 종목 중에서 테니스를 '라켓 스포츠의 왕'이라고 한다. 이렇게 말할 수 있는 근거를 몇 가지로 구분하여 살펴보자.

첫째, 역사적으로 가장 오래된 종목이다. 즉 테니스는 13세기에 프랑스의 궁정에서 왕족들이 즐기던 놀이에서 시작된 반면 탁구는 15세기에 프랑스의 궁정에서, 그리고 배드민턴은 19세기에 인도에서 시작되었다. 라켓볼은 20세기에 실내 놀이로서 등장하였으며, 이를 변형한 것이 스쿼시이다. 둘째, 코트 종류가 다양하다. 즉 테니스는 클레이 코트, 잔디 코트, 하드 코트 등이 있는 반면 다른 종목들은 모두 마루 코트만 사용한다. 셋째, 라켓 사이즈가 가장 크다. 다음으로 스쿼시 라켓, 배드민턴 라켓, 라켓볼 라켓, 탁구 라켓 순이다. 넷째, 경기장이 가장 크다. 다음으로 배드민턴 코트, 라켓볼 코트, 스쿼시 코트, 탁구 코트 순이다. 이밖에 테니스는 대회 상금이나 선수들에 대한 인지도와 언론 노출 빈도 등에서 다른 종목의 추종을 불허한다.

이와 같이 테니스는 다양한 측면에서 라켓 스포츠의 제왕으로서 현대사회의 대중 여가에서 매우 중요한 위치를 차지하고 있는 대표적인 생활 스포츠로 자리 잡고 있다. 즉 테니스는 대표적인 평생 스포츠 life-long sports 이자 사교 스포츠 social sports 이다.

먼저 운동선수들의 경우 일반적으로 운동을 시작하는 시점이 초등학교 고학년부터 시작하는 경우가 많다. 그렇지만 테니스는 5~6살부터 시작하는 경우도 자주 찾아볼 수 있다. 운동을 그만두는 시기도 대부분의 종목은 40세 이전이다 그렇지만 테니스는 80세가 넘어서도 즐길 수 있는 운동이다. 우리나라에서 개최되고 있는 시니어 동호인대회는 60세부터 85세부까지 운영되고 있다. 즉 85세가 넘어서도 테니스를 즐기는 어르신들이 많이 계신다.

머리말

다음으로 테니스는 사교적인 스포츠이다. 테니스를 치기 위해서는 반드시 상대방이 있어야 한다. 꾸준히 테니스를 즐기기 위해서는 학교나 직장 그리고 살고 있는 동네 코트에서 회원으로 활동하게 된다. 테니스는 자기의 삶과는 다른 방식으로 살고 있는 많은 사람들과 어울릴 수 있는 기회를 제공한다. 즉 학교에서는 다양한 전공을 가진 교수들과 어울릴 수 있고, 직장에서는 다른 부서의 직원들과 어울릴 수 있다. 또한 동네 코트에서는 다양한 직업을 가진 회원들과 교류함으로써 사회관계의 폭을 넓힐 수 있는 기회를 제공한다.

이 책은 같은 학교에서 오랜 시간 동안 함께 테니스를 즐기던 교수들이 각자의 전공과 관련된 테니스의 모습과 함께 각자의 인생과 관련된 테니스의 이모저모를 소개함으로써 테니스에 대한 이론적 지식뿐만 아니라 테니스를 통해 알게 된 삶의 교훈을 많은 사람들과 공유하기 위해 기획되었다. 그렇지만 전공과 관련된 전문적인 주제도 일부 포함되어 있어 독자들이 이해하기 어려운 부분이 있을 수도 있다.

이 책의 제목인 '테니스 인 & 아웃'은 마니아 교수들이 바라본 다양한 테니스 세계를 함축적으로 표현한 것이다. 먼저 IN과 OUT은 테니스에서 가장 많이 사용하는 용어로서 테니스를 통해 맛볼 수 있는 희로애락을 의미한다. 즉 IN은 기쁨과 즐거움을 의미하고, OUT은 노여움과 슬픔을 의미한다. 다음으로 인 & 아웃은 테니스와 직접적으로 관련된 내면의 기술적인 측면과 함께 테니스를 둘러싼 외부 환경적인 측면을 의미한다. 즉 IN은 라켓의 종류, 공의 회전, 경기기술, 대회 운영 등을 의미하고, OUT은 테니스 경륜, 테니스 역사, 테니스 경기 등을 의미한다. 끝으로 인 & 아웃은 테니스를 바라보는 다양한 학문적 관점을 의미한다. 즉 IN은 자연과학과 공학을 의미하고, OUT은 인문학과 사회과학을 의미한다.

이 책은 4부 25장으로 구성되어 있다. 주제는 그 성격에 따라 1부 인문학으로 바라본 테니스 세계, 2부 자연과학으로 바라본 테니스 세계, 3부 사회과학으로 바라본 테니스 세계, 4부 공학으로 바라본 테니스 세계 등으로 구분하였다. 각 장이 끝나는 중간중간에 알아두면 쓸모있는 신비한 잡학 사전의 의미를 가진 '테니스 알쓸신잡' 코너를 마련하여 테니스와 관련된 유익한 이야기들을 소개하였다. 책

뒷부분에는 부록으로 실제 동호인 대회 현장에서 활용할 수 있도록 인하대에서 개발한 코트 수에 따른 매치업 경기 진행 방안(명칭: 인하대 테니스회 경기방식)을 제시하였다.

이 책을 통해 테니스와 관련된 업무에 종사하고 있는 사람들뿐만 아니라 여가활동으로 테니스를 즐기는 동호인들이 테니스에 대해 갖고 있는 다양한 궁금증을 해소하는 계기가 되기 바란다. 또한 이 책을 통해 아직까지 테니스에 입문하지 않은 비동호인들에게 테니스가 갖고 있는 무궁무진한 숨은 매력을 전달함으로써 이들을 테니스의 세계로 인도하는 안내서로서의 역할을 담당하는 계기가 되기 바란다.

이 책이 나오기까지 많은 격려와 도움을 주신 분들께 깊이 감사드린다. 먼저 함께 운동하면서 많은 아이디어를 제공해주신 인하대학교 교수테니스회(화목회) 동료 교수님들께 감사드린다. 특히 편찬위원으로 수고해 주신 정재학 교수님, 최권진 교수님, 백승국 교수님, 민경진 교수님, 원동준 교수님, 테니스 알쓸신잡의 아이디어와 자료를 제공해주신 이종호 명예교수님, 그리고 기획 단계에서부터 전체 작업을 총괄하신 김우성 교수님께 감사드린다. 또한 격려의 글을 써 주신 인하대학교 이본수 전 총장님과 서형준 명예교수님, 고수만 명예교수님, 김대중 교수님, 김정호 교수님께 감사드린다. 더불어 추천의 글을 써 주신 한국대학교수테니스연맹 오유성 회장님, 한국테니스진흥협회 성기춘 회장님, 인천광역시테니스협회 신한용 회장님, 국가대표테니스팀 김성배 전 감독님과 노갑택 전 감독님, 테니스 국가대표 송민규 선수, STA 창설자이신 포스텍 서의호 교수님, KBS 김기범 기자님에게 감사드린다.

끝으로 여러 가지로 어려운 시기에 기꺼이 출판을 맡아주신 레인보우북스 민선홍 사장님과 편집 작업하느라 수고하신 홍청미 팀장님께 감사드린다.

2022년 2월

저자 일동

목차

01 - 인문학으로 바라본 테니스 세계

- **01장** 테니스는 우리나라에 어떻게 들어왔나　　　　17
  이영호(사학과)

- **02장** 테니스를 시작하자! - 초보자를 위한 제언 -　　35
  최영식(화학과)

- **03장** 테니스, 이론과 실천의 간극　　　　　　　　47
  정기섭(교육학과)

- **04장** 테니스는 왜 '치는' 것일까　　　　　　　　　53
  안명철(한국어문학과)

- **05장** 수행으로서의 테니스　　　　　　　　　　　63
  이경주(법학전문대학원)

- **06장** 테니스 하수의 테니스 사랑　　　　　　　　73
  이기영(물리학과)

- **07장** 제3의 공간과 테니스 미학　　　　　　　　79
  백승국(문화콘텐츠 문화경영학과)

- **08장** 테니스와 시, 그리고 교류와 낭만　　　　　97
  최권진(국제학부 KLC학과)

02-자연과학으로 바라본 테니스 세계

09장 테니스 게임과 공의 스핀 — 115
노재우(물리학과)

10장 테니스 부상없이 안전하게 즐기기 — 133
이동주(의학과)

11장 테니스 동호회에서 월례대회의 수준별 운영 방안 — 149
명 성(수학교육과)

12장 테니스는 회전 파워 — 175
장은욱(스포츠과학과)

13장 테니스! 건강한 삶의 중심이 되다 — 187
강청훈(체육교육과)

03-사회과학으로 바라본 테니스 세계

14장 테니스의 경제학 — 207
장경호(사회교육과)

15장 테니스와 학문 그리고 정치 — 219
정승연(국제통상학과)

16장 70, 80년대의 테니스 — 231
송용진(수학과)

17장 테니스 용품의 국제무역 — 251
박민규(국제통상학과)

목 차

18장	단식 테니스 경기의 매력 **김우성**(스포츠과학과)	259
19장	테니스 그랜드 슬램 이벤트 **박찬민**(스포츠과학과)	273
20장	위대한 테니스 선수들과 그들의 업적 **박찬민**(스포츠과학과)	287

04-공학으로 바라본 테니스 세계

21장	메타버스를 활용한 테니스 연습 **원동준**(전기공학과)	301
22장	테니스 라켓의 역학 **김유일**(조선해양공학과)	317
23장	나의 테니스 라켓 편력 50년 **이종호**(정보통신공학과)	331
24장	호크아이 **정재학**(전자공학과)	349
25장	모션 캡처와 테니스 **김기창**(정보통신공학과)	361

부록-인하대 테니스회 경기방식

격려의 글

인하대학교 제12대 총장 • 이본수

　몇 개월 전쯤 인하대학교 교수테니스회로부터 교수들이 공동 집필하는 교양서적 '테니스 인 & 아웃'의 초고가 마무리 중이라며 격려하는 글을 보내 주시기를 희망한다는 연락을 받게 되었다.

　보내온 자료를 정리해 보니 일부 스포츠 관련 전공 교수 외에 전기/전자공학, 정보통신공학 등 공학 교수들, 국문학과 역사학 전공 등 인문학 교수들, 경제학과 국제통상학을 포함한 사회과학 교수들이 참여하였고, 물리학과 수학을 위시한 기초과학 교수진 외에 정형외과 소속 의학 교수도 필진에 참여하여 총 25명의 교수로 구성된 화려한 테니스 마니아 교수들이 바라본 다양한 테니스의 안과 밖을 들춰 보이고 있는 듯하였다. 일반적으로 테니스를 치는 것에만 관심을 두기 쉬운데 이렇게 다양한 학문 분야에서 테니스를 분석하는 신선한 작업을 시도한 교수님들의 노력과 정성에 대해 박수를 보내지 않을 수 없다. 수고들 많이 하셨습니다. 그리고 고맙습니다.

　필진의 이름을 한 분 한 분 새겨보니 2012년 정년퇴임시까지 30년간 인하교수 테니스회에서 그들과 함께 테니스를 즐기던 시절이 주마등처럼 스쳐 지나간다. 더욱이 퇴임 이후 10여 년이 지나 희수를 맞는 오늘까지 나의 건강을 지켜준 유일한 수단이 테니스였다는 것이 신기하고 감사하게 느껴진다. 평일 오전 1~2시간 테니스장에 나가 랠리와 게임을 즐기면서 건강까지 지킬 수 있었던 것은 지난 30여 년간 이 책의 저자들과 인하교수테니스회에서 운동했던 습관이 퇴임 후에는 운동 중독으로 몸에 밴 때문이 아닌가 생각된다.

　거슬러 회고해 보건대 테니스장의 엄격한 사부이셨던 까칠한 박대윤 교수님, 수비의 중요성을 몸으로 보여 주셨던 자동펌프 추건이 교수님, 수준 높은 고급 테니스를 자연스럽게 실천한 김광회 교수와 송용진 교수의 솔선수범이 나를 테니스인으로 자리잡게 했음을 이제야 새삼 느껴본다. 무엇보다 전국교수테니스대회 장년부 B조 우승으로 교수테니스 역사에 한 획을 긋도록 만들어 준 나의 영원한 파트너 승영호 교수님 덕분에 테니스를 나의 평생 건강운동으로 지키려는 자부심을 잃지 않고 있음에 감사드리고 있다. 인하 테니스 교수들의 협력에 힘입어 테니스를 평생운동으로 중독시켰기 때문에 나는 척추관 협착, 아킬레스건 파열 등 여러 가지 신체적 부상을 극복했을 뿐만 아니라 전립선암과 10년 넘게 동행하면서 지쳐 쓰러지지 않고 육체적·정신적 건강을 유지하고 있는 것이다.

격려의 글

　이 책을 통하여 테니스의 초보자, 동호인, 전문가들이 테니스에 대한 기본적 상식을 넓히고 전문적 지식을 섭취할 뿐 아니라 이 책에 숨어있는 테니스 스토리를 즐기시기 바란다. 한 가지 더 바람이 있다면 이 책의 독자가 되는 것을 계기로 테니스를 평생 건강의 동반자로 받아들여 건강한 노후를 준비하시기 바란다.

환경공학과 명예교수 • 서형준

　저는 은퇴 후에도 5년째 '인하대학교 교수테니스회 명예회원'으로서 매주 정해진 운동시간에 즐거운 마음으로 코트를 찾고 있습니다. 게임 중간중간 쉬는 시간에 회원님들로부터 타전공 분야의 다양한 정보를 들을 수 있어서 좋았는데, 이렇게 회원님들의 테니스 관련 인생관, 과학관을 글로써 접하게 되니 더욱 새로운 맛과 재미를 느끼게 됩니다. 부디 집필진 회원님 모두 '인하대학교 교수테니스회 명예회원'이란 타이틀을 딸 때까지, 그리고 오랫동안 코트에서 운동하실 수 있도록 체력 유지와 건승을 기원합니다. 화이팅 !!

일본언어문화학과 명예교수 • 고수만

　30년 넘는 학교생활 동안 함께한 테니스. 스스로는 또 하나의 전공이라고 자리매김했었는데 그 이상의 영혼과 열정을 소유하고 있는 집필진의 글들이 테니스의 감동을 되새겨주고 나이를 먹어도 라켓을 놓아서는 안 된다는 당위성을 일깨워 줍니다. 자신들의 전공과 연계시킨 예리한 통찰력과 필력. 테니스 전문서가 아닌 것 같으면서도 전문서라고 해도 손색이 없는 내용. 이 책의 출간을 진심으로 축하하며 편찬위원회의 노고를 치하하고, 집필진의 필력에 찬사를 보냅니다.

격려의 글

의학과 교수 • 김대중

여기 교육, 연구와 더불어 평생을 테니스와 함께하는 분들이 있습니다. 이들은 테니스라는 넓은 광장에서 같은 방향을 보며, 때론 마주 보며 서로 이해하고 협력하고 더불어 살아가는 모습을 배우고 있습니다. 테니스의 세계에서 경험하고 공감했던 그 감동이 각 분야 전공 교수의 예리한 렌즈를 통해 이 책에 온전히 투영된 것 같습니다. 이 책을 읽으며 나도 이제는 '영혼있는' 테니스를 칠 수 있을 것 같다는 자신감이 생깁니다. 좋은 글을 써주신 모든 집필 교수님들께 감사드리며 코트에서 오래오래 함께하길 기원합니다.

정치외교학과 교수 • 김정호

우리가 학생들 가르치고 연구 활동, 봉사 활동하느라 바쁜 와중에서도 테니스 코트에서만큼은 늘 함께 웃고 즐기며 서로 격려하고 위로하면서 진한 우정을 쌓고 테니스 실력 향상에도 노력해 왔습니다. 평소 존경하는 교수님들이 그동안 터득한 테니스에 관한 자신만의 지식과 경험, 그리고 그 의미를 찬찬히 글로 표현하게 된 것을 회원의 한 사람으로서 진심으로 축하드립니다. 이번 작업은 인하교수테니스회 역사의 한 획을 긋는 대단한 성과이자 새로운 도약을 알리는 중요한 의미를 담고 있다고 생각합니다. 너무나 자랑스럽고 모두 고생하셨습니다.

추천의 글

한국대학교수테니스연맹 회장 • 오유성

테니스 경기에서 매치 포인트를 듣는 순간처럼 설레어 본 적이 없는 것 같습니다. 이 책은 테린이와 테니스인들을 설레게 만드는 매치 포인트를 들을 수 있도록 만들어진 책입니다. 교수님들의 테니스에 대한 전문지식과 경험이 결합되어 있는 학술적 근거를 제시하는 서적을 내게 된 것은 매우 반가운 일이라 하겠습니다. 이 책이 테니스를 사랑하는 많은 분들에게 훌륭한 길라잡이가 될 것으로 확신합니다.

한국테니스진흥협회 회장 • 성기춘

연구와 교육으로 바쁘신 교수님들께서 여가활동으로 짬짬이 테니스를 즐기시는 것만도 반가운 일인데 이렇게 테니스와 관련된 유익하고 재미있는 책까지 출간해 주시니 너무도 고맙습니다. 이 책은 동호인들에게 테니스에 대한 많은 생각과 함께 유용한 지식을 전달해줄 수 있는 필독서가 되리라 믿어 의심치 않습니다. 전국에 계신 테니스 동호인들을 대신하여 다시 한 번 감사와 축하의 인사를 드립니다.

인천광역시테니스협회 회장 • 신한용

교수님들의 테니스 사랑 이야기책 출간을 축하드립니다. 저도 테니스 사랑하면 누구에게도 뒤지지 않습니다. 교수님들께서도 건강 유지하시며, 테니스 사랑 이어가시길 바랍니다. 이 책을 통해 그동안 테니스와 관련해서 궁금했던 점들을 해소할 수 있을 것으로 기대됩니다. 다시 한 번 책 출간을 축하드리며, 앞으로 코트에서 자주 뵙기를 고대하겠습니다.

추천의 글

전 테니스 국가대표팀 감독 • 김성배

　테니스와 함께하시는 교수님들의 책 출간을 진심으로 축하드립니다. 국가대표 선수와 감독으로 치열하게 운동해 온 저로서는 테니스가 인생 그 자체입니다. 이 책은 테니스의 새로운 매력을 느끼게 해 주는 책인 것 같습니다. 뜻깊은 책 출간을 다시 한 번 축하드리며, 항상 테니스를 통해 멋진 인생 살아가시길 바랍니다.

전 테니스 국가대표팀 감독/명지대 교수 • 노갑택

　이렇게 테니스에 대한 좋은 책을 출간하게 된 교수님들의 테니스 사랑에 먼저 박수를 보냅니다. 저에게도 테니스는 인생의 스승이며 친구였습니다. 이 책은 테니스를 즐기는 분들이 반드시 읽어 보아야 할 필독서라고 생각합니다. 이 책을 통해 모든 테니스인들이 행복하고 건강한 삶의 일부분이 될 것이라 믿어 의심치 않습니다. 다시 한 번 진심으로 축하드립니다.

테니스 국가대표선수 • 송민규

　열정 넘치는 교수님들의 테니스 사랑이 듬뿍 담긴 책 출간을 진심으로 축하드립니다. 삶에 있어서 테니스의 가치를 무엇과도 견줄 수 없이 중요하게 여기시는 동호인들과의 소통이 느껴지는 재미있는 글에 응원을 보냅니다. 저 역시 교수님들의 테니스 열정에 힘입어 코트에서 더욱 좋은 플레이로 보답하겠습니다. 다시 한 번 출간을 축하드립니다.

추천의 글

STA 및 단테매 창설자/포스텍 명예교수 • 서의호

인하대 교수테니스회의 책 출간을 축하드립니다. 같은 대학에서 오랫동안 공을 치면 마음이 잘 통하게 되는데 서로 의기투합하여 이런 책을 쓴 것은 대단히 보람된 일이라고 생각됩니다. 테니스를 체육학적 측면에서 쓴 책은 있었지만 이렇게 다양한 측면에서 접근한 것은 첫 출판이 아닌가 생각됩니다. 대학생 동아리를 지도하면서 테니스는 젊어서 배워야 할 필수적인 운동이라고 늘 조언했는데 이 책이 동호인의 숫자를 늘리고 한국테니스의 세계화에 큰 기둥이 되길 바랍니다.

KBS 스포츠부 기자 • 김기범

정현 선수의 메이저 4강 신화에 이어 권순우 선수가 18년만의 ATP투어 우승을 한 지금, 테니스에 대한 대중의 관심과 애정은 '테린이'라는 신조어의 등장과 함께 정점에 올라 있습니다. 테니스 서적도 높아진 눈높이에 발맞춰야 합니다. 이 책은 기존 기술서나 개론서와는 차원이 다른 풍부한 내용과 깊이를 담고 있습니다. 역사와 전통의 테니스를 인문학적 관점에서 체계적으로 조망했을 뿐 아니라 과학 및 공학적 시각으로 재해석해 테니스의 미래까지 논하는 이 책의 내용은 국내는 물론 해외에서도 찾기 힘든 신선한 기획입니다. 갓 입문한 테린이부터 수십 년 내공의 베테랑 동호인까지 이 책을 읽는다면 테니스의 매력에 더욱 깊이 빠져들 것입니다.

01 인문학으로 바라본 테니스 세계

01장   테니스는 우리나라에 어떻게 들어왔나
02장   테니스를 시작하자! - 초보자를 위한 제언 -
03장   테니스, 이론과 실천의 간극
04장   테니스는 왜 '치는' 것일까
05장   수행으로서의 테니스
06장   테니스 하수의 테니스 사랑
07장   제3의 공간과 테니스 미학
08장   테니스와 시, 그리고 교류와 낭만

01장

테니스는 우리나라에 어떻게 들어왔나

이영호(사학과)

1. 시작하는 글

한국에 언제 테니스가 도입되어 전개되었는지 확실한 정리가 되어 있지 않다. 여기서 '테니스'라고 말하는 것은 테니스 코트의 설치와 운동의 향유를 가리킨다. 테니스가 언제 어떻게 한국에 소개되고 테니스 코트는 어디에 마련되었으며, 누가 주체가 되어 경기를 진행했는지 정확한 근거를 찾아내어 정리하는 일이 필요하다.

먼저 인터넷 플랫폼에서 '한국 테니스의 역사'에 대해 검색해 보았다. 그곳에서는 정설이 없이 별의별 이야기들이 다 떠돌고 있었다. 도무지 믿을 수 없었다. 한국체육사 관련 도서를 조사해 보았다. 거기서는 다음과 같은 주장을 발견할 수 있었다. 초대 미국 공사 푸트 Lucius H. Foote 가 한국에 테니스를 소개했고 그것을 개화파 김옥균 金玉均 이 수용했다는 주장, 그리고 1908년 탁지부 관리들이 테니스 경기를 최초로 개최했다는 주장이다. 사실일까? 우리나라에 테니스가 어떻게 소개되고 최초의 테니스 코트는 언제 어디에 조성되었는지 구체적인 자료를 모아보기로 했다. 의외로 적지 않은 자료를 발굴했다. 새로운 사실들을 기초로 글을 작성하니 양도 많아지고 또 학계에 정보를 제공하면 유익할 것 같아 학술지에 투고했다.⁽¹⁾ 이 글은 학술지에 투고한 논문을 요약하거나 옮긴 것이다. 〈그림〉과 〈표〉, 인용문 등 일부에만 출처를 제시했다.

본론에 들어가기에 앞서 먼저 테니스 Tennis 와 정구 庭球 를 구별해 두어야 한다. 서양에서 전래된 테니스는 야외의 잔디 위에서 벌이는 '론 테니스 lawn tennis'다. 중세 유럽에서 유행하던 실내경기를 개량하여 영국에서 1873년경 옥외 잔디에서 경기하는 론 테니스로 개발되었고, 1877년 윔블던대회, 1896년 제1회 아테네 올림픽경기에서 채택되면서 널리 보급되었다. 이런 경위에 대해서는 인터넷 공간에 여러 상이한 설명들이 나오지만 이 글의 범위를 벗어나므로 구체적으로 논증하지는 않겠다.

일본의 경우 1878년 요코하마 외국인 거류지에 테니스 클럽과 코트가 처음으로 조성되었다. 일본테니스협회 홈페이지에 소개된 '일본 테니스의 역사'에 따르면 1879년 문을 연 체조전습소에서 미국인 교사 리랜드 G. A. Leland 가 처음 소개했고, 1886년 이 전습소를 흡수한 동경고등사범학교(현재의 쓰쿠바대학)에 론 테니스부가 설치되었다고 한다. 그렇지만 당시 테니스 용품은 수입에 의존해야 할 뿐 아니라 가격이 너무 비싸 감당할 수 없었기 때문에 일본에서는 별도로 고무공을 제작하여 사용했다. 일본에서 고무공을 이용한 테니스 경기로 개발된 것이 바로 연식정구 軟式庭球, soft tennis 다.

우리나라에는 서양인들을 통해서 론 테니스가 먼저 들어오고, 일본이 한국을 보호국화, 식민지화하면서 일본식 연식정구도 들어왔다. 이후 서양식 론 테니스와 일본식 연식정구의 두 계통의 테니스가 병존하며 경쟁 발전했다. 그러나 이들은 모두 서양인, 일본인이 주체가 되어 시작된 것으로서, 엄밀히 말하면 한국 테니스의 전사 前史 에 해당하지만, 이 땅에서 이루어진 것이므로 한국 테니스의 기원으로 삼아 살펴보기로 한다.

⁽¹⁾ 이영호, 「개화기 서양인의 테니스 향유」, 『한국학연구』 64, 인하대학교 한국학연구소, 2022 참조.

2. 한국 테니스의 기원

한국 테니스의 기원에 관한 체육학계의 정설은 칼럼리스트 이규태의 다음과 같은 주장을 따르고 있다.

> 우리나라에 테니스를 처음 도입한 것은 미국의 초대 공사인 푸트에 의해서였다. 1884년 갑신정변이 일어나기 이전에 이미 이 미국공사관 직원과 개화파 인사들은 테니스를 즐겼던 것 같으며, 특히 개화파의 지도자 김옥균은 테니스를 즐겨 화동(花洞)의 자택에다 홈 코트를 만들어 놓고 푸트 미국공사 부처, 그리고 애스톤 영국공사 부처를 초대, 시합을 했을 정도였다. 당시는 테니스를 정구(庭球)라 하지 않고 척구(擲球)라 했으며 이 김옥균의 테니스 외교를 두고 보수 인사들은 "고균(古筠)(김옥균의 아호) 척구장에서 나라를 판다"는 악담까지 나왔던 것이다.[2]

즉 초대 주한 미국 공사 푸트가 테니스를 도입하여 개화파에게 소개하고, 특히 김옥균이 서울 화동의 자택에 코트를 만들어 놓고 푸트 공사 부부, 영국 총영사 애스턴 William G. Aston 부부를 초대하여 시합을 가졌다는 것이다. 명확한 근거가 없는 이 주장이 한국체육역사와 각종 홈페이지에 정설로 소개되고 계속 재생산되었다. 푸트가 테니스를 도입했다는 주장, 김옥균이 자택에 테니스 코트를 만들어 놓고 즐겼다는 주장, 테니스를 척구라고 불렀다는 주장은 사실일까?

먼저 인터넷 검색과정에서 문화콘텐츠닷컴 홈페이지 『구한말 정동이야기』의 '공사관의 정원' 항목에 푸트 부부가 미국공사관 구내에 테니스 잔디코트를 조성했다고 설명되어 있는 것을 확인할 수 있었다. 이 정보를 바탕으로 미국공사관을 방문했던 미국 해군 군의관 우즈 George W. Woods 의 일기, 1884년 4월 21일자에서 푸트 부부가 미국공사관으로 사용할 한옥을 개조하면서 '잔디 테니스 구장 lawn tennis ground'을 조성했다는 기록을 확인했다.

푸트는 1883년 5월에 부임했으므로 그 이후 1884년 4월 21일까지의 1년 사이

---

[2] 이규태, 『한국인의 생활구조』 1, 조선일보사, 1984, 287쪽.

에 만들어졌다는 사실을 확실하게 알 수 있다. 비슷한 시기에 조선 정부의 독일인 고문관 묄렌도르프 P.von Möllendorf 도 서울 전동의 대저택에 테니스 코트를 조성했다는 부인의 회고가 있으나 정확한 시기를 확정할 수 없어 일단 푸트의 도입설을 최초로 상정할 수밖에 없다.

참고로 한 가지 소개할 일이 있다. 남해연안 남단의 거문도를 방문한 적이 있었다. 거기에 <그림 1>과 같은 표지판이 세워져 있는 것을 보고 깜짝 놀랐다. 아프가니스탄을 침공한 러시아가 동아시아에서도 남진할 것을 우려한 영국군이 1885년 4월 15일 조선의 거문도를 선제적으로 점령했다.

➡ 그림 1. 거문도의 테니스 코트(필자 촬영)

영국군은 불법 점령한 이후 1년 10개월 동안 거문도에 머물렀다. 점령 초기 영국군 장교들은 임시 막사를 세우자마자 아마도 7월경일 듯한데 곡괭이를 들고 직접 테니스 코트를 건설했다. 〈그림 1〉의 아랫 부분 모습일 것으로 보인다. 동아시아에서 영국이 소유한 것 가운데 가장 큰 테니스 코트였다고 한다.

동아시아의 다른 지역이라면 영국의 조차지가 있던 홍콩, 상하이, 나가사키 등지였을텐데 거문도 섬 언덕받이에 임시로 만든 테니스 코트가 가장 큰 것이라니 신기하지만 그렇게 기록되어 있는 것은 사실이다. 그 테니스 코트는 영국군이 주둔했던 거문도의 작은 섬 고도古島의 언덕 위, 오늘날 거문초등학교가 있는 자리다. 1845년 거문도를 발견한 영국해군은 이곳에 '해밀튼항 Port Hamilton'이라는 이름을 붙였다. 나는 한반도 최초의 테니스 코트가 이것인 줄 알았었는데, 푸트의 미국공사관 구내에 조성된 코트가 최초라는 사실을 이번에 확인했다.

다음으로 김옥균과 관련된 주장은 어떤가? 김옥균의 일기인 『갑신일록甲申日錄』 1884년 10월 30일 부분에, "양력 10월 30일 나의 신축 운동장에서 척구擲球 놀이를 즐기고, 만찬을 함께 했는데, 미국 공사 후르 부처, 영국 영사 아수돈 부처가 참석했다"는 기록이 나온다. 후르는 푸트, 아수돈은 애스턴을 가리킨다.

푸트가 공사관에 테니스 코트를 최초로 조성했으니 그것을 한국에 소개한 것도 푸트라고 판단할 수 있다. 그렇지만 한국인에게 소개했는지 자기들끼리 즐겼는지는 알 수 없다. 이규태가 아마도 김옥균 일기를 근거로 김옥균 도입설을 주장한 것 같은데, 함께 운동을 했는지도 불분명하지만 결정적인 문제는 척구가 테니스를 가리키는 것은 아니라는 점이다.

척구의 한자 표기에 주의해야 한다. 똑같이 척구로 발음할 수 있지만 이규태는 '척구擲球'라 쓰면서 테니스로 해석했는데, 김옥균의 일기에는 '척구擲球'라고 나온다. 이규태는 자신의 책에서 척구擲球를 축구라고 하기도 하고, 또 척구擲球를 테니스라 했다가 다시 축구라고도 하여 혼동했다. 기록을 통해 논증해 본 결과, 던질 '척擲'자를 쓴 척구擲球는 축구가 아니라 야구野球를 의미한다. 김옥균이 언급한 척구擲球는 공놀이인 것은 분명한데, 축구에 가깝다. 왜냐하면 축구가 널리 보급되면서 축구를 찰 '척踢'자를 써서 척구踢球라고 하기도 했는데 기록에 의하면 '척구踢球'를 때로는 '척구擲球'라고 쓰기도 했기 때문이다. 어쨌든 서울의 화동, 오늘날의 정독도서관 자리에 살던 김옥균이 새로 운동장을 만들어 놓고 공놀이를 했다고 했을 때, 그것은 테니스가 아니라 발로 하는, 인류의 오랜 공놀이로서 후에 서양에서 스포츠화되어 한국에 들어온 축구와 유사한 것이었다고 판단된다.

3. 서울 서양인들의 테니스 향유

1884년 가을 미국공사관의 의사로 부임한 알렌 Horace N. Allen 의 일기에, 1885년 9월 중순 헤론 John W. Heron 부인이 테니스 공에 눈을 맞아 부상을 입은 일이 기록되어 있다. 헤론은 그해 6월 20일 입국한 미국 북장로교 소속의 의료선교사였다. 헤론의 편지에 보면 9월 15일 헤론 부인이 영국 영사 애스턴 부인을 만나 환담할 때 멀리서 날아온 테니스 공에 눈을 맞아 몇 시간 동안 보지 못하는 사고가 발생했다고 한다. 의사인 헤론과 알렌, 스크랜턴 등도 치료하지 못하고 시력이 악화할 것을 우려했다. 결국 상하이로 건너가 밀러 의사에게 8일간 치료를 받고 돌아왔다. 테니스 경기를 하는 주변에 있다가 강력한 스트로크로 날아온 공에 눈을 정통으로 맞았을 것이다. 헤론 부인 사건에서 테니스 운동이 교제의 수단이 되고 서양인들이 적극적으로 즐기고 있는 모습을 볼 수 있다. 헤론 부인이 영국 영사 부인을 방문했다고 하므로 미국공사관 이외의 곳에도 테니스 코트가 조성되었을 가능성이 없지 않다. 남쪽 먼바다 거문도에서도 영국군 장교들이 솔솔부는 바람에 청명한 햇살을 받으며 언덕 위에서 신나게 테니스를 치고 있을 때였다.

길모어 George W. Gilmore 라는 미국인은 1886~1889년 국립교육기관인 육영공원 育英公院 교사로 초빙되어 서울의 정동에 머물렀다. 그는 처음부터 테니스에 미쳤다. 서울 목격담을 담은 그의 책에 다음과 같은 이야기가 나온다.

(서울 정동의) 외국인 구역은 대부분 우수한 테니스 코트를 가지고 있다. 부인들은 호스트가 되어 친구들을 게스트로 초대하여 오후를 즐겁게 보낸다. 오후 4~5시경 일이 끝나기 때문에, 그리고 어떤 이는 더 일찍 나올 수 있기 때문에 오후를 지루하지 않게 보낸다. 일반적으로 복식과 단체전에는 우호적이면서도 경쟁적인 정신 같은 것이 있기 때문에 단순한 스포츠 게임에도 이기려는 진지한 경쟁이 흥취를 돋군다. 9월 1일부터 대략 12월 1일까지 각주마다 테니스를 칠 수 있는 그런 날씨는 정말 어디서도 찾을

수 없다. 기온은 8월 한여름의 더위로부터 기분이 좋을 정도로 시원하게 된다. 기온이 점차 떨어짐에 따라 격렬한 운동이 증가하지만, 비바람 때문에 운동하기 적합하지 않은 그라운드 사정은 거의 없다. 필자는 3월 15일부터 그라운드가 얼어붙어 라켓을 놓게 되는 12월 16일까지 테니스를 친 시즌도 있었다. 물론 여름에는 태양의 열기가 감소하는 6시 이후가 될 때까지 운동을 시작할 수 없었다.[3]

3월 15일부터 12월 16일까지 아홉 달 동안 테니스를 쳤다니 길모어는 가히 테니스광이었다. 정동의 외국인 거주지 여기저기에 테니스 코트가 조성되어 친구를 초청하여 즐겼다는 사실이 놀랍다. 여성들도 복식과 단체전 시합을 벌이며 선의의 경쟁을 벌일 정도였다.

이러한 테니스 열기는 1888년 9월 서울유니온클럽 Seoul Union Club 의 결성으로 이어졌다. 1890년 미국공사관 앞의 공원 부지를 구입하여 클럽 하우스를 짓고 오래된 연못을 메워 3개 면의 테니스 코트를 조성했다. 이를 주도한 사람은 역시 육영공원 교사인 벙커 Dalziel A. Bunker 와 영국인 총세무사 브라운 John M. Brown 이었다. 클럽 하우스에는 다실, 독서실, 강연실, 볼링장 등도 있었다.

테니스 코트의 위치는 〈그림 2〉에서 확인할 수 있다.

➡ 그림 2. 서울유니온클럽과 이화학당의 테니스 코트
 * 출처 : 『이화영상실록』, 이화역사관, 2006, 61쪽

---

[3] George W. Gilmore, **Korea from its Capital**, XIV, Philadelphia: Presbyterian Board of Publication and Sabbath-School Work, 1892, p.283(신복룡 역주, 『서울풍물지』, 집문당, 1999, 216쪽 참조).

〈그림 2〉는 일제시기 이화학당의 테니스 코트를 촬영한 모습인데, 뜻하지 않게 건너편 서울유니온클럽의 모습이 선명하게 보인다. 상단의 원경은 덕수궁인데 왼편에 석조전의 모습이 보인다. 그 아래쪽에, 개화기에 미국공사관이었던 미국영사관이 위치하며, 이어서 서울유니온클럽의 테니스 코트 및 클럽하우스의 모습까지 드러나 있다. 이곳은 현재 미국 대사관저에 포함되어 여전히 테니스 코트로 사용되고 있으며, 정동극장 바로 옆 동편에 해당한다.

1901년의 경우 "4월 18일 서울유니온테니스 그라운드에서 올해 테니스 시즌이 시작되었다"라는 기록이 있는데,[4] 테니스 시즌이 시작되었다는 표현은 테니스 운동과 경기가 상당히 조직적으로 진행되었다는 암시를 준다. 일찍이 길모어도 '시즌'이라는 표현을 한 것을 앞의 인용문에서 확인할 수 있었다.

테니스를 상당히 좋아했던 미국공사관 서기관 알렌은 1896년 8월 샌프란시스코에 있는 Smith's Cash Store에 두 쌍의 테니스 공을 주문했다.[5] 미국에서 테니스 공을 주문했다는 것은 서양인들이 즐기던 것이 론 테니스였으며, 결코 일본에서 유행하기 시작한 연식정구가 아니라는 것을 의미한다. 1897년 7월 주한미국공사가 된 알렌은 그해 12월, 많은 물품을 그 상점에 주문했는데, 테니스와 관련된 물품으로 다음과 같은 것들이 있었다.[6]

1. 1 Pair Mens tennis balls No 8116 Black size 10
2. 1 Pair Mens tennis Oxfords ditto
3. 2 Pair Mens tennis Black over gaiters for low dress shoes No 10
4. 6 Pair Mens last black summer socks No II
5. 1 Pair Ladies leggings Black size of shoes A No 5

[4] The Korea Review, 1901년 4월, "News Calendar", p.172.
[5] 『알렌문서』 R3-L5-01-014, 1896년 8월 1일 '알렌이 스미스 캐쉬 스토어에 테니스공 등을 주문하는 건'. 테니스화와 라켓도 주문했는데 판독이 안 된다.
[6] 『알렌문서』 R3-L6-02-247~248, 1897년 12월 15일 '스미스 캐쉬 스토어에 종자 등 물건을 주문하는 건'. 오타도 있어 불명확하다.

브랜드까지 확인할 수는 없는데 테니스 용품으로 1,2번은 남성용 신발인 듯하고, 3번은 게트르 각반, 4번은 양말, 그리고 5번은 여성용 레깅스다. 테니스를 즐기기 위해 라켓이나 공 외에 몸에 착용할 다양한 용품들을 수입했다. 공사의 품위를 지키기 위해 값비싼 브랜드 용품을 구입했을 것으로 보인다.

알렌은 자신의 조카 메이블 Mabel 이 1899년 가을 서울을 방문하여 공사관에서 1년 가까이 머무를 때 테니스를 배우도록 권유하고 도구를 갖추어 주었다. 알렌이 메이블에게 사준 테니스화 한 짝은 1.85달러, 라켓은 5.25달러, 공은 3.58달러였다.[7] 공의 양을 알 수 없으나 라켓 값과 비교하면 공 소비량이 상당했다. 테니스 공 구입비용 때문에 일본에서 고무공을 개발했던 사정을 짐작할 수 있겠다.

4. 서울-제물포의 도시 대항 테니스 대회

1883년 1월 개항장이 된 후 인천에는 일본전관조계, 청국전관조계 외에 각국 공동조계가 설치되었다. 서양인은 주로 각국 공동조계에 거주했다. 각국 공동조계 안의 응봉산 정상에는 러시아 건축가 사바틴 Sabatin 이 설계한 서구식 공원으로 각국공원(만국공원)이 조성되었다. 그 응봉산 기슭에 1901년 6월 22일 역시 사바틴이 설계한 제물포클럽(제물포구락부)이 들어섰다. "클럽 하우스는 전망이 좋고, 널찍한 당구장과 독서실, 그리고 인접한 테니스 코트로 구성되어 있는데 성장하는 제물포사회의 진귀한 장식이다"라고 평가되었다.[8] 테니스 코트는 출입구 앞쪽으로 응봉산 기슭을 닦아 조성되었다.

---

[7] 『알렌문서』 R3-L6-05-066, 1900년 6월 15일 '에버렛에게 메이블의 근황과 귀국 준비 상황을 알리는 건'.
[8] The Korea Review, 1901년 6월, "News Calendar", p.271.

➡ 그림 3. 1910년대 제물포클럽 앞의 테니스 코트 모습
  *출처 : 『사진으로 보는 인천시사1-선구지 인천의 근대 풍경』,
  인천광역시 시사편찬위원회, 2013, 285쪽

사실 한국 테니스의 기원에 관심을 가지고 이렇게 집필하게 된 계기는 인천지역사를 연구하는 과정에서 일찍이 테니스에 관한 기록을 본 적이 있었기 때문이다. 교수테니스회에서 활동하면서 한두 분에게는 100년 전부터 인천에 테니스 코트가 조성되어 경기가 열렸었다는 이야기를 한 적도 있다.

인천의 경우 테니스 코트가 언제 어디에 마련되었는지 확인할 수는 없다. 다만 알렌 미국 공사가 1899년 봄 숭의동 언덕에 별장을 완공했는데, 그해에 자신의 과수원을 밀어 테니스 코트를 만들려고 하다가 그만두었는데, 근처 우각동에 인천 내리 감리교회 목사인 존스 George H. Jones 의 선교센터에 테니스 코트가 있었기 때문이었다. 제물포클럽의 테니스 코트보다 앞서 조성되었지만 그것도 최초인지는 알 수 없다.

서울에 이어 인천에서도 서양인들이 클럽을 조직하여 테니스를 즐기게 되자, 나소 소강상태였던 서울에서 다시 테니스 붐이 일어났다. 그것을 주선한 사람은 차머스 J. L. Chalmers 부부였다. 차머스는 인천해관장을 지낸 뒤 서울의 총세무사 비서로 근무하고 있었다. 1902년 여름 차머스 부부는 자기들이 소유한 테니스 코트에서 남성 단식, 남성 복식과 혼합 복식의 핸디캡 테니스 토너먼트를 개최했다. 실력 차이가 있기 때문에 핸디를 잡아주고 하는 경기로 계획되었다.

차머스 부부의 핸디캡 대회는 서울과 인천 제물포 사이의 서양인 테니스대회로 발전했다. 제물포클럽과 테니스 코트가 들어선 지 1년여가 지난 1902년 가을, 서울과 제물포의 테니스 동호인들이 지역의 명예를 걸고 테니스 경기를 벌였다. 테니스 실력이 비슷하여 흥미로운 경기가 될 것이라는 전망이 나왔다. 서양인들의 관심이 뜨거웠다.

복식 4개조, 단식 4개조씩 실력에 비례하여 여덟 경기를 치렀다. 동률을 이루면 세트 차이를 고려하기로 했다. 인천에서는 제물포클럽이 결성된 지 1년밖에 안 되었지만 이미 그 이전부터 테니스 운동이 활성화되었었는지 제물포클럽을 중심으로 일찌감치 복식조를 선발하여 연습에 들어갔다. 서울에서는 선수가 많기 때문인지 예선 경기를 치른 후 대표를 선발했다. 경기 결과는 〈표 1〉과 같다.

선수들의 면면을 살펴보면 서울의 경우, 헐버트 Hulbert, 벙커 Bunker, 차머스 Chalmers, 발독 Baldock, 데이빗슨 Davidson, 스미스 Smith, 테이시어 Teissier 등 핸디캡 대회에도 참가하여 실력을 인정받은 선수들 외에 질레트 Gillett를 포함하여 8명이었다. 헐버트는 육영공원 교사로 근무하다가 귀국한 뒤 감리교 선교사로 다시 입국하여 배재학당과 관립영어학교 교사를 역임하고, 수많은 한국관계 문헌을 출판하고, The Korea Review를 발행했으며, 한국독립운동을 적극 지원한 대표적인 친한파 미국인이다. 벙커는 서울유니온클럽의 결성과 운영을 주도한 인물이며 배재학당 교사로 재직하고 있었다. 발독은 영국성공회 의사, 데이빗슨은 영국인 세관관리였다. 질레트는 YMCA 초대총무로서 회원들에게 야구와 농구를 들여와 가르쳤으며 105인 사건에 연루되기도 한 인물이다. 서울의 참가자는 선교사, 교사, 외교관, 의사, 공무원 등 다양했다.

표 1. 1902년 서울-제물포 챌린지컵 테니스대회 결과

번호	종류	팀	선수	1세트	2세트	3세트	승점
1	복식 1	서울	데이빗슨과 헐버트	3	6		제물포 2-0
		제물포	월리스와 맥코넬	6	8		
2	복식 2	서울	벙커와 질레트	3	6	4	제물포 2-1
		제물포	월터와 베네트	6	4	6	
3	복식 3	서울	스미스와 테이시어	6	1	3	제물포 2-1
		제물포	레미디오스와 헨켈	2	6	6	
4	단식 1	서울	헐버트	6	6		서울 2-0
		제물포	월리스	4	4		
5	복식 4	서울	차머스와 발독	3	2		제물포 2-0
		제물포	팍스와 사바틴	6	6		
6	단식 2	서울	데이빗슨	2	1		제물포 2-0
		제물포	맥코넬	6	6		
7	단식 3	서울	차머스	6	1	3	제물포 2-0
		제물포	사바틴	4	6	6	
8	단식 4	서울	발독	6	2	6	서울 2-1
		제물포	맥코넬	4	6	4	
합	8 게임						제물포 6-2 승

* 출처 : The Korea Review, 1902년 9월, "News Calendar"

인천의 참가자는 맥코넬 **McConnell**, 사바틴 **Sabatim**, 월터 **Walter**, 헨켈 **Henkel**, 베넷 **Bennett**, 월리스 **Wallace**, 레미디오스 **Remedios**, 팍스 **Fox** 등이다. 맥코넬은 해관에 근무하던 영국인인데 후에 해관장이 되었다. 사바틴은 러시아 건축가로서 서울의 러시아공사관, 독립문, 경운궁의 중명전과 정관헌, 경복궁의 관문각, 인천의 각국공원, 제물포클럽을 설계하거나 건축에 관여했다. 월터는 독일인으로 볼터 **Wolter** 로도 불리는데 세창양행을 경영했으며, 인천에 가장 많은 땅을 소유한 '제물포의 왕'이었

다. 헨켈은 세창양행 간부사원으로 응봉산에 있던 그가 살던 주택이 유명했는데 6·25 때 폭격을 맞았다. 베넷은 광창양행을 운영한 사업가로 부인은 나가사키의 영국상인 토마스 글로버의 딸이다. 월리스는 미국인으로 금광기술자, 레미디오스는 포르투갈 사람으로 금광에 근무했다. 인천의 참가자들은 무역도시답게 서울과는 달리 대부분 기업인이었다.

제물포팀이 전체 스코어 6 : 2로 서울팀을 물리치고 우승컵을 안았다. 3년 연속하면 그 컵은 영원히 소유하는 것으로 되었다.

> 서울-제물포 챌린지컵 테니스경기는 결판이 났는데, 뛰어난 플레이를 펼친 도전자들이 아주 공정하게 승리했다. 서울팀이 제물포팀에 압도당한 것이 명백하기 때문에 서울팀이 패배한 원인을 설명하려 시도할 필요는 거의 없다. 만약 서울팀이 왜 압도당했는지 묻는다면, 꼼꼼하고 꾸준한 연습이 부족했다는 한 가지의 대답만이 있을 뿐이다. 예를 들어, 첫 시합에서 제물포 복식팀이 이긴 것은 뛰어난 개인 플레이가 아닌 세심한 팀 플레이 덕분이다. 서울 선수들은 질이 다른 공을 절반씩 섞어서 여러 경기장에서 연습을 해온 반면, 제물포 선수들은 동일한 공을 가지고 한 경기장에서 연습했다. 서울 선수들의 체계적인 연습의 부족은 치유될 수 있는 일이며, 내년 봄 서울이 제물포에 도전할 때 이번 가을에 우리가 본 것 같은 일방적인 경기는 되지 않아야 할 것이다.[9]

제물포팀이 승리한 것은 꾸준한 연습, 신중한 팀 플레이, 동일한 공으로 한 경기장에서 연습한 조건 때문이라는 분석이 나왔다. 서울팀이 체계적인 연습을 한다면 내년 봄에 있을 대회에서는 팽팽할 것으로 전망되었다. 제1회 대회에서 제물포가 승리함으로써 제물포에서는 테니스 열기가 타올랐다. 알렌은 "제물포는 테니스에 미쳤다"고[10] 테니스 열기를 전했다.

제물포와의 경기에서 참패한 서울에서는 제물포클럽의 맞상대로 서울유니온클럽이 나서서 1903년 대회를 계획했다. 최상급 코트를 두 면이나 새로 설치했다. 또 테니스 실력자인 레이놀즈 William D. Reynolds 목사와 터너 Arthur B. Turner 목사가 가세했다. 자세한 내용은 확인되지 않는다. 1904년에는 러일전쟁이 발발하여 제

---

[9] The Korea Review, 1902년 9월, "Editorial Comment", p.408.
[10] 『알렌문서』 R4-L7-06-005, 1902년 10월 5일 알렌이 모건에게 서울의 상황을 알리는 건.

물포와 서울에 일본군이 주둔하는 등 정국이 어지러웠다. 서양인들이 한가하게 테니스대회를 열 형편이 되지 못했을 수도 있다. 어쨌든 이후 테니스대회의 상황을 전해주는 기록을 찾지는 못했다. 그렇지만 서울유니온클럽 50주년 기념 테니스대회가 열리고 50년을 회고한 기록에서 보면, 서울유니언클럽을 중심으로 테니스 모임은 서양인의 직장 이동에 따라 회원의 출입이 있음에도 불구하고 매년 10명 정도의 신입회원이 들어와 연인원 500여명이 될 정도로 지속되었다고 한다. 서양인들은 자기들끼리만 경기한 것이 아니라 한국인 클럽이나 일본인 클럽과도 친선경기를 벌여 외국인 사회 뿐 아니라 한국 사회에도 영향을 끼쳤다.

5. 한국인의 테니스 수용과 일본식 정구의 도입

한국인들은 테니스 경기를 어떻게 보았을까? 이규태의 칼럼을 보면 한국인들이 테니스를 어떻게 생각하는지 우스운 일화를 다음과 같이 소개한다.

> 순종 황제를 즐겁게 해주기 위해서 서울에 있던 외교관들이 어전 테니스경기를 베푼 일이 있었다. 그들은 땀을 흘리며 경기를 했다. 경기를 다 구경하고 나서 순종이 기껏 한다는 말이 "저렇게 힘든 일을 손수하다니 딱두하다. 하인들을 불러다 시킬 일이지"하며 혀를 찼다.(11)

이런 일화는 현재 여러 책에 소개되어 있지만 명확한 근거가 확인되지 않는다. 유사하지만 상이한 이야기를 제중원 의사로 고종을 진료하고 세브란스 병원장을 지낸 애비슨이 다음과 같이 회고한다.

> 어느 더운 여름날 오후, 우리 회원 중 한 분이 영어를 잘해 서양인과 교분이 있는 양반 청년 한 사람을 초대하여 테니스 경기를 보게 했다. 그는 관심 있게 경기를 지켜보았다. 시합하는 사람이 한 세트의

---

(11) 이규태, 『개화백경』 5, 신태양사, 1969, 378~379쪽.

치열한 경기를 끝낸 후, 전신이 땀에 젖은 채 가쁜 숨을 몰아쉬며, 붉게 상기된 모습으로 관전자의 옆자리로 가 경기가 재미있더냐고 물었다. 그러자 그는 웃으면서 아주 흥미롭게 생각한다고 말하면서, "그처럼 힘든 일을 왜 하인들에게 시키지 않는가?"라고 물었다. 이 질문은 정확히 그와 같은 계층의 모든 조선인들이 힘든 노력을 요하는 모든 체육 활동에 대해 갖고 있던 태도를 보여주고 있다. 그에게는 운동경기가 무척이나 힘든 일로 보였던 것이다.(12)

어느 때 이야기인지 확인할 수 없어 아쉬운데 운동을 하인에게 시키라는 유명한 이야기다. 테니스와 같은 체육을 힘든 노동과 동일시하는 조선 양반의 인식이 나타나 있다. 그러나 이런 인식은 1894년 갑오개혁에서 근대 교육체제가 갖추어지면서 점차 약화된다.

그렇다면 한국인은 언제 서양의 론 테니스를 접할 수 있었을까? 1893년경 애비슨이 간호원에게 테니스를 가르친 적이 있다는 기록을 찾을 수 있다. 간호원을 모집할 때, "긴장을 풀어주기 위해 테니스를 가르쳐 주기로 했다. 창문 너머로 테니스를 배우는 장면을 보니 딱하기도 하고 우습기도 했다. 라켓 잡는 것부터 어색함은 물론이고, 공을 쳐 봤댔자 생각대로 나가지 않았음은 물론이다. 그러나 역시 세월이 말해 주었다. 자세가 바르게 잡히고 고개를 똑바로 하여 사람의 얼굴을 정면으로 보면서, 미소 지을 줄도 알게 되었다"라고 회고한다.(13)

서양인이 도입한 론 테니스는 그들이 세운 기독교계 학교에도 소개되었을 가능성이 없지 않다. 기독교계 학교에서는 근대 교육을 실시하면서 꼭 체육과목을 설정했다. 서울 정동의 배재공원에 가면, 배재학당을 '신교육의 발상지', "1897년 맨손체조를 비롯하여 각종 구기 운동이 처음 시작된 우리나라 체육의 산실"이라고 평가한 기념표석을 볼 수 있다. 그래서 배재학당 역사책을 찾아보니, "1900년 넽(망)도 없이 새끼줄을 매고 널판 조각 라켙을 가지고 정구를 하기 시작한 것이 배재 정구의 시작이었다"는 기록이 있었다.(14) 그렇지만 그 이상의 실체를 알 수는 없었다.

---

(12) Oliver R. Avison, 황용수·장의식 번역·편집, 『구한말 40여년의 풍경』, 대구대학교출판부, 2006, 362쪽.
(13) 『구한말 40여년의 풍경』, 489쪽.
(14) 『배재 80년사』, 배재학당, 1965, 184쪽.

일본식 정구는 통감부 시기에 들어가 도입된다. 1908년 4월 18일 탁지부 관리들이 회동구락부 會洞俱樂部 를 조직하고 5월 2일 미창정 米倉町 에 정구 코트를 마련해 여흥식 餘興式 경기를 개최한 것이 공식 경기의 시초라는 설이 전해지고 있다. 근거도 없고 내용도 불충분하다. 한국인이 주도한 테니스 경기가 아닌 것은 분명하다. 1908년이면 대한제국 정부 각부 차관 이하 관리로 대거 일본인이 등용되었을 시기다. 이때의 탁지부 관리라면 일본인을 의미할 것이다. 일본측의 자료에도, "정구는 일찍부터 수입되어 청년 남녀의 경기로서 상당히 보급되어 있었던 것이고, 창시자는 경성전기주식회사 전무 무샤켄조 武者錬三"라고 하고 있다. 무샤는 동경고상 시대부터 유명한 선수였는데 한국에서 취직하여 정구를 보급하는 데 앞장섰다고 한다.[15]

1910년대 식민지 시기에 들어가 정구는 야외운동으로 야구와 함께 널리 보급되었다. 1911년 11월 5일 경성일보사가 우승기를 제공한 제1회 경용 京龍 정구대회가 용산 코트에서 거행된 이후 정구 발전이 촉진되었다. 일본인들은 개항 이후 먼저 서울 명동 일대에 거류지를 형성했고, 러일전쟁 이후 일본 군대를 중심으로 용산에 신시가지가 형성되었다. 이들 일본인 거주지에 각종 직장 정구부와 지역 구락부(클럽)가 조직되어 정구를 즐기며 시합을 벌였다. 경성팀과 용산팀의 경기는 매년 봄·가을 정기적으로 교환경기로 치러졌는데 용산팀의 연승으로 우승기를 영구히 소유하게 되자 경성일보사가 지원을 중단했다. 1916년 경성팀과 용산팀의 대항경기가 재개되자 우승경쟁은 더욱 격해졌다. 감정이 경기장 밖으로 흘러 지역 간 대립이 일어나기도 했다. 1917년에는 조선신문사가 새롭게 정구대회를 후원하기 시작했다. 1918년 가을에는 경성정구회가 조직되어 경성과 용산의 15개 정구단을 통합했다. 1919년 2월에는 경성정구단과 경성야구협회를 합동하여 조선체육협회를 조직했다. 이들 조직적 활동은 모두 일본인 중심으로 진행된 것이었다.

서울 뿐 아니라 인천·대구 등 일본인이 거주하는 곳이면 전국에 정구 코트가 조

---

[15] 大島勝次郎, 『朝鮮野球史』, 京城: 朝鮮野球史發行所, 1932, 6쪽 및 123쪽(오시마 카츠타로우 저, 손환·하정희 역, 대한미디어, 2016).

성되고 정구구락부가 결성되어 널리 확산되어 갔다. 정구와 함께 야구도 보급되었지만 어떤 지방이든지 정구경기가 가장 성행하고 가장 인기가 높았다.

1920년대에 들어가면 전국의 한국인 학교와 한국인 구락부에도 정구가 보급되어 전국대회가 개최되었다. 1920년 6월 20일 인천체육구락부 주최로 인천 각 단체 연합정구대회가 열렸다. 조선체육회 주최 제1회 전조선정구대회는 1921년 10월 15~17일 보성고등학교에서 개최되었고, 제2회 대회는 1922년 5월 20~22일 보성고보에서 열렸다.

한 가지 지적할 것은 일본에서는 연식정구가 보급되어 한국에도 도입되었는데, 1900년 도쿄에서 론테니스구락부가 탄생한 후, 1913년에 이르러 국제선수권에 진출하기 위해 론 테니스[경식 硬式 테니스]도 본격적으로 출범했다는 점이다. 게이오대학을 시작으로 이후 주요 학교들이 경식 테니스를 채용했다.

6. 맺는 글

영국에서 야외의 잔디에서 진행하는 스포츠로 개발된 테니스는 불과 10여 년 만에 한국에도 상륙했다. 당시 남녀를 불문하고 세계적으로 인기가 높았던 새로운 스포츠였기 때문에 한국에 입국한 서양인들도 곧바로 테니스 코트를 조성하여 즐기기 시작했다. 물론 그것은 서양인이 주체가 된 스포츠라는 점에서 진정한 한국 테니스 역사의 기원은 아니고 전사 前史 라고 해야 할 것이지만 테니스 문화의 조성이라는 측면에서는 의미가 크다.

한국에 도입된 테니스는 서양의 론 테니스와 일본의 연식정구의 두 계통이었다는 점을 염두에 두어야 한다. 1880년대 중반부터 시작된 서양인의 론 테니스는 1890년 조직된 서울유니온클럽을 통해 서울 외국인사회에 확산되었고, 1901년 인천에 제물포클럽이 조직되면서 서울과 인천의 친선경기로 발전했다.

일본의 경우 요코하마 외국인 거류지에 1878년 처음으로 테니스 클럽과 코트가 조성되었다. 일본은 학교교육을 통해 서양의 론 테니스를 발전시키고자 했지만 고가의 수입품 공을 감당하기 어려워 일본산 고무공을 제작하여 연식정구로 변용했다. 일제가 한국을 보호국으로 만들어 통감부를 설치했을 때 수용된 것이 바로 이 연식정구다. 이후 서울과 용산의 일본인 거류지를 중심으로 연식정구가 발전되어 갔다.

서양 선교사들이 설립한 기독교계 학교에서도 정구부가 조직되었지만 통감부시기 이후 일제가 이들 학교도 일반 교육과정에 포괄해 가게 되므로 기독교계 학교에 도입된 것이 론 테니스인지 연식정구인지는 검토가 필요하다. 일본에서 론 테니스를 적극 수용한 것은 1913년 이후이므로 이후의 테니스 역사는 연식정구가 앞서가고 론 테니스가 뒤따르면서 병행 경쟁하는 형국이었다. 식민지 시대에 한국인도 테니스 경기에 참여했지만 한국인이 주체가 된 진정한 테니스는 론 테니스든 연식정구든 해방 이후 본격적으로 전개된다.

일본은 개항기 요코하마 외국인 거류지였던 곳에 '요코하마 야마테 정구발상 기념관'을 세웠다. 서울 정동의 배재공원에 있는 '제1회 전국체육대회 개최지'라는 표석은 1920년 11월 4일부터 6일까지 배재고등보통학교 운동장에서 열린 제1회 전조선야구대회를 기념한 것이다. 이에 반해 한국이라는 장소성을 지닌 테니스에 대해서는 이제 그 기원을 탐색하기 시작한 단계에 놓여 있을 뿐이다.

02장

테니스를 시작하자!
- 초보자를 위한 제언 -

최영식(화학과)

1. 왜 테니스인가?

살아가면서 사람들은 건강을 유지하고 체력을 단련하거나 단순히 시간을 보내거나 즐거움을 느끼기 위해 다양한 운동을 한다. 그냥 길을 걷는 분들도 있고, 요즘 인기인 골프를 치거나, 등산을 즐기거나, 동네 체육관에서 배드민턴이나 탁구를 치기도 한다. 필자는 오랫동안 비교적 정적인 운동으로는 등산을, 동적인 운동으로는 테니스를 통하여 건강과 체력을 유지해 왔다. 등산은 주로 좀 높은 산 위주로 다니다 보니 많아야 월 1~2회 정도 밖에 기회가 되지 않는다. 그래서 필자의 주된 운동 종목은 테니스라고 말할 수 있겠다. 대학원 1학년 시절, 우연한 기회에 라켓을 잡은 이후 지금까지 테니스를 즐기고 있으니 구력이 올해로 꼭 40년이 되었다. 뭘 하던지 40년을 했으면 정상급 수준에 도달하는 것이 당연하여 필자의 테니스 수준이 상당할거라 예상하실 텐데, 사실 필자는 운동 감각도 부족하고 젊은 시절 실력 향상을 위한 노력도 게을리한 탓으로 현재 실력은 동네 동호인 클럽 은배부 수준이다. 그럼에도 불구하고 필자는 테니스 예찬론자인데, 그 이유는 테니스가 여러 면에서 현대인들이 즐기기 좋은 조건을 갖춘 스포츠라고 느끼기 때문이다. 모든 스포츠들이 재미도 있고 나름의 장점들을 가지고 있기 때문에 대중화 되었을 것이므로 테니스가 모든 운동 중에서 가장 재미있고, 좋은 운동이라고 주장하는 것은 설득력이 없다. 그래서 다른 운동들과 비교하지 않고 테니스가 갖는 특징들을 열거해 본다.

우선 테니스에서 맞딱뜨리는 상황들이 정말 다양하다. 상대방이 보내는 공을 한 번 코트에 튀긴 후 칠 수도 있고, 튀기기 전에 바로 칠 수도 있다. 공이 몸의 오른편으로 올 수도 있고, 왼편으로 올 수도 있으며, 무릎을 거의 코트에 대고 쳐야 하는 낮은 공이 있는가 하면, 머리 위로 라켓을 높이 들어 쳐야 하는 높은 공도 있다. 같은(혹은 유사한) 상황은 한 경기에서 자주 나오지 않는다. 이러한 상황의 다양성은 경기 내내 긴장과 흥미를 느끼게 한다.

이러한 다양한 상황에 대처하기 위해 몸을 전후, 좌우, 상하로 움직이고, 여러 방향으로 라켓을 휘둘러야 하기 때문에 자연스럽게 전신 운동이 된다. 특히 중년 이후 건강 유지에 필수인 하체 근력 강화에 커다란 도움이 된다. 상대방이 보내오는 공을 잘 처리하기 위해서는 가능한 한 무릎을 굽혀 자세를 낮추는 것이 중요한데, 이 자세를 취하는 과정에서 종아리와 허벅지 근육이 강화된다. 필자의 경험에 의하면, 꾸준히 테니스를 즐길 때에는 오랜만에 등산을 가도 힘든지 모르고 산을 오르고 있는 자신을 발견하곤 하였다. 그렇다고 운동의 강도가 지나치게 높지도 않다. 대부분의 동호인들은 주로 복식 경기를 즐기게 되는 데, 복식 테니스의 운동 강도는 - 필자의 경험에 의하면 - 도시에서 생활하는 대부분의 현대인들에게 딱 맞는 수준이라고 생각된다.

다음으로는 부상의 위험이 낮다는 것이다. 운동 중 부상은 그 운동에 대한 흥미를 떨어뜨릴 뿐만 아니라 가정 및 직장 생활에까지 악영향을 미친다. 테니스 경기에서는 상대방과 네트(그물)로 구별된 영역에서 공을 주고 받기 때문에 서로 충돌할 가능성이 없어 선수 간 접촉에 의한 부상 위험이 현저히 낮다. 굴곡 없는 편평한 코트와 공기가 채워진 탄력있고 부드러운 공 또한 부상의 위험을 낮춘다. 따라서 부상에 대한 두려움 없이 편안한 마음으로 운동에 집중할 수 있다.

준비해야 하는 장비가 비교적 간단하고 거주지에 가까운 곳에 코트가 있다. 테니스를 즐기기 위해서는 라켓 한 자루와 공 2개면 충분하다. 물론 다른 스포츠와 마찬가지로 운동 복장이 필요한 데, 테니스 복장의 가격은 매우 저렴하다. 라켓 가격 또한 메이커에 따른 격차가 거의 없고 그리 비싸지 않다. (명품 라켓은 없다!) 현재 그해 출시된 최신형 라켓이 보통 20~25만원 정도이며, 이월 상품이나 중고 라켓을 구입하면 비용 부담을 훨씬 낮출 수 있다. (사실 품질 차이도 거의 없다.) 또한 우리나라 대부분 지역에서는 집에서 그리 멀지 않은 곳에 테니스장이 있어 테니스를 즐기기 위해 이동하는 시간이 짧다. 만일 직장 내에 테니스장이 있고 동호회가 구성되어 있다면 더 이상 좋을 수가 없다.

대부분의 동호인들이 집 근처의 동호회나 직장 동호회 등에 회원으로 가입하여 테니스를 즐기게 되는데, 이 과정에서 자연스럽게 대인 관계의 폭을 넓힐 수 있다. 보통 4명이 함께 즐기는 복식 경기를 하는데, 매 경기 후 멤버를 바꾸어 경기를 진행하므로 하루에도 많은 사람들과 저절로 어울리게 된다. 동호회에 따라서는 경기 종료 후 뒷풀이를 통해 회원 간의 친목을 돈독히 하기도 한다. 이외에도 테니스란 스포츠가 갖는 장점들이 많이 있지만 이 정도에서 줄인다.

이러한 장점들, 재미, 체력 유지, 비용, 시간, 위험도, 운동 강도 등을 종합적으로 고려해 볼 때, 테니스는 현대인들에게 딱 맞는 스포츠라고 생각된다. 만일 당신이 건강 유지와 체력 관리를 위해 평생을 함께할 스포츠를 찾고 있다면 필자는 40년의 경험에 근거하여 자신있게 지금 바로 테니스를 시작하라고 권하고 싶다. 또한 노후에 절대로 그 선택을 후회하지 않을 거라고 확신한다.

이 글에서는 테니스에 관심은 있으나 기회가 없어 아직 시작하지 못한 분들에게 테니스를 어떻게 시작하며, 재미를 붙이고 평생 운동으로 가져갈 수 있는지를 제시하려 한다. 또한 테니스를 잘 모르는 분들에게는 테니스란 운동의 특장점들을 소개하여 조만간 시작하고 싶은 유혹을 느끼게 하려는 의도도 있다.

2. 테니스 시작하기

세상을 살면서 무언가를 처음 배우려 할 때 넘어야 할 가장 힘든 고비 중 하나는 '시작하기'라고 느꼈는데, 테니스도 마찬가지라고 생각한다. 전혀 경험(간접 경험 포함)이 없는 뭔가를 처음으로 시작하려면 상당한 용기가 필요하다. 이 장에서는 처음으로 테니스를 시작하는 분들이 어떻게, 어디서부터 시작하면 좋은지를 제시해 본다.

1) 장비와 복장 갖추기

테니스를 치려면 당연히 장비와 복장을 갖추어야 한다. 테니스를 즐기는 데 필요한 장비는 테니스 라켓뿐이다. 라켓은 집 근처 테니스 용품점이나 인터넷 쇼핑으로 구입할 수 있다. 그러나 테니스를 시작할 때에는 아직 본인의 스윙 스타일이 확립되어 있지 않으므로 구입한 새 라켓이 본인에게 잘 맞지 않을 수 있다. 따라서 필자는 테니스를 즐기고 있는 주변 분들에게서 빌리거나 얻어 사용하는 것이 최선이라고 생각한다. 많은 동호인들은 사용하지 않는 여분의 (여전히 쓸만한) 라켓을 가지고 있고 또 초보자에게 흔쾌히 제공할 의향을 가지고 있다. 안타깝게도 주위에 그런 분이 없으면 테니스 용품점에서 중고 라켓을 추천받아 구입하길 권한다. 라켓이 구해지면 줄(스트링)을 매어야 하는 데, 줄의 종류나 장력 텐션 tension 도 용품점이나 주변의 동호인 또는 레슨 코치에게서 추천 받길 권한다. 필자의 경험에 비추어 보면, 초보자일 때에는 줄의 종류와 장력은 그리 중요한 것이 아니었다.

줄을 맨 라켓이 준비되었다면 다음으로는 복장을 갖추어야 한다. 테니스에는 정해진 복장이 없다. (운동복이면 아무래도 괜찮다.) 날씨에 따라 하의로 반바지나 긴바지, 상의로는 반팔 혹은 긴팔 셔츠를 입는다. 하의에는 테니스 공을 넣을 수 있는 앞 호주머니가 있는 것이 좋다. 햇빛이 있는 야외 코트에서는 흔히 모자를 착용하는데, 스포츠 캡이라면 아무거라도 괜찮다. 다음은 테니스화인데, 필자는 초보일 때도 테니스화는 중요하다고 생각한다. 코트 면의 재질에 따라 요구되는 테니스화의 특성이 달라지므로 본인이 주로 이용하는 코트 면의 재질을 말하면 레슨 코치나 용품점 사장님에게서 추천받을 수 있을 것이다. 테니스화와 코트 면이 재질이 맞지 않으면 부상의 가능성이 높아지고, 빨리 피로를 느끼게 된다. 테니스화는 보통 신상이면 10만~15만원 정도이고 이월 상품이면 가격이 훨씬 내려간다.

➡ 그림 1. 기본적인 테니스 복장

2) 기본기 갖추기: 테니스 레슨

어느 스포츠나 기본기를 익히는 것부터 시작한다. 서론에서도 언급하였지만 테니스에서 맞딱뜨리게 되는 상황들이 많고 다양하기 때문에, 테니스는 다른 스포츠들과 비교하여 익혀야 할 기본기의 종류가 많은 운동이라고 생각한다. 이 기본기들을 익히지 않고 바로 경기를 하게 되면 실수를 연발하게 될 뿐만 아니라 테니스의 즐거움을 느낄 수 없고, 실력 향상도 기대할 수 없어 오래지 않아 테니스를 중단하게 되는 요인이 된다. 필자의 경험이 그런 경우에 해당하는데, 필자는 라켓을 처음 잡자마자 생맥주 내기 테니스 시합에 들어갔다. 그 이후 기본기를 익히지 않은 채 테니스를 계속하다보니 기량의 발전이 더디어 테니스의 즐거움을 느끼는 데 오랜 세월이 걸렸다. 하여 필자는 테니스를 처음 시작하는 분들에게 기본기 습득을 위한 레슨을 적극 추천한다.

테니스 레슨은 주로 선수로 활동하였던 분들이 동호인들을 대상으로 지도하는데, 주위의 공립 또는 사설 코트 어디에서나 레슨 코치와 프로그램이 있다. 최근에는 레슨을 하는 실내 테니스 연습장이 생겨서 날씨의 영향을 받지 않고 (햇빛도

➡ 그림 2. 실외 테니스 레슨   ➡ 그림 3. 코치 레슨과 혼자 하는 훈련이 가능한 실내 테니스 연습장

피하면서) 레슨을 받을 수 있어 동호인들 사이에 큰 인기를 끌고 있다고 한다. 테니스 시작은 레슨 프로그램에 등록하는 것으로 시작한다. 그러나 레슨을 통해서 모든 기본기를 완벽하게 갖추는 것을 권하지는 않는데, 그 이유는 그러는 데 걸리는 시간이 길 뿐만 아니라 재미도 없어 쉽게 테니스에 대한 흥미를 잃게 될 수 있기 때문이다.

   레슨을 통하여 최소한의 기본기가 어느 정도 갖추어지면 경기를 해 보자. 레슨을 받으면 코치들이 초보자의 기량 단계에 맞추어 경기를 하도록 지도하는 것으로 알고 있다. 아니면 주변의 동호인들이 경기를 하도록 배려해 주실 것이다. 초보자 레슨의 목표는 경기를 어느 정도 할 수 있도록 도와주는 것이라고 생각한다. 경기를 해 보면 테니스가 얼마나 재미있는 운동인지, 또 체력 향상과 건강 유지에 얼마나 도움이 되는지를 실감할 수 있다. 경기를 할 수 있게 되었다면 당신도 이제는 테니스 동호인이라고 말 할 수 있다.

3) 함께 할 동료 찾기: 동호회 가입

테니스 동호인이라면 직장이든, 지역이든, 동창이든 상관없이 반드시 동호회에 가입할 것을 권한다. 동호회는 테니스를 즐기는 다수 회원들이 모인 모임이어서 게임을 위한 멤버(2명 혹은 4명)가 쉽게 이루어지며, 다양한 수준의 회원들이 있어 비슷한 수준의 회원들과 경기도 할 수 있을 뿐만 아니라 더 높은 수준의 회원들로부터 무료 지도를 받을 수도 있다. 또한 저렴한 회비로 테니스에 필요한 코트는 물론, 공과 식수, 간식 등을 제공받을 수 있다. 물론 다양한 배경과 직업을 가진 분들과 인간관계를 형성하는 것은 덤이다. 따라서 동호회에 가입하면 쉽게, 오래 테니스를 즐길 수 있게 된다.

혹시 가능하다면 비슷한 수준에 있는 분들을 찾아 함께 배우며 운동하는 것이 큰 도움이 된다. 아무래도 초보 시절에는 실수도 많고 공도 느리므로 어느 정도 수준에 있는 회원들과 함께 경기하기가 서로 조금 불편할 수 있다. 수준이 비슷한 분들끼리는 이러한 불편함 없이 경기를 즐길 수 있으며, 서로 격려하면서 기량을 향상시켜 나갈 수 있어 오래오래 테니스를 즐기는 데 커다란 도움이 된다.

3. 더 재미있게 즐기기: 실력 향상

이제 초보자로서 테니스에 재미를 느끼고 있다면 다음 단계는 보다 높은 수준으로의 실력 향상이다. 이미 즐겁게 테니스를 치면서 충분히 운동을 하고 있는데, 더 무엇이 필요하냐고 반문할지 모르겠다. 하지만 테니스의 더 깊은 맛과 재미를 느끼기 위해서는 경기의 수준이 높아져야 하며, 그러기 위해서는 기량을 향상시켜야 한다. 실력 향상을 위해서는 수준에 맞추어 레슨을 지속적으로 받는 것이 효과적인 방법 중 하나라고 생각한다. 필자는 그러나 레슨만으로는 충분하지 않으며, 경기를 통하여 모든 샷들을 다듬고 자기 것으로 만들어야 한다고 생각한다. 필자가 아는 많은 분들이 '레슨에서는 잘 되는데 실전에서는 배운 대로 되지 않는다'고 말하는 것을 들었다. 아래에는 필자가 경험을 통하여 터득한, 실력 향상을 위해 평소 연습과 경기 중 가져야 할 마음가짐을 제시한다.

1) 모든 상황에서 공을 강하게 쳐라

모든 연습과 경기 상황에서 가능한 한 공을 강하게 치려고 애써야 한다. 초보 시절에는 실수가 많다 보니 경기 중에 실수를 하지 않기 위해 공을 살살 치려는 경향이 있다. 이렇게 늘 조심스레 치다 보면 충분히 샷이 안정된 후에도 공을 강하게 치지 못하고 초보 수준을 벗어나지 못하게 된다. 필자가 대표적인 케이스이다. 그래서 필자는 주변의 초심자들에게 무조건 공을 세게 치라고 권고하고 있는 데, 필자의 제안을 받아들인 분들에게서 좋은 결과들을 많이 보았다. 빠른 준비 자세에 이어 충분한 어깨 회전을 이용하여 공을 강하게 치다보면 공을 치는 즐거움이 배가되며, 득점시 통쾌함이 추가된다.

2) 다양한 샷을 시도하라

전항에서 언급한 것과 같은 이유로 많은 초심자들은 다양한 샷을 구사하지 않고 익숙한, 단순한 샷과 플레이를 반복한다. 서론에서 기술한 대로 테니스 경기에서는 정말 다양한 상황에 처하게 되고 그때마다 상황에 딱 맞는 최적의 샷을 구사해야 한다. 그러나 실수를 의식한 나머지 후위에 서서 편하게 안정적인 스트로크만을 치게 되면 기량 향상은 기대하기 어렵다. 파트너를 전혀 의식하지 말고, 레슨에서 배운대로 또는 고수들의 샷을 흉내내어 자신있게 상황에 맞는 샷을 과감하게 구사하여야 한다. 발리, 하프발리, 하이발리, 드롭샷, 스매시, 다양한 구질의 서비스 등을 적극적으로 시도하여야 한다. 처음부터 잘 치는 사람은 아무도 없다. 누구나 다 실수하면서 고급 기술들을 익혀 나가는 것이다. 이렇게 반복하여 시도하다 보면 감이 잡히고 오래지 않아 완전히 자신의 기술로 자리잡게 된다.

요즘 유튜브에는 여러 코치들이 다양한 샷을 지도하는 동영상들이 많이 올라와 있다. 이 동영상들을 이용하여 자주 구사하지 않는 샷들을 익히는 것도 좋은 방법이라 생각한다. 코치에 따라 설명하는 방법이 다르므로 여러 동영상 레슨 중 자신에게 잘 맞는 것을 찾아, 반복하여 보면서 샷을 치는 방법과 리듬감을 익히면 실전에서 자연스럽게 구사할 수 있게 된다.

3) 대회에 참가하라

어느 정도 경기를 하는 데 익숙해지면 동호회원들과의 경기를 벗어나 전혀 만나지 못한 분들과의 게임을 권한다. 다른 동호회와의 교류전도 좋지만 필자는 동호인들을 위한 각종 대회에 참가해 보길 권한다. 요즘 군·구 단위부터, 시·도, 전국 단위의 동회인 테니스 대회가 많이 개최되고 있다. 복식 팀으로 개인전에 참가하기도 하고, 동호회 간 경기인 단체전으로 출전할 수도 있다. 이러한 대회에 참가하여 전혀 모르는 분들과 진지하게 경기를 해보면 테니스의 재미를 훨씬 더 진하게 느낄 수 있을 뿐만 아니라, 본인의 수준이 어느 정도인지, 부족한 기술이 무엇인지, 시급히 보완해야 하는 샷이 무엇인지를 알게 된다. 경우에 따라서는 다른 분들의 플레이에 자극되어 더욱 열심히 테니스를 치게 되는 계기가 되기도 한다.

4. 더 오래 즐기기: 부상 방지

어느 운동이나 오래 하다보면 예상치 못한 부상으로 운동을 중단하는 경우가 있다. 서론에서 언급한 대로 테니스는 부상이 적은 스포츠이지만 경기를 하다보면 크고 작은 부상을 보거나 겪게 된다. 이러한 부상은 테니스를 단기간 즐기지 못하게 만들거나, 테니스에 대한 흥미를 감소시키고, 아주 중단하게 만들기도 한다. 특히 나이가 50대 이상인 분들은 한번 부상을 당하면 회복이 느려 테니스를 아주 포기하는 경우가 많다. 테니스를 오래 즐기기 위해 필자의 오랜 경험에 근거한 부상 방지법을 아래에 제시한다.

1) 시작전 충분한 몸 풀기

테니스 경기 중에는 급작스럽게 몸을 움직여야 하는 상황이 생기는데, 이럴 때 근육이나 인대를 다칠 수 있다. 이러한 부상을 방지하려면 운동을 시작하기 전에 충분히 몸을 풀어 주어야 한다. 스트레칭을 통하여 발목, 무릎, 허리, 어깨, 팔꿈치, 손목 등을 충분히 풀어주고 가벼운 조깅으로 몸을 데워주는 것이 좋다. 특히 여러 이유로 한동안 운동을 하지 못하다가 테니스를 칠 때에는 더욱 오랫동안 몸을 풀어 주어야 한다. 필자는 30대 후반에 약 5년 동안 전혀 운동을 하지 못하다가 테니스를 다시 시작하여 4일째 되는 날, 오른발 아킬레스건이 완전히 끊어져서 한동안 테니스를 치지 못한 경험이 있다. 다행이 완치되어 현재까지 테니스를 즐기고 있는 데, 그 부상 이후로 운동전 몸풀기를 착실히 실천해오고 있고, 60대 전반인 현재까지 큰 부상을 당하지 않았다.

2) 지속적인 근력 운동

기량 향상을 위해 근력을 단련, 강화하는 것도 좋은 방법이다. 몸 움직임에 중요한 하체 근육은 말할 것도 없고, 허리, 팔의 근육을 강화하면 공을 더 강하게 칠 수 있고, 긴박한 상황에서의 순간적인 대응이 빨라진다. 강화된 근력은 부상 방지에도 큰 도움이 된다. 따라서 꾸준히 근력을 강화하는 운동을 하기를 권한다.

평소 TV로 뉴스 등을 보면서 아령으로 팔운동을 하는 것은 별도의 운동 시간을 할애할 필요 없이 할 수 있는 좋은 방법이다. 하체 근력을 키우기 위해서는 스쿼트 운동을 추천한다. 별다른 도구 없이 할 수 있는 간단하면서도 매우 효율적인 방법이다. 필자는 평소 등산을 통하여 하체 근력을 강화·유지하고 있는데, 자연을 즐기는 분이라면 이 방법을 이용하라고 권하고 싶다. 이 외에도 많은 전문가들이 근력을 강화하는 체계적인 방법들을 유튜브에 올려 놓았으니 이를 참고하시면 좋겠다.

3) 보호대와 테이핑 이용

필자가 유용하게 활용하고 있는 부상 방지법을 소개한다. 필자는 부상은 아니지만 나이가 듦에 따라 약해진 부분들을 보강하기 위해 보호대와 테이핑을 이용한다. 즉, 무릎에는 보호대를 사용하고, 손목과 발목에는 테이핑을 사용하여 보호하는 데, 큰 도움이 되고 있다고 생각한다. 무릎 보호대는 겨울에 특히 유용한 데, 무릎 연골과 인대들을 따뜻하게 보온하여 움직임도 좋게 하면서 부상을 막아준다고 생각한다. 테이핑은 근력이 약하다고 생각되는 부분이나 약간의 불편함(약한 통증)이 있는 부분을 보강하는 데 매우 유용하다. 수년전 등산 중 발목을 삐끗하여 약간 불편할 때 테이핑을 이용하여 발목을 잡아 줌으로써 계속 테니스를 즐길 수 있었고, 오래지 않아 그 불편함도 사라졌다. 요즘에는 테니스 후 손목에 시큰거림이 있어 테이핑을 사용하는데, 사용하지 않은 경우에 비하여 운동 후 느껴지는 통증의 정도가 훨씬 덜하다. 테이핑의 종류가 다양하므로 부위와 정도에 따라 선택하여 사용할 수 있고, 부위에 따라 테이핑 하는 방법은 테이핑 회사에서 자세히 알려주고 있다 (참고문헌 참조). 여러 종류의 보호대와 테이핑들을 잘 활용하면 부상 방지에 큰 도움(특히 연세가 많으신 분들께)이 된다고 생각한다.

4) 지나친 승부욕은 금물

경기 중 어려운 공을 무리하게 처리하려다 부상을 당하는 경우가 꽤 있다. 게임에 심중하다 보면 본인도 모르게 받을 수 없는 공을 치려고 하고, 그 경기가 내기나 대회인 경우에는 더욱 무리한 플레이를 하게 되는 경우가 종종 있다. 이러한 무리한 플레이는 부상으로 이어질 가능성이 매우 높다. 부상 방지를 위해서는 승부욕을 자제할 필요가 있다. 되받아치기 어려운 공은 상대방이 잘 친 공이므로 이번에는 점수를 드리고, 다음 번 공이나 게임에서 득점을 하겠다는 마음을 가져야 한다. 건강과 즐거움을 위해 하는 운동에서 부상을 당하면 한동안 운동을 중단하여야 하므로 많은 것을 잃게 된다. 심한 경우 다시는 테니스를 못치게 되는 상황이 될 수도 있다. 늘 건강과 즐거움을 위한 운동이라는 것을 염두에 두고 테니스를 즐기길 권한다.

5. 맺는 글

　필자의 경험에 의하면 테니스는 참으로 재미있으면서도 건강 관리와 체력 유지에 도움이 되는 스포츠이다. 20대, 30대의 젊은 분들은 말할 것도 없고, 이미 40~50대에 진입한 분들이라도 지금 바로 테니스를 시작한다면 이후의 삶이 더 건강하고 즐겁고 행복하게 변화할 것이라고 확신한다.

참고문헌

http://tapingcenter.co.kr.

03장

테니스, 이론과 실천의 간극

정기섭(교육학과)

1. 시작하는 글

필자는 사범대학에서 예비교사들에게 교육이론을 가르치고 있다. 교수자로서 필자는 제자들이 배운 교육이론이 훗날 교사가 되어 학생들을 지도하는 데 도움이 되기를 기대한다. 그럼에도 불구하고 교사로 임용되어 교육 현장에서 학생들을 가르치고 있는 제자로부터 대학에서 배운 이론이 실천에 잘 맞지 않는다는 이야기를 들은 적이 있다. 그 후로 교육이론과 교육실천의 관계는 강의에서 주요한 주제가 되었다. 필자는 이론이 실천의 문제에 정답을 제시해 주기를 바라는 교사는 게으른 자라고 가르친다.

교육이론이 교육실천과 맞지 않는다는 것은 그 이론이 잘못되었다는 것이 아니라 교사가 교육 현장에서 마주하는 교육상황이 매우 변화무쌍하기에 일반화되기 어렵다는 의미로 받아들여야 한다. 교사들이 대학의 교원양성과정에서 배운 이론적 지식이 실천에 맞지 않는다고 하소연하는 것은 강의나 책 등으로 배운 지식이 교사 자신이 처하게 되는 실천적 상황에서 발생한 문제를 해결하는 데 직접적인 도움이 되지 않는다고 느끼기 때문일 것이다.

안타깝게도 모든 교육실천에 일반화될 수 있는 교육이론은 존재하지 않는다. 이론과 실천의 간극間隙은 존재할 수밖에 없다. 이론적 지식은 구체적인 실천의 맥락에서 재구성되고 재해석되어 적용되어야 하는 것이다. 이론적 지식과 실천적 행위의 간극을 줄이는 것은 이론과 실천의 매개자로서 실천에 참여하고 있는 행위자이다 (위의 경우 교사). 이론적 지식과 실천적 행위 간의 간극은 실천에 참여하고 있는 행위자의 경험이 축적되면서 줄어들게 되는데, 이 과정에서 행위자는 자신만의 실천적 지식을 얻게 된다. 이글은 필자가 테니스를 배우게 되면서 경험한 이론과 실천의 간극에 대한 이야기이다.

2. 테니스, 이론대로 되지 않는다

테니스를 시작한 것은 사십이 넘어서인데, 체육교육과 교수님이 교내에서 배울 수 있는 기회를 만들어 준 것이 계기였다. 희망하는 신임교수 몇 명에게 수업이 끝난 오후에 레슨을 받을 시간을 만들어 준 것이다. 학교 매장에 가서 뭐가 뭔지도 모르는 상태에서 테니스 라켓과 운동복을 구입했고, 정해진 시간에 운동장으로 나갔다. 라켓을 잡는 법을 배우고 허공에 휘두르는 연습을 하면서 주위 시선에 어색함도 있었지만, 금방 익숙해지고 코트에서 게임을 할 수 있을 것이라는 상상만으로도 즐거웠다. 나중에 깨닫게 되었지만 그건 말 그대로 상상, 아니 환상이었다. 테니스를 시작하자마자 이미 짜여있던 각본처럼 순식간에 교수테니스회 가입이 추진되었고, 매달 회비가 급여에서 자동으로 납부되었다.

아쉽게도 이 레슨은 오래가지 못했다. 레슨 참여자들이 대내외적인 활동으로 인해 정해진 시간에 꼬박꼬박 레슨을 받는다는 것이 계획처럼 쉽지 않았다. 한 명씩 이탈하기 시작했고 레슨은 흐지부지되었다. 허공에 라켓을 몇 번 휘둘러 보지도 못한 채 막을 내린 교내 레슨을 이어가기 위해 아파트 단지 내의 테니스 코트를 방문했다. 선수 출신 코치가 자비로 시합도 열어가며 수강생들을 재미있게 지도하고 있었다. 아침마다 20분씩 레슨을 받고 낯선 초보자들끼리 공 넘기기도 하면서 코치가 다른 곳으로 이사 가기 전까지 2년 3개월을 레슨만 받았다. 원핸드 백핸드 스트로크를 막 시작하면서 레슨은 멈추었다. 이 시기에 테니스가 무척 재미있었고, 머리에서 맴돌았다. 멋있는 자세를 제대로 배워보겠다고 매일 선수들의 테니스 동영상을 인터넷에서 찾아 느리게 되돌려 보기를 반복했다. 스윙할 때 팔의 각도, 발 벌리는 자세, 몸통 회전, 라켓의 움직임과 모양, 스매시, 발리, 서브 동작 등 어떤 것이 정답인지 알기 위해 온라인에서 누군가가 써 놓은 글도 열심히 찾아 읽었다. 그리고 코치에게 물어보고 내가 시청하고 읽은 것과 비교해 보기도 했다. 코치의 대답이 내가 공부한 내용과 다를 때는 뭐가 정답인지 더 헷갈렸다.

  같은 코트에 다른 코치가 왔는데 이전에 배운 것과 조금은 다르게 설명을 하는 것 같았고, 배워 왔던 것과 다른 것 같아 반신반의하면서 예전과 같은 열의가 시들해졌다. 이제 던져 주는 공은 제법 원하는 곳으로 넘길 수 있었고, 게임을 해도 될 것 같았다. 용기를 내어 일주일에 1회 운동하는 학교 테니스 코트에 나갔다. 테니스회 교수님들은 반갑게 맞아주었고 동네 코트와 다르게 고수의 교수님들이 초보자와 파트너가 돼 게임을 해주었다. 교수님들의 폼과 스타일은 제 각 각이었고, 지금까지 내가 배우고 공부한 것과는 좀 거리가 있어 보였다. 그래도 공은 상대 코트의 예상치 못한 곳으로 잘 넘어갔다.

  드디어 나에게도 데뷔할 수 있는 시간이 왔다. 파트너는 구력이 꽤 오래되고, 잘 치는 그룹에 속하는 연세가 좀 있는 교수님이었다. 그분은 신경쓰지 말고 편안하게 하고 싶은 대로 하라고 나를 안심시켜 주었다. 레슨 받을 때는 던져주는 공을 배운 대로 멋있게 리턴했는데, 시합에서는 어디로 어떻게 날아올지 모르는 공을 라켓에 맞추기조차 어려웠다. 초보자로서 제일 어려운 것이 서브를 넣는 것이었다. 서브를 동영상에서 본 대로 멋있게 토스하고 무릎 구부렸다가 튀어 오르면서 공을 때렸다. 공은 연속해서 네트에 처박혔다. 순서가 될 때마다 같은 동작으로 서브를 넣었으나 8개의 공이 연속으로 네트에 처박혔다. 파트너는 잘하고 있다고 위로해 주었지만, 지금 생각해 보니 무척 답답했을 것 같다. 이렇게 되고 보니 서브 순서가 되면 위축이 되었다. 모양은 빠지더라도 서브를 쉽게 툭 넘겨야 할지 계속해서 멋있게 폼을 고집해야 할지 갈등하기도 했다. 그래도 폼을 고수했다. 그래서 지금도 폼만 좋다. 그땐 몰랐다. 구력이 오래된 교수님들 각각의 폼과 스타일이 이론적 지식이 아닌 실천적 지식의 산물이었다는 것을!

3. 테니스, 경험으로 습득한 지식이 중요하다

어느 여름 방학에 자의 반 타의 반으로 거의 매일 테니스를 했다. 경기에서의 대처 능력도 경험치에 비례하는 것 같았다. 재미있는 사실은 테니스를 하다 보면 이런저런 상황에서 고수들이 조언을 하는데, 고수마다 조언이 다르다는 것이다. 같은 상황에서도 조언이 다를 수밖에 없는 것은 고수의 실천적 지식이 다르기 때문이다. 실천적 지식은 개인의 고유한 지식으로 경험을 통해서 얻어진 know-how를 말한다. 예를 들어, 초임 교사는 대학의 교원양성기관에서 배운 이론과 다른 복잡한 학교 상황에 들어서게 된다. 그는 배운 이론을 실제에서 그대로 적용하기에는 복잡한 맥락이 있으며, 대학에서 배운 이론적 지식으로는 해결하기 어려운 상황들이 자주 발생하는 것을 알게 된다. 이 경우 초임 교사는 시행착오를 경험하면서 학교의 상황이나 맥락에서 적합한 실천적 지식을 스스로 발전시켜 나간다. 그러므로 교사들이 실제의 교육에서 필요한 지식은 교사 양성 과정이 아닌 학교 현장에서의 실천적 경험을 통해 습득해 간다고 할 수 있다. 교사는 교육 현장에서 가르치면서 끊임없이 자신의 실천을 반성하고 실천의 기저에 있는 지식을 재구성해 가는 것이다. 실천적 지식은 확정된 것이 아니라 반성과 재구성을 통해 끊임없이 변화해 가며 축적되는 것이기 때문에 진행형의 특성을 갖는다.

마찬가지로 테니스에서의 실천적 지식도 경기를 하면서 자신이 처한 복잡한 상황에서 자신이 행한 동작이 가져온 결과를 반성하면서 재구성되는 것이다. 실천적 지식의 재구성 과정에는 다양한 요소들이 복합적으로 반영되는데, 코트의 상황이나 날씨, 공이 날아오는 속도, 스핀의 정도, 상대방의 스타일 등과 같은 외적 요인 이외에 자신의 신체적 조건과 운동 능력이 반영된다. 초보자가 처음에는 배운 이론 그대로 반응하려 하지만, 경험이 축적되면서 고유한 실천적 지식에 따라 상황에 적합한 대처를 하게 되는 것이다. 실천적 지식이 개인마다 고유한 것은 코드화되어 전달된 지식이 아니라 개인이 체득한 지식이기 때문이다. 이 지식은 개인적으로 체득된 것이라 명시적으로 설명할 수 없는 암묵적인 것으로, 실천에서 무의식적으로 작동된다. 아버지가 자신의 경험에서 얻은 지식으로 아이에게 자전거 타는 법을 아무리 말로 설명해도 아이에게는 그렇게 되지 않는다. 결국 아이는 자전거 타는 법을 스스로 체득하게 된다.

4. 이론과 실천의 간극을 줄이는 것은 실천적 지식이다

경계해야 할 것은 실천적 지식이 현실 순응적인 방향으로 달라지는 경우이다. 테니스를 처음 시작할 때는 의욕이 넘쳐 이론적 지식과 실천적 행위 사이의 간극을 극복하고 한 단계 상승하려 노력하지만, 시간이 지날수록 빠르게 늘지 않는 테니스 실력 때문에 실천적 능숙함에 안주하는 경우가 있다. 높은 곳을 지향하기보다는 실용성과 편안함을 추구하며 지금까지 습득한 실천적 지식의 사용에 안주하는 것이다. 재구성 노력 없이 실천적 지식의 실용적 사용에만 안주하면 실천적 지식이 바람직하지 못한 요령으로 고착될 수 있다. 그러므로 우리의 테니스 폼과 스타일은 경험을 통한 실천적 지식의 재구성의 과정에 있거나 혹은 요령으로 고착된 것이라고 할 수 있다.

실천적 지식은 사용의 측면보다는 습득의 차원에서 이해되어야 한다. 한 분야의 장인들은 장인이 되기 위해서 부단한 노력을 한다. 스승을 만나 초기에는 모방하고, 이해가 안 되는 스승의 말을 이해하려고 노력한다. 그래도 본인이 원하는 수준에 이르지 못하고 좌절하면서 각고의 노력을 반복한다. 어떤 도공이 스승이 하는 모습, 스승이 했던 말을 떠올리며 작품을 생산하려고 시도하지만 자신의 의도대로 되지 않아 울부짖고 작품을 부수면서 고뇌하는 모습이 떠오른다. 그러한 과정을 통하여 결국 자신이 목표로 상상했던 작품을 어느 시점에 생산해 낸다. 도공이 원하던 작품을 완성해 내는 것은 전수된 명시적 지식으로 되는 것은 아니다. 전수된 지식으로 가능하다면 오래된 보물을 재생산해낼 수 있어야 하지만, 그것이 가능하지 않은 이유는 실천적 경험에서 얻어진 전수 불가능한 암묵적 지식이 작용하기 때문이다.

우리는 장인이 작품을 만드는 모습을 매일 옆에서 지켜보며 배워서 이론적으로는 환히 꿰뚫고 있지만 막상 장인과 같은 작품을 생산해 내지 못하는 경우를 경험한다. 이것은 말과 글을 통해서 전수하기가 어려운 체화된 지식이 존재한다는 것을 의미한다. 여기서 주목해야 할 점은 장인이 원하는 경지에 이르는 것을 가능하게 하는 개인적 차원의 조건들이다.

첫째는 구현해 내고자 하는 최고의 작품을 목표로 상정하고, 그 목표를 향한 강한 의지와 인내, 부단한 노력이다. 이들은 해당 분야의 작품을 생산해 내는 일이 하루 이틀 배운다고 해서 가능한 것도 아니고 과학적으로 터득될 수 있는 것도 아니라고 말한다. 오히려 노력과 함께 한평생 고생길로 가겠다는 작정 없이는 가능하지 않다고 말한다. 작품을 완성하려는 욕심과 열정이 있어야 한다는 것이다.

둘째는 자신의 한계를 넘어서는 모험적 개방성이다. 장인들이 자신들이 원하는 이상적인 작품을 만들기 위해 물어보고, 적기도 하고, 정리하면서 따라 해 보지만 실패를 거듭한 경험들을 갖고 있다. 그리고 그 원인을 훗날 자신만의 세계에 갇혀 있었기 때문이었다고 고백하기도 한다. 자신도 모르는 사이에 자신만의 지식 범주에 머물면서 시도를 했기 때문이라는 것이다. 어느 순간 자신 너머에 있는 세계에 자신을 맡겨버리는 모험적인 경험이 작품을 가능하게 했다는 것이다. 우리가 몸으로 배우는 순간은 자신이 생각하던 그 범주를 넘어서서 모험적으로 자신을 맡길 때이다.

테니스에서 이론과 실천의 간극을 줄이는 방법은 자기반성(?)이 동반된 꾸준한 노력과 경험의 축적으로 실천적 지식을 체득해 가는 것이다.

04장

테니스는 왜 '치는' 것일까

안명철(한국어문학과)

1. 시작하는 글

"나는 요새 테니스 쳐."와 같은 표현은 우리 한국인들에게는 아주 익숙하고 자연스러운 표현이다. 다른 언어에서도 이와 대등한 구문적·어휘적 구성을 가지는 표현이 있을 수도 있는 표현이지만 언어 간에 그러한 표현이 보다 널리 나타나든 그렇지 않든 이 표현에는 뭔가 특별한 인지적, 비유적 절차가 담겨 있다. 하지만 이 표현은 우리에게 너무 익숙한 것이므로 이 표현이 가지는 언어적 특성에 대해 특별히 주의해서 생각해보지는 않는다. 그런데 자세히 살펴보면 이 표현은 이상하지는 않지만 테니스 경기 규칙에 대한 일반 언중들의 어떤 특별한 인지적·비유적 절차가 반영되어 생성된 표현이라는 점을 발견할 수 있다.

이 글에서는 인문 언어학적 관점에서 '테니스를 친다'라는 표현이 테니스 경기 규칙의 어떤 특별한 점과 연관되어 생성된 표현인가에 대해 살펴보기로 한다.

2. 추상적 경기 종목과 구체적 행위 대상의 표현 차이

우리가 운동 종목에 대해 표현은 보통 다음과 같이 한다.

[가] 너희들은 요즈음 뭐하고 지내니?
[나] 나는 <u>축구를 하고</u> 지내.
[다] 나는 <u>테니스를 치고</u> 지내.
[라] 나는 <u>자전거를 타고</u> 지내.

즉 축구는 '**하는**' 것이고, 테니스는 '**치는**' 것이고, 자전거는 '**타는**' 것이다. 아주 자연스러운 표현이라서 우리는 여기에 어떤 특별한 점이 숨겨져 있다는 생각을 하지 않는다. 그렇지만 한국어의 특징을 곰곰이 살펴보면 어딘가 이상한 점이 발견된다. 그것은 바로 '테니스'를 '치다' 라고 하는 데 있다.

한국어에서 동작성을 띤 추상적 대상과 구체적 대상이 각각 목적어로 올 때는 그 서술어의 유형에서 차이가 발생한다. 보통 구체적 대상을 목적어로 하는 경우에는 그 서술어는 '먹다, 보다, 잡다' 등과 같이 구체적 동작을 명세하는 서술어가 오는 반면 추상적 성격을 가진 동작성 명사가 목적어로 올 때의 서술어는 구체적 동작성을 표시하지 않고 다만 포괄적 서술성을 가진 동사 '하다'가 오는 것이 보다 일반적이다.

[구체적 대상이 목적어로 오는 경우]
차를 - 타다/*하다('*' 표는 이 구문이 자연스럽지 않음을 나타냄)
돌을 - 던지다/*하다
책을 - 보다/*하다

[추상적 동작성 명사가 목적어로 오는 경우]

공부를 - 하다

선거를 - 하다

파괴를 - 하다

따라서 '축구'와 같은 운동 경기 유형의 추상적 동작성 명사들은 주로 포괄적 서술성을 띠는 서술어 '하다'와 함께 어울려서 표현되며 구체적 동작 유형을 표시하는 서술어와는 잘 어울리기 어렵다.[1]

축구를 - 하다/*차다

육상을 - 하다/*뛰다

역도를 - 하다/*들다

사격을 - 하다/*쏘다

이와는 대조적으로 '자전거'와 같은 구체적 대상의 경우 그 서술어로 '하다'를 취하는 것은 자연스럽지 않다.

자전거를 - 타다/*하다.

이는 다음의 경우에도 마찬가지이다.

스케이트를 - 타다/*하다

스키를 - 타다/*하다

─────────────────

[1] 물론 비유적인 표현이나 발화 실수와 같은 일시적 발화 장면에서는 있을 수 있는 표현이 될 것이다.

물론 '보드' 따위가 구체적 대상이 아니라 '스케이트 경기' '보드 경기'와 같이 운동 경기의 한 유형을 가르킬 수 있다면 '하다'와 쓰이는 것이 자연스러울 것이다.

오늘 스케이트(경기)를 한다.
내일 오전에 대관령에서 스키(경기)를 한다.

테니스의 경우는 어떠한가? 테니스도 구체적 대상이 아니라 육상이나 축구와 같은 동작성을 띤 운동 범주의 하나이다. 따라서 '테니스를 하다'가 더 어법에 자연스러운 표현이다. 물론 이 표현도 자주 듣는 말이다. 그런데 이 표현 외에 별도로 구체적 대상을 목적어로 하는 '치다'도 서술어로 할 수 있다는 점이 다른 운동 범주의 경우와 다른 점으로 바로 이 점이 우리가 미처 알아차리지 못하는 '테니스'의 특별한 점이라는 것이다. 즉, 테니스는 **추상적 운동 범주로도**, **구체적 행위 대상으**로도 인식되는 운동 범주라는 것이다.

[추상적 운동 범주]

축구, 야구, 육상, 역도 --- 하다
테니스 -- 하다

[구체적 행위 대상]

테니스 --- 치다
스케이트 -- 타다

3. '테니스를 치다'의 생성 과정

'테니스를 치다'와 같은 표현은 어디에서 왔을까? 테니스 협회에서 이런 표현을 쓰자고 결정한 것일까? 물론 우리들은 이러한 테니스 협회의 결정이 있었다고 들은 바 없다. 이 표현을 결정한 것은 바로 한국어를 쓰는 우리들 일반 언중들이다. 일반 언중들의 테니스에 대한 인식적 절차가 다른 운동 범주의 그것과 어떤 이유에서 달랐기 때문에 이러한 표현이 성립된 것이다.

테니스 경기는 경기 내내 스트로크나 발리, 서비스나 스매시 등 테니스공을 라켓으로 타격하면서 진행되며 테니스공에 라켓 타격 외에 다른 방식으로 물리적 힘을 가하는 것은 허용되지 않으며 또한 한 번 테니스공을 타격한 후에는 반드시 상대코트로 공을 보내야한다는 제약도 포함하고 있다. 이런 점은 일반 언중들에게 테니스라는 경기 종목을 구성하는 여러 요소 가운데 '타격'이라는 특정 동작이 테니스 종목의 대표적 특성으로 인식하도록 하는 메시지를 전달하며 이로 인해 여기에 일종의 환유적 절차가 발생하게 된다.

환유는 부분이 전체를 대신하거나 또는 전체가 부분을 대신하기도 하는 비유적 절차의 하나이다. 가령 머리털이 없는 사람을 가리켜서 '대머리'라고 부른다면 이는 외모가 사람 자체를 의미하는 환유 절차로 부분이 전체를 나타내는 환유에 해당된다. 이런 절차로 "대머리가 웃었다."와 같이 무정성 단어인 '대머리'가 '웃다'와 같은 유정성 서술어를 취할 수 있게 되는 것이다. 반대로 병원 직원을 '병원'이라고 부른다면 이는 전체가 부분을 나타내는 환유가 될 것이다.

[부분이 전체를 나타냄]
　대머리가 (〈-그 사람이) 웃었다.

[전체가 부분을 나타냄]
　그 사람이 **병원에**(〈- 병원 직원에게) 전화를 걸었다.

'테니스'의 경우에도 이와 유사한 과정을 밟는다.

[테니스 경기의 대표적 동작이 테니스를 나타냄]

[공을] 친다. -> **테니스를** 친다.

다만 '테니스를 친다'의 경우 일반적인 환유와 차이가 있는 점이 있다. 이것은 '테니스를 친다'라는 표현이 테니스의 특정 동작만을 가리키는 것이 아니라 경기 전체를 나타낸다는 점이다. 즉 '테니스를 치다'는 테니스의 대표적이고 본질적인 동작인 '테니스 공을 치다'에서 온 것으로 환유적인 성격을 갖지만 정작 '테니스를 치다'는 테니스 경기 전체를 가리킨다는 점에서 일반적인 환유와는 차이가 있다.

4. 테니스류의 운동 종목의 단일성과 교호성

테니스 외에도 운동 종목 중에는 '치다'를 서술어로 하는 종목이 몇 개가 더 있다. 탁구, 배트민턴, 당구, 스쿼시, 볼링, 골프와 같은 종목이 그것이다. 임시로 우리는 이 운동 종목을 모두 테니스류로 부르기로 한다.

탁구를 치다.
당구를 치다.
골프를 치다.

'치다' 표현을 갖는 테니스류 종목의 특징은 모두 공(또는 셔틀콕)을 한 차례 타격하거나 공이 핀을 타격함으로써 한 동작 또는 한 단위의 동작이 마무리된다는 공통점을 가지고 있다. 이 외의 다른 동작으로 경기가 진행되는 일은 없다. 즉 테니스류의 경기들은 모두 공을 반드시 쳐야하고 또 그것 외에 공을 잡는다든지 공을 몸으로 퉁긴다든지 공을 발로 찬다든지 하는 동작은 모두 허용되지 않는다. 다만 볼링의 경우 공을 치는 것이 아니라 공이 핀을 치는 점에서 다른 테니스류의 경기와 차이가 있다. 그렇지만 이 경우에도 볼링공이 몸의 연장된 일부로 해석될 수 있으며 최종적으로 공이 핀을 반드시 쳐야 하며 다른 방식으로 핀을 치는 것이 허용되지 않는다는 점에서 다른 테니스류 경기와 공통적인 성격을 갖는다고 볼 수 있다. 즉 테니스류의 경기는 모두 핵심 동작이 치는 방식으로 되는 동작의 단일성을 갖는 공통점을 갖는다고 할 수 있다. 이런 점에서 타격 즉 '치는 일'이 이 경기를 대표하는 것으로 우리는 인식하게 되고 그 결과 서술어 '치다'가 연결될 수 있는 환유적 기반을 얻게 된다.

이에 반해 공을 차거나 발로 잡거나 손으로 잡는(골 키퍼의 경우) 등의 다양한 동작이 허용되는 축구나 공을 던지고 치고 또 글러브로 잡는 야구와 같은 경우는 이러한 개념화 절차가 형성될 수 없어 보통 '축구를 하다'와 같이 추상적 동작 동사인 '하다'를 그 서술어로 취하게 되는 것이다. 또 축구나 야구 등과 같이 여러 인원이 동시에 한 경기에 참여하는 자체도 경기를 단일한 방식으로 이해하는 것을 어렵게 만드는 요인이 된다.

한편 테니스류와 유사하게 경기의 핵심적이고 직접적인 동작이 단일한 방식으로 진행되는 경기들이 있다. 가령 사격이나 양궁 또는 태권도나 복싱 또는 역도 등과 같은 것들이다. 사격이나 양궁은 목표를 향해 총알이나 화살을 쏘는 방식으로 경기가 진행되며 태권도나 복싱과 같은 경우는 대부분 상대방을 가격하는 방식으로 진행되며 역도는 역기를 드는 방식으로 진행되는 것으로 모두 핵심 경기 동작이 단일하다. 따라서 '사격을 쏘다' 등과 같은 표현들이 나타나야 할 것으로 보인다. 그렇지만 이러한 표현은 아래와 같이 잘 쓰이지 못한다.

* 나는 사격을 쏜다.
* 그 사람은 역도를 든다.

* 그 사람은 태권도를 친다/찬다.
* 그 사람은 복싱을 친다.

그렇다면 사격이나 복싱 등의 경기와 테니스류의 경기에 어떤 차이가 있는 것일까?
첫번째는 테니스류는 대부분 경기 규칙상 핵심 동작이 1회로 마무리 된다. 테니스, 탁구, 배트민턴 등이 그러한 방식이다. 이에 반해 사격이나 복싱과 같은 경우 같은 자리에서 여러번 같은 동작을 취하는 것이 허용된다. 사격과 같은 경우 10번 연속 사격도 가능하고 복싱도 상대방이 쓰러지지 않는 한 연속해서 상대방을 가격할 수 있다. 그러나 테니스류는 경기 규칙에서 이러한 계속성이 없으므로 이들에 비해 경기 동작이 훨씬 단순하게 구성되는 편이다. 한 자리에서 여러번 치는 듯한 골프나 볼링도 한 자리에서 계속 동작하는 것이 아니라 코스와 레인이 변경되면서 제한된 횟수로 단일한 동작이 반복된다는 점에서 테니스와 유사한 경기 진행 구조를 보인다.

둘째는 경기 상대방과 경기 진행을 바꾸어 가는 교호적인 방식을 경기 내내 유지해야 한다는 점이다. 가령 테니스는 자신에게 온 공을 한 번 쳐서 상대방 코트로 넘겨야 하며 이 뒤에는 상대방이 마찬가지 경기 동작으로 다시 되넘겨주어야 한다. 골프도 한 번 스트로크를 하면 같은 팀의 다른 사람이 이어받아 스트로크를 하게 되며 당구의 경우는 자신이 득점하는 동안 스트로크를 계속 할 수 있지만 득점에 실패하게 되면 상대방이 동일한 경기 방식으로 경기를 하게 되는 점에서 역시 공통적이다. 이 점은 자신에게 적용된 경기 방법이 마찬가지로 상대방에게도 동일한 방법으로 적용된다는 일관성의 유지를 뜻한다. 그러나 사격 권투 역도 등과 같은 경우 이러한 의무적 교호성은 없고 불규칙한 경기 진행을 보이는 차이가 있다.

이와 같은 테니스 류의 경기 동작의 특성은 다음과 같이 정리될 수 있다.

(1) **단일성**: 1회 타격으로 자신의 플레이 마무리
(2) **교호성**: 2명 또는 정해진 소수의 경기자가 반드시 교호적으로 경기를 진행함

5. 맺는 글

"테니스를 친다"라는 표현은 운동 경기 종목에 포괄적 서술어인 '하다' 대신 구체적 서술어인 '치다'가 연결되어 생성된 표현으로 테니스류를 제외한 다른 경기 종목에서는 잘 보이지 않는 특별한 표현이다.

"테니스를 친다"라는 표현이 생성된 이유는 기본적으로 테니스 경기 내내 단일한 방식으로 공을 라켓으로 치는 것이 핵심적 동작이 되기 때문이다. 여기에 공을 한 번 쳐서 상대방 코트로 반드시 보내야 하는 교호적 규칙이 더해져서 '타격'이라는 동작을 테니스를 대표하는 환유적 메시지로 언중들이 받아들이게 되어 결국 "테니스를 치다"라는 표현이 생성된 것으로 볼 수 있다.

테니스 알쓸신잡, 하나

유용한 테니스 상식 민 경 진(생명과학과)

● 개인 테니스 코트 만들려면 비용이 얼마나 필요할까?

가끔 테니스에 열정적인 동호인들은 한 번쯤 상상해 보았을 것 같다. 내 개인 코트가 있으면 얼마나 좋을까? 우선 땅값이 제일 문제겠지만 개인 땅이라고 했을 경우를 기준으로 할 때 코트 규격에만 264㎡(약 80 평)가 필요하고 사이드와 베이스라인 뒷공간까지 해서 496㎡(150 평)에서 661㎡(200 평) 정도가 필요하다. 시공비용은 클레이코트의 경우 약 2~3천만 원으로 가장 저렴하다. 인조잔디 코트의 경우 소재에 따라 다르지만 3~4천만 원 정도, 하드코트의 경우 시공 완충제의 종류에 따라 달라지며 4천만 원에서 8천만 원까지 들어간다. 여기에 필수인 펜스를 설치하고, 옵션인 라이트까지 고려하면 개인이 건설하기에는 꽤 부담이 되는 금액이다.

● 테니스 코트 숫자에 대한 단상

테니스피플지가 작성한 2019년 통계에 의하면 우리나라의 코트 수는 공공 테니스장 3,919 면, 마을 체육시설 1,326 면으로 총 5,245 면이다. 서울의 경우 공공 테니스장 62 개소에 총 309 면의 코트가 있으니 1천만 명의 시민이 나눠 쓰기에는 턱없이 부족한 숫자이다. 그럼 세계에서 제일 많은 코트를 가지고 있는 나라는 어디일까? 예상했겠지만 미국이다. 총 30만 면으로 전 세계 추산 코트 숫자 100만 개 중 30%를 가지고 있다. 마지막으로 세계에서 제일 큰 테니스장을 가지고 있는 곳은 일본이다. 일본 자바현 시라코정에는 370 면의 테니스 코트가 있고, 각 코트는 20여 개 호텔들로 구성된 리조트에서 관리를 한다. 매주 챌린지와 퓨처스 대회가 열리며 주말에만 4천 명 정도가 이곳을 찾는다고 하니 소위 테니스타운이라 할 수 있겠다.

05장

수행으로서의 테니스

이경주(법학전문대학원)

1. 번뇌와 욕심을 키우는 테니스

세상 많고 많은 취미가 있지만, 운동만큼 즐거운 것은 없을 것이다. 땀을 흘리고 샤워를 하고 입가심으로 맥주를 한잔 해 보라. 테니스의 즐거움 또한 이루 말할 수 없다. 가끔은 혼자서 상대와 겨루고 경쟁하고 심박수를 느끼지만, 대개의 경우 파트너와 함께 상대와 경쟁하며 땀을 흘리고 샤워를 하고 저녁을 즐긴다. 더군다나 테니스의 경우 승패가 분명하여 승리라도 하면 그 즐거움은 무슨 말로 다 표현하랴. 한겨울 샤워하는 내내 흘러내리는 물줄기는 뜨신 물이건 미지근한 물이건 감로수처럼 온몸을 감싼다. 한여름의 차가운 물줄기는 청량음료처럼 시원하기만 하다.

그러나 테니스의 경우 패배라도 하면 이번엔 상황은 돌변한다. 샤워실의 따뜻한 물줄기는 뜨뜻 누릇하게만 느껴지고 한여름 차가운 물줄기는 번뇌 깃든 마음을 더욱 시리게 만든다.

승패가 갈리는 것이야 테니스뿐이겠는가. 그렇지만 테니스의 경우 두 사람이 조를 이루어 운동하다 보니 한 사람이 실수하면 결정적이다. 더군다나 친선경기가 아닌 타이틀이 걸린 시합에 나가게 되면 문법이 완전히 달라진다. 흔히들 테니스를 신사의 경기라고 한다지만 더군다나 교수가 테니스를 하면 더 신사적이기 이루 말할 수 없을 것이라 생각하지만 대회에 나가게 되면 교수건 일반동호이건 간에 약육강식의 세상이 전개된다. 몸풀기부터 약한 고리 찾기에 열심이다. 첫 두세 게임을 해 보면 두 사람 중에 어느 쪽이 약한가를 알 수 있고 약한 고리가 파악되는 순간 모든 공은 약한 한쪽 파트너에게 몰리게 마련이다. 아닌 말로 도륙이 시작된다. 승리의 방정식인 셈이다. 누가 이를 마다하랴. 정도의 차이가 있다고는 하나 친선경기라고 하더라도 상황은 비슷하다. 승패가 분명한 운동이다 보니 지고서 기분 좋을 사람은 없다. 그러다 보니 자꾸만 상대를 선택하고 집중한다.

그리고 상대뿐만 아니라 같은 편에 대해서는 이런저런 탓이 늘어난다. 한두 번은 "괜찮아요"를 연발하지만 몇 번이고 반복되다 보면 괜찮아요라는 말도 잊어버린다. 실수한 사람도 마찬가지이다. 파트너의 괜찮아요라는 말은 그래 내가 실수했다는 말이군이라고 공연히 해석된다. 마음의 부담은 점점 더해만 간다. 심지어 잦은 실수를 내가 하는데 파트너가 아예 괜찮아요 라는 말조차 안하기 시작하면 더 바늘방석이다. 심지어 파트너가 짜증이라도 내기 시작하면 속은 뒤집어진다.

별문제 없던 라켓이 자꾸만 마음에 안들기도 하다. 이번에 신상이 나왔는데 한 번 써 볼까. 조코비치가 이번에 라켓을 바꿨던데 나도 한번 그래볼까. 평소에 멀쩡하던 신발이 자꾸만 의심이 간다. "그래 세 번째 게임에서 포핸드 칠 때 슬라이딩이 잘 안됐지. 그때 신발만 좋았으면, 그리고 슬라이딩만 잘 됐으면 그 포인트를 땄을 텐데…"

게임에 승리하더라도 생각이 많아진다. 더 잘할 수 있었는데, 엊그제 레슨 때 배운 것을 못 써먹다니. 몇 가지 게임 포인트에서 상대가 실수를 해서 망정이지 위닝샷을 못 친 부분에 대한 생각이 뇌리를 맴돈다. 본업이 시작되어 서둘러 잊기는 하지만 본업이 끝나고 나면 또 머리 속이 복잡하기만 하다. 동호인 대회가 끝나면 생각은 더 많아진다. 라켓을 새로 사고, 레슨 코치를 바꾸고, 스트링을 바꾸고 자꾸만 귀는 얇아져만 간다.

  승패가 분명한 운동이다 보니 패배만 있는 것은 아니다. 승리하기도 한다. 테니스를 시작하다 보면 진입장벽이 높아 좀처럼 테니스가 늘지 않는다. 그러나 어느 순간 승리의 시간이 온다. 누가 그랬다. 양질전환의 법칙은 테니스에도 작동한다고. 레슨을 받아도 사용할 수 없던 기술들이 어느 순간 사용되기 시작한다. 박빙의 승부가 진행되는 순간 우연인지 필연인지 레슨 때 배웠던 앵글샷이 갑자기 들어가기도 하고. 게임이 풀려나가고, 넘사벽처럼 느껴지던 상대에게 승리하기도 한다. OO배 입상자한테 이겼다고 겸손을 떨어 본다. 듣는 상대 두 번 킬링하는 멘트임은 생각도 못해 본다.

  승리가 계속되다 보면 동호인 대회에 나가보고 싶어진다. 골프를 치는 사람들이 밥만 먹으면 싱글 얘기를 하고, 싱글이 되어야만 골프인의 반열에 들것만 같듯이. 테니스도 마찬가지이다. 테니스 복식의 경우 한정된 시간에 네 명이 어울리다 보니 실력이 엇비슷하거나 자기보다 잘 치는 사람하고 게임을 하고 싶어하는 경향이 있다. 그러다 보니 마니아들은 여러 개의 테니스 클럽을 겹치기 한다. 에이스 모임이 있고, 베스트 모임이 있고, 베스트 오브 베스트 모임이 있고 왕중왕 모임이 있고 뭐 그런 식이다.

  자기보다 나은 모임에 어울리기 위해서는 실적이 필요하다. 실적을 쌓기 위해서는 대회에 나가야 하고 대회에 나가기 위해서는 꾸준한 레슨을 받아야 하고, 파트너를 계속해서 조달해야 한다. 고정 파트너와 대회에 나가기는 좀처럼 쉽지 않다. 이번 대회는 이 사람과 다음 대회는 저 사람과 ...리저브가 계속해서 필요하다. 경쟁력 있는 클럽일수록 이런 경향이 강한데, 여러 클럽에 겹치기 출연이 이어지는 이유 중의 하나이기도 하다.

  교수 테니스도 마찬가지이다. 1972년부터 시작된 전국교수테니스대회는 올해로 벌써 50년을 맞이하게 된다. 언제부터인가 대회 팜플렛 맨 뒷장에는 역대 대회 입상자가 기록되어 있다. 개인전은 복식조의 개인이름으로 단체전은 학교 이름으로 등재되어 있다. 특히 개인전은 족보라 불리기도 한다. 처음에는 즐테로 시작했던 것이 언제부터인가 족보에 오르기 위한 테니스가 되기 시작한다. 자기 분야에서 일가견이 있는 사람들이라 집중력들이 대단해진다. 하루의 많은 시간을 테니스에 할당하기 시작한다.

해마다 전국대회 시즌이 되면 파트너를 정하는 작업이 시작된다. 그런데 대회 한 달 전에 정하던 파트너가 두 달 전이 되고, 세 달 전이 되다가 경쟁이 심한 곳에서는 대회가 끝나자마자 내년도 파트너를 선점하기도 한다.

승리에서 오는 기쁨을 더 맛보려 하다 보니 본업과 취미가 바뀌기도 한다. 기본적으로 대회에 나가보면 구리빛 피부를 자랑하는 '수많은 나'를 만나게 된다.

2. 테니스는 상대적이다

모든 동호인이 실적을 내기는 쉽지 않다. 그럼에도 불구하고 동네 클럽에 보면 입상 한 번 안 해 본 사람을 찾기가 어렵다. 특히 구청장배 등에 출전하는 클럽의 에이스의 경우 동호인 대회 족보하나 없는 사람은 찾아보기 힘들다. 자강불식! 여기저기서 슥삭슥삭 칼 가는 소리가 들린다. 어떤 사람은 레슨 코치를 두 명, 세 명 상대하기도 한다.

그런데 생각해보면 테니스는 상대적이다. 동네에서 아무리 길고 나는 선수도 초등학교 '선출'(선수출신)한테 당하기는 어렵다. 초등학교 선출이라고 하더라도 중딩 선출한테는 당해 내기 힘들다. 중딩 선출은 고딩 선출한테는 상대가 되지 않는다. 고딩 선출도 대학 선출한테는 좀처럼 이길 수가 없다. 사실 그래서 전국교수테니스대회도 몇 년전부터 대학 선출 규제를 하고 있다. 중딩 초딩 선출도 있어 이를 규제해야 한다는 소리도 있었다. 나중에 뒷담으로 들은 바로는 탁월한 수행 실적을 과시했던 우리들이 잘 아는 초딩 선출인 그이를 위한 논의였다. 잠시 삼천포로 흘렀지만, 다시 얘기로 돌아오면 대학 선출이라도 '국대'(국가대표)한테는 상대가 되지 않는다. 대한민국을 주름잡는 국대도 사실은 세계 무대에 나가면 연전연패이다. 세계 무대의 상위 랭커도 조코비치나 나달한테는 당할 재간이 없다. 테니스만큼 상대적인 운동이 또 있으랴.

  테니스는 상대에 따라 상대적이기도 하지만, 컨디션에 따라서도 상대적이다. 어떤 날은 그분이 오신 날이 있다. 픽사리를 내어도 포인트가 나고, 밀려친 볼이 상대의 역을 찌르기도 한다. 오늘만 같아라. 매일매일이.

  어떤 날은 컨디션이 너무 좋아도 문제이다. 대회를 앞두고 매일매일 운동을 한 적이 있다. 대회 직전 픽사리를 내어도 포인트가 나고, 그러니 그 기세를 몰아 내일은 드디어 입상이다라고 생각한 적이 있었다. 그러나 경기 시작 전 몸을 푸는데 몸이 천근이다. 게임이 잘 안풀리니 마음은 만근이다.

  테니스는 주변 환경에 따라 상대적이기도 하다. 아는 테니스 형님의 부름을 받아 OO코트에 갔다. 코트에 들어선 순간 코트가 꽉 차 보였다. 땅에 여유가 없었지만 동네 동호인들이 극구 개입하여 한 면을 더 넣는 바람에 옆 코트와의 간격이 좁았다. 슬라이스 서브가 심하게 오거나 앵글 샷이라도 치면 옆 코트 사람들과 코가 마주친다. 그런데 코트가 좁아 보이니 평소에 못 받던 쇼트도 금방이라도 달려가 받을 것만 같다. 내 발이 이리도 빨랐나 싶다.

  아는 테니스 동생의 꼬임에 넘어가 동호인 대회에 나갔다가 △△코트에 갔다. 상대편 코트가 멀게만 느껴진다. 눈이 나빠졌나. 다초점 안경 때문인가. 이 코트는 땅에 여유가 있는지 앤드라인과 펜스와의 거리가 5미터는 족히 되어 보인다. 게다가 테니스 코트 전문가가 개입하여 네트가 있는 쪽을 약간 높게 하여 두었던 것이다. 물빠짐이 좋게 하려고. 스핀량이 많은 서브를 넣은 상대방을 만나면 이런 코트는 완전 쥐약이다. 코트가 멀게 느껴지면 네트에 공도 많이 걸린다. 네트에 공이 안 걸리게 하려고 길게 치다보면 왜 그리 아웃도 잘 나는지. 죽을 쑨 적이 있다. "형님 다시 보았어요"라고 되돌아 왔다. 유리 멘탈이라는 멘트가 날아오지 않아 다행이었다. 샤워장에서 슬그머니 가슴을 내려다본다. 유리였나 강철이었나 자가 진단해 보려고. 사실은 멘탈 문제가 아니었는데, 억울해서 다른 사람한테 물어보았다. 그 친구 왈. "나도 그 코트는 가급적 안 가!".

  테니스는 파트너가 누구냐에 따라서도 상대적이다. 예전에 어떤 동네 월례회에서 제비뽑기를 기가 막히게 한 적이 있다. 누가 보아도 괜찮은 사람들끼리의 조합이 되었다. 드디어 그님이 오신 것으로 생각하고 눈앞에는 우승이 아른거린다. 오늘은 골든 벨을 울려 볼까도 미리 생각해 본다. 그러나 웬걸! 시합을 하여 보니 매 게임 항상 2% 부족이다. 듀스 그리고 노애드까지는 가는데 뒷마무리가 되지 않는다. 알고 보니 파트너는 나하고 똑같은 온순 가련형이었던 것이다.

또 어떤 모임에서는 제비뽑기를 하자마자 하늘만 쳐다본 적이 있다. 강타를 치는데 제구가 안되는 파트너였다. 박찬호의 고등학교 시절이 스쳐가기도 하였다. 그런데 그 모임 대회에서 영광의 우승을 한 적이 있다. 한쪽은 관리를 하고 한쪽은 막가파 테니스를 하는데 우선 상대방이 헷갈려했다. 우선 템포가 달라 세게 쳐야 하는지 천천히 쳐야 하는지 몹시 헷갈려 하는 것 같았다. 기대하지 않는 상황에서 대포알 스트로크가 날라오고 기대한 곳에서 비실비실 볼인지 일부러 치는 연타인지 모를 연타가 나오고 가끔은 스핀이 걸린 앵글 샷이 날라오고 어쩌다 한두 점이려니 했는데 한 게임이 되고 두 게임이 되고, 어 하다 보니 4:1이 되어 있었다. 우리는 여유, 상대는 조급. 어~하다 보니 게임이 끝났다.

언제부터인가 그런 생각이 들었다. 아이고 편하게 치자. 人生到處 有上手! 인생도처 유상수

3. 즐테 도전기

1) 연습과 경기의 조화

편하게 치기로 마음먹으면서는 연습 방법도 바꾸어 보았다. 연구년으로 1년간 A 나라에 나가 있으면서 보니 눈에 띄는 점이 있었다. 우리나라의 테니스 클럽이 경기 위주로 움직여지는데 비하여 그곳에서는 연습도 많이 많이 하고 있었다.

뿐만 아니라 연습하는 모임과 게임하는 모임이 별도로 운영되고 있었다 연습만 하는 모임의 경우도 매너리즘에 빠지지 않기 위해서 몇 가지 방법을 쓰고 있었다. 예를 들면, 코트를 빌리면 10명 정도를 초청하는데, 매번 30% 정도는 뉴페이스들

이었다. 코트를 확보한 사람이 레벨별로 플랫폼에 매주 사람 모집을 하고 있었다. 연습은 세 사람 또는 다섯 사람을 한쪽에 세우고 다른 쪽에서는 한 번 에러할 때까지 계속 치는 식이다. 한 사람하고만 계속 치는 것이 아니고 상대가 바뀔 뿐만 아니라 10분 단위로 세 사람 쪽도 듀스 코트와 애드 코트를 바꾸게 하였다. 실전 매뉴얼로 2시간을 돌고 나니 시합도 하지 않았는데 완전 방전. 샤워 후 맥주 맛이 이렇게 좋을 줄이야.

우리나라에서는 이런 연습 모임을 하기가 쉽지 않다. 대개는 1-2면 있는 단지 코트이고 여러 면이 있는 경우도 1-2면 예약하여 20여 명을 돌려야 하기 때문에 불가능한 경우가 많다. 하지만 대학 테니스 클럽은 연습 모임과 게임 모임을 병행하기 매우 좋은 여건이다. 우리 학교의 경우 모두 8면의 코트가 있으니 거의 황제 코트 수준이다.

2) 경쟁과 교류

아직도 좀 부러운 것이 있다. 연구년으로 나가 있던 B 나라에서의 경험인데, 클럽 대항전이 홈 앤드 어웨이 방식으로 이루어지는 것이었다. 그곳의 테니스 클럽은 공용 코트를 본거지로 하는 클럽도 많지만 골프장 등에 딸린 사설 코트를 본거지를 하는 클럽도 많았는데 덕분에 많은 클럽 코트에서 운동을 해 볼 수 있었다. 말이 짧아 긴 얘기를 할 수 없었지만 끝나고 맥주 한잔씩, 괜찮은 동네에서는 클럽하우스에서 이것 저것 먹여 주기도 했다. 이 인간들도 이렇게 사는구나 하는 것을 좀 더 가까이서 느낄 수 있었다. 상대 팀의 멤버가 우리 애랑 같은 학교 학부형이어서 나중에 애들끼리도 친해질 수 있었다. 아쉬울 때 이것저것 도움도 받았다.

우리나라 전국 교수테니스회는 역사가 무려 50년이 된다. 1972년 민관식이라는 분이 문교부 장관을 하면서 어떤 연유가 있었는지 아니면 본인이 테니스를 좋아해서인지 교수테니스대회라는 것을 만든 모양이다. 나는 개인적으로 1999년부터 참가하기 시작했으니 교수테니스 참가 20주년을 넘긴 셈이다. 대회에 나가면서 학교 교수들과 정말 많이 친해질 수 있었다. 2박 3일 동안 숙식을 같이 하고 단체전을 응원하고 같이 뛰는 것이니 이보다 더 끈끈하지 않을 수 없다.

그러나 아쉬움도 있다. 대회에 나오는 다른 학교의 세계적인 석학들과 '적'으로만 만나는 것이다. 예전에는 무슨 과냐고 서로 묻기도 하고 덕담도 했던 것 같은데, 전투력을 약화시킨다고 눈치를 한 번 받은 적이 있다.

얼떨결에 전국교수테니스연맹의 총무이사를 한 2년 한 적이 있다. 지역별 대회를 활성화하자고 하여 실제 일부 지역에서도 진행되고 있다. 경남지역에서는 부울경 대회가, 충청권 대학들도 대회가 있고, 수도권 대회도 이루어진 적이 있다. 우리 지역도 3개 대학이 정기적으로 교류한 적도 있다. 코로나로 전국대회가 한 번 무산되고 한 번은 반쪽짜리 대회로 치루어지고 보니 지역 교류전이 자꾸만 생각난다. 초창기 전국교수테니스대회의 모습은 잘 모르겠지만 그래도 좀 교류가 있었지 않을까 막연히 생각해 본다. 우리 학교도 부정기적이었지만 H, K, Y 대학 등과도 교류전이 있었다. 단일 종목으로는 전국 최대 규모인 자랑스러운 교수테니스대회이지만 코로나 변수도 이제 상수가 될 것 같으니 규모를 줄여 지역 교류전으로 하고 8강전이나 4강전 정도만 일제히 치르는 것은 너무 섣부른 이상론일까.

3) 기본으로 돌아가기

게임과 경기력 향상 위주로 테니스 생활을 하다 보니 언제부터인가 테니스가 그 모양 그 꼴인 것을 느낀 적이 있다. 동호인 주제에 입스 YIPS 일리도 없었다. 식당에서 줄 서서 밥 먹듯이 빨리 몸 풀고 빨리 게임하고 빨리 나오고 빨리 다음 게임 들어가고 뭐 그런 영향도 있는 것 같았다. 몸도 덜 풀린 상태에서 일합을 겨루어야 하니 폼은 작아지고 꼼수는 늘어나고 '사파'가 되어가는 느낌도 들었다. 아시다시피 우리나라의 경우 코트가 적다. 있는 코트도 없어져 가고 있으니 한정된 코트에 한정된 날짜 즉 토요일이나 일요일에 나와서 다다익선 많은 게임을 하다 보니 연습을 할 수 없다. 연습을 충분히 못하다 보니 기본기를 되돌아 볼 시간이 없다.

기본기를 되돌아 볼려면 레슨을 받아야 한다. 그런데 레슨 코트도 인기있는 코치는 만원이다. 알다시피 레슨 코치들의 경우 매일 한다고는 하지만 20분 레슨 시간동안에 기본기를 돌이켜주기는 쉽지 않다. 레슨할 때는 좀 되는 것 같기도 한데 레슨을 끊으면 또 안된다. 볼 피딩만 하려는 코치에게 알랑방구를 뀌며 랠리 위주로 가 보기도 한다. 하지만 코치랑 하면 되는 것 같은데 혼자하면 또 안된다. 누가 그랬다. "레슨 중독 초기야".

레슨을 끊고 기회가 되는 대로 이런저런 스파링 파트너와 연습에 도전해 본다. 종종 금단 현상이 나타나지만 이것저것 해 볼 수 있어 좋다. 유튜브에서 본 것도 한번 해 본다. 예전 유튜버들과 달리 요즘 유튜버들은 말도 잘한다. 예전에는 세계적인 테니스계의 석학들 플레이만 보다가 그것도 끊고 아예 '테린이' 영상에 더 친해져 본다. 곱씹는 맛이 새롭다.

4) 부진은 나의 문제로 받아들이기

언제부터인가 테니스가 조금 잘되는 느낌이 든 적이 있다. 레슨발은 아니었다. 레슨을 과감히 그만두고부터였으니까 연습발도 아니었다. 연습을 시작하기 전이었으니까 굳이 생각해 보면 게임이 안 풀릴 때마다 모 유튜버의 영향을 받아 '내탓이오'를 해 본 후인 것 같다. 내가 못하고 이기는 경우는 별로 없었고, 내가 잘하고 져도 그렇게 상심이 없었던 것을 떠 올리며.

라켓이 그다지 신경이 쓰이지도 않았다. 언젠가 라켓에 책임을 전가하느라고 마음먹고 30그램 무게를 올린 적이 있었다. 간이 배 밖으로 나와 두 자루 모두 '신상'이었으니까 50만원을 일시에 투자한 적이 있다. 처음 두 달은 기가 막히게 잘 맞았다. 나도 이렇게 묵직한 볼을 칠 수 있구나. 그런데 어느 날 아파트 문 열쇠를 돌리려는데 돌려지지 않았다. 정형외과를 하는 동호인 동네 후배가 그랬다. "드디어 오셨네요 그 분이" 정확히 6개월 후에 엘보가 왔다.

라켓 무게보다는 나의 스윙 스피드가 문제이고, 레슨 부족보다는 나의 연습 부족이나 스윙 메카니즘이 문제이고, 파트너보다는 나의 수행 능력이 문제라는 생각이 들었다.

4. 수행으로서의 테니스

사실 말은 이렇게 해도 부진을 나의 문제로 받아들이는 것은 쉽지 않다. 일단 머리로는 잘 되지만 막상 잘 안풀리면 남의 탓을 자꾸만 습관적으로 하게 된다. 하지만 이것을 의식하기 시작하는 순간 그래도 남 탓, 상황 탓하는 일에 덜 끌려가게 된다. 시중의 인기 유튜버 스님이 번뇌와 욕심을 이겨내는 방법은 이들과 승부를 내려 하는 것이 아니라 내가 남 탓을 하고 있네 하고 알아차리는 수행 meditation 을 하라는 것이었다. 도대체 그 어려운 것을 어떻게 알아차리냐고 누가 질문하였다. 우선은 '그렇구나!' 하고 그 때마다 되뇌이면 된다고 했다.

그런 의미에서는 테니스도 수행이다. 워낙 상대적이어서 절대강자가 될 수 없고, '그렇구나!', '그렇구나!' 하다 보면 볼 치는 것 즉 수행 practice 도 늘어난다는 얘기이지 않을까. 그런데 그런 저런 수행을 의식하면서부터는 수행 perfomance 도 테니스의 즐거움도 조금씩 나아짐을 느낀다. 수행의 끝은 어딜까.

대학 교수로 있지만 테니스를 하면서부터는 연구자라는 말을 좋아하게 되었다. 연구도 끝이 없기 때문이다. 나의 부족함을 알아차릴 때 연구도 지속되는 것이고 연구가 지속될 때 이런저런 성과도 날 것 같다. 테니스를 치면서 알아차린 의외의 성과이다.

06장

테니스 하수의 테니스 사랑

이기영(물리학과)

1. 시작하는 글

　나도 이제 어언 간에 70이 넘어 노인 행세를 해도 좋은 나이가 되었다. 그리고 여전히 테니스도 하고 있는데, 돌이켜 보면 학교 재직 시절 동료 교수들과의 테니스 모임인 "목요테니스회"가 있어 그게 가능하지 않았을까 생각된다. 매주마다 목요일이 기다려지고, 목요일 늦은 오후가 되면 동료 교수들과 즐겁게 운동하고 담소하던 시절이 있었는데 그때가 그립다.

　특히 다양한 전공을 가진 교수들과의 교류를 통해 학과 교수님들과는 다른 분위기를 맛 볼 수 있었으며, 운동이 끝나고 나서 가지는 저녁 식사 모임에서는 덤으로 세상 돌아가는 이야기를 나눌 수 있어 더욱 좋았다.

　이 글에서는 하수인 내가 오랫동안 꾸준히 테니스를 하는 이유와 함께 나를 통해 하수의 범주에 머물러 계신 분들에게 위안을 드리고자 한다.

2. 별난 테니스 인생

나의 테니스 얘기를 들으면 좀 별난 사람도 다 있다고 생각하는 사람들이 많을 것 같다. 나는 20대 후반부터 테니스를 했으니 구력은 40년도 넘은 셈이다. 그런데 부끄럽지만 그렇게 오래 되었는데도 여전히 하수 수준을 못 벗어나 있다. 돌이켜 보면 많은 젊은 교수들이 늦게 테니스를 시작하고도 얼마 안 있어 나보다 훨씬 잘 치는 수준에 이른 경우가 많았는데, 나는 그렇지 못했던 것이다. 서당개 삼년이면 풍월을 읊는다는 옛말이 있는데, 내게는 해당이 안 되는 것 같다. 아마도 좋은 코치 밑에서 집중적인 테니스 레슨을 받는지 아닌지가 그 차이를 만들었을 것 같다. 물론 나는 그렇게까지 열성적이지는 못했다.

그리고 또 하나의 별난 점은 그런데도 불구하고 내가 아직 테니스를 계속한다는 점이다. 그건 물론 내가 잘 못해도 같이 쳐주는 고마운 친구들이 있기 때문이다. 젊을 때는 나이가 들어도 사람들이 같이 쳐 줄 만큼의 실력을 길러야겠다고 노력하기도 했지만 그런 실력에 이르지 못한 지금에도 여전히 같이 쳐주는 이웃들이 있어 행복하다. 못 치는 실력으로라도 그렇게 오랫동안 테니스를 계속하는 것도 별나고, 그런데도 여전히 하수 수준을 못 벗어나는 것도 별나고, 그리고 여전히 테니스를 좋아한다는 것도 별나다면 별난 셈이다.

돌이켜 보면 나보다 잘 치는 사람들이 중간에 테니스를 그만 둔 경우도 많았는데 많은 경우 부상이 원인이었던 것 같다. 너무 열심히 해서 팔 관절이 아픈 테니스 엘보, 무릎 관절이 아픈 병, 허리가 아픈 것 등이 문제가 되었던 것이다.

나는 무리가 될 정도로 열심히 테니스를 친 적이 없어서 부상 문제가 크지는 않았는데, 열심히 많이 하면 당연히 문제가 생길 수밖에 없다. 그런 문제에 대해 체육과 김광회 교수님의 조언이 도움이 되었는데 관절 문제가 안 생기려면 근본적으로는 관절 근육을 키우라는 것이었다. 즉, 무릎 관절이나 허리 문제는 무리하지 않을 정도로 자주 많이 걸어 근육을 키우라는 것이었는데 등산이나 하이킹 등으로 근육을 키우지 않고 테니스만 하면 확실히 관절에 무리가 오는 것 같다.

나는 물리학을 공부했지만 물리학을 잘한다고 해서 운동에 도움이 되는 것은 물론 아니다. 예컨대 당구공의 충돌이나 테니스 라켓이 공을 치는 것은 물리적인 현상이긴 하지만 내 지식이 당구를 잘 치거나 테니스를 잘하는 데 도움이 되지는 않는 것 같다.

이론적으로 물리학에서는 날아오는 공을 칠 때 라켓이 나아가면서 맞추면 맞은 공의 속도가 더 빨라지고 물러서면서 치면 더 느려진다. 그러므로 공이 오면 물러서면서 치지 않고 몸이 앞으로 나아가는 느낌으로 쳐야 공이 살아서 날아간다. 그런데 몸 상태가 안 좋은 날은 자신감을 잃고 몸이 느려져 공이 오면 그러지 말아야 하는데도 자꾸 물러서는 습관이 생긴다.

나에게 테니스는 어려운 운동이다. 날아오는 공을 라켓으로 정확히 맞추는 것도 어려운 일이고, 또한 강약과 방향을 조절까지 하는 것은 더 어려운 일이다.

돌이켜 보면 어떤 때는 테니스가 잘되는 날도 많았고, 안되는 때도 많았다. 골프는 치는 사람들이 골프가 잘 안되는 날은 그 이유로 드는 것이 101가지 있다고 말한다는 얘기를 들은 적이 있다. 이런저런 100가지 이유가 있는데 마지막 101번째 이유는 "이상하게" 안 된다는 것이다. 그것은 나의 경우도 마찬가지인데 어떤 날은 정말 이상하게 몸이 말을 안 들어 못 친다. 공이 날아오면 온 몸이 굳어지며 공을 맞추는 자체가 어렵기 때문이다. 물론 몸이 가벼운 날은 공이 느리게 날아오는 것으로 보이기 때문에 마음껏 여유가 있게 휘두르는 날도 있다.

잘되는 날은 아무 생각도 안 들면서 자신 있고 기분 좋게 그냥 잘된다. 그러나 안되는 날은 "이상하게" 안되면서 잘되던 때의 기억을 되살리려 많은 생각을 하게 된다. 예컨대 "급하지 않게 충분히 기다렸다가 맞는 것을 눈으로 보면서", "밀어서", "치는 순간 라켓을 잡은 손에 힘이 안 들어가게", "꾹 눌러주는 마음으로", "밀어 올리는 마음으로", "자세를 낮춰서" 등등 수없이 많은 것들이 머릿속을 드나든다. 그리고 그렇게 생각이 많이 드는 날은 어떻게 해도 잘 안된다.

그러나 잘 안되는 때의 모든 것은 결국 몸이 무거워 잘 움직이지 못하는 것이 원인이다. 어느 고수가 말하기를, "몸이 거의 기계적으로 치는 상태가 되기까지 수없이 많이 연습해야 한다."고 했다는데 그것이 옳은 말인 것 같다. 유명한 골프의

대가들도 하루 10시간 넘게 스윙 연습을 한다고 하지 않는가! 그러나 기운이 없어져 잘 뛰지도 못하는 체력이나 나이에 이르면 물론 어떻게 해도 잘할 수 없게 된다.

인하대에는 필자와 더불어 승부보다는 테니스 자체를 즐기는 교수님들이 몇 분 계신다. 이분들 중에서 본인들은 인정 안 하실지 모르겠지만 지면을 빌려 두 분을 소개하고자 한다. 두 분께서는 너그러운 마음으로 양해해 주시리라 믿는다.

아래 사진에서 왼손으로 멋지게 스크로크를 구사하고 계시는 박 교수님은 2021년 여름에 정년퇴직을 하셨다. 항상 큰 소리를 내면서 테니스를 치셔서 필자가 코트에 나올 때 코트가 조용하면 아하 오늘은 박 교수님이 코트에 안 나오셨구나라고 생각할 정도로 분위기 메이커이다. 이분도 정년까지 몸에 큰 무리 없이 테니스를 즐기셨고 지금도 열심히 학교 코트에 나오시는 것으로 알고 있다.

다음으로 아래 사진에서 점잖게 리시브 자세를 취하고 계신 최 교수님은 인하대 교수테니스회의 주치의 역할을 담당하고 계시는 분이다. 바쁘신 병원생활에도 불구하고 최근 몇 년 동안 개최된 전국교수테니스대회에 참가하셔서 동료 교수들의 몸을 보살펴 주시는 고마운 분이다. 최 교수님은 학교 코트에 나오시는 날은 항상 저녁식사 자리에 동석하셔서 반주를 즐기신다. 즉 최 교수님은 테니스 치는 즐거움과 함께 애주가로서의 재미도 느끼며 운동을 하시는 멋진 낭만주의자라고 하겠다.

➡ 그림 1. 박 교수님은 코트에서 활달한 목소리로 스트레스를 해소하며 테니스를 즐기시고, 최 교수님은 테니스와 저녁모임을 함께 즐기시는 분이다.

3. 맺는 글

내가 아직도 테니스 하수로 남게 된 이유는 물론 타고난 나의 운동신경이 그 정도까지밖에 안 되어서 그런 것 같다. 모든 운동이 다 그렇겠지만 테니스도 타고난 재능과 노력의 결과에 따라 사람마다 그 한계가 정해지는 것 같아 보이기 때문이다. 그 말은 나도 좋은 코치를 만나 훈련을 받으면 어느 정도 한계까지 잘하는 수준까지 이를 수 있었으리라는 것이지만 그 한계가 바로 지금의 수준보다 아주 높지는 않을 것 같다는 뜻이다.

그래서 나는 사람마다 주어지는 재능의 차이를 인정하고 나 나름대로의 지금에 만족하고 싶다. 테니스를 잘하지는 못해도 나이가 70대에 이르러서까지 큰 부상 없이 아직 테니스를 할 수 있다는 것에 만족하고 있다.

테니스 알쓸신잡, 둘

유용한 테니스 상식　　민 경 진 (생명과학과)

● **0점은 왜 '러브'라고 할까?**

0, 15, 30, 40으로 이어지는 테니스의 점수 체계에서 15, 30, 40는 fifteen, thirty, forty라고 하면서 왜 0은 zero라고 하지 않고 러브라고 부를까? 정확하지는 않지만 불어 loeuf(뢰프)에서 유래되었다는 설이 유력하다. '뢰프'는 계란이라는 뜻인데 숫자 0과 비슷하기에 프랑스에서 뢰프로 불리다가 영국으로 넘어가며 러브가 되었다는 설이다. 그 외 스코틀랜드어로 0을 뜻하는 'lafe (라프)'가 역시 러브로 변형되었다는 설도 있고, 포인트를 올리지 못한 상대방을 배려하는 차원에서 러브라는 사랑스러운 단어를 사용했다는 설도 있다.

● **왜 점수는 15-30-45가 아닌 15-30-40으로 이어질까?**

거의 모든 스포츠에서 1-2-3-4로 이어지는 점수 체계를 가지고 있는 것에 반해, 테니스는 0-15-30-40-60으로 이어지는 독특한 점수 체계를 가지고 있는 이유는 무엇일까? 이는 유럽의 점수 체계 방식에서 유래했다는 설이 유력하다. 테니스가 유럽에서 유행하기 시작할 당시, 포인트를 기록할 때 시계를 사용하였고 포인트 하나당 15분씩 시계바늘을 옮겨서 분침이 한 바퀴를 돌았을 때 게임을 가져가는 방식을 사용했다는 것이다. 이런 이유로 초창기 테니스는 15-30-45-60의 점수 체계를 가지고 있었다고 한다. 그런데 왜 과거의 45는 현재의 40이 되었을까? 45의 영어음절이 forty five로 부르기 너무 길어 부르기 쉬운 forty로 바꾸었다는 설도 있고, 듀스 상황에서 한 선수가 두 번을 연이어 이겨야 게임을 가져갈 수 있기에 45를 40으로 바꾸고 한 포인트를 이길 시 50, 두 게임을 이길시 60으로 분침을 옮기며 게임 승자를 결정했다는 설이 있다.

07장

제3의 공간과 테니스 미학

백승국(문화콘텐츠 문화경영학과)

1. 테니스는 제3의 공간

100세 시대에 인생을 행복하고 건강하게 살아가는 삶의 기술이 화두이다. 사람들이 행복하고 건강한 삶을 설계하는 삶의 기술은 각기 다양하다. 무라카미 하루키는 작지만 확실한 행복을 뜻하는 소확행으로 삶의 기술을 실천하고 있다. 그는 구운 빵을 손으로 찢어 먹는 순간, 서랍 안에 반듯하게 접어 넣은 속옷을 보는 순간, 새로 산 하얀 셔츠를 머리에서부터 뒤집어쓰는 순간 작지만 확실한 행복을 느낀다고 한다.

테니스 동호인들은 테니스 라켓을 잡는 순간, 라켓 줄을 매는 순간, 테니스 게임을 시작하는 순간에 행복한 감정을 느낀다. 테니스 라켓, 라켓 줄, 모자, 운동화, 복장, 테니스공, 라켓의 스트링 텐션 등에 만족하는 순간에 작은 행복을 체험한다. 그들에게는 테니스 장비가 행복을 만드는 소확행의 아이템들이다. 누구나 한번은 새로운 장비를 구입한 뒤, 동호인들에게 자랑하고 뿌듯해하던 추억 한두 가지는 가지고 있다.

사회학에서는 행복을 만드는 제3의 공간을 제안하고 있다.[1] 과도한 경쟁과 스트레스에 지친 현대인들에게 익숙하고 정형화된 공간인 집과 직장을 벗어나, 자신의 취향과 개성을 발휘하는 제3의 공간이 필요하다는 것이다. 제3의 공간은 취향의 공간이고, 정서적 안정감과 몰입의 공간이다. 제3의 공간은 취미와 취향을 선택한 사람들에게 존재하며, 자신이 꿈꾸던 자아를 실천하는 공간이다. 테니스 동호인에게 테니스장은 자신의 존재적 가치와 자아를 실현하는 제3의 공간이다. 그래서 테니스 동호인들은 여가의 대부분을 테니스장에서 보낸다. 집과 직장의 정형화된 공간을 벗어난 그들에게 테니스장은 제3의 공간이다.

오프라인 공간뿐만 아니라 사이버 공간에서 즐기는 테니스장도 제3의 공간이다. 2018년도에 출시된 비디오 게임 〈Tennis World Tour〉는 완벽한 그래픽 이미지와 인터랙션 기술로 테니스 동호인들을 사이버 테니스장으로 초대하고 있다. 현실에서 구현하지 못하는 서비스, 발리, 포핸드, 백핸드 샷 등을 자유자재로 터치하면서 게임에 몰입하는 매력이 있기 때문이다. 또한 롤랑가로스가 열리는 기간에 e-Sport 대회를 매년 개최하고 있어, 사이버 테니스장도 새로운 제3의 공간으로 자리매김하고 있다.

이 글은 인문학자가 바라본 테니스 미학에 관한 소고이다. 필자는 10년의 프랑스 유학 생활과 15년의 교수테니스회 활동을 통해서 테니스장이 제3의 공간이며 테니스 미학을 실천하는 장소라는 것을 인지하게 되었다. 지난 시간을 돌아보니 테니스 입문은 1989년 프랑스 유학 시절 스웨덴의 스테판 에드베리와 독일의 보리스 베커가 펼치는 롤랑가로스 준결승 경기 관람이 계기가 되었다. 강력한 서브를 기반으로 힘 있는 공격을 선보인 보리스 베커에 맞서 냉정하고 침착하게 경기를 주도했던 스테판 에드베리의 경기 모습이 아직도 눈에 선하다. 깔끔한 외모에 서브와 발리로 멋진 샷을 연출하는 스테판 에드베리의 팬이 되었다. 그리고 테니스가 운동 능력뿐만 아니라, 경기 중 에티켓도 중요한 부분이라는 것을 스테판 에드베리를 통해 학습하게 되었다 당시 테니스를 빨리 배우고 싶은 마음에 테니스 클럽에 가입

---

[1] 크리스티안 미쿤다(2005), 제3의 공간 : 환상적인 체험을 제공하는 공간연출 마케팅, **미래의 창**, p15

하려고 하였으나, 유학생으로 감당하기 어려운 연회비 때문에 가입을 하지 못하고 대학교 테니스 강좌와 유학생 모임에 참가해 테니스 실력을 연마했다.

당시 1990년대 프랑스 테니스가 클럽의 높은 연회비와 회원제로 운영되고 있음을 확인했다. 대중화된 축구와는 달리 경제적 여유와 여가 문화를 즐기는 부르주아지 계층의 제3의 공간으로 테니스가 인기였다. 프랑스에서 접한 테니스는 테니스 클럽으로 운영되는 진입장벽이 높은 부르주아지 엘리트 스포츠라는 느낌을 지울 수 없었다. 또한 테니스가 신사의 나라 영국에서 시작한 것이 아니라, 중세시대 프랑스에서 처음 시작한 귀족들의 놀이 문화였다는 사실도 알게 되었다.

하지만 테니스와 함께한 유학 생활은 이방인 유학생이 느끼는 테니스에 대한 부정적 느낌보다 테니스에 대한 진정한 가치를 발견하게 된 소중한 시간이었다. 무엇보다 중요한 사실은 테니스를 즐기는 프랑스인에게 테니스가 신체적 운동을 넘어서, 미학적 평가의 대상이라는 것이다. 테니스 경기 중 샷을 날리기 위한 몸의 제스처, 에티켓, 샷의 예술적 감각, 게임의 승패 사이에 숨겨진 심리적 싸움 등이 평가 가능한 미학적 대상이라는 것을 인지하게 되었다.

결국 테니스 미학은 테니스 샷의 제스처와 예술적 감각 그리고 심리 기제를 분석하고 평가하는 예술적 개념이다. 테니스의 운동 역량과 생리학적 기능을 기반으로 전개되는 테니스 샷과 심리 상태의 심미적 가치를 탐색하는 것이다. 즉 게임의 승패를 위해 선수들이 주고받는 샷의 제스처와 예술적 감각 그리고 심리 상태의 균형미를 평가하는 것이다. 어쩌면 제3의 공간 속 테니스 미학의 진정한 매력은 테니스장에서 습득한 미학적 규칙과 코드를 삶 속에서 실천하라고 주문하고 있다는 것이다. 최상의 아름다운 자세로 샷을 주고받고, 경기 중 규칙과 코드를 준수하면서 상대 선수의 존재적 가치를 인정하는 스포츠이기 때문이다. 이것이 테니스 미학이고, 테니스 미학이 인생을 아름답게 꾸미는 삶의 미학을 전제하고 있다는 것이다.

2. 테니스 원형과 아비투스(habitus)

1) 테니스 원형(archetype)과 손바닥 놀이

오스트리아 분석심리학자 칼 구스타브 융은 원형의 개념이 시공간을 초월하여 사회구성원들의 집단무의식에 공유하고 있는 습관, 경험, 기억의 상징적 이미지라고 규정했다.[2] 융의 원형 개념은 테니스에도 적용할 수 있다. 테니스의 다양한 샷은 테니스를 치는 사람과 관객에게 하나의 이미지로 기억된다. 이것은 테니스인들의 집단무의식에 공유하고 있는 원형의 이미지이다. 예컨대 테니스인들의 무의식적 기억 속에는 테니스의 기본인 포핸드 샷의 이미지가 존재한다. 포핸드 샷을 날리기 위해서 왼손으로 방향을 잡고 오른손으로 타격하는 제스처를 하나의 이미지로 공유하고 있다.

테니스 원형은 역사적 어원과 연관성이 있다. 13세기 프랑스에서 시작된 테니스의 공식 명칭은 주 드 폼므 jeu de paume 이다. 불어로 폼므 paume 는 손바닥이고 주 jeu 는 놀이라는 뜻이다. 그래서 테니스의 어원은 '손바닥 놀이'이다. 현재 파리 루브르 박물관과 튤루리 공원 근처에 주 드 폼므 박물관이 있다. 중세시대 손바닥 놀이를 하던 건물 원형을 그대로 간직하고 있으며, 오늘날에는 미술관과 영화관의 문화 공간으로 사용하고 있다.

13세기 중세시대 파리에는 10개 정도의 '손바닥 놀이'를 하던 전용 구장이 있었다고 한다. 손바닥 놀이만을 위한 전용 구장이 있었다는 것은 손바닥 놀이가 귀족들의 여가 놀이였음을 짐작할 수 있다. 당시 귀족들은 건물 안에서 놀이를 즐겼고, 일반 평민들은 외부에서 손바닥 놀이를 했다는 기록들이 있다. 당시 손바닥 놀이가 귀족과 평민의 계급과 계층을 구별 짓기하고, 귀족들의 권력과 부를 상징하는 놀이 문화라는 흔적을 엿볼 수 있다.

---

[2] 로빈 로버트슨, 이광자 역(2012), 융의 원형, **집문당**, p15

대다수 많은 사람들이 테니스의 원조를 영국이라고 착각하고 있다. 하지만 테니스의 원조는 영국이 아니라, 중세시대 프랑스에서 시작한 놀이 문화이다. 오늘날 우리가 사용하는 테니스의 명칭도 중세 프랑스에서 어원을 찾을 수 있다. 프랑스에서 시작된 손바닥 놀이가 영국에 전파된 것은 15세기이다. 프랑스와 영국을 왕래하면서 무역을 하던 사람들이 손바닥 놀이를 영국에 전파하였다. 당시 프랑스 사람들은 손바닥 놀이를 테네츠 Ténèts 라고 호명했다. 현대 프랑스어로 '손에 가지다', '손에 쥐다'라는 뜨네 Tenez» 의 뜻을 가지고 있는 단어이다. 이것이 영국 사람들의 입으로 구전되면서 테니스 Tennis 로 변형되었고, 오늘날의 테니스 Tennis 라는 이름을 갖게 되었다.[3]

중세시대 사람들이 손바닥 놀이에 몰입한 이유는 무엇일까? 처음에 사람들은 손바닥으로 공을 넘기는 놀이로 시작했다. 손바닥으로 공을 넘기면서 땅을 차지하는 땅따먹기 놀이였다. 상대방보다 먼저 땅을 차지해야 한다는 경쟁심이 작동한 놀이였다. 하지만 손바닥으로 공을 넘기는 것이 불편했고, 손에 가죽 장갑을 사용하는 놀이로 발전하면서, 장갑 대신 라켓을 사용하는 오늘날의 게임으로 진화한 것이다. 거리에서 맨손으로 즐기는 평민에게는 손바닥 놀이였고, 전용 구장의 귀족에게는 도구를 활용한 아이템 놀이였다. 귀족들은 평민들과 구별하기 위해 테니스의 아이템을 개발하고 게임의 규칙을 세밀하게 만들었다.

오늘날의 테니스 점수 체계 0, 15, 30, 40도 그 당시에 만들어진 규칙이다. 당시 게임의 규칙은 선수의 발자국을 이동하는 것이다. 그물망을 경계로 점수를 획득하면 열다섯 발자국을 옮기고, 또 한 점수를 획득하면 열다섯 발자국을 이동하는 것이다. 그리고 마지막 점수를 획득하고 열 발자국을 이동하는 것으로 게임을 마무리하였다. 게임은 그물망에 먼저 도착하는 사람으로 승패를 결정했다. 오늘날과 같은 게임 규칙과 내용은 아니었지만, 게임 점수 체계와 형식은 유사했음을 짐작할 수 있다.

---

[3] https://www.lequipe.fr/Coaching/Archives/Actualites/Les-origines-du-tennis

2) 테니스와 아비투스(habitus)

테니스는 타 경기와 달리 경기의 규칙과 코드를 몸으로 습득하는 아비투스 운동이다. 라틴어 아비투스 habitus 는 몸의 체험을 통해 기억되고 저장하는 습관을 의미한다. 신체의 반복적인 움직임이 하나의 습관으로 형성되는 것이 아비투스이다.[4] 프랑스 사회학자 피에르 부르디외는 아비투스 개념을 테니스로 설명하고 있다. 타 스포츠와 달리 테니스는 규칙과 코드를 습득하면서 자신의 존재 방식을 터득하는 운동이라는 것이다. 또한 테니스는 아비투스의 수준에 따라 실력을 평가하여 계급과 계층을 구분하는 스포츠라고 주장했다. 실제로 테니스는 한동안 상류층이 즐기는 고급 스포츠로 자리매김했으며, 테니스 실력에 따라 계층을 구분하는 상징적인 운동이기도 했다.

테니스의 아비투스는 게임과 훈련으로 학습된 샷의 기억들이다. 예컨대 상대 선수가 보낸 서브를 포핸드와 백핸드 샷으로 반응하는 것은 몸이 기억하고 있는 아비투스이다. 아비투스는 반복적인 체험과 경험으로 감각기관이 기억하고 인지하고 있는 테니스의 다양한 샷의 자세와 폼을 지칭하는 개념이다. 오감의 감각기관인 몸으로 체화된 다양한 샷과 직관적 반응의 제스처들이 한곳에 모인 기억의 덩어리가 아비투스이다.

실제로 테니스는 규칙과 다양한 샷의 동작을 터득하지 못하면 진입하기 어려운 스포츠이다. 테니스에서 실력은 신체적 역량만을 의미하지는 않는다. 미학 차원에서 테니스의 아비투스는 경기의 규칙과 상대 선수를 존중하는 에티켓을 함축하고 있는 개념이다. 전 세계 테니스 동호인들의 집단무의식 속에는 테니스 원형과 아비투스 개념이 작동하고 있다. 그리고 테니스의 아비투스가 기억 속에서 사라지지 않는 한 테니스는 사람들의 취향과 여가 문화를 선도하는 스포츠로 존재할 것이다.

---

[4] 도리스 메르틴, 배명자 역(2020), 아비투스 인간의 품격을 결정하는 7가지 자본, **미래의 창**, p30

3. 테니스장은 미학과 심리학의 텍스트

1) 몰입과 게임성

사람들이 테니스에 몰입하는 이유는 무엇일까? 심리학적 개념인 몰입은 "무언가에 흠뻑 빠져있는 심리적 상태로 집중하고 있는 일에 심취한 무아지경의 상태"를 의미한다.[5] 감각과 정신이 혼연일체가 되는 경지에 도달하는 것이다. 테니스는 한순간에 몰입하는 심리 기제가 작동하는 스포츠이다. 테니스는 몸의 체온을 높이고 관절을 부드럽게 만드는 워밍업의 시간이 그리 길지 않은 스포츠이다. 몇 번의 난타, 발리, 로브, 서브 등을 주고받고 게임에 빠져드는 운동으로 한순간에 집중도가 높아지는 운동이다. 다른 스포츠에 비해 몰입과 집중을 요구하는 게임성이 강한 운동이다.

테니스 아이템을 장착한 게이머는 한순간에 게임성에 빠져들게 된다. 테니스 경기에 몰입하도록 유도하는 장치가 게임성이다. 테니스의 게임성 gameplay은 지루함 없이 자연스럽게 경기에 빠져들게 만드는 심리적 장치이다. 테니스의 게임성은 0, 15, 30, 40의 점수를 먼저 획득하는 경쟁 심리에서 작동한다. 또한 다른 스포츠에 비해 테니스의 게임성은 미션과 보상 시스템이 즉각적으로 작동하는 운동이다. 축구, 농구, 야구 등은 경기 스코어가 정해져 있지 않은 단체경기이다. 게임을 이겨야 한다는 집단 주체의 미션은 주어지지만, 개인 주체가 점수를 획득해야만 진행되는 게임은 아니다. 반면에 테니스는 개인 주체가 정해진 점수를 획득하는 미션으로 경기가 운영되는 보상이 명시적이고 몰입도가 높은 게임이다.

테니스에서의 보상은 물질적 아이템을 획득하는 것보다, 심리적 차원의 정서적 보상이 더 중요하다. 이러한 정서적 보상은 단식보다 복식 게임을 즐기는 동호인들에게 더욱더 강하게 작동한다. 동호회 회원들에게 테니스 실력을 인정받는 순간 자신의 존재적 가치가 빛나기 때문이다. 테니스에 몰입하는 사람들에게 진정한 보

---

[5] 미하이 칙센트미하이(2004), 몰입 flow 미치도록 행복한 나를 만난다, **산울림**, p12

상은 테니스장에서 자신의 존재적 가치를 인정받는 순간이다. 게임의 승리를 함께 만든 파트너와 교감하는 신뢰, 믿음, 우정, 연대감 등의 정서적 가치가 보상이다. 정서적 가치가 쌓이면서, 테니스장은 자신의 자아를 실현하는 판타지 공간으로 각인되는 것이다.

2) 미학과 심리학의 공간

테니스장은 삶의 기술을 학습하는 교과서처럼 텍스트의 기능을 수행하고 있다. 상대방이 날린 샷에 즉각적으로 반응하는 제스처를 통해 감각적 기쁨을 체험하는 공간이다. 테니스 규칙과 코드를 습득하면서 인간관계의 유연성을 습득하는 곳이다. 게임의 승패를 가로지르는 이분법적 사고를 넘어, 나와 타인의 존재를 자각하고 존중하는 인간관계를 체험하는 공간이다. 그래서 테니스장은 삶의 미학과 철학을 담고 있는 텍스트이다.

실제로 테니스를 통해 니체의 고독감을 체험했다는 사람들이 있다. 게임을 하면서 마주한 다양한 샷들을 혼자 결정하고 선택하는 순간에 쌓이는 고독감을 니체의 철학에 비유한 것이다. 고독감은 게임의 승패를 복식 파트너의 컨디션 탓으로 돌리는 감정이 아니다. 상대 선수의 샷에 저항하기 위해 자신이 선택한 샷과 몸의 움직임으로 생성되는 긍정적 감정이다. 고독한 선택의 순간을 즐기지 못하는 사람들이 파트너를 탓하고, 테니스장의 상태를 불평하면서 부정적 감정에 사로잡혀 게임을 망치는 것이다.

그래서 테니스장은 미학과 철학이 공존하는 학습의 공간이다. 테니스 경기를 펼치는 선수들은 각자의 색깔을 가진 정형화된 제스처와 매력적인 몸짓 그리고 테니스 자세로 자신만의 미학적 아름다움을 표현하고 있다. 테니스의 규칙을 준수하면서, 상대방을 존중하고 배려하는 아름다운 미학적 제스처를 실천하는 장소이다. 상대 선수의 다양한 샷에 저항하고, 반격의 샷을 선택하는 매력적인 몸짓과 함께 고독한 순간을 즐기는 삶의 기술을 연마하는 곳이다. 어쩌면 자신의 제스처와 감정을 컨트롤하면서, 다른 사람보다 더 나은 삶의 가치를 획득하는 삶의 기술을 습득하는 인생의 공간이다.

4. 테니스 루틴(routine)과 감각적 반응

1) 루틴과 제스처 그리고 미학

테니스는 루틴이 작동하는 스포츠이다. 테니스 선수들의 루틴을 엿볼 수 있는 영화가 2017년 개봉한 〈Borg vs McEnroe〉이다. 가장 위대한 테니스 영화라는 호평을 듣고 있는 〈Borg vs McEnroe〉에서 1980년 윔블던 결승전에 진출한 두 선수의 숨겨진 루틴 만들기 과정을 엿볼 수 있다. 어떠한 경기 상황에 직면해도 자신의 감정을 노출하지 않는 비에른 보그와 자신의 감정을 거침없이 표현하는 테니스 악동 매캔로의 대조적인 루틴을 비교할 수 있는 테니스 영화이다. 어쩌면 프로 테니스 경기의 승패는 신체적 조건과 테니스 기술보다는 자신과의 심리적 싸움에 달려있음을 암시하는 영화이다.

테니스 경기에서 보여주는 몸의 움직임은 구조와 규칙에 통제받는 루틴이 작동하고 있다. 루틴routine은 규칙적으로 하는 일의 통상적인 순서와 방법이란 의미를 담고 있다. 테니스 선수의 서브, 발리, 포핸드, 백핸드, 로브 등은 일정한 규칙과 순서로 구조화되어 있다. 마치 알고리즘의 코딩처럼 순서대로 샷의 제스처를 구조화하는 것이다. 프로와 아마추어 선수를 구분하는 변별적 가치는 샷의 아름다운 구조화이다. 허술한 자세와 폼으로 공을 넘기는 아마추어 선수의 루틴은 정교하게 구조화되어 있지 않다. 하지만 프로 선수들이 구사하는 테니스 루틴은 한 편의 아름다운 제스처를 표현한 무용처럼 예술적 가치를 표상하고 있다.

예컨대 테니스 자세를 완벽하게 습득하지 못한 아마추어 선수의 몸짓은 정제되지 않은 투박한 제스처이다. 볼을 넘겨야 한다는 강박에 테니스 자세의 아름다움을 신경 쓸 틈이 전혀 없다. 반면에 로브 볼을 멋있게 처리하는 프로 선수들의 몸짓은 한 마리의 독수리가 먹이를 낚아채는 장면을 연상하게 한다. 강력한 서브를 넣기 위해 한순간 허공에 머무는 프로 선수들의 모습은 숭고한 아름다움 그 자체이다. 마치 하늘을 날아오른 새의 모습을 연상하게 만든다.

그랜드 슬램에 출전한 프로 선수들의 테니스 샷과 경기 자세는 한편의 아름다운 그림을 그려놓은 듯하다. 자로 잰 듯한 구조화된 움직임으로 샷을 날리는 모습은 몸짓 예술을 감상하는 수용 미학을 실천하게 만든다. 프로 선수들의 테니스 샷과 제스처는 예술적 경지에 도달한 움직임이기 때문이다. 그들이 보여주는 테니스 자세와 행동이 정교하고 아름답기 때문이다.

그래서 다양한 샷을 정확하게 구사하는 프로 선수들의 미학적 제스처에 몰입하는 것이다. 공격 스타일을 보여주는 로저 페더러의 환상적인 샷을 선호하는 사람도 있고, 빠른 발놀림의 수비 자세로 그랜드 슬램의 신화를 구축하고 있는 노박 조코비치의 마법적인 샷에 열광하는 팬덤이 존재하는 것이다.

2) 감각적 반응과 인지적 반응

무엇보다도 테니스는 게임의 매 순간 직관적 선택과 감각적 반응이 개입하는 운동이다. 상대방 공을 포핸드로 받을 것인지 백핸드로 받을 것인지 타점을 위한 샷을 직관적으로 선택해야 한다. 공의 낙하지점에 따라 대응 방안을 신속하게 결정해야 한다. 우선 상대 선수가 보낸 볼의 구질과 속도 그리고 방향 등을 눈으로 지각하고 분석하는 뇌의 인지적 기능이 한순간에 이루어진다. 동시에 직관의 감각적 반응이 작동하게 된다. 어떤 샷으로 어느 방향과 각도로 샷을 보낼 것인지 순간적 선택이 진행되는 것이다. 순간의 선택이 무엇보다도 강하게 작동하는 운동이다. 주저하거나 망설이는 순간의 상념이 샷의 제스처를 망가트리고, 심리적 불안으로 실수를 유도하게 된다. 그래서 순간의 선택이 결정되면 과감하게 샷을 날리는 감각적 반응이 중요한 경기이다.

인지적 반응이 강한 운동은 훈련으로 학습된 게임의 전술이 개입하는 스포츠이다. 축구나 농구, 핸드볼 등은 볼을 자신이 소유하기까지 기다림의 시간이 존재한다. 그 순간에 약속된 작전을 생각하면서 볼을 줄 선수를 생각한다. 길지 않은 시간이지만 약속된 플레이를 고민하게 된다. 하지만 테니스는 기다림의 시간이 존재하지 않는다. 샷이 날아오는 순간에 대응 샷을 선택하는 운동이기 때문이다. 테니스 샷의 감각적 기쁨을 체험하기 위해서는 직관적 반응 속도를 줄이고, 상대방보다 반 박자 빠른 샷으로 저항한다는 심리 기제를 장착하는 것이다.

5. 테니스는 저항(resistance)의 미학

1) 저항의 미학

테니스는 저항 resistance 의 미학을 실천하는 운동이다. 심리학 차원에서 저항의 심리 기제가 작동하는 스포츠이다. 저항의 사전적 정의는 "어떤 힘이나 조건에 굽히지 아니하고, 거역하거나 버팀"을 의미한다.[6] 무엇보다도 상대 선수의 테니스 샷에 저항하고, 날씨와 운동장 상황에 굽히지 않고 버티는 운동이다. 상대 선수가 보낸 샷의 속도를 통제하면서 바람과 공기의 저항력을 활용하는 운동이다. 여기서 저항은 물리적 힘에 저항하는 신체적 반응을 기반으로 작동하는 심리적 상태를 의미하고, 상대방의 샷에 대응하는 심리적 상황을 압축한 개념이다.

테니스는 저항의 미학을 실천하는 스포츠이다. 저항의 미학은 상대 선수가 날린 샷의 속도와 각도에 저항하는 샷의 선택과 제스처 그리고 심리적 싸움을 함축하고 있다. 저항의 미학은 샷을 날리는 자세의 아름다움과 흔들리지 않는 심리적 안정감을 지칭한다. 의미가 비어있는 공허한 샷이 아니라, 안정적인 제스처로 타점을 올리는 샷을 한다는 믿음의 심리 기제가 작동하고 있다. 365일 꾸준히 테니스 레슨을 받고, 완벽한 테니스 기술을 가지고 있지만, 경기 중 심리적 싸움에 밀리거나 상대방 샷에 저항하는 직관적 반응이 부족한 테니스 동호인에게 필요한 마법의 주문이 저항의 미학이다.

테니스는 심리적 상태의 균형감이 작동하는 운동이다. 점수를 획득해야 한다는

---

[6] 네이버 어학사전 https://ko.dict.naver.com/#/entry

초조함이 찾아오는 순간 불안감에 사로잡힌다. 우리의 불안이 영혼을 잠식하듯이, 테니스의 불안은 감각적 반응을 무디게 만들어 버리고, 실수를 유발하게 만들고 경기를 포기하게 만드는 부정적 감정의 모티브가 된다. 특히 상대 선수가 날린 샷의 속도에 저항하지 못하고, 수비 공간이 확장되는 순간 균형감은 흔들리고 긴장감에 사로잡힌다. 저항의 조건에 굴복하고 있다는 징후는 몸의 움직임에서 나타난다. 즉 민첩하게 작동하던 감각적 움직임이 둔화되고, 의도하지 않은 실수가 연이어 발생하면서 게임을 망치게 된다.

경기 중 평소의 샷을 구사하지 못하는 것은 저항의 조건에 굴복하고 있다는 신호이다. 그래서 프로 선수들은 이미지 트레이닝을 하고, 자기암시 효과를 활용해 순간의 위기를 넘기는 자신만의 심리적 방법을 터득하고 있다. 심리적 상태가 중요한 테니스에서 자기암시 autosuggestion 요법은 긴장을 이완시키고 마음을 다스리는 꼭 필요한 심리적 도구이다.

프로 테니스 선수들의 자기암시 방식은 다양하다. 경기 중 위기를 극복하기 위해 수를 세거나, 코치들이 주문하는 메시지를 연상하는 기법 등이 있다. 우리가 잘 알고 있는 나달의 자기암시 방식은 흥미로운 상징적 제스처이다. 테니스 라인을 밟지 않고, 휴식 시간에 물병의 라인을 맞추어 정렬하는 그의 제스처는 거의 의식에 가까운 의례적 행동이다. 이러한 행동은 강박증이 아니라 자신에게 순간의 긴장을 해소하라는 자기 주문을 외우는 의식이다. 잠시 집중하는 자신만의 루틴을 만들어 긴장을 해소하는 나달의 자기암시 방식이다.

그래서 테니스는 100% 신체적 운동이면서, 100% 심리적 운동이다. 경기 중에 마주한 긴장과 불안의 심리적 상황을 극복하는 것이 승리의 원동력이다. 완벽한 점수로 게임을 앞서가다가 한순간에 무너지는 경기 승패의 원인은 흔들리는 심리적 상태에서 찾을 수 있다. 예컨대 이기고 있는 경기를 빨리 끝내야 한다는 심리적 불안이 침투하면서 샷을 날리는 어깨에 힘이 들어가고 실수로 연결된다. 그리고 내가 이 경기를 승리의 마침표로 찍을 수 있을까? 라는 의심을 하면서 순식간에 자신감을 상실하게 된다. 이러한 현상을 자기효능감 self-efficacy 의 상실이라고 한다. 미션을 수행하지 못하고 중간에 좌절하거나 포기하는 상태에 빠지는 것이다.

이러한 상황을 사전에 차단하기 위해서는 용수철이 튀어 오르듯이 이전보다 더 성장하여 가치를 획득하는 마음의 근력인 회복 탄력성과 경기 수행 능력을 높이는 루틴이 필요하다.

또한 심리적 상태의 균형감은 단련된 체력과 훈련의 강도에 따라 달리 나타나기도 한다. 저항의 도구에는 라켓과 함께 단련된 신체가 중요하다. 테니스 도구는 라켓뿐만 아니라, 다양한 샷을 날리고 방어하는 신체도 도구로서 기능하고 있다. 신체는 샷을 날리기 위해 몸을 이동하고, 볼을 타격하기 위해 균형을 유지하는 기능을 수행하는 도구이다. 상대방의 볼을 감아치거나, 밀어치는 임펙트 있는 스윙을 하기 위해서는 라켓, 손목, 허리가 동시에 작동하기 때문이다. 테니스 게임에 적합하게 단련된 체력과 학습된 신체는 심리적 균형감을 유지하기 위한 도구이다.

저항의 조건에 따라 전개되는 경기 결과는 예측이 어려운 시나리오이다. 상대방의 샷과 바람의 강도에 저항하는 순간의 선택으로 만들어지는 이야기 구조이다. 예컨대 바람의 세기가 공의 움직임을 느리게 한다면 저항의 강도는 높아져야 한다. 상대방의 포핸드 샷의 속도와 방향에 따라 저항의 강도를 직관적으로 선택해야 한다. 그 어떠한 시나리오도 존재하지 않는다. 순간의 직관적 선택이 승리 혹은 패배의 테니스 이야기를 만든다.

2) 저항의 샷 유형 : 동기유발과 자기방어

테니스에서 저항은 수동적 방어만을 의미하지 않는다. 저항은 상대방의 실수를 유도하는 조종 manipulation 심리를 함축하고 있다. 조종 심리는 상대 선수의 감각과 심리를 흔들어 실수를 유도하는 암묵적 전술이다. 예컨대 상대방이 강하게 날린 포핸드 샷의 속도를 줄이면서 네트에 떨어뜨리는 드롭 샷은 발이 느린 상대 선수의 실수를 유도하는 것이다. 상대방의 템포와 리듬을 무너트리는 심리적 전략이다. 저항의 속도를 조절하면서 상대방의 실수를 유도하는 직관적 선택이 조종 심리이다.

조종 심리는 상대방의 강한 서비스와 샷 그리고 정교한 발리와 스매시 등에 저항하면서 상대의 실수를 유도하는 직관적인 심리적 전략이다. 직관적 반응이 작동하는 저항의 조종은 순간적인 선택으로 진행된다. 강하게 날아오는 상대 선수의 포핸드 샷을 시각으로 포착하는 순간 선택이 진행된다. 공의 구질을 점검하고 떨어지는 좌표로 이동하여 반응하는 인지적 반응이 아니라, 감각이 작동하는 직관적 반응을 습득하는 것이 중요하다. 머뭇거리는 단 몇 초 사이에 자세가 흐트러지고, 상대방의 실수를 유도하는 조종은 실패하게 된다. 심리적 조종은 강하게 날아오는 상대방 샷의 템포와 리듬을 깨트리고, 심리적 불균형으로 실수를 유도하는 전략이다.

저항의 미학을 구성하는 테니스의 샷 유형은 조종의 심리적 전략을 전제하고 있다. 저항의 샷에는 포핸드, 백핸드, 서브, 스매시, 발리가 있다. 샷의 유형은 두 가지 심리 기제로 구분할 수 있다. 동기 유발형 샷과 자기 방어형 샷이 있다. 두 가지 샷의 유형은 조종의 심리적 전략이 작동하여 상대방의 실수를 유도하여 점수를 획득한다는 의미를 내포하고 있다.

동기유발 형 샷에는 서브, 스매시, 발리가 있다. 상대방이 날린 볼의 속도와 강도 그리고 방향을 선수가 조절하여 득점을 획득하겠다는 강한 의지를 담고 있는 샷이다. 점수를 획득하겠다는 선수의 욕구와 욕망이 가득한 서브, 스매시, 발리, 패싱샷 등이다. 상대방이 날린 공의 속도와 앵글을 조절하면서, 자신이 원하는 속도와 방향으로 보내는 샷이다. 하지만 마음을 비우지 않은 강한 욕구가 개입된 샷들은 네트에 걸리거나, 허공에 날리는 경우가 비일비재하다.

자기 방어형 샷에는 포핸드와 백핸드가 있다. 특히 포핸드는 테니스의 기본이다. 인내심을 요구하는 샷이다. 상대방의 볼을 리턴하는 능력이고 상대방의 실수를 기다리는 샷이다. 공격적인 샷보다는 상대의 실수를 유도하는 정확한 샷들을 구사하는 유형이다. 오랜 테니스 구력을 가지고 있는 동호회 회원 중에는 자기 방어형 유형이 많다. 공격 포인트는 화려하지 않지만, 인내심을 갖고 주고받는 샷으로 점수를 획득하면서 승리를 즐기는 스타일이다.

6. 에필로그

테니스가 초기 진입 장벽이 높고, 배타성이 강한 스포츠라는 것은 누구나 인정하는 사실이다. 그래서 초급 수준의 레슨을 받고 동호회에 가입해 테니스 게임을 즐길 수 있는 경우는 지극히 드물다. A, B, C 수준별 등급을 분류하여 게임을 진행하고, 게임의 상대를 자유롭게 선택할 수 있는 운동이 아니기 때문이다. 또한 테니스 기술을 습득했어도 실력이 눈에 보이도록 한순간에 레벨업이 되지도 않는다. 테니스 등급의 레벨업 과정은 대회에 나가 입상을 하거나, 동호회 회원들에게 실력을 인정받는 통과의례를 통해서만 가능하다.

➜ 그림 1. 2012년 프랑스 리모주에서 열린 〈Open GDF Suez de Limoges〉 대회의 경기 장면으로서 테니스 미학이 무엇인지 잘 보여주는 이미지이다. 허공에 공을 던지고, 내려오는 공을 서브하는 아름다운 제스처에 사람들의 눈길이 잠시 정지하고 있다. 운동감각(kinesthesia), 조절(control), 반사신경(reflex) 그리고 우아함(grace)이 교차하는 테니스 코트의 풍경이 한눈에 들어온다.

현재 운동하고 있는 교수테니스회의 사례를 살펴보면 테니스의 수준별 등급과 운영 방식에 실망하여 테니스장에서 사라진 교수들도 존재한다. 테니스 기술을 꾸준히 습득하지만, 노력한 만큼 실력이 늘지 않아 불평하는 교수들도 있다. 게임의 승패를 파트너 탓으로 돌리거나, 타고난 운동 신경 탓으로 체념하는 교수들도 있다. 반면에 테니스는 손으로 타격하는 운동이 아니라, 발로 이동하는 운동이라며 코트를 동분서주 주름잡는 교수들도 있다. 20년 이상의 구력을 가진 테니스 고수들은 상대방의 실수를 기다리는 자기 방어형 샷을 구사하는 노련미를 보여주기도 한다.

하지만 테니스의 진입 장벽은 동호인들을 테니스에 몰입하게 만드는 강력한 모티브로 작동한다. 테니스의 진입 장벽을 극복하는 과정은 인생의 새로운 도전이고, 새로운 사회 시스템에 적응하는 과정과 유사하다. 테니스 게임을 매개로 상대방의 존재적 가치를 인정하고, 소통하는 과정을 통해 공동체의 규칙과 코드를 습득한다. 더 나아가 자신의 자아를 확장하고, 도전의 감각적 기쁨을 체험하게 된다. 특히 진입 장벽을 넘기 위해 테니스 기술을 습득하고, 경기에 필요한 에티켓을 배우면서 자신만의 테니스 미학을 만들어 가는 노하우를 습득하게 된다. 이것이 테니스의 진정한 매력이고, 삶의 기술을 습득하는 과정이라고 생각한다.

16년 동안 동고동락한 교수들의 테니스 실력은 종이 한 장 차이에 불과하다. 분명한 것은 교수들이 자신만의 색깔과 성격으로 만들어 가는 테니스 미학이 아름다울 뿐이다. 저항의 미학을 실천하기 위해서 자신만의 루틴과 아비투스를 만드는 모습 그 자체가 아름다운 것이다. 또한 상대 선수의 다양한 샷에 저항하기 위해 파트너와 끊임없이 소통하는 모습도 보기 좋다. 무엇보다도 자신만의 차별화된 관점으로 테니스를 바라보고 즐기는 테니스 미학과 철학을 구축하는 모습에 박수를 보내고 싶다.

끝으로 함께 운동하고 있는 교수테니스회 회원들과 함께 밤낮으로 테니스를 즐기는 전국의 테니스 동호인들이 100세까지 테니스 미학과 철학을 끝까지 실천하길 기원한다. 테니스로 근육을 늘리는 생리학적 기능과 몸의 민첩성을 높이는 운동학적 기능을 강화하고 심리적 싸움의 균형감을 유지하는 마법의 도구를 갖길 바란다. 이것이 100세 시대에 인생을 행복하고 건강하게 살아가는 삶의 기술이다.

참고문헌

도리스 메르틴, 배명자 역(2020). 아비투스 인간의 품격을 결정하는 7가지 자본. 서울: 미래의 창.

로빈 로버트슨, 이광자 역(2012). 융의 원형. 서울: 집문당.

미하이 칙센트미하이(2004). 몰입 flow 미치도록 행복한 나를 만난다. 서울 : 산울림.

크리스티안 미쿤다(2005). 제3의 공간 : 환상적인 체험을 제공하는 공간연출 마케팅. 서울 : 미래의 창.

네이버 어학사전 https://ko.dict.naver.com/#/entry

https://www.lequipe.fr/Coaching/Archives/Actualites/Les-origines-du-tennis

테니스 알쓸신잡, 셋

매직테니스 프로그램 소개　김 우 성(스포츠과학과)

● 1. 개요

매직테니스(magic tennis)란 유소년을 대상으로 일반 공보다 느린 속도의 공을 플레이어의 수준에 맞추어 단계별로 사용하여 처음 테니스를 접하는 누구나 손쉽게 즐길 수 있도록 고안된 프로그램을 말한다. 마법과 같이 쉽고 재미있고 빠르게 배운다는 의미에서 매직이란 용어를 사용하고 있다.

● 2. 라켓과 코트 크기

구 분	적색 공 ●	주황색 공 ●	녹색 공 ●
	3단계	2단계	1단계
	미니 테니스에 적합	일반 공보다 50% 더 느리며, 모든 연령의 초보자에게 적합	일반 공보다 25% 더 느리며, 정식 코트로 입문하기 전에 적합
	11m x 5~6m코트 (네트 80cm)에서 사용되는 감속 공	모든 연령의 초보자를 위한 감속 공 /18m x 6.5~8.23m (네트 80~91.4cm) 코트에서 사용	전체 코트를 이용하여 모든 연령의 초보자에게 적합한 감속 공
적정 라켓 크기	41~48cm	53~58cm	63~68cm
연 령	5~8세 초보 어린이	7~11세 어린이	8~15세 어린이
코트 크기	5~6m	6.5~8.23m	녹색 공이나 정규 규격의 공으로 전체 코트 이용

08장

테니스와 시, 그리고 교류와 낭만

최권진(국제학부 KLC학과)

　나는 취미가 테니스라고 말한다. 주중에 두 번 주말에 두 번씩, 일주일에 많으면 네 번 테니스를 하니 대단한 테니스 활동이라고 할 만하다. 그리고 학생들을 비롯하여 주변 사람들에게 늘 테니스를 하라고 권유하니, 나는 테니스 마니아이다. 테니스를 알게 되어 육체적인 건강뿐만 아니라 정신적 건강에도 많은 이득을 보았다.

　인생의 수레바퀴를 잘 굴리려면 건강한 신체는 필수이다. 테니스는 건강한 신체와 정신을 유지하게 해 주는 멋진 수단이다. 이 수단을 운용하는 길에서 나는 삶의 희로애락 喜怒哀樂 을 경험한다. 나는 테니스를 치는 것 자체에서 기쁨 喜 을 느끼며, 경기에서 실수를 하면 화 怒 가 나며, 경기에서 맥없이 지거나 몸이 아파 테니스를 못 치게 되면 슬픔 哀 을 느끼며, 사람들과 기분 좋게 어울려 경기를 하면 즐거움 樂 을 느낀다.

　여기에서는 시를 원용하여 내가 테니스를 즐기기 시작하여, 매력을 느끼게 되는 과정, 사람들과 만나는 유쾌함, 테니스에 임하는 자세 그리고 희망 사항을 토로해 보겠다.

1. 시작하다

서시(序詩)

윤동주

죽는 날까지 하늘을 우러러
한 점 부끄럼이 없기를,
잎새에 이는 바람에도
나는 괴로워했다.
별을 노래하는 마음으로
모든 죽어 가는 것을 사랑해야지
그리고 나한테 주어진 길을
걸어가야겠다.
오늘 밤에도 별이 바람에 스치운다.

(권영민, 2017:14)

윤동주(1917~1945)가 쓴 '서시'는 '책의 서문 대신에 쓴 시'라는 뜻이다. 다시 말하면, 책의 시작을 알리는 글이 되겠다. 서시에서 윤동주 시인은 '하늘-바람-별'이라는 천체적 심상 세 가지를 활용하여 험난한 현실을 도피하지 않고, 그에 맞서서 자신의 삶을 당당히 맞서 나아가야겠다는 결의를 노래하고 있다.

어떤 일을 하게 되면, 그 일을 하게 되는 동기가 있게 마련이다. 내가 테니스를 시작한 계기를 떠올려 본다. 교육부의 국비유학생으로 선발되어, 1990년 9월에 남한 사람으로는 최초로 불가리아에 유학을 갔다. 불가리아 소피아대학교 대학원에서 언어학을 공부하면서, 동양학부에서 중국어와 일본어가 교육되고 있는 것을 알고서 학부장을 찾아가 한국어도 중요하니까 가르쳐야 한다고 제안했다. 학부장은 흔쾌히 동의해 주었으며, 내가 불가리아 학생들에게 한국어를 가르치기 시작했다. 이는 불가리아 역사 아니 발칸지역 역사상 최초로 한국어가 교육되기 시작한 것이다. 내가 박사학위를 받았을 때에 소피아대학교에 한국학과가 정식으로 개설되었다. 이전에 나는 내가 외국어를 배워야 한다는 생각만 했었는데, 외국인이 한국어를 배우도록 교육하는 즐거움은 내가 낯선 곳에서 사는 적막감을 상쇄하고도 남을 정도로 컸다.

➡ 그림 1. 불가리아 국립체육대학교 본관
(출처: https://www.nsa.bg)

소피아대학교 한국학과에서 일하면서 한국어 교육 자료를 개발하는 데도 진력했다. 가장 기억에 남는 작업은 약 8만 어휘가 들어 있는 '불가리아어-한국어' 사전을 같이 공부한 아내와 함께 편찬한 것이다. 사전 편찬 작업을 하면서 많은 시간을 컴퓨터로 작업을 하게 되니 몸이 너무 힘들었다. 그때 불

➡ 그림 2. 불가리아 국립체육대학교 테니스장

가리아 국립체육대학교 Bulgarian National Sports Academy에서 테니스를 전공하는 대학원생들이 레슨을 하는 것을 알게 되어 테니스를 배우기 시작했다.

나는 소위 말하는 운동신경이 없으며, 체육 시간에 시키는 운동 이외에는 운동을 해 본 기억이 없다. 그렇지만 새롭게 배우기 시작하는 테니스는 재미가 있었다. 일단 1시간씩 레슨을 하면서 땀을 흘리고 나면 몸이 개운하고 가벼워지는 것을 느꼈다. 거의 매일 1년 넘게 레슨을 받았다. 그동안에 다른 한국 사람들도 레슨을 받거나 한국에서 테니스를 즐기던 사람들이 생기면서 불가리아에 사는 한국인들이 모여 주말이면 체육대학교 테니스장을 빌려 게임을 하기 시작했다. 고진감래라는 말이 있듯이, 운동 감각이 없는 사람도 열심히 하니 나름 복식을 즐길 수 있는 정도는 되어 테니스의 즐거움을 느낄 수 있게 되었다. 그리고 불가리아에 사는 한국인들과 일본인들이 양국 대사의 주관으로 봄과 가을에 정기적으로 테니스 대회를 개최한 후에 상대국의 대사관저에서 만찬을 하며 교류하였다.

이때 테니스는 내가 불가리아어-한국어 사전을 완성하게 하는 정신적 그리고 육체적 힘을 제공하는 원천이 되었다. 신체적으로 힘들 때, 그리고 머리가 무거울 때 운동을 하면 나도 모르는 사이에 다시 일할 수 있는 에너지가 충전되는 것을 느꼈다. 이때 나의 일상생활은 '집-학교-테니스장', 이 세 곳을 중심으로 이루어졌다. 한국에 알려지지 않은 낯선 외국에서 한국언어문화를 교육하고 보급한 노력을 인정하는 '문화포장'을 2005년 한글날에 받을 수 있었던 토대도 물론 테니스가 제공해 주었다.

테니스는 '코트-공-라켓-사람'이 어우러져 합주를 이루는 운동이다. 테니스를 즐기고자 하는 인간의 마음에 좋은 환경을 갖춘 코트와 플레이어의 운동 습성에 맞는 라켓과 공이 조화를 이루며 멋진 랠리가 펼쳐진다. 인간의 마음은 모든 것을 다 잘하고 싶어 한다. 그렇지만 운동신경이 사람마다 다르니 테니스를 치는 실력도 사람마다 다르며, 레슨을 하여도 실력이 향상되는 속도도 천차만별이다. 실력이 늘지 않으면 포기하고 싶은 마음도 뭉게구름처럼 스멀스멀 피어오르곤 한다. 하지만 이러한 순간을 극복하려는 결기를 가지는 사람만이 지속적으로 테니스 활동을 유지할 수 있다. 운동 신경이 없다시피 하는 나에게 찾아온 테니스를 시작하여, 상황이 어렵더라도 필요한 일이라면 중도에 포기하지 않는 마음을 갖게 된 것이 테니스가 나에게 준 커다란 선물이다.

2. 매력을 느끼다

장기

김삿갓

술꾼과 글벗이 뜻이 맞아
마루에 장기판 놓고 한판 벌였네.
포(包)가 날아 넘는 곳에 위세가 장하고
사나운 상(象)이 떡 버티고 있어 진세가 웅장하네.
차(車)가 바로 달려 졸(卒)을 먼저 잡아먹고
모로 달리는 날쌘 말[馬]이 항상 궁(宮)을 엿보네.
병졸들이 거의 다 없어지고 잇달아 장군을 부르니
둘 남은 사(士)도 견디지 못하니 한 판은 참패구나.

(이응수, 1944:85~86)

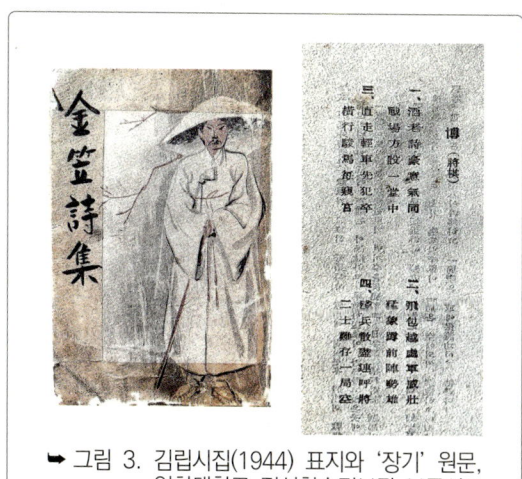

➡ 그림 3. 김립시집(1944) 표지와 '장기' 원문, 인하대학교 정석학술정보관 보존서고

방랑시인 김삿갓(1807~1863)은 김립 金笠 또는 김병연 金炳淵으로도 알려져 있다. 이 시는 김삿갓이 어릴 적 고향인 경기도 양주에 가서 오랜만에 회포를 풀고 여유

롭게 장기판을 구경하면서, 두 사람이 장기를 두는 모습을 노래한 것이다. 사각형 안에서 두 사람이 장기를 두면서 대결하는 장면이 테니스 경기를 하는 장면과 오버랩된다.

상큼한 테니스 복장을 갖추고 테니스 라켓을 단단히 잡고 공을 치려고 기마자세를 취하고 있는 4명의 플레이어가 있다. 한 사람은 경기를 시작하기 위해 공을 하늘 높이 토스하여 서브를 넣는다. 그 짧은 순간에 공도 보고 맑은 하늘 사이로 보이는 순백의 구름 조각도 감상한다. 가끔은 높은 하늘에 비행기가 하얀 꼬리를 그리며 지나가는 모습도 보인다. 서버는 공을 토스하기 전에 눈동자를 소리 없이 굴리며, 리시버의 위치와 움직임을 부산하게 파악한다. 리시버는 공이 어느 강도와 속도로 어느 쪽으로 올 것인지를 예측하여 리턴을 준비한다. 장엄한 심리적 계산과 전투가 치열하게 네트를 사이에 두고 전개된다. 내 편과 상대방 전위의 움직임도 파악하여 서브를 리턴하고, 주먹만 한 노란색을 채로 주거니 받거니 랠리를 계속한다. 묘기를 발휘하여 상대방에게 공을 넘기면, 상대방은 혼을 실어 내 코트 안으로 공을 되돌려 보낸다. 한순간이라도 공에 집중하지 않으면 실점을 한다. 경기에만 몰두해야 하니 참선과 다름없다. 지나친 감정도 절제해야 하니 수행과 마찬가지다. 웃음과 감탄, 아쉬움과 한숨이 교차하면서 점수로 연결된다. 한 경기를 하고 나면 승패를 넘어 정신적 수양이 이루어진다.

김삿갓의 장기를 흉내 내어 습작해 본다.

테니스

너와 나 그리고 둘, 뜻이 맞은 네 사람이
마당에 줄을 긋고 놀이를 시작하네
공이 넘어오니 받을 준비가 완벽하네
라켓을 굳게 잡고 눈에 힘을 주고 웅장하게 버텨 서네
힘찬 서브를 날렵한 동작으로 가볍게 리턴하네
닐렵힌 공을 잼싸게 받아넘기며 행복한 표정이네
상대방 빈 곳에 공을 보내고 흡족한 얼굴이요
점수로 연결되니 환호성이 마음속에서 요동치네

3. 사람을 만나다

무제(無題)

이황

이른 봄날에 천하재사를 기쁘게 만나니,
머문 지 삼 일 만에 마음이 통하는 듯하네.
비는 늘어진 은 대나무처럼 시냇가에 스치고,
눈은 구슬 같은 꽃이 되니 나무를 감싸네.
말은 진흙벌에 빠져 가다가 허덕거리는데,
날 개어 지저귀는 새 소리에 풍경 새롭네.
술 다시 권하며 어찌 만남이 짧다하리,
이제부터 망년지교로 더욱 친해보세.

(윤인현, 2014:374)

퇴계 이황(1501~1570)은 조선 중기의 문인이며 유학자이다. 단양군수, 성균관 대사성, 대제학 등을 역임했다. 위 시는 조선 시대 또 다른 대유학자 율곡 이이(1536~1584)를 만나 서로 이야기를 나누면서 지은 것이다. 이이는 신사임당의 셋째 아들로 8세 때에 시를 지을 정도로 명석했다. 시문학에 뛰어난 어머니의 재능을 물려받은 덕분인지 아니면 타고난 천재성 때문인지 몰라도 율곡 이이는 13세에 진사시에 합격했다.

율곡이 23세 때에 장인의 부임지인 성주에서 강릉 외가로 가는 도중에 예산 도산에 들러 병을 핑계로 관직에서 물러나 후학을 양성하고 있던 58세의 퇴계를 예방하였다. '부처 눈에는 부처가 보인다.'고 했던가, 유학의 거성인 두 사람의 세기적 만남은 나이 차이를 넘어서 서로의 학식의 깊이를 알아보고 서로 시를 주고받으면 서담화를 이어갔다. 이른 봄이라 진눈깨비가 내리니, 퇴계 이황은 날씨를 핑계로 떠나려는 율곡 이이를 붙잡아 이틀 밤을 함께 지냈다. 35살의 나이 차이를 극복하고 학문에 대한 담소를 나눌 정도로 퇴계는 젊은 율곡이 마음에 들었던 것 같다. 2박 3일의 여정을 끝내고 떠나는 율곡에게 퇴계는 위의 송별시送別詩를 지어 주었다. 퇴계는 율곡을 천하에서 제일가는 인재로 칭하면서, 두 사람은 나이 차이를 잊고 허물없이 사귀는 벗인 '망년지교 忘年之交'를 맺었다.

취미를 공유하는 사람들끼리는 친구로 쉽게 사귄다. 대학교 교수테니스 동아리를 통해 다양한 분야를 전공하는 교수들과 교유할 수 있는 기회가 많아 학교생활이 즐겁다. 나는 외부 테니스 클럽 활동도 하는데 이를 통해 사람을 만나는 행복을 느낀다. 내가 주말에 테니스를 즐기는 외부 클럽은 경기도 시흥시 소망공원 안에 있는 '옥구클럽'이다. 회원은 약 60명 정도이지만, 아마추어 전국대회 우승자가 5명 정도나 있는 명문 클럽이다. 주중에 학교에서 테니스를 하고, 주말에는 외부에서 테니스를 치니 '내 취미는 테니스이고, 나도 테니스 마니아입니다.'라고 자신 있게 말할 수 있겠다.

여기에서 나는 사회체육으로서 테니스에 대한 많은 것을 배우고 경험한다. 내가 좋아하는 회원 4명에 대해 말씀드리고자 한다. 먼저 전국대회 베테랑부 우승자 이성규 형을 소개한다. 이분은 젊어서 유도를 전공했던 분으로 장딴지가 굵고 손목 힘이 정말로 좋다. 성품이 차분하여 초보 신입 회원이 들어오면 복식 게임을 할 수 있도록 지도를 도맡아 한다. 그래서 내가 보기에는 이분은 체육 선생님을 했으면 적성에 아주 잘 맞았을 것 같다. 차분한 성격을 회사 생활에 투입하여 화학 제품을 만드는 공장 한 곳에서만 30년을 넘게 근무하여 그 회사를 창립한 회장의 신임을 돈독하게 받고 있다. 성격도 좋고 테니스도 잘 치고, 회원들 실력 향상에도 도움을 주고, 또 상대방의 기분을 배려하는 말솜씨도 좋아 옥구클럽의 정신적 지주 역할을 하고 있다. 나처럼 운동 신경이 둔한 사람에게 복식 파트너가 되어서 테니스 게임의 많은 것을 가르쳐 주신 것에 항상 고마움을 느낀다. 최근에는 노후를 대비한다고 한국테니스지도자연맹의 테니스 지도자 자격증도 취득했다. 손에 땀이 나도 미끄러지지 않는다고 노동일을 할 때 사용하는 목장갑을 끼고 해머 스타일의 라켓을 가지고 거의 매일 테니스를 치는 이분을 통해 내가 배운 테니스 관을 정리하면 다음과 같다: ① 테니스는 비용이 적게 들면서 가장 신체에 운동 효과가 큰 유산소 운동이다. ② 테니스 칠 때 내가 공을 멋있게 쳐서 점수를 내려고 하지 말고 발리든 스매시든 상대방이 받을 수 있도록 보낸다고 생각하고 공을 넘겨 상대방이 실수를 하도록 해라. ③ 경기 중에는 근육의 긴장을 풀어 주기 위해

잔발도 뛰고, 라켓을 다른 손으로 잡고 손목을 풀어라. ④ 다른 클럽에 놀러 가서는 절대로 그 클럽의 에이스를 이기지 마라. ⑤ 잘 치는 사람과 편을 먹어 시합을 이기려고 하지 말고 자신의 실력을 높이려고 노력해라.

다음은 클럽에 들어와 나와 동향이며 동갑으로 친구가 된 권경수다. CAD/CAM 전문가인 이 친구는 정말로 말수가 적다. 특히 술을 마시면 더 말수가 적어진다. 딱 필요한 말만 해서 그런지 회원들에게 신망이 높다. 테니스를 처음 배울 때부터 백핸드를 두 손으로 배워서 백핸드 샷이 포핸드 샷보다 더 날카롭고 강하다. 대개 사람들이 백핸드가 약해 서브나 리턴을 백핸드로 넣는데 이 친구에게는 반대로 포핸드 쪽으로 넣어야 한다.

➡ 그림 4. 시흥 옥구클럽 5인방: 필자, 이성규형, 친구권경수, 고은숙여사, 후배정용문

고은숙 여사는 친구 권경수의 부인으로 시흥의 한 시립어린이집 원장이다. 부부가 같은 취미를 공유하니 클럽에서 항상 같이 만난다. 테니스 실력은 국화급이며, 특히 여성이지만 남성처럼 파워가 있어 세차게 뻗는 힘이 실린 공을 친다. 주특기는 포핸드 하프 스매싱과 기막히게 라인 안쪽에 떨어뜨리는 로빙이다. 아이들을 상대로 오랜 직장 생활을 하면서 남에게 베푸는 마음을 가지고 있고, 배려와 겸손

이 함께 어우러져 있는 유연한 성격의 소유자이다.

정용문은 키도 크고 하여 운동을 잘할 수밖에 없는 신체 구조를 갖추고 있어, 나의 부러움의 대상이다. 어렸을 때 태권도를 하여 3단까지 취득하였다고 한다. 자칭 타칭 옥구 클럽의 마스코트 역할을 수행하는 미남형 테니스 매니아이다. 특히 큰 키에 상체를 뒤로 젖히면서 점프까지 하여 공을 치는 스매싱은 일품이다. 이런 스매싱은 받으려고 하지 말고 피하는 것이 상책이다. '목수 아저씨'라는 정겨운 상호로 인테리어 일을 하는데 꼼꼼하면서 미적 감각이 깃든 디자인을 적용하여 지역에서 인기가 좋은 개인 사업가이다. 정용문은 나보다 어리지만, 말을 정감있게 표현하는 매력도 갖고 있다.

이 네 사람에 나를 포함하면 5인방이 되어, 상황에 맞추어 수시로 식사 내기 복식 경기를 한다. 서로 농담도 하고 웃으면서 치니 테니스의 즐거움이 증폭된다. 테니스가 이들과 망년지우忘年之友가 되게 해 주었다.

4. 최선을 다하다

무제(無題)

김병연

네 다리 소반 위에 멀건 죽 한 그릇,
하늘에 뜬 구름 그림자가 그 속에서 함께 떠도네.
주인이여, 면목이 없다고 말하지 마오.
물속에 비치는 청산을 내 좋아한다오.

(윤인현, 2014:425)

제목이 없는 이 시는 김병연(김삿갓)이 방랑 생활을 하면서 가난한 백성의 집에서 음식을 얻어먹는 것을 읊은 것이다. 가난한 주인이 내온 것은 그래도 정성이 담긴 멀건 죽 한 그릇이다. 주인은 그 멀건 죽을 대접하는 것에 민망해하고 있다.

➡ 그림 5. 김삿갓 시비, 강원도 영월 김삿갓 문학관

먹을 양식이 있으면서도 감추고 안 주는 것이 아니기 때문에 김삿갓은 '민망해하지 마시오, 나는 멀건 죽에 비친 청산이 좋다.'라고 위로한다. 김삿갓 특유의 해학적인 표현이 시에 넘쳐난다. 이러한 표현을 통해 김삿갓은 오히려 가난한 백성의 삶을 유유자적한 자세로 위로하며, 가난한 주인과 동병상련을 느끼고 있다.

아마추어 동호인 테니스는 주로 복식 경기로 진행된다. 소중한 시간을 내어 코트에 나왔기 때문에 모두 재미있는 경기를 하기를 원한다. 실력이 비슷한 사람들끼리 하거나 아니면 잘 치는 사람과 해야 재미가 있다. 그렇지만 이 조건에 맞추어서 경기를 진행하기는 쉽지 않다. 경기를 하다가 보면 실력이 출중한 사람과 그렇지 못한 사람이 섞여 운동을 해야 한다. 실력이 못 미치는 사람은 위 시의 집주인처럼 복식 파트너에게 미안함을 느낄 수 있다. 하지만 자신의 실력에 맞게 최선을 대해 경기에 임하면 민망하게 생각할 필요가 없을 것 같다. 내 자신의 실력과 운동 능력을 넘어서서 테니스를 칠 수는 없기 때문이다. 내 능력을 넘어서서 경기를 하려고 하면 부상을 당하기 쉽다. 정신을 집중하여 최선을 다해서 경기하면서, 그 즐거움을 느끼고, 고수는 하수가 최선을 다하도록 분위기를 돋우면서 테니스를 치는 것이 매력이 아닐까 한다.

"하수여, 경기에 최선을 다했으면 민망함을 생각하지 마소서. 고수는 하수와 한 팀을 이루어 하수의 능력에 맞게 경기를 이끌어가는 능력을 발휘해야 진정한 고수가 되는 법이니. 고수가 하수를 데리고 시합을 하면 재미는 덜하고 힘은 더 들겠지만, 하수의 뜀박질 하나하나를 좋아한다오."

5. 희망하다

〈기만(妓輓)〉 - 기생의 죽음

임제

용모 고왔던 한창 시절
좋아했던 남자와 부귀영화를 이루어서
옥술잔에 귀한 술 따라서 마시며
연자루⁽¹⁾에 올라 아쟁을 탔었지.
청산은 어느덧 물결처럼 가버리고,
붉은 연꽃 가을 서리 겪었구려.
이 걸음걸이로 봉래도⁽²⁾로 가서
옛날 놀던 일을 계속하겠지.

(윤인현, 2014:383~384)

➡ 그림 6. 전남 순천 죽도봉공원의 연자루

백호 임제(1549~1587)는 조선 중기의 시인 겸 문신으로 당대 명문장가로 명성을 떨쳤다. 호방하고 명쾌한 시를 지었다. 기인이라고 할 정도로 유교의 법도에 어긋나는 행동도 거리낌 없이 하였다. 서도병마사로 임명되어 임지로 부임하는 길에 기생 황진이의 무덤을 찾아가 시조 한 수⁽³⁾를 짓고 제사를 지냈다가 임지에 부임도 하기 전에 파직당했다. 10년 간 관직 생활을 하는 동안 현실 세계에 부조리와 당쟁이 가득한 것을 보고 벼슬에 환멸을 느껴 이리저리 방황하다 고향인 나주에서 39세로 죽었다.

⁽¹⁾ 연자루(燕子樓)는 중국 강소성 서주에 있는 누각으로 장상서(張尙書)란 인물과 기생 관반반(關盼盼)의 사랑 고사가 전해지고 있다. 한국에서는 전남 순천에 있는데, 고려 시대에 군수 손억(孫億)과 기녀 호호(好好), 전라도 안렴사 박충좌(朴忠佐)와 기녀 벽옥(碧玉)의 사랑 이야기가 전한다.

⁽²⁾ 봉래도는 중국 전설에 나타나는 신령스러운 산이다. 동쪽 바다의 한가운데 있는데, 이 산에는 신선이 살며 불사의 명약이 있으며, 이곳에 사는 짐승은 모두 빛깔이 희며, 금은으로 지어진 궁전이 있다고 한다.

⁽³⁾ 이때 지은 시조가 이레 〈청초 우거진 골에〉이다(조동일, 2017:79).

청초 우거진 골에 - 임제
청초(靑草) 우거진 골에 자는가 누었는가?
홍안(紅顔)은 어디 두고 백골(白骨)만 묻혔는가?
잔 잡아 권할 이 없으니 그를 슬퍼하노라.

위의 시는 백호 임제가 기생과 교류하며 한시를 지어 줄 정도로 거리낌 없고 호탕한 성격이라는 것을 잘 보여준다. 이 시의 중심 내용은 "젊은 시절 인생을 즐기다 고운 자체는 어느덧 빛을 읽고 늙음이 찾아왔네. 아마도 내가 죽어 봉래도에 가서라도 이 세상의 즐거움을 잊지 못할 것이네."이다.

테니스를 즐기는 사람들은 테니스 운동을 하는 것 자체가 인생의 크나큰 낙이다. 젊어서 테니스를 시작하여 늙어서도 이 운동의 즐거움을 느끼고 싶은 것이 모든 테니스 마니아들이 바라는 바이다. 나도 젊은 시절에 시작한 이 운동을 늙어서도 계속하고 싶다. 또한 죽어서는 신선들이 산다는 봉래도에 테니스장을 만들어 테니스 마니아들과 즐겁게 어울려 도낏자루 썩는 줄 모르고 테니스 삼매경에 빠지고 싶다.

테니스에 입문하여 즐기게 된 과정을 시를 통해서 엮어 보았다. 30대 초에 테니스를 시작하여, 40대 초반에 잠시 중단하였다가, 다시 라켓을 잡기 시작하였는데 이제는 테니스가 내 삶의 심연을 견고하게 차지하고 있음을 새삼 알게 되었다. 건강과 환희, 그리고 시심詩心과 감성적 여유를 보장하는 테니스의 멋과 맛을 더 많은 사람이 즐기기를 진심으로 권한다.

참고문헌

권영민 엮음(2017), 윤동주 전집, 문학사상사.
윤인현(2014), 한시 나들이, 학자원.
이응수 편(1944), 김립시집(金笠詩集), 한성도서주식회사.
조동일(2017), 시조의 넓이와 깊이, 푸른사상.
한국민족대백과사전, 한국학중앙연구원, https://100.daum.net/encyclopedia/

테니스 알쓸신잡, 넷

테니스 '성 대결'에 얽힌 비하인드 스토리

이 종 호 (정보통신공학과)

아마도 테니스 역사상 가장 유명한 성 대결(Battle of the sexes)은 1973년 보비 리그스와 빌리진 킹의 경기일 것이다. 결과는 킹의 3:0 완승! 그러나 프로 테니스계에서 여권 향상의 계기가 되기도 했던 이 사건의 뒤에는 흥미로운 이야기들이 숨어있다.

먼저 Bobby Riggs(1918년생, 170cm, 미국)라는 사람이 누구인지 알아보자. 한때 세계랭킹 1위(1939년, 1946년, 1947년)였고 메이저 3승을 달성한 재능있는 테니스 선수인 리그스는 타고난 승부사이자 도박꾼이기도 하다. 그는 아마추어 시절 1939년 윔블던에 도전하며 스포츠 도박에 $500을 자기 자신의 단식, 복식, 혼합복식 모두에서 우승이라는 불가능해 보이는 목표에 걸었고, 결국 달성하여 $100,000(현재 가치 $2 million)을 따냈고 세계랭킹 1위의 자리에 올랐다. 그 뒤 제2차 세계대전이 발발하여 메이저대회가 취소되었고 해군에 복무하면서 그의 선수 생활은 위축되었지만 전후 세계랭킹 1위에 복귀한다.

그의 나이 55세인 1973년 그를 다시 유명하게 만든 사건은 당시 세계 최고의 여성 테니스 선수에 도전한 것이었다. 남성 쇼비니스트인 그는 30세의 세계 1위 호주의 마가렛 코트와 3세트 경기를 하여 손쉽게(6:2, 6:1) 승리하며 Sports Illustrated(세계적인 스포츠 전문 주간 잡지)와 Times紙를 장식한다.

이에 자극을 받아 여권 운동가이기도 한 당대 최고의 테니스 선수 빌리진 킹(29세)이 리그스의 도전을 받아들이게 되는데 많은 스포츠도박꾼은 리그스의 승리에 걸었다고 한다. 1세트 초반은 리그스가 쉽게 리드를 잡는 듯하였다. 그러다가 킹이 전략을 바꿔 그의 특기인 서브 앤 발리를 중단하고 베이스라인 플레이를 하면서 리그스에 6:4 역전승하였다. 2세트에는 리그스도 네트 대시를 자주 하면서 변화를 시도하였으나 결과는 6:3 킹의 일방적 승리로 끝났고 승자 독식 상금 $100,000을 받았다(이 시합에 대하여 성 대결이라기보다는 세대 간 대결이라고 표현하는 시각도 있다).

예상외의 패배로 누군가는 큰돈을 벌었는데... 당시 리그스는 도박 빚이 많아서 마피아의 협박에 시달렸었다는 설이 있다. 여하튼 이 경기로 인한 대중들의 인식 변화는 향후 여성 테니스계에서 여권신장의 계기가 되었고 메이저스포츠 중에서 유일하게 남녀대회에서 균등한 우승상금을 배정받게 되는 결과로 이어진다.

한참 뒤인 1992년에는 40세의 지미 코너스와 35세의 나블로틸로바(메이저 단식 18회 복식 31회 혼복 10회 우승)간의 성 대결이 있었는데, 코너스에게는 핸디캡으로 세컨드 서브를 못하고 복식 코트 선의 중간까지 폭을 넓힌 코트를 사용하는 조건이었다. 결과는 7:5, 6:2 코너스의 낙승으로 상금 $50만달러를 득하였다(당시 코너스 역시 동생과 함께하던 사업의 부진으로 경제적 어려움에 시달렸다고 한다).

한국에서도 리그스가 성 대결을 펼치던 시기에 50대의 아마추어 최강자(길인영)는 여고 테니스 유망주와의 비공식시합을 해 본 결과 길인영씨가 우세하다고 자랑하곤 하였다. 최근에는 이형택(45세)의 머드Lee 유튜브 채널에서 여고 최강 정보영과 약식 대결을 벌였는데 이형택 2:1승. 스트로크에서는 정보영이 거의 밀리지 않았다.

한편 프로골프에서도 간간이 성 대결이 펼쳐졌는데 한국계 미셸 위가 청소년 시절 하와이에서 열린 SONY Open PGA tour에 도전했었으나 1타차로 cut 통과에 실패했고 애니카 소렌스탐도 호주에서 열린 PGA 대회에 한번 출전했던 적이 있으나 성공하지 못하였다. 탁구의 경우 간판 유남규와 현정화간의 시범대결이 있었는데 스코어상으로 보통 70% 정도를 따냈던 것 같다. 대중의 호기심이나 훈련 목적으로 하는 성 대결이라지만 세상에 성 대결처럼 무의미한 일이 또 있을까?

02 자연과학으로 바라본 테니스 세계

09장 　테니스 게임과 공의 스핀
10장 　테니스 부상없이 안전하게 즐기기
11장 　테니스 동호회에서 월례대회의 수준별 운영 방안
12장 　테니스는 회전 파워
13장 　테니스! 건강한 삶의 중심이 되다

09장

테니스 게임과 공의 스핀

노재우(물리학과)

1. 테니스 게임의 변화

엄청난 스핀을 가지고 테니스 코트 라인 바로 안쪽에 떨어져 높게 튀어 오르는 볼! 상대 선수는 이 볼을 백핸드 스트로크로 처리하지 못하고 실수를 하는 장면. 어딘가 익숙한 이런 장면을 이야기하면 중년 테니스 동호인들은 아마도 테니스계의 전설이 된 '흙신' 라파엘 나달을 연상할 수 있을 것이다. 나달의 강력한 스핀 공은 코트 라인 밖에서 안으로 휘어져 들어오기도 하고, 코트 바닥에서 튀어 오르면서 더 빨라져서 상대가 간신히 넘기기에도 급급한 장면을 연출하기도 한다. 2000년대의 프로 테니스는 이런 장면 외에도 톱스핀 로브, 포핸드 앵글 샷, 백핸드 드롭 샷 등 여러 가지의 다양한 기술로 관중의 감탄사를 터져 나오게 한다. 그에 비해서 인터넷 동영상 사이트에서 찾아볼 수 있는 70년대-80년 초반의 테니스 게임은 느리고 단조로워 보인다. 비외른 보리와 존 매켄로의 윔블던 대결을 감탄하며 지켜봤던 예전 시대를 이해하기 힘들 정도이다. 예전의 테니스 게임은 지금보다 더 속도가 느리고 샷의 종류가 다양하지 못하고 각도 깊은 날카로운 공격의 성공보다는 끈질긴 수비의 승리가 주가 되어 보인다.

과거와 현재의 테니스 게임의 이런 차이는 어디에서 올까? 현재의 선수들이 과거보다 육체적으로 더 강해져서 더 빠르게 달리고 강한 근육의 힘으로 스트로크를 칠 수 있게 된 덕분일까? 어릴 때부터 전문적으로 훈련을 받고 몸을 만들어 온 선수가 아닌 동호인들의 게임도 달라진 것을 보면 단순히 체격과 힘의 차이는 아닐 듯하다. 그리고 80년대 후반과 90년대 프로 테니스에서는 서브를 넣고 바로 네트로 들어가서 발리를 하는 서브 앤 발리가 대유행이었는데 요즘은 왜 그런 게임을 볼 수 없을까? 이런 질문에 대한 부분적인 대답 중의 하나는 라켓의 발전과 공 스핀의 차이가 게임의 양상을 바꾸었다는 견해이다.

1) 보리와 매켄로

60-70년대의 유명한 선수들로는 로드 레이버, 켄 로즈웰, 존 뉴컴 등의 유명한 선수들이 있었지만 80년대 초반의 테니스는 매우 대조적인 스타일의 선수인 비외른 보리와 존 매켄로가 약 5-6년의 기간 동안 윔블던과 US 오픈의 결승에서 계속 만나서 겨루어 언론의 관심을 끌었던 것으로 유명하다. 흥미로운 것은 보리는 그라운드 스트로크 위주의 플레이를 했고 매켄로는 주로 서브 앤 발리에 의존하는 플레이를 했다는 점이다. 보리보다 젊었던 매켄로의 그랜드 슬램 우승과 지속적인 성공은 많은 후세대 선수들이 서브 앤 발리를 선호하게 만들었다. 역시 전설적 선수인 피트 샘프라스 이후 한때 테니스 단식 경기는 서브와 발리가 대세인 경기가 되었다. 그런데 로저 페더러의 등장 이후 서브 앤 발리의 유행이 지나고 테니스는 스트로크를 위주로 하는 게임으로 다시 변화를 하게 된다.

보리는 현대의 테니스에 큰 영향을 끼친 선수인데, 현재의 스트로크 방식인 톱스핀 드라이브 포핸드와 톱스핀 백핸드를 유행시킨 선수라고 볼 수 있다. 톱스핀 포핸드는 보리 이전에도 비야스, 솔로몬 등에 의해 선보인 적이 있었지만 보리의 스트로크는 파워가 있으면서도 각이 깊고 정교해서 많은 사람들의 찬사를 받았다. 예전의 정통적인 스트로크의 모습은 라켓의 면을 코트에 수직으로 만들고 팔을 곧

게 편 다음 공을 맞이하여 라켓을 길게 밀어 올리며 치는 방식이었다. 그에 비해 보리의 스트로크는 당시에는 정통이 아닌 변칙적인 스트로크로 언론에서 표현할 정도로 새로운 것이었다. 그때에는 왜 사람들이 테니스 공에 스핀을 많이 가해서 치는 것이 더 유리하다는 것을 몰랐을까? 그 당시에도 테이블 테니스라고 불리는 탁구에서는 탁구공의 스핀을 많이 이용하고 있었는데 테니스에서는 사용하지 않았다는 게 잘 이해가 가지 않을 수 있다. 중요한 이유는 라켓의 무게와 재질에 따른 기능성의 변화에 있다. 보리와 매켄로, 그리고 이전 세대는 나무 라켓을 사용하고 스트링으로는 천연 거트를 주로 사용했다. 스트링을 맨 라켓의 무게는 보통 400g이 넘었는데, 이 정도의 무게를 가진 라켓을 가지고 휘둘러서 톱스핀 드라이브를 치는 것은 매우 힘들다. 80년 초 당시의 언론 기사를 찾아보면 보리는 특별히 힘이 좋은 선수라는 설명이 늘 따라붙는 것을 볼 수 있다. 현재 프로 선수들은 약 340g 정도로 가벼워지고 휨 강도가 높아진 (스티프한) 라켓과 강한 텐션의 인조 스트링을 사용한다. 스트링의 역할과 그에 대한 이해도 달라졌다.

> 예전 나무 라켓 시대에는 공을 잘 콘트롤하기 위해서는 스트링의 텐션을 낮추는 게 좋다는 이야기도 있었는데, 이는 공이 라켓에 맞을 때 스트링이 순간적으로 늘어나며 공을 감쌌다가 다시 튕겨내면서 라켓의 진행 방향으로 공을 보내주기 때문이라는 식의 이해 때문이었다. 따라서 스트로크를 할 때 라켓을 길게 밀어주면서 공을 치는 것이 이해가 된다. 그러나 현재의 테니스에서 정론은 이와 반대이다. 스티프한 라켓에 강한 텐션으로 매 놓은 면에 공이 맞으면 공은 순간적으로 크게 찌그러진다. 찌그러짐이 클수록 공과 라켓 면이 닿은 면적이 늘어나 스핀이 더 잘 걸리고 공의 모멘텀은 라켓에 의해 크게 바뀌게 되어서 콘트롤이 더 잘된다는 이론이다.

보리의 톱스핀 드라이브는 지금의 관점에서 보아도 좋은 형태의 스트로크였으며 현재의 포핸드 스트로크에 미친 영향이 크다. 강한 톱스핀이 걸린 공은 궤도가 비대칭적이다. 무슨 말이냐면 공을 라켓으로 친 곳에서부터 공이 최대의 높이에 도달하는 곳(최고점)까지의 거리는 길지만, 최고점 이후 공이 코트 면으로 떨어지는 곳까지의 거리는 짧다는 것이다〈그림 1a〉.

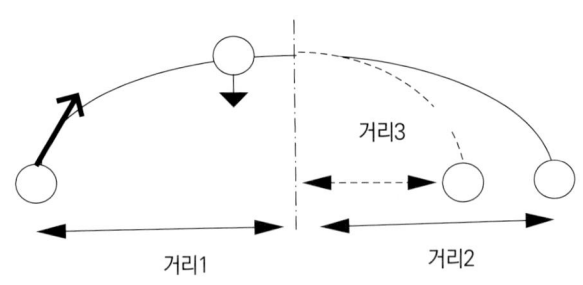

➡ 그림 1a. 물리법칙에 의하면 공기 저항이 작고 공에 스핀이 없는 경우, 공의 출발점부터 최고점에 도달할 때까지의 거리(거리1)와 최고점에서 공이 상대 코트 면에 떨어질 때까지의 거리(거리2)는 거의 비슷하다. 공에 톱스핀이 걸리면 공기 저항에 의해 공을 위에서 아래로 누르는 힘이 생겨서 공은 더 짧은 거리에 (거리3) 떨어진다. 공의 스핀은 공의 위쪽과 아래쪽에 압력 차이를 만들고 베르누이 법칙에 의해 아래쪽으로 힘이 발생하는 것인데 이를 마그누스 효과라고 부른다. 마그누스 효과는 공기 저항이 클수록 크게 나타난다. 공 표면에 털이 많을수록, 공기 저항은 더 크다.

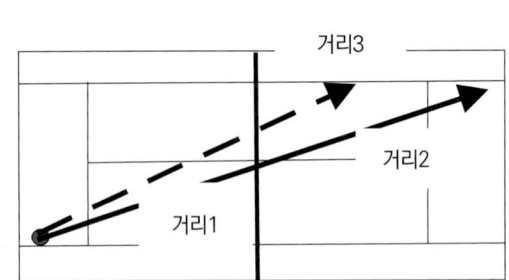

➡ 그림 1b. 크로스로 스트로크를 칠 때 스핀이 없는 공이 상대방 코트 라인 안쪽에 떨어지려면 네트까지의 거리(거리1)와 네트를 넘어가서 떨어질 때까지의 거리(거리2)가 비슷하므로 아웃이 안 되게 보낼 수 있는 각이 제한된다. 그러나 톱스핀에 의해 네트를 넘어간 후의 거리(거리3)가 짧아지면 더 깊은 각으로 보낼 수 있다.

원래 공기의 저항이 작은 경우 스핀이 없는 공의 궤도는 물리법칙에 의해 포물선이 된다. 포물선은 시작점에서 최고점까지의 거리와 최고점에서 낙하지점까지의 거리가 같다. 따라서 앵글 샷의 범위가 크게 제한된다. 플레이어가 친 공은 네트를 넘어가야 하기 때문에 공 궤도의 최고점은 네트 높이보다 높아야 한다. 플레이어에서부터 네트까지의 거리와 네트를 넘은 공의 낙하지점과 네트까지의 거리가 거의 같다면 칠 수 있는 각은 매우 제한적이다. 그러나 톱스핀에 의해 공이 네트를 넘은 후 빨리 떨어진다면 칠 수 있는 각은 크게 늘어나며〈그림 1b〉, 스핀이 강할수록 더 빨리 떨어지므로 더 극적인 각도의 샷을 구사할 수 있다. 현대 테니스에서 프로 선수들이 보여주는 각도 깊은 포핸드 앵글 샷과 인사이드-아웃 샷 등은 이런 강한 스핀에 의해 더 폭이 넓어지고 빠르고 강력해진 것이다. 그런데 각이 넓어진 건 알겠는데 왜 빠르게도 되었을까?

라켓의 무게가 가벼워지고 기능성이 좋아지면서 테니스 게임의 변화는 스트로크 싸움이 아닌 서브 앤 발리 형태를 먼저 거쳐서 현재의 스트로크 위주 플레이로 변화하였다. 개량된 라켓에 의한 더 강한 서브 속도와, 가벼워서 조작성이 증가하고 볼 제어가 더 좋아진 라켓을 이용한 정교한 발리 등이 그 원인 중 하나일 것이다. 베커, 에드베리, 샘프라스, 나브라틸로바 등이 서브 앤 발리로 세계 최고의 자리에 섰던 대표적인 선수들이다.

여성 테니스계에 전설 중 한 명인 마르티나 나브라틸로바는 테니스가 좋아서 미국으로 귀화한 테니스 선수이다. 80년대에 윔블던에서 6년 연속 우승한 대기록을 세웠으며 당시 흔하지 않던 여성 서브 앤 발리어로 테니스계의 정상에 서서 오랫동안 군림하였다. 그런데 나브라틸로바가 나이가 들어 은퇴할 즈음에 테니스 특집 TV 프로에서 불평하던 내용이 있다.

> 요즘 젊은 선수들은 무조건 세게 공을 쳐요. 들어가든 말든 무조건 구석으로 강하게 치는 것만 좋아하는 것 같아요. 그런데 대부분의 경우 그게 다 들어오거든요.

나이 든 선수의 불평이라고 웃으며 들을 수도 있지만 사실 여기에도 스핀의 효과가 있다. 뒤에서 다시 이야기하겠지만 공에 스핀을 많이 걸려면 강하게 쳐야 더 잘 걸린다. 세게 친 공은 스핀이 많이 걸리기 때문에 네트를 넘은 후 빨리 코트 면으로 떨어져서 아웃이 잘 되지 않는다는 말이다. 톱스핀 로빙도 마찬가지 원리로 이루어지기 때문에 세게 올려친 볼이 코트 안으로 떨어져 들어오는 장면을 종종 볼 수 있다. 예전 나무 라켓으로 밀어치던 형태의 스트로크에서는 세게 치면 아웃이 잘 되었기 때문에 파워보다는 콘트롤이 중요했고 스핀이 없는 공으로는 칠 수 있는 각도가 상대적으로 좁았기 때문에 빠른 발과 볼 콘트롤 능력과 끈질긴 체력을 지닌 선수가 당연히 유리했던 것이다. 대표적인 선수로는 지미 코너스가 있다. 그에 비해 현대의 테니스는 넓은 각과 빠른 스피드를 이용한 공격 능력이 중요한 요소가 되는데, 공에 걸린 강한 스핀이 가능하게 해 주는 샷이 많다. 왜 현대 테니스가 과거보다 더 빠른 샷을 주고 받는 게임이 되었는지에 대한 하나의 이유이다.

2) 로저 페더러와 현대 스트로크

테니스의 황제 로저 페더러는 나달, 조코비치와 함께 빅3로 불리는 현대 테니스계의 전설이다. 인터넷 동영상으로 전성기가 지난 샘프라스와 풋풋한 페더러의 윔블던 16강전 경기를 볼 수 있는데, 지는 해와 떠오르는 해의 대결로 아주 흥미롭다. 페더러는 초기에는 경기 중 발리를 잘 시도했었고 실제로 아직도 가장 발리가 좋은 프로 선수 중 하나로 평가받지만, 항상 스트로크를 위주로 하는 플레이를 선호한다. 페더러의 스트로크 스윙은 후세대에 큰 영향을 미쳤는데, 페더러의 포핸드 스트로크 스윙은 과거의 테니스 스트로크 스윙과 매우 다르다. 과거의 스윙이 손목을 별로 사용하지 않고 팔을 뻗어 공을 받아치면서 길게 쳐올리는 방식이라고 한다면 페더러 스윙은 손목의 스냅을 이용하며 라켓 헤드의 속력을 키워 공을 가격하는 방식이다. 몸과 팔에 의한 회전력을 키우고 여기에 채찍 휘두르듯 하는 스냅을 첨가하여 헤드 스피드를 올리고 공을 좀 더 얕은 입사각으로 가격하여 스핀양을 올린다. 스핀양을 결정하는 두 번째의 중요한 요소는 라켓 면과 공이 만나는 각도인데, 이 점에 대해서는 뒤에서 다시 설명할 것이다. 페더러의 스트로크는 공과 라켓면이 만나는 순간의 라켓 헤드 속도를 증가시키는 스윙 방식이며 강하면서 스핀이 많이 걸린 샷을 통해 다양한 코스의 샷을 가능하게 만들었다. 페더러는 킥 서브와 사이드 스핀이 걸린 공격적인 백핸드 슬라이스와 드롭샷 등 여러 가지 스핀을 이용한 다양한 샷을 구사하며 현대 테니스의 형태를 다채롭게 만들었다. 뉴

에이지로 불리는 새 세대들의 스트로크는 더 극단적으로 라켓을 완전히 채찍 휘두르는 모습으로 스윙함으로써 스핀양을 키우게 된다.

요약해서 서브 앤 발리 플레이어를 요즘 보기 어려운 이유를 간단히 말하자면 선수들의 스트로크 샷의 속도가 더 빨라지고 각이 깊어져서, 네트로 들어간 발리어가 빠른 다운 더 라인 샷을 발리로 잡기도 어렵고 깊은 앵글 샷을 따라가 잡기도 어렵게 되었기 때문이다.

마지막으로, 선수들이 서브를 넣기 전에 공을 까다롭게 고르는 모습을 볼 수 있는데, 때로는 볼 보이가 괴로울 정도라서 많은 사람이 궁금하게 생각하는 장면이다. 어떤 전문가의 설명은 이렇다. 테니스공은 겉면에 털이 나 있는 펠트라고 부르는 부분이 있다. 이 펠트가 납작하게 누워있는 공과 몇 번 친 후에 공의 펠트 부분이 조금 부풀어 오른 모습의 공이 있는데, 물론 펠트가 납작한 공은 공기의 저항을 덜 받는다. 프로 선수들의 경우 첫 서브는 스핀이 많이 걸리지 않은 플랫 서브를 넣는 경우가 많은데 플랫 서브는 더 빠른 속도를 내기 때문에 상대가 받기 어렵다. 그리고 공의 펠트가 납작하면 물론 공기의 저항을 덜 받으므로 더 빠를 것이다. 한편 두 번째 서브는 주로 스핀을 많이 건 킥 서브나 슬라이스 서브이며 서비스 라인 안으로 안전하게 떨어져야 한다. 그러기 위해서는 공기의 저항을 많이 받는 공이 더 좋다. 그래서 프로 선수들이 공을 고를 때는 서로 다른 두 개를 골라서 펠트가 부푼 공은 세컨드 서브용으로 주머니에 넣거나 홀더에 넣어 두고 납작한 공으로 첫 서브를 시작한다는 것이다. 믿거나 말거나.

2. 테니스공 스핀의 과학

아마도 많은 사람이 궁금해하는 스핀에 대한 과학지식은 왜 톱스핀 볼이나 슬라이스 볼이 땅에서 튀어 오르는 모습이 다르고 어떻게 치면 그런 위력적인 볼을 만들 수 있는가 하는 내용일 것이다. 여기서는 좀 더 과학적으로 상세한 내용을 다루어볼까 한다.

테니스공이 코트 면이나 라켓 면을 치고 튀어나오는 것을 볼 바운스라고 한다. 코트 면에서의 볼 바운스와 라켓에서의 바운스는 차이가 있는데, 코트 면은 정지해 있으며 바운스한 공의 스핀이 바운스 전과 반대 방향으로 바뀌는 극적인 변화는 없다. 공 스핀에 의한 바운스의 모습은 주로 코트 면의 성질, 즉 코트 면이 클레이인지 잔디인지에 따라 바운스의 모습이 달라진다. 한편 라켓은 볼 쪽으로 움직여 와서 볼을 치기 때문에 볼과 라켓 면의 상대적인 운동 궤도의 차이에 따라 공에 걸리는 스핀의 방향이 반대로 바뀌기도 하고 스핀의 정도도 크게 달라진다.

1) 코트 면에서의 볼 바운스

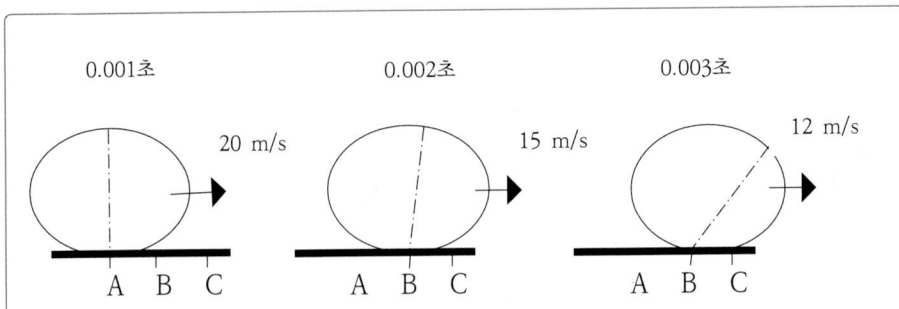

➡ 그림 2. 테니스공의 미끄러짐(sliding)과 물림(biting). 왼쪽 첫 번째 그림은 공이 코트 면에 닿기 시작해서 0.001초가 지난 후 공이 눌려서 타원형으로 찌그러진 모습을 보여준다. 공의 기준선 아랫부분이 코트 면의 A에 닿아 있다. 공의 수평 방향 속력은 20 m/s이다. 두 번째 그림은 미끄러짐이 일어나며 공이 0.001초 동안 더 이동한 모습이다. 공의 기준선 아랫부분이 B로 이동한 것을 볼 수 있다. 면과의 마찰에 의해 속력이 줄었다. 미끄러지고 있지만 원래 공은 회전하고 있었기 때문에 기준선 윗부분이 시계방향으로 돌아간 것이다. 세 번째 그림은 물림이 일어나면서 공이 더 급격하게 회전한 모습을 보여준다. 기준선 아랫부분은 코트면 B에 여전히 물려 있다. (참고문헌 1번)

바운스에서 공에 일어나는 현상을 제대로 이해하려면 미끄러짐 sliding 과 물림 biting 을 알아야 한다. 빠른 속도로 코트 면에 충돌한 공은 공이 코트 면을 누르면서 타원형으로 납작해지며 공 전체가 수평 방향으로 계속 움직여가는 미끄러짐 현상이 일어난다. 그리고 면의 마찰력 때문에 코트에 닿은 공 아랫부분이 코트 면에 잡히는 물림 현상이 일어나게 되는데, 이때 공은 진행하는 방향 쪽으로 모습이 더 찌그러지며 회전하게 되어 스핀이 더 걸리게 된다. 그리고 찌그러진 공은 탄성에 의해 원래의 모습을 회복하며 튀어 오른다〈그림 2〉.

미끄러짐과 물림 현상은 샷의 종류와 코트의 성질에 따라 크게 달라진다고 한다. 연구 결과에 의하면 코트 면과 평행에 가깝게 낮게 들어온, 즉 공의 궤도가 코트 면과 이루는 입사각이 작은 경우에는 미끄러짐이 많이 일어나고 높은 각으로 들어오는 경우는 물림이 많이 일어난다고 한다. 예를 들어 플랫 서브를 넣으면 상대방 서비스 라인에 떨어지는 공의 입사각은 약 10도 정도인데 이 경우 공은 주로 미끄러짐이 일어나며 튀어 오르는 각은 10도 이하이다. 한편 톱스핀이 강하게 걸려 네트 위로 높이 올라갔다가 떨어지는 스트로크 샷의 경우는 입사각이 20도보다 큰데 이 경우는 물림 현상이 더 강하게 일어난다. 물림이 크면 공의 스핀은 더 증가한다.

스핀이 없이 들어 온 공도 물림이 크면 바운스 후에는 강한 회전이 생기게 된다. 바운스 후 공의 속력은 30%~60% 정도 줄어들게 된다. 예를 들어 160 km/h 의 속력으로 출발한 플랫 서브 공은 상대방 코트에 도달하는 동안 받는 공기 저항 때문에 속력이 120 km/h 로 줄고 바운스 후에는 80 km/h 로 속력이 줄어드는데, 스핀이 없던 공이 바운스 후에는 약 6,000 rpm의 스핀을 가지게 된다고 한다.

바운스에서 얻게 되는 스핀양은 코트 면의 마찰력에 의해 결정된다. 마찰력을 결정하는 요소는 세 가지인데, 얼마나 강하게 공이 면을 때리는가와 코트 면의 재질과 거친 정도에 따른 마찰계수, 그리고 미끄러짐과 물림 중 어느 것이 큰가이다. 미끄러짐과 물림의 정도를 결정하는 요소도 세 가지인데, 공의 입사각, 미끄러짐 마찰계수, 그리고 바운스 전에 공이 가지고 있던 스핀의 양이다.

코트의 성질에 대해 조금 더 알아보자. 보통 사람들은 잔디 코트가 빠르고 클레이 코트가 느리다고 단순하게 알고 있다. 전문가들이 쓰는 용어로는 복원계수 COR 와 페이스 pace 라는 것이 있다. 복원계수는 공을 수직으로 코트 면에 떨어뜨렸을 때 얼마나 높이 되돌아오는가를 나타내는 양이라고 생각하면 된다. 잔디 코트는 보통 0.7(70%)이고 클레이 코트는 0.9 정도이다. 페이스는 바운스 전후 수평 방향 속력의 유지율이라고 보면 되는데 1(100%)에서 미끄러짐 마찰계수를 뺀 양이다. 즉 마찰력에 의해 속력이 줄어들고 난 나머지라고 생각하면 된다. 잔디 코트는 평균 40%, 클레이는 평균 20% 정도인데, 일정한 값은 아니고 입사각에 따라 달라진다. 이제 두 코트를 비교하면 잔디 코트는 수직 복원비율이 더 낮고 수평 속력 유지율이 더 높으므로 바운스 후 공이 낮고 빠르게 오며 스핀양은 많이 늘어나지 않는다. 한편 클레이 코트는 그 반대이므로 나달과 같은 선수의 강한 톱스핀이 걸리고 높은 각으로 코트에 떨어지는 공은 높이 튀어 오르며 톱스핀이 더 늘어나게 된다. 페더러와 나달의 스트로크 샷이 각각 잔디와 클레이에 더 유리한 이유가 여기에 있는데, 단순히 코트에 따른 공 속력의 차이뿐 아니라 입사각의 차이와 스핀양에 따라 바운스 후의 공의 수평 방향 속력과 튀어 오르는 각도와 스핀의 양이 모두 다르기 때문이다.

2) 라켓에서의 볼 바운스

나는 스핀을 이용해 톱스핀 로브와 깊은 각 앵글 샷을 치고 싶다. 라켓으로 공을 칠 때 어떻게 하면 스핀을 더 많이 걸고 이를 이용할 수 있을까? 공의 스핀양을 늘리는 방법에 대해 라켓 제조사와 스트링 제조사, 그리고 일반 테니스 선수들이 여러 가지를 제안하고 있다. 많이 듣는 이야기들을 열거하자면

1. 얇은 스트링이 공을 더 많이 파고들기 때문에 스핀이 더 잘 걸린다.
2. 줄 간격이 넓게 배치된 라켓에 굵은 스트링을 매는 게 더 낫다. 공의 면이 스트링 사이로 들어가 잡히기 때문이다.
3. 스트링의 겉면이 울퉁불퉁하거나 각진 것이 공을 더 잘 잡아 줘서 스핀이 잘 걸린다.
4. 천연 거트처럼 말랑말랑한 스트링은 늘어나면서 공을 잡아 주기 때문에 더 좋다.
5. 솟는(라이징) 공을 치면 스핀이 더 걸린다.

6. 아니다. 볼이 정점에서 내려온 다음 치는 게 더 좋다.
7. 공의 가운데를 치지 않고 공 가장자리를 치면 스핀이 더 걸린다.
8. 라켓 위 면이 앞으로 기울게 그립을 잡고 스트로크를 치면 스핀이 더 잘 걸린다.
9. 스핀 서브를 넣을 때 오른손잡이라면 볼 토스를 왼쪽 어깨 위로 올려서 치는 게 스핀이 더 많이 걸린다.

이 아홉 가지 이야기 중 몇 가지가 경험적으로 맞는다고 생각하는가? 물론 사람마다 다 대답이 다를 것이다. 그런데 물리학자들이 실험한 결과에 따르면 확실한 결론은 단 세 가지뿐이다.
1. 공을 세게 칠수록 스핀의 양이 커진다.
2. 스트링에 의한 차이는 별로 없다.
3. 공과 라켓 면 사이 입사각이 40도 근처일 때 가장 스핀이 많이 걸린다.

공을 세게 친다는 말은 공과 라켓이 만날 때 라켓 헤드의 속력이 큰 것을 의미한다. 앞에서 말했지만, 현대의 포핸드 스트로크 방식은 몸의 회전과 팔의 동작, 손목 스냅을 이용하여 라켓 헤드의 속력을 최대한 증가시켜 공에 스핀이 더 걸리게 한다.

스트링에 의한 차이가 없다는 말은 이런 뜻이다. 나달과 같은 선수가 포핸드 스트로크에서 공에 걸어주는 스핀양은 약 3,000rpm이라고 한다(백핸드는 약 2,400rpm). 만약 동호인들의 경우 스핀양이 700 rpm 정도라면 스윙은 바꾸지 않고 라켓과 스트링을 바꿔서 얻을 수 있는 스핀양은 770rpm 정도라는 것이다. 이 정도의 변화가 있을 때 상대방은 그 차이를 심각하게 느끼게 될까? 아마도 이 정도의 스핀양 변화는 게임에 거의 영향을 미치지 않을 것이다. 근력을 키우고 스윙 형태를 바꾸어 스핀양을 1,500rpm 으로 바꾼다면 당연히 상대가 느낄 정도의 차이가 만들어지겠지만.

그런데 스트링과 라켓에 의한 차이가 느껴진다고 하는 사람들이 있으므로 좀 더 자세히 알아보자. 스트링 제작자들로부터 후원을 받은 실험의 데이터를 보면 세 가지 결론을 내릴 수 있다.

1. 라켓에서 바운스한 공의 스핀양은 줄의 종류나 줄 텐션의 세기, 줄의 굵기, 줄 사이의 간격과 크게 관계가 없다.
2. 텐션을 줄이면 라켓에 맞고 바운스한 공의 속력이 약간 증가한다.
3. 라켓에 맞고 바운스한 공의 진행 각도가 줄의 텐션과 줄의 종류와 줄 사이의 간격에 따라 상당히 달라진다. 천연 거트의 경우 텐션 차이에 따른 변화가 가장 크며 합성 synthetic 스트링은 텐션에 따른 변화가 작은 편이다.

이 실험에서는 텐션을 30 파운드에서 70 파운드까지 변화시키며 실험하였고 정지한 라켓과 움직이는 라켓에 대해 모두 실험하였으며, 입사각은 10도에서 90도까지 변화시켜가며 다양하게 실험한 결과이다.

결과적으로, 줄과 스핀양과는 별로 관계가 없지만 치고 난 후 공의 궤도가 차이가 난다는 것이다. 공이 라켓이 부딪혀 튀어나가는 시간은 0.005초 정도이기 때문에 우리는 공과 라켓이 맞는 순간은 볼 수 없다. 플레이어가 보는 것은 치고 난 후의 공이 나가는 모습, 상대 코트에 떨어지는 모습인데 같은 스핀양을 가져도 공의 각도가 달라지면 공의 전체 궤도가 달라지고 그 모습이 스핀의 차이인 것처럼 느껴질 수도 있다.

우리가 좀 더 이해해야 할 부분은 세 번째이다. 입사각이 40도라는 것은 라켓 면을 기준으로 할 때의 이야기이다. 예를 들어 탁구 선수가 서브를 넣을 때 공을 수직으로 높이 던졌다가 다시 수직으로 떨어지는 볼에 탁구 라켓을 찔러 넣는 식의 서브 모습을 흔히 볼 수 있다. 공을 지켜보는 관객의 관점에서는 수직으로 떨어지는 공에 거의 직각으로 라켓 면이 들어와 만나는 것으로 보이지만, 라켓 면에 올라타 있는 작은 벌레의 관점에서는 탁구공이 라켓 면 쪽으로 이동해 와서 충돌하는 것이다〈그림 3〉. 즉 라켓 면을 기준으로 하면 공이 면에 입사하는 긱은 90도에 가까운 것이 아니라 50도에 가까운 것이며, 라켓의 속도가 빠를수록 입사각은 더 작아진다.

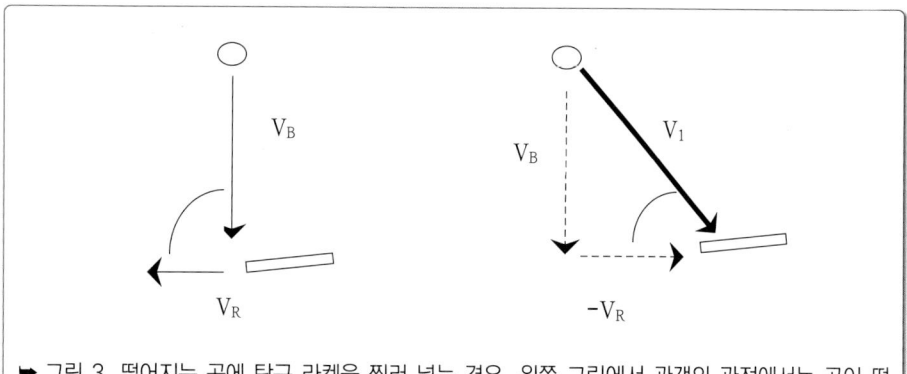

➡ 그림 3. 떨어지는 공에 탁구 라켓을 찔러 넣는 경우, 왼쪽 그림에서 관객의 관점에서는 공이 떨어지는 방향과 라켓 면이 거의 수직으로 만나는 것처럼 보인다. 수학에서 벡터를 이용하면 라켓 면의 관점에서 본 공이 다가오는 속도(V1)는 공의 속도(VB)에 라켓의 속도(VR)를 뒤집은 음의 라켓 속도벡터(-VR)를 더하면 얻을 수 있다.

테니스 스트로크에서는 코트 면에서 튀어 오른 공을 라켓이 마중 나가서 공을 치게 되는 상황이며 라켓의 스윙 방향과 속도가 입사각을 결정한다〈그림 4〉. 라켓 헤드의 속력이 공의 속력보다 훨씬 빨라야 공의 스핀 방향을 바꾸어 톱스핀을 걸 수 있다. 라이징 볼과 떨어지는 볼을 비교하면 떨어지는 볼을 칠 때 입사각이 더 작아진다. 입사각이 40도일 때 가장 스핀양이 많아지는 것은 공과 라켓이 만나는 순간 여러 가지 요소에 의한 것인데, 앞에서 설명한 미끄러짐과 물림 중에서 물림이 공의 스핀양을 더 늘려준다.

라켓 면과 공이 수직으로 충돌하는, 즉 입사각이 90도인 공은 줄과 공의 탄성에 의해 되돌아가며 미끄러짐이나 물림 현상이 크게 발생하지 않는다. 입사각이 매우 작은 경우 물림보다 미끄러짐이 더 많이 일어난다. 그리고 초고속 카메라 촬영 결과를 보면 메인 (세로) 스트링은 공과 충돌하는 순간 물림에 의해 한쪽으로 몰렸다가 공이 떠날 때 다시 원래 자리로 돌아오며 공을 밀어내 준다. 이것은 코트 면에서의 바운스와 다른 점이다. 이런 여러 요소가 조합된 결과로 40도에서 가장 스핀양이 크게 나오는 것이다.

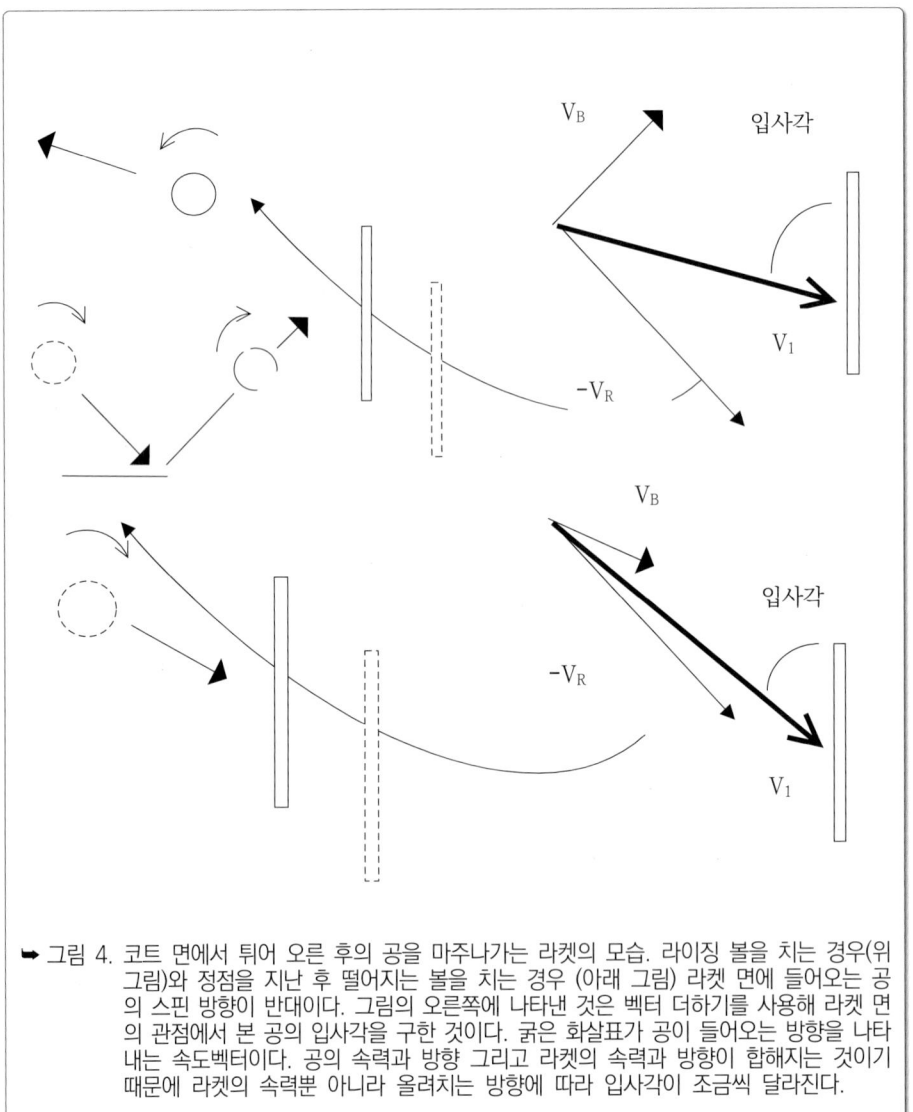

➡ 그림 4. 코트 면에서 튀어 오른 후의 공을 마주나가는 라켓의 모습. 라이징 볼을 치는 경우(위 그림)와 정점을 지난 후 떨어지는 볼을 치는 경우 (아래 그림) 라켓 면에 들어오는 공의 스핀 방향이 반대이다. 그림의 오른쪽에 나타낸 것은 벡터 더하기를 사용해 라켓 면의 관점에서 본 공의 입사각을 구한 것이다. 굵은 화살표가 공이 들어오는 방향을 나타내는 속도벡터이다. 공의 속력과 방향 그리고 라켓의 속력과 방향이 합해지는 것이기 때문에 라켓의 속력뿐 아니라 올려치는 방향에 따라 입사각이 조금씩 달라진다.

참고로, 천연 거트는 텐션이 40파운드 이하로 작은 경우 잘 돌아오지 않는다. 70파운드 정도의 텐션에서 천연 거트의 복원력은 인조 스트링과 비슷해진다.

〈그림 4〉에서 스트로크 때 공과 라켓의 입사각이 결정되는 모습을 나타냈는데, 공의 속력과 방향 그리고 라켓의 속력과 방향에 따라 입사각은 달라진다. 같은 속력으로 스윙을 하더라도 라켓을 앞으로 휘두르는 수평 방향의 스윙과 아래에서 위로 올려치는 수직 방향 스윙의 비율이 어느 정도냐에 따라 입사각은 변한다. 물론 선수들은 경험적으로 볼의 속력과 구질에 맞는 자신의 스윙을 익히게 되는 것 같다.

　마지막으로 톱스핀 서브(킥 서브)에 대해 알아보자. 서브를 넣을 때 공에 톱스핀을 걸어주려면 당연히 공을 아래에서 위로 긁어 올리듯이 쳐야만 원하는 톱스핀이 걸릴 것이다. 그런데 공을 올려치면서 동시에 팔을 위로 뻗어 최대한의 높이에서 공에 임팩트를 줘서 서브의 위력을 내야 한다고 주문하면 이 두 가지의 주문은 처음 배우는 사람을 항상 혼란스럽게 한다. 무조건 올려치기만 하면 보통 공은 상대 코트 서비스 라인을 훨씬 벗어나 날아간다.

　실제로 과학적으로는 어떤 일이 벌어지는가? 선수들의 톱스핀 서브를 느린 화면으로 분석해보면 라켓의 면이 아래에서 위로 올라가며 공을 만나는데, 공과 라켓이 접촉하기 바로 전 순간에 라켓 면은 약간 열려있고 공이 떠난 후 면은 아래로 빨리 닫힌다. 공과 라켓이 충돌하고 있는 동안의 시간은 0.005초 정도이지만 이 시간 동안 라켓 면은 약 15도 정도 회전한다. 공의 속도와 라켓 면의 속도를 합성해 임팩트 후 공의 속도 방향을 보면 사실상 수평보다 약간 아래쪽이다. 〈그림 5〉에 이런 상황을 표현했다.

　그 누구도 아주 짧은 시간 동안에 이런 변화를 계산한 다음 정확하게 실행할 수는 없다. 선배들의 조언은 이런 타격을 자신도 모르게 만들어내기 위한 경험적인 조언인 셈이다.

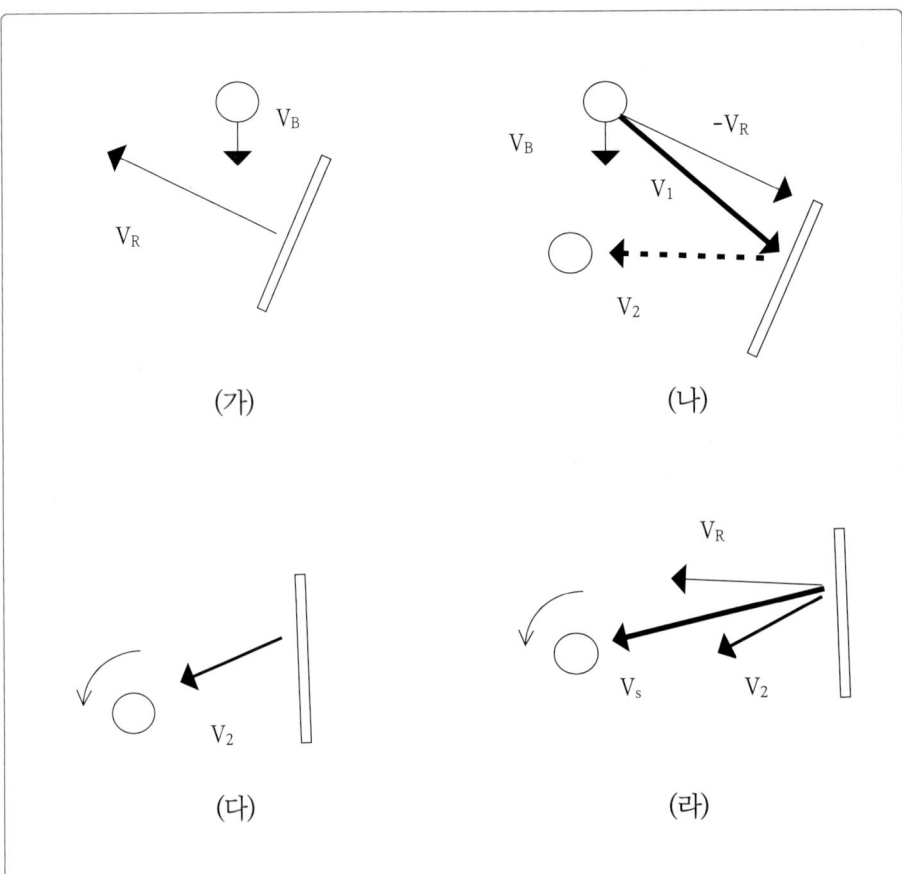

➡ 그림 5. (가) 정점에서 떨어지는 공을 라켓이 위로 올라가며 공을 치는 경우 (나) 라켓이 계속 같은 방향으로 진행하면 라켓 면의 관점에서 본 공의 속도 V_1 에 의해 입사각이 정해지고 이에 따라 라켓을 떠나는 공의 방향도 결정된다. (다) 그런데 라켓 면이 임팩트하는 짧은 순간 동안에 15도 정도 돌아간다면 라켓 면을 기준으로 한 공의 반발 방향이 달라진다. (라) 라켓의 속도와 반발 속도를 더해서 관객 입장에서 본 공의 실제 방향을 계산하면 그림과 같이 수평 방향보다 약간 아래 방향이다. 즉, 라켓을 위로 올려치면서 임팩트를 주지만 공은 멀리 날아가지 않고 상대방 서브 라인 안으로 스핀이 걸린 채 들어가게 된다. (참고문헌 2)

3. 맺는 글

테니스 게임에서 라켓의 발전과 공 스핀의 역할이 테니스 게임의 변화에 중요한 역할을 해 왔다는 것을 말했다. 클레이 코트에 강한 선수와 잔디 코트에 강한 선수의 차이가 과학적으로는 어떻게 설명이 되는지, 스핀의 양을 키우기 위해 어떤 스윙을 해야 하는지, 라켓과 스트링을 고를 때 얼마나 알고 골라야 하는지 등등 과학적인 분석이 도와주는 것이 있다. 그러나 테니스에 관한 스포츠 과학은 절대적인 것이 아니라서 이론적인 시뮬레이션으로 사람이 하는 운동의 결과를 예측할 수는 없다. 테니스의 샷은 사실 플레이어의 경험과 순간적인 감각에 의해 이루어지는 경우가 많으며 공을 치는 순간에 머릿속으로 계산해서 할 수 없는 부분이다. 그러나 최소한 어떤 것이 틀리고 맞는지는 알아두는 것이 도움이 된다. 본인에게 별로 도움이 안 되는 방향으로 헛된 노력을 하거나 돈을 소비하지 않게 도와주니까 말이다. 그리고 본인의 샷의 모습이 이상적인 경우와 가까운지 스스로 점검해볼 수도 있다. 단지 테니스를 스포츠로 즐기면서도 알고 있는 이론적인 내용이 맞아 들어가는 것이 보이면 지식적으로도 즐거움을 느끼기를 바랄 뿐이다.

참고문헌

H. Brody (1984) That's how the ball bounces, The Physics Teacher, Nov 1984, 494-497.

H. Brody, R. Cross, and C. Lindsey, The Physics and Technology of Tennis, Vista California, USA, Racquet Tech Publishing USRSA, 2007.

테니스 알쓸신잡, 다섯

유명인사의 테니스 메타포 백 승 국 (문화콘텐츠 문화경영학과)

- 테니스 승자는 방법을 찾고, 패자는 변명을 찾는다.
  (프랭클린 루스벨트: 미국 대통령)

- 테니스는 광기와 같다. 항상 같은 일을 하고 다른 결과를 기대한다.
  (알버트 아인슈타인: 미국 과학자)

- 똑똑한 소녀는 테니스, 골프, 피아노를 할 줄 아는 여성이다.
  (마릴린 몬로: 미국 영화배우)

- 테니스는 연극과 같다. 매 경기 규칙은 같지만 어떤 경기도 동일하지 않다.
  (케빈 스페이시: 미국 영화배우/감독)

- 게임을 이기는 순간이 다가오면 상대 선수가 좋은 선수가 아니라는 생각에 빠진다.
  (르네 라코스테: 라코스테사 설립자)

- 시를 창작하는 자유는 그물망 없이 테니스를 치는 것과 같다.
  (로버트 프로스트: 미국 시인)

- 테니스는 90%의 정보와 10%의 창의력을 요구한다.
  (조에 창: 미국 테니스 코치)

- 행복한 삶은 테니스 코트처럼 평평한 인생이다.
  (프레드릭 다르: 프랑스 소설가)

- 세상에서 가장 지루한 사람은 테니스를 치지 않는 사람이다.
  (가엘 포만: 미국 소설가)

자료 https://tcwesthouse.com/citations-sur-le-tennis
https://citation-celebre.leparisien.fr/citation/tennis

10장

테니스 부상없이 안전하게 즐기기

이동주(의학과)

1. 들어가는 글

글쓰기를 시작하면서 그 글의 수준을 어떻게 하면 좋을지에 대한 고민이 많았다. 아무래도 정형외과 의사이다 보니 너무 전문적인 글을 쓰면 일반인들에게 흥미롭지 않을 것이고 그렇다고 너무 쉽게 상식적인 글이 되면 구글에서 쉽게 검색하여 읽어 볼 수 있는 수준이 될 듯해서 이 또한 의미 없는 일일 것이다. 그래서 나름 테니스를 하면서 주위 분들이 말씀하시는 내용 중 틀린 내용이나 제공하고 싶은 의학적 메커니즘을 어렵지 않은 수준에서 간단히 조언하는 차원에서 쓴 글이니 혹 내용이 어렵거나 또는 지나치게 상식적이더라도 너그러이 나무라지 말아 주시기 바란다.

테니스는 나이나 성별에 관계없이 누구나 즐길 수 있고 민첩성과 순발력, 근력 및 심폐 지구력 등을 고르게 단련하는 데 도움이 되는 대표적인 전신 스포츠 운동이다. 전 세계적으로 약 3천만 명이 넘는 사람들이 레크리에이션으로서 테니스를 즐기고 있으며, 그 수는 점점 더 늘어나고 있다. 2019년 스포츠안전재단에서 실시한 조사에 따르면 최근 1년간 생활스포츠 전반의 부상율(64.3%)과 비교했을 때 테니스 종목에 참여한 국민의 부상율(85.7%)이 더 높은 것으로 나타났으며, 부상 부위로는 발목(39.2%), 무릎(17.2%), 손바닥(13.2%), 팔꿈치(12.8%), 허리(12.8%) 순으로 나타났다. 테니스 종목의 부상 중 가장 많은 비중을 차지하는 것은 염좌(59.5%)였으며, 좌상(38.8%), 찰과상(35.2%), 열상(12.8%), 골절(11.5%)의 순으로 나타났다.

척추를 중심으로 신체의 모든 관절을 이용해야 하는 테니스는 높은 열량을 소모할 수 있는 대표적인 전신 스포츠 운동으로 높은 운동량을 자랑하는 만큼 부상의 위험도 크다고 할 수 있다. 최근 테니스를 즐기는 인구가 증가함에 따라 관련 스포츠 손상으로 인해 병원에 내원하는 환자가 증가하고 있는 추세이다. 이 글에서는 테니스를 부상 없이 즐기기 위하여 운동 중 발생하기 쉬운 부상을 숙지하고 적절한 예방법 및 응급 처치와 치료에 대하여 살펴보고자 한다.

2. 테니스 상해의 유형 및 원인 분석

스포츠 손상의 대부분은 직간접적인 외상, 과사용 overuse 등으로 인한 근골격계 손상이라고 볼 수 있다. 외상은 직접적인 타격이나 추락으로 인해 발생하며, 과사용은 단기 과부하 혹은 장기간의 미세부하가 조직 손상을 야기하는 것이다. 이전에는 골절, 탈구, 인대 염좌, 근육 파열 등의 급성 외상에 의한 상해가 대부분이었지만, 최근 들어 건염, 피로골절과 같은 과사용 상해가 점점 증가하는 추세이다.

테니스를 시작할 때 가장 많이 듣는 이야기가 힘을 빼고 치면 부상도 적고 강한 스트로크를 구사할 수 있다는 조언을 듣곤 한다. 처음에 필자도 이러한 이야기를 들을 때면 속된 말로 "무슨 헛소리를 하고 있어"라고 속으로 되뇌이곤 했다. 힘을 빼고 어떻게 세게 친다는 말인가? 이 말이 무슨 뜻일까?

테니스를 즐기게 되면서 서서히 이해하기 시작했다. 사람의 몸은 수많은 관절로 이루어져 있어 테니스 스트로크를 할 때나 골프 스윙을 하거나 야구 배팅을 할 때에 모두 같은 메커니즘이 작용한다. 각 운동의 특성에 따라서 미세하게 이용하는 근육과 관절이 다를 뿐이다. 그 원리는 공을 타격 시 관절이 없는 하나의 몸 막대기처럼 손으로 라켓을 움켜쥐고 공을 가격하는 것이 아니고 수많은 관절^{움직임이 있는 부위 : joint}로 이루어진 채찍과 같이 부드럽게 우리 몸의 연결 관절을 모두 이용하여 타격하는 것이다. 흡사 양 발에서 시작되는 큰 채찍을 휘두르는 것과 우리 몸을 큰 채찍으로 타격하라는 의미일 것이다. 우리 모두가 고등학교 물리 시간에 배웠듯이 최종 각속도는 관절의 수가 많을수록 관절의 합이 아닌 곱으로 그 힘이 표현되기 때문이다. 이러한 각 관절은 순차적으로 그리고 한꺼번에 조화롭게 움직이면 폼도 부드러워 보이고 각 관절을 이용하는 작은 힘으로도 말단의 큰 힘을 낼 수 있게 된다.

　의사로서 프로 선수들의 타격을 보면서 아마추어의 타격 폼과 비교하게 되는데 주요 관심사가 "어느 관절과 어느 근육을 어떤 상태에서 사용하는 것인가?" 이다. 대부분 타격에 큰 힘을 내는 근육의 상태는 늘어나 있는 상태의 근육이므로 공을 타격하는 순간에는 몸과 관절은 쭉 편 상태인 것이 보다 큰 힘을 낼 수 있다. 그래서 프로 선수의 타격시 폼을 보면 대부분의 근육이 늘어나 있는 상태인 것으로 확인할 수 있다. 또한 위에서 설명하였듯이 타격 시 최종 움직임의 속도는 각 관절의 각속도의 곱으로 나타나므로 프로 선수들의 타격을 보면 항상 그 스윙의 시작은 다리에서부터 시작되는데 뒤에서 뛰면서 전진하듯이 양발에서 체중이 뒷발에서 앞발로 이동하고, 무릎이 펴지며, 고관절이 펴지며 골반이 먼저 돌아가고, 몸통이 회전하며, 견관절이 굴곡, 내회전하고, 주관절이 굴곡 또는 신전하며, 최종적으로 전완부가 내회전, 손목이 굴곡하면서 라켓이 공을 타격하듯이 "땅"하고 라켓 중앙으로 공을 타격하는 것이다. 이러한 동작은 양발에서 시작하는 큰 채찍을 휘두르는 것과 같게 된다. 이러한 동작이 한번에 순차적으로 이루어지면 아름다운 부드러움을 가지는 강력한 스트로크가 된다.

　일부 선수들은 채찍 동작을 전완부의 내회전과 손목만으로 하는 경우가 많고, 일부는 좀 더 진전이 있고, 고수가 될수록 양측 발에서부터 시작하는 아름다우면서도 강력한 힘을 발휘하는 스윙 폼을 가지게 된다. 다음은 근육의 길이에 따르는 힘에 대한 것으로 어떤 동작으로 타격하는 것이 큰 힘을 발휘하는지 이해하게 될 것이다.

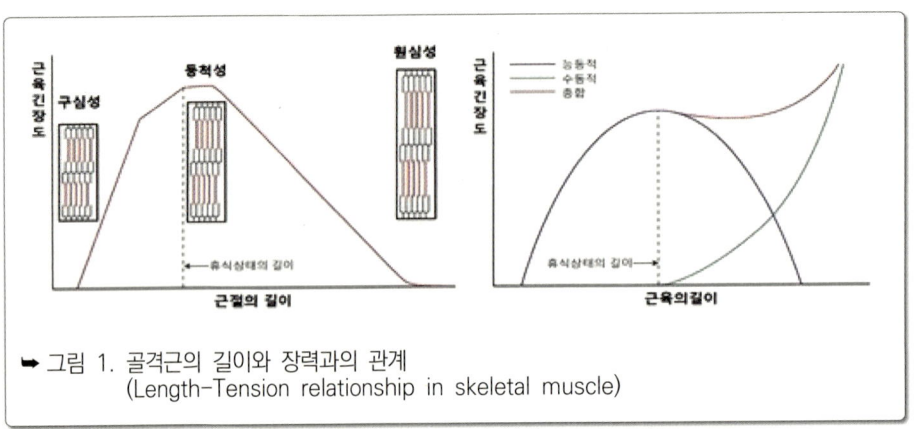

➡ 그림 1. 골격근의 길이와 장력과의 관계
(Length-Tension relationship in skeletal muscle)

인체의 근육은 수많은 근원섬유가 모여 이루어진 결합조직으로 각각의 근원섬유는 액틴-미오신 결합에 의한 근섬유 분절을 이루고 있다. 근육이 수축할 때는 이러한 액틴-미오신이 강력하게 결합하게 되며, 세가지 방식으로 수축하며 힘을 발휘하게 되는데, 각각 등척성 isotonic, 구심성 concentric, 원심성 eccentric 수축이 있다. 근수축 시 근육에 가해지는 긴장 tone 이 일정하게 유지되는 것이 등척성 수축이며, 휴식 상태의 근육 길이보다 짧거나 길어진 상태에서 수축을 하는 것을 각각 구심성 concentric, 원심성 eccentric 수축이라고 한다.

〈그림 1〉의 좌측 그래프에서 보다시피 하나의 근섬유 마디로 보았을 때는 휴식 상태의 길이 resting length 에서 최대의 힘이 발휘되나, 우측 그래프와 같이 근육 자체의 단위로 보게 되면 근육 길이가 원심성 eccentric 으로 길어질 때 결합 조직이 가지고 있는 수동적 힘이 추가로 가해지며 실제 근육이 발휘할 수 있는 힘이 점점 증가하게 되는 것을 알 수 있다. 이처럼 실제 힘은 근절 sarcomere 의 길이가 최적일 때보다 원심성으로 길어질 때 최대 힘이 발생하게 된다. 즉 원심성으로 길어진 근육 상태에서 수축하는 동작이 큰 힘을 발휘함으로 대부분의 프로 선수들은 몸을

완전히 편 상태에서 근육을 늘린 상태에서 공을 타격하는 것으로 관찰할 수 있을 것이다.

테니스는 배드민턴, 골프와 같이 신체의 모든 관절을 이용하는 대표적인 운동이므로 부드럽게 한 근육 또는 한 관절을 이용한 타격을 지양하고 부드럽게 모든 관절을 작은 힘을 이용하여 타격하는 습관을 가지는 것이 부상을 막는 테니스 연습 방법이라고 판단된다. 또한 서브나 스트로크와 같은 반복적인 동작이 많으므로 운동 전에 충분한 스트레칭 및 준비 운동을 하지 않는다면 비대칭적인 근육 및 인대나 건과 같은 조직들의 운동 장애를 초래할 수 있다. 전문 선수들의 경우 반복적인 동작이나 기술로 약해져 있던 부위가 과사용 상해 상태에 있다가 반칙이나 실수에 의해 급성 상해를 입는 경우가 많다. 이번 절에서는 테니스로 인해 발생할 수 있는 대표적인 근골격계 손상의 종류에 대하여 살펴보고 각 유형에 따른 예방 및 처치법에 대하여 살펴보고자 한다.

3. 테니스로 인한 대표적인 근골격계 손상

1) 인대 부분의 상해(염좌)

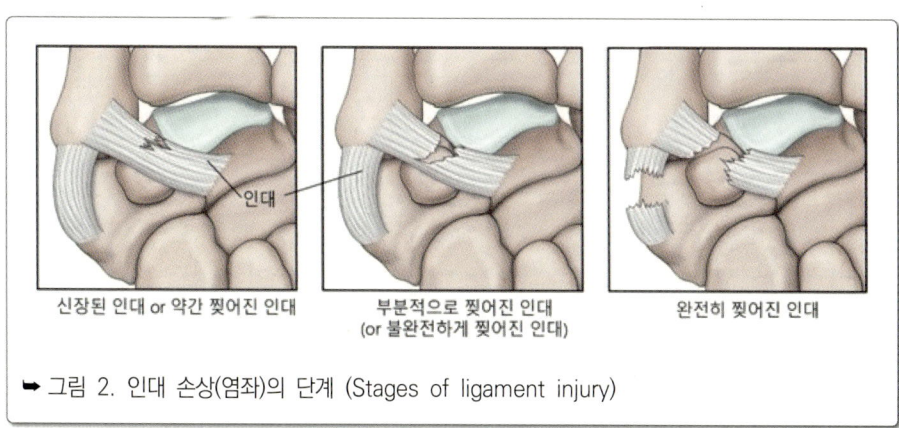

➥ 그림 2. 인대 손상(염좌)의 단계 (Stages of ligament injury)

인대는 관절의 안정성에 중요한 역할을 하는 구조물로서 여기서 염좌란 골과 골 사이를 연결하는 결합 조직인 인대가 늘어나거나 파열되는 경우를 의미한다. 염좌의 종류는 위에 있는 〈그림 2〉에서 보다시피 인대가 약간 늘어나지만 관절 안정성은 유지되는 1도(좌측), 부분 파열인 2도(중간), 완전 파열이며 관절이 불안정한 상태인 3도(우측)로 정도를 분류할 수 있다.

테니스 운동에서 많이 사용하는 팔꿈치 관절을 이루는 인대 구조물 중 외측 척측 측부 인대의 경우 팔꿈치 관절의 안정성에 중요한 역할을 하며 특히 후외방 불안정성에 매우 중요하게 관여한다. 팔꿈치 관절과 함께 염좌가 잘 발생하는 부위는 족관절, 슬관절, 손목관절 등이 있다. 다친 부위의 경우 임상양상으로 통증 및 압통, 부종, 관절의 불안정성 등이 있을 수 있다.

2) 근육부분의 상해(좌상)

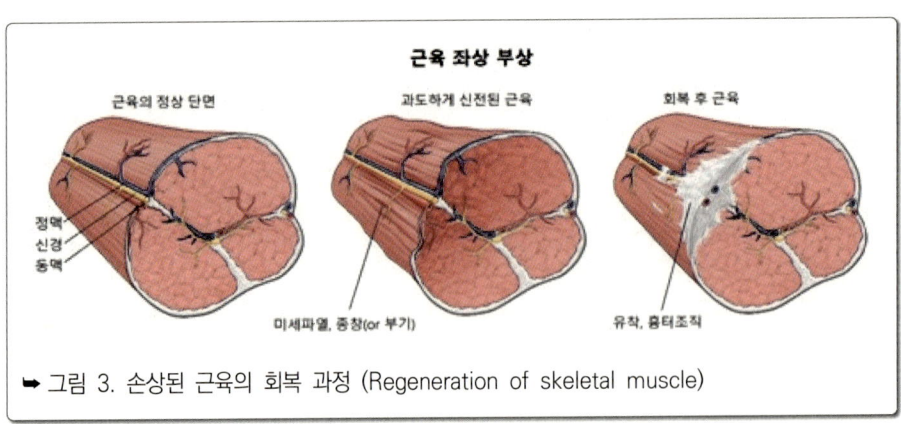

➡ 그림 3. 손상된 근육의 회복 과정 (Regeneration of skeletal muscle)

근육은 수많은 가닥의 근섬유로 구성되어 있으며, 운동을 통하여 근육을 많이 사용하게 되면 근섬유에 미세한 손상이 발생하게 된다. 얕은 상처를 입었을 때 수일이 지나면 상처 부위에 새살이 돋는 경험을 누구나 해 봤을 것이다. 이처럼 근섬유 역시 미세하게 손상을 입으면 〈그림 3〉에서와 같이 다양한 염증 물질과 면역 세포들이 손상 부위로 몰려와 근섬유에 붙어 융합하여 근육 재생과정을 거치게 된다. 손상 부위 주변을 보수하면서 더 크고 튼튼한 근육이 만들어지는 것이다.

근육이 재생되기 위해서는 약 36시간 정도의 시간이 필요하며, 재생이 되는 시기에 무리하게 운동을 계속하게 되면 재생에 필요한 시간이 부족하여 근육이 제대로 발달하지 않게 되며, 골과 근육을 연결하는 힘줄이나 근육이 늘어나거나 파열이 발생하여 상해를 입을 수 있다. 상해를 입을 경우 임상 양상으로 통증, 근육의 경련, 근력 소실, 심하면 근육 기능 소실 등이 있을 수 있다.

위와 같은 조절된 근육 손상은 큰 근육을 만드는 방법이니 근육통이 생긴 것을 무조건 나쁜 것으로 받아들이면 안 된다. 감당할 수준의 근육통과 근육 손상은 더욱 강한 근육을 가지게 되는 좋은 증상으로 받아들여도 좋겠다. 다만, 과도하여 완전파열이 되면 근육 손상과 회복 불능으로 기능 장해가 발생하니 그 경계를 잘 조절하는 것이 필요하다.

3) 뼈 부분의 상해(타박상, 피로 골절)

뼈는 신체의 다양한 기관을 지탱하고 보호하며, 몸을 지탱하는 것뿐만 아니라 이동도 가능하게 해 주는 구조물이다. 골절이란 급성 골절과 피로 골절로 분류된다. 급성 골절은 일회성의 강한 외력에 의한 것이며, 피로 골절은 반복적인 스트레스로 인해 시간이 경과함에 따라 발생하는 골절을 의미한다.

급성 골절은 골절의 상태에 따라 단순 골절과 복합 골절로 다시 분류되는데, 복합 골절의 경우 불유합과 부정 유합 등의 위험이 있어 치료에 주의해야 한다. 피로 골절은 주로 달리기나 점프를 많이 하는 테니스 운동과 같이 반복적인 스트레스를 받게 되는 경우 발생하며, 체중 부하 시 악화되는 통증과 압통 및 통증을 동반하는 부종 등의 임상 양상을 보인다.

4) 관절부분의 상해 - 탈구 (Dislocation) & 아탈구 (Subluxation)

탈구란 하나의 뼈가 다른 뼈가 만나는 부위인 관절이 분리되는 경우를 의미하며, 종종 주변 연결 조직에 상당한 손상을 가하며 심한 경우 신경 및 혈관 손상도 발생할 수 있다. 접촉성 운동이나 타격을 받는 스포츠에서 주로 발생하며, 슬관절이나 고관절보다는 주관절이나 견관절에서 자주 발생하며, 발생시 즉각적인 정복 reduction이 필요하다. 아탈구란 완전한 탈구는 아니지만, 하나의 뼈가 다른 뼈나 관절로부터 부분적으로 이탈하는 관절의 부상이다. 임상 증상의 예시로는 통증, 명백한 관절 변형, 관절에서의 움직임 감소, 부종과 압통 등이 있다.

4. 테니스로 인한 그 외의 손상

스포츠 상해는 훈련이나 경기에 있어서 기술부족, 심리적 상태, 주의력 결핍, 준비운동 부족, 기구 및 장비 시설의 부족 등 다양한 원인에 의해 발생되며 운동 종목의 특성에 따라 특징적인 상해가 나타나기도 한다. 이번 절에서는 해부학적인 손상의 분류 외에 테니스 동호인들이 자주 접할 수 있는 상해의 종류와 예방법에 대하여 알아보고자 한다.

1) 피부손상(찰과상)

피부에 찰과상을 입으면 상처 부위에는 다양한 생리적 반응이 일어나는데 우선 흔히 진물이라고 알려진 혈장 성분의 액체가 나오며 다친 부위로 보다 많은 영양분과 백혈구를 운반하기 위해 상처 부위의 혈류량이 증가되어 그 부위가 빨갛게 된다. 심한 경우에는 주변 임파선이 붓기도 하고 염증이 진행되면 농이 형성되기도 한다. 치료법으로는 흐르는 깨끗한 물로 상처 부위를 세척하고 과산화수소나 포비돈액 등의 소독약으로 소독하며 깨끗한 거즈로 수분간 눌러서 지혈이 되도록 한다.

세척과 소독, 지혈이 되면 항생제가 포함된 연고를 바르고 깨끗한 거즈로 환부를 덮고 반창고로 고정함으로써 자연 치유토록 하며 피부 손상의 깊이에 따라 다르나 대개 5일 내지 1주일이 지나면 가피(딱지)가 생기는데 눌러도 통증이 없고 농이 나오지 않으면 그대로 두어 저절로 떨어질 때까지 기다려야 흉터의 발생을 막을 수 있다.

2) 팔꿈치 통증(테니스 엘보)

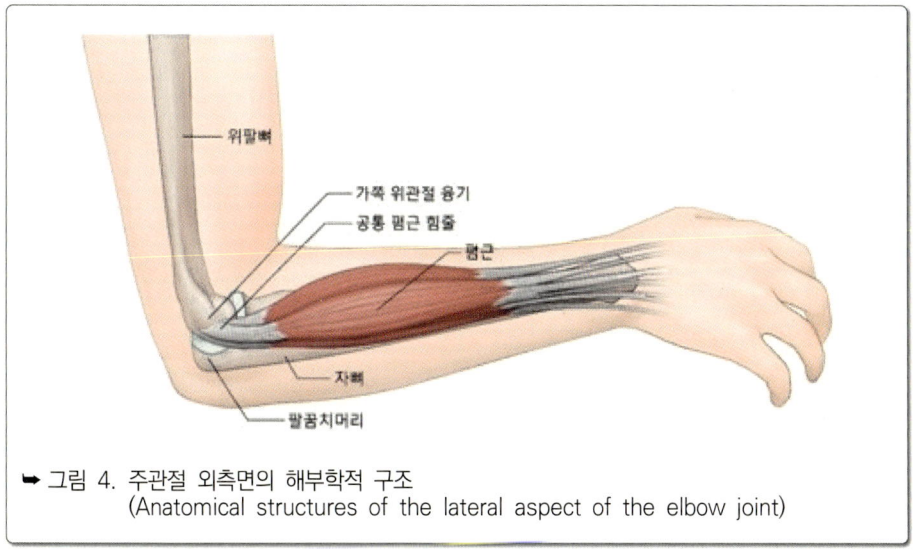

➡ 그림 4. 주관절 외측면의 해부학적 구조
(Anatomical structures of the lateral aspect of the elbow joint)

테니스 엘보는 운동선수뿐만 아니라 팔꿈치를 반복적으로 쓰는 직장인에게도 많이 발생하는 근본적으로 근육을 무리하게 반복적으로 사용해서 생기는 질환이다. 1873년 독일의 룽에 Runge 에 의해 처음 보고되었던 비교적 옛날부터 잘 알려진 질환으로 정식 명칭은 "외상과염 Lateral Epicondylitis : 외상과는 팔꿈치 위쪽에 불룩 뛰어나온 부위를 뜻한다" 이다. 서구에서 테니스 인구가 증가하면서 자연히 팔꿈치 통증을 호소하는 사람이 늘어나게 되어 테니스 엘보라는 별명으로 불리게 되었다.

팔의 근육이 약하거나 힘든 일 혹은 무리하게 반복되는 일을 하게 되면 근육이 그 충격을 흡수하지 못하고 힘줄의 무리한 근육 사용은 근육이 뼈에 붙은 부위에 염증을 일으키게 되며 가장 흔한 증상은 심한 통증이다. 〈그림 4〉에서 볼 수 있듯이 근육이 시작되는 부위인 팔꿈치 바깥쪽 뼈가 튀어나온 부위(가쪽 위관절 융기, 외상과)를 누르면 심한 통증을 느끼게 될 것이다.

치료법으로 우선은 휴식이 제일이고 냉찜질, 진통소염제 복용, 아픈 부위에 스테로이드 주사 맞는 법, 압박 보조구 착용 등의 보존적 치료를 고려해 볼 수 있다. 약 80% 이상의 환자에서 저절로 혹은 간단한 보존적 치료로 해결이 되지만, 증상이 지속된다면 수술을 고려해 볼 수 있다. 어떠한 치료 방법을 선택하는 것이 옳은가에 대한 해답은 아직 정립되지 않았으며 이와 관련된 연구가 진행 중에 있다.

3) 어깨 통증

테니스와 같이 공을 머리 위에서 던지는 overhead 스포츠의 경우 해부학적인 구조상 상당한 무리를 준다는 점에서 어깨의 경우 부상에 취약하다. 오버 헤드 동작 중에 안정적인 회전 중심을 위해서는 회전근개 rotator cuff 와 캡슐 구조의 균형이 잘 이루어진 동작이 필요하다.

테니스 운동에서의 어깨 손상 혹은 통증의 경우 반복적인 어깨 사용 및 과사용이 주를 이루는데, 그 중 가장 흔한 손상 부위는 어깨 회전근개 힘줄 손상이며, 중년이상 층의 경우에서는 퇴행성 변화로 인한 어깨 힘줄 약화와 더불어 테니스 운동으로 인해 어깨 손상이 더해져 더 악화되는 경우가 많다. 이런 경우 어깨 충돌증후군 Impingement syndrome 혹은 회전근개 힘줄 파열까지 진행할 수도 있다. 이를 예방하기 위해서는 평소 어깨에 부담이 되지 않도록 훈련 강도를 점진적으로 높여 근육의 유연성과 지구력을 향상시키는 것이 권장된다. 초기 어깨 통증 시에 얼음 찜질이 도움이 되며 이후 염증과 통증이 진정되면 관절 가동 범위 회복을 위해 점진적인 스트레칭 및 근력 강화 운동을 하도록 하는 것이 중요하다.

4) 발목 부상

발목 부상은 테니스처럼 러닝이나 점프가 많은 종목에서 경기 중 찾아오는 흔한 부상이다. 인대는 관절에서 뼈와 뼈를 연결하여 안정감을 주는 조직으로 발목에서 발생하는 가장 흔한 손상 부위는 발목 외측부 인대이다. 흔히 '삐었다, 접질렸다' 라고 하는 것이 외측 인대에 손상을 의미하며 염좌 Sprain 혹은 인대 파열이라고 한다.

한 번에 크게 접질린 급성 손상의 치료법으로 냉각 요법을 실시하면 가장 먼저 나타나는 몸의 반응은 혈관의 수축이며 정맥과 동맥을 수축시켜 출혈을 줄여준다. 냉각 요법은 부종을 줄이는 데 탁월한 효과를 나타내며 나중에 회복 속도나 치료 결과에 엄청난 차이를 가져온다는 점을 알아야 한다.

반면에 계속되는 만성 손상의 치료법으로 냉각 요법을 실시하면 혈관이 일시적으로 수축되는 것에 대한 반작용으로 혈류가 증가하게 되며 이를 '승압 효과' 라고 하는데 냉각 요법 시 승압 효과는 아주 크기 때문에 주의를 요하며, 만성적인 불안정성이 있을 경우에는 전문가의 진료를 받는 것이 필요하다.

5) 아킬레스건 손상

그리스 신화의 영웅 아킬레스는 불사신이었지만 발뒤꿈치에 약점이 있어 거기를 찔리면 죽게 되어 있었다고 한다. 신화에서의 상징적인 의미처럼 실제로 아킬레스건의 부상을 당하면 장기적으로 운동을 중단하고 치유에 전념하여야 할 중요한 부분이다. 아킬레스건은 발뒤꿈치에 있는 긴 힘줄로 종아리에 있는 근육을 발뒤꿈치 뼈와 연결하는 강인하고 신축성 있는 힘줄이다. 반복된 강한 충격을 계속적으로 받게 되면 아킬레스건은 단단하게 굳어지고 유연성을 잃게 되며 운동 수행 능력이 떨어지며 염좌나 기타 부상을 당한 경우 연속되어 아킬레스건의 부상으로 이어질 수 있다.

예방법으로는 모든 부상에 적용되는 이야기지만 훈련 전후에 충분히 스트레칭을 실시하여 근육 피로가 남지 않도록 하는 것이며 아킬레스건의 부상은 스트레칭이나 유연성 체조 등의 준비 운동을 충분히 하지 않고 경기를 바로 시작했을 때 잘 발생한다. 장딴지 근육의 유연성이 떨어지면 지면으로부터의 충격을 흡수하지 못하고 바로 아킬레스건으로 전달되기 때문에 부상을 입을 가능성이 많아 진다. 특히 발목이 굳어 있는 경우는 부상의 위험이 크다. 무릎을 펴고 발목을 위로 젖혔을 때 발이 직각에서 10도 이상 젖혀지지 않을 경우는 장딴지 근육이 굳어 있는 것이므로 충분히 스트레칭을 해 주는 것이 부상 예방에 도움이 된다.

6) 무릎 상해

무릎 인대의 손상은 넘어질 당시 무릎이 꺾이면서 "뚝"하고 소리가 들리는 경우가 많으며 무릎의 안쪽에서 통증이 느껴지며 걸을 수 없거나 걷더라도 무릎이 휘청거리는 느낌을 갖게 된다. 이 경우 휴식 및 보조기 착용과 같은 보존적인 치료에서부터 연골 조직의 손상 및 광범위한 인대 손상이 있을 경우에는 수술적 치료를 요하는 경우가 있기 때문에 전문의를 찾아 이학적 검사 및 정밀 검사를 통하여 무릎 내부의 동반 손상 유무를 확인하는 것이 중요하다.

무릎의 반월상 연골은 무릎 관절의 하중과 충격을 분산시키고 흡수하며 윤활 작용을 하는 등 매우 중요한 역할을 수행하며 점탄성의 특징이 있다. 또한 무릎 관절의 연골 조직이 경기 중 급출발이나 급정지, 점프 등 외부의 계속적인 충격에 마모되는 연골 조직의 손상이 있으면 재생되지 않으며 심한 경우에 인조 연골을 삽입하는 수술을 받아야 하므로 주의하여야 하며, 하드 코트보다는 클레이 코트가 무릎에 충격을 줄여 주며 큰 걸음보다는 작은 종종걸음이 무릎 관절에 가해지는 충격을 줄여 줄 수 있다.

7) 허리 통증

요추는 우리의 몸을 지탱하는 대들보와 같은 역할로 요통은 직립 보행하는 인간의 생애 중 80% 이상에서 한 번은 경험하고 지나가게 된다. 특히 운동선수나 운동 중에 다양한 형태의 힘이 척추에 전달되어 요통을 경험할 확률이 높아지게 된다.

대개의 경우 척추 구조물이 지탱하기 어려울 정도의 힘이 과도하게, 그것도 갑자기 가해진 급성의 경우 대개 보존적 치료로 단기간에 회복할 수 있으나 완전히 치유되지 않은 상태에서 계속 테니스를 즐김으로써 급속히 허리 부상을 악화시키는 우를 범하지 않도록 주의하여야 한다.

대개 급성 허리 부상의 경우에는 초기에는 충분한 휴식과 얼음 찜질 및 근육 이완제나 진통소염제 등을 사용하며 근 경직과 통증에 대한 치료를 하게 되며, 추간판의 퇴행성 변화로 인한 수핵의 탈출로 발생하는 추간판 탈출증과 같은 경우에서는 화학적 용해요법, 경피적 추간판 제거술, 레이져 추간판 제거술 등의 수술적인 치료를 요하는 경우도 있으므로 반복적인 요통과 더불어 방사통이 지속된다면 전문가의 진료를 받아 보는 것이 필요하다. 만성적으로 진행하는 경우 정형외과에서 중장기간 치료를 받거나 수술을 받아야 하므로 특히 허리 부상에 주의하여야 하고 일시적인 방치나 안일함은 평생의 후회로 직결될 수 있으며 남은 여생을 테니스 코트에서 영원히 떠나야 함을 직시하여야 한다.

5. 테니스 상해 이후 올바른 재활치료 과정

테니스 부상 이후에 다시 운동을 하기 위해서는 철저한 재활 운동이 필수적이라고 할 수 있다. 특히 테니스 선수의 경우에는 부상에 대한 정확한 진단 및 적절한 장비, 부상에 대한 역학 과정 등의 다양한 요인을 고려해야 하며 이러한 요인을 정확하게 파악한 뒤에 재활 치료를 진행하여야 한다.

스포츠 재활의 과정은 크게 3단계로 나눌 수 있으며 구체적인 내용은 다음과 같다.

1) 초기 단계

초기 단계에서는 통증을 초래하지 않는 선에서 가능한 자주, 부드러운 관절 운동을 시작한다. 상해 부위의 통증을 완화시키고 가동성을 향상하기 위해서 부드러운 수동적 관절 가동 운동을 한다. 근력 강화 운동은 안전하고 통증을 유발하지 않는 범위 안에서 가능한 빨리 하는 것이 좋다.

2) 중간 단계

중간 단계에서는 일상생활의 활동을 할 수 있으며 정상적인 관절가동 운동범위와 그 범위 내에서 적당한 근력이 뒷받침 되었을 때 시작할 수 있다. 과부하 원리에 따른 근력 강화 운동을 진행하며, 스포츠 동작과 비슷한 기능적 운동을 서서히 진행함으로써 기능 회복과 적절한 신경패턴 회복을 발달시킨다.

3) 향상된 단계 및 현장으로의 복귀

일상생활 활동 시 증상이 거의 나타나지 않고, 기능적 운동을 부작용 없이 수행할 수 있을 때 시작할 수 있으며, 스포츠에 필요한 일련의 기능적 활동을 점진적으로 증가시키면서 복귀하기 위하여 단계적으로 운동을 준비하는 단계이다. 즉, 조깅, 뛰어오르기, 민첩성, 기술훈련 등의 단계적인 증진이 필요한 단계이며 해당 운동의 정상 훈련 부하의 70~90%의 운동에 참여할 수 있게 된다. 이후 통증이 없는 완전한 관절 운동 및 적절한 근력과 지구력과 더불어 심리적으로 안정되었을 때 스포츠 활동으로 복귀할 수 있다.

6. 맺는 글

최근에는 다양한 연령뿐만 아니라 성별에 따른 테니스 및 스포츠 손상에 대한 객관적인 연구 및 역학 조사가 이루어지고 있으며 이에 따른 치료 및 예방에 관한 관심이 증가되는 추세이다. 다양한 테니스 운동 군에서 사전 평가로 테니스와 부상 패턴과 관련된 신체적인 요인이나 상태 등을 파악함으로써 이러한 요인 등으로 부상을 당하기 이전에 예방하여 부상이 발생하지 않게 하는 것이 가장 중요할 것으로 생각된다. 또한 테니스 운동 과정에서의 역학 과정에 대한 이해와 일반적인 병인을 확인함으로써 부상에 맞는 평가와 치료가 좀더 자세하고 효과적으로 시행되어야 할 것이며, 구조화된 재활 치료를 진행하여 부상 후에 빠른 운동으로 복귀가 이루어지도록 하여야 할 것이다.

참고문헌

스포츠 안전재단 스포츠안전사고 실태조사 종목별 보고서, 2019년

남혜주, 박태섭, 이동준, 테니스의 편측성 반복동작이 척추와 골반 형태 및 평형능력에 미치는 영향, 한국발육발달학회지 Vol. 23, No. 3, pp. 195~203 (2015)

송상협, 골격근의 신장성 근수축 운동에 따른 휴식시간의 차이가 혈중물질, 근손상 및 근재생 관련 지표에 미치는 영향, 한국연구재단, 2012

지종훈, 외상과염, Korean Shoulder And Elbow Society, 2010.11, 123-132

지진구, 곽이섭, 박찬호, 테니스 상해별 운동재활의 연구, Journal of Coaching Development 20(2), 2018.6, 77-83

테니스 알쓸신잡, 여섯

유용한 테니스 상식 민 경 진(생명과학과)

● **테니스공은 노랑색? 초록색?**

21년 6월 유튜브 채널 크랩(KLAB)에는 재미있는 영상이 하나 공유되었다. 테니스 공의 색깔이 한 색깔임에도 불구하고 사람들마다 다른색으로 느껴 '노랑파' 와 '초록파(또는 형광연두색)'로 나뉜다는 사실이다. 해외에서도 같은 논란이 일어 로저 페더러에게도 팬 중 한 명이 테니스공은 무슨색이냐고 질문을 했고 패더러는 노란색이라고 답하기도 하였다. 이런 논란이 일자 국제테니스연맹이 답을 하였다. 테니스공의 공식 색깔은 '옵틱옐로우(Optic Yellow)'라고 답을 한 것. 즉 초록색보다 노란색에 가깝다는 사실이다. 하지만 연맹의 이러한 공식 답변에도 온라인상에서의 논란은 여전히 이어지고 있다. 여러분에게 보이는 테니스공의 색은 무엇인가요?

● **컬러TV가 테니스공의 색깔을 바꾸었다?**

테니스공의 색깔 이야기를 더 해 보자. 테니스공은 언제부터 노랑색이었을까? 원래 테니스공의 색깔은 흰색이었고 옵틱옐로우로 바뀐 지는 채 40년이 되지 않았다. 초창기 테니스공은 속은 양털이었고 겉은 흰색천으로 덮고 박음질을 통해 만들었는데, 후기에는 탄력성을 높이기 위해 양털 대신 고무로 채운 흰색공을 사용하게 되었다. 흰색공을 사용한 이유는 흑백TV의 화면상에서 테니스공이 흰색이어야 쉽게 공의 위치를 파악할 수 있었기 때문이다. 하지만 컬러TV가 등장하면서 흰색공은 많은 색깔이 보이는 화면에서 쉽게 찾기가 힘들었고 결국 1972년 국제테니스연맹은 여러 색상의 공을 테스트 한 후 옵틱옐로우 색상의 공이 컬러TV 상에서 제일 잘 눈에 보인다고 결론 내리고 테니스공의 색을 변경하게 된다. 이러한 결정에도 불구하고 전통의 윔블던은 흰색 테니스공을 80년대 중반까지 사용하였는데 나이 드신 동호인분들중 흰색 테니스공을 아련한 추억으로 기억하시는 분들이 계실지도 모르겠다.

11장

테니스 동호회에서 월례대회의 수준별 운영 방안

명 성(수학교육과)

1. 테니스 동호인의 경향성 및 실력의 수준별 분류

우리나라에서 대부분의 테니스 동호인들이 주로 복식 경기를 하고 있으나 사실 단식보다는 복식 게임에 입문하기가 기술적으로 더 어렵다. 청소년기에 테니스를 접하지 못하고 성인이 되어 테니스에 입문하는 테니스 동호인은 테니스에 들이는 시간과 노력, 운동 능력 등 여러 가지 변수가 있기는 하지만 통상적으로 6개월~2년 정도 전문 테니스 코치로부터 레슨을 받고 나서야 기본적인 테니스 기술을 어느 정도 익히게 된다. 이와 병행하여 테니스를 취미로 갖는 친구와 랠리 연습이나 단식 게임을 하면서 테니스 기술을 몸에 익히고, 가까운 테니스 동호회 즉 클럽에 가입해서 동호회의 초보자들과 연습 게임을 하면서 게임의 규칙과 운영하는 방법을 익히게 된다. 테니스 기술과 경기를 운영하는 능력이 발전하게 되면서 동호인들은 테니스를 취미로 하여 추구하는 방향성에 따라 대체로 2가지 범주 중 하나에 속하게 된다.

1. 실력 향상에 목적을 두고 테니스 기술과 게임 운영 능력을 자신에게 가능한 한계까지 발전시키려 노력하는 유형
2. 테니스 기술 향상에 투자할 수 있는 시간, 동기, 운동 능력 등의 제약으로 인해 비슷한 실력의 동호인들과 게임을 하면서 즐거운 시간을 갖는 것으로 만족하는 유형

테니스 실력을 시간을 변수로 갖는 함수라고 생각했을 때, 첫 번째 유형은 기울기 즉 도함수의 값이 큰 경우이고, 두 번째 유형은 기울기가 작은 경우라고 할 수 있으며, 함수의 값과는 큰 관계가 없다. 동호인의 경우 테니스 실력의 최고점이 40~50대에 나타나는 경우가 많기 때문에, 20~40대의 의욕 있는 동호인은 첫 번째 유형에 해당되는 경우가 많다.

미국테니스협회 USTA의 경우 테니스를 하는 사람들의 실력을 NTRP National Tennis Rating Program라는 시스템으로 체계적으로 나누어서 관리하고 있다. NTRP에서는 간신히 볼을 넘길 줄 알고 단식/복식 경기 규칙에 익숙해진 레벨 2.0부터 ATP 투어에서 경쟁하는 현역 프로 선수의 수준인 7.0까지 0.5단위로 수준을 표시하고 있다. 그런데 이 설명만 봐서는 정확히 내가 어떤 수준에 속하는지 알기 쉽지 않다. 예를 들어 자신이 파워 또는 일관성 중 하나를 주요 무기로 장착하고, 매치 상황에서 전략과 플레이 스타일을 바꿀 수 있고, 압박 상황에서도 믿을만한 샷을 가지고 있다는 것은 USTA에서 제공하고 있는 선수의 NTRP 수준에 따른 일반적인 특징을 설명한 자료를 보면 레벨 5.5의 특성으로 되어 있다. 언뜻 봐서는 조금 한다하는 동호인은 이렇게 할 수 있을 것 같지만 USTA의 NTRP 가이드라인을 보면 레벨 5.5는 세계 랭킹 400위 내에 진입했던 프로 선수가 은퇴 후 5년이 지나고 나이 45세 이하인 경우 대체로 이 수준이다. 이 수준은 선수 생활 경험이 없는 일반 동호인은 물론이고 소위 선출(선수출신) 동호인도 적어도 퓨쳐스 이상의 프로투어에서 경기해 본 경험이 없다면 도달하기 어렵다. 선수 생활을 하지 않은 일반 동호인의 경우 통상적으로 레벨 5.0을 도달할 수 있는 수준의 한계점으로 본다.

가이드라인이나 특성은 대략적인 척도이고, 실질적으로 NTRP 레벨은 매치의 결과 즉 상대의 수준과 경기의 스코어를 컴퓨터가 분석해서 결정해 준다. 동호인

들은 수준이 제시된 USTA 리그 중 하나에 참가하게 되는데, 보통 3.0, 3.5, 4.0 리그가 열리게 되고, 수준이 높아질수록 리그에 참가하는 팀의 수가 급격하게 적어진다. 예를 들어, 2018년의 경우 일리노이 주의 Urbana-Champaign이라는 인구 13만명 정도의 대학 도시에서는 4.0 리그에 2팀만이 참가하였다. 각 팀은 매주 3단식, 2복식 등 총 5경기를 동시에 치를 수 있는 선수와 예비선수를 엔트리로 가지게 된다. 이 리그에서 거둔 성적(각 세트의 게임스코어도 분석함)을 토대로 NTRP는 컴퓨터 알고리듬에 의하여 자동 계산된다. 예를 들어, 스트로크도 어설퍼 보이고 스핀이나 속도도 매우 떨어지지만 빠른 스피드와 끈질기게 공을 넘기는 방식으로 NTRP 4.5 리그에서도 높은 승률을 자랑하는 동호인도 있다 (예를 들어 https://youtu.be/VcnX-hKkiG8 영상 참조).

우리나라의 경우 미국처럼 체계적으로 수준에 맞는 테니스 리그를 접할 수 있는 기회가 거의 전무하다시피하다. 그 이유는 소위 테니스 동호인 주요 3단체라고 불리는 KTA 대한테니스협회 생활체육위원회, KATO 한국테니스발전협의회, KATA 한국테니스진흥협회 중 어느 단체도 중급자 이하 수준의 동호인을 위한 시합을 제공하고 있지 않다. 코트 부족 등 여러 가지 여건의 제약 때문에 이들 단체에서 제공하는 모든 시합은 100명이 넘는 동호인들을 모아서 주말 중 하루에 모든 경기를 끝내고 우승자를 가리거나 또는 4강 진출 팀을 결정한 뒤 그 다음 주 주말에 준결승/결승을 치루는 방식이다. 각 단체에서는 소위 신인부와 오픈부, 왕중왕부의 3가지 이름의 다양한 듯 보이는 유형의 시합을 제공하지만 가장 낮은 레벨인 "신인부"에서 성적을 내기 위해서도 NTRP 4.5 이상의 테니스 실력이 필요한 실정이므로 대다수의 테니스 동호인들에게 시합에서 실력을 겨루는 즐거움의 기회는 아예 주어지지 않는다.

미국의 USTA 리그가 한국의 시합과 다른 점 중 눈에 띄는 것은 USTA 리그는 매주 한 경기 (3세트 경기)씩 총 6-7주 이상의 긴 시간을 두고 열리게 되며, 지역 토너먼트도 3세트 경기를 기본으로 하고 있는데 반해 우리나라의 시합의 각 매치는 빠른 진행을 위해서 1세트 경기로 이루어진다.

이런 실정에서 우리나라에서 전국적으로 통용될 수 있는 레벨 시스템을 갖추는 것은 거의 불가능에 가깝고, 각각의 지역 동호회 내에서 수준을 나누어서 월례대회를 운영하는 목적으로 운영하고 있는 실정이다. 이 글도 각각의 동호회에서 수준을 나누고 월례대회를 운영하기에 적합한 방안을 제시하는 데에 목적을 두고 있다.

지역 동호회의 경우 월례대회를 운영하는 방식에 따라 회원의 수준을 금배/은배(금배가 상급의 실력을 가진 회원) 또는 금배/은배/동배로 구분하는 것이 보통이다. 이는 미국 USTA 리그가 보통 3.0/3.5/4.0의 3개 수준에서 열리는 것과 비견될 만하다고 할 수 있고, 합리적인 구분이라고 볼 수 있다. 좀 더 촘촘한 수준으로 구분되는 다른 종목에 비해서는 대략적인 구분만 한다는 느낌이 들기도 하지만 실력 향상 속도가 더디고 풋워크 등으로 스트로크의 결점을 커버할 수 있는 등 순수한 테니스 기술만이 아닌 여러 가지 요소가 경기의 결과를 좌우하는 테니스의 특성상 합리적이라고 볼 수 있다.

앞서 언급한 우리나라 테니스 3단체 (KTA, KATO, KATA)에서 주관하는 시합에서 입상을 한 적이 있는 상급자가 아니라면, 보통 동호회에서는 우리나라의 배타적인 문화 특성상 새로 가입한 회원의 경우 본인의 실제 수준보다 낮은 수준으로 종종 배정된다. 실력 향상에 중점을 두는 유형의 동호인의 경우 낮은 수준에서 연습 경기와 월례대회 경기를 하게 되는 것이 실력 향상의 속도를 더디게 하는 원인이 될 수 있으므로 조바심이 날 수 있고, 심지어는 새로운 동호회 클럽을 알아보게 되는 계기가 될 수도 있다. 그렇지만 다른 한편으로 테니스 동호인 특히 상급자는 본인의 수준에 맞는 동호인들과 연습 경기나 월례대회 경기를 할 때 실력 발휘를 하고, 타이트한 경기를 즐길 수 있다. 테니스 동호인은 자선 봉사자가 아니므로 상급자에게 이러한 타이트한 경기를 포기하게 하고 실력은 떨어지지만 실력 향상에 중점을 두는 유형의 동호인과의 경기를 이유 없이 강요할 수는 없는 노릇이다. 따라서 월례대회를 운영할 때 NTRP 레벨처럼 성적을 기반으로 하여 수준이 오르거나 내릴 수 있는 시스템을 도입하는 것이 합리적이다. 그런데 NTRP처럼 복잡한 알고리듬에 의해서 수준이 오르거나 내려가게 하기보다는 클럽의 문화특성상 수준이 오르고 내리는 것도 누구나 알 수 있는 규칙에 의해서 결정하는 것이 공정하게 보이면서 재미의 요소를 더하게 된다.

2. 월례대회에서 부서별 매치업 방안

월례대회의 결과만으로 수준을 결정하고자 한다면 파트너를 고정한 상태에서는 좋은 결과를 얻을 수 없고 파트너가 계속 바뀌는 방식을 선택해야 한다. 이러한 방식은 우리나라의 많은 동호회에서 호응을 얻어서 운용되고 있다. 복식경기에서는 매치 당 4명의 선수가 참가하게 되므로, 경기부서에 n명($n \geq 5$)이 참가하고 모든 선수가 4경기(1경기는 1세트)씩 하게 된다면 총 n번의 매치가 이루어진다. 이렇게 하면 참가 선수의 수에 상관없이 항상 모든 선수가 같은 수의 경기를 할 수 있으므로 많은 동호회의 월례대회에서 이러한 리그 방식으로 진행한다.

경기 순서는 매치업을 구성한 후에 다시 재조정이 가능하므로 경기 순서는 생각하지 않도록 하자. 가장 이상적인 매치업은 모든 선수와 한 번씩만 파트너 및 상대로 만나는 것인데, 4번의 경기 동안 중복되는 상대를 포함해서 8명의 상대와 만나야하기 때문에 $n < 9$인 경우에는 이런 매치업은 불가능하다. 이제 $n \geq 5$일 때, 다음 2개의 (조건)을 만족하는 n번의 경기로 이루어진 매치업을 구성하는 방법을 생각해보자.

(조건1) 각각의 선수는 4번의 경기를 하며 각각의 경기에서 파트너는 모두 다른 선수이다.

(조건2) 각각의 선수는 4번의 경기를 하는 동안 한 선수를 상대로 2번 이내로 만난다. $n \geq 9$인 경우 각각의 선수는 4번의 경기를 하는 동안 한 선수를 상대로 최대 1번만 만난다.

이 문제를 해결하기 위해서 수학적인 고찰이 없이 컴퓨터 프로그래밍을 이용하여 위 두 (조건)이 만족될 때까지 데이터를 돌리는 방법을 고안할 수 있지만 계산량이 매우 커서 비효율적이며 다음과 같이 n으로 나눈 나머지를 이용한 간단한 방법이 가능하다. 여기서 소개하는 방법에서는 선수들을 숫자 $1, 2, 3, \ldots, n$으로 나타내며, n이 넘어가는 수는 n으로 나눈 나머지와 같은 것으로 본다. (이와 같은 동치관계를 수학에서는 법 n에 의한 합동관계라고 부르는데, 예를 들어 $n+1$은 1과 같다.) 매치업을 $k=1, 2, ..., n$에 대하여 선수 k와 선수 $k+1$이 한 팀으로 선수 $k+2$ 와 $k+4$로 이루어진 팀과 상대하는 경기로 구성하면 (조건1)과 (조건2)를 만족한다. 이 각각의 경기를 $k, k+1 : k+2, k+4$로 나타내면 두 (조건)이 충족된다는 사실은 다음과 같이 수학적으로 증명할 수 있다.

임의의 선수 p $(1 \leq p \leq n)$에 대하여 경기 $k, k+1 : k+2, k+4$에 선수 p가 선수로 포함되는 경우는 $k=p$, $k+1=p$, $k+2=p$ 또는 $k+4=p$일 때이다. 이 네 가지의 경우에 p의 경기 파트너는 각각 $p+1$, $p-1$, $p+2$, $p-2$이므로 선수 p의 네 번의 경기에서 파트너는 모두 다른 선수이다. 또한, 첫 번째 상대 선수는 $p+2, p+4$ 그 다음에 $p+1, p+3$ 그 다음은 $p-2, p-1$, 마지막 경우에 $p-4, p-3$이다. 이 8명의 상대를 순서대로 써보면 $p-4, p-3, p-2, p-1$, $p+1, p+2, p+3, p+4$이며, $n \geq 9$인 경우 이 8개의 수는 n으로 나눈 나머지가 모두 다르므로 (조건2)가 만족된다.

$5 \leq n \leq 9$일 때, 이 n번의 경기를 표로 정리하면 다음과 같다. 이 표의 계산을 위해서 Mathematica 프로그래밍을 이용하여 각각의 경기에서 가장 작은 번호의 선수가 맨 앞에 오도록 하였고, 4와 5의 순서를 바꾸어서 첫 경기가 12:34로 시작되도록 하였다. 프로그램은 이 장의 마지막에 첨부하였다.

인원	5명	6명	7명	8명	9명
경기 1	12:34	12:34	12:34	12:34	12:34
경기 2	15:23	23:56	23:56	23:56	23:56
경기 3	24:35	14:35	35:47	35:47	35:47
경기 4	13:54	26:45	16:45	45:68	45:68
경기 5	14:25	13:46	27:46	17:46	46:79
경기 6		16:25	13:67	28:67	18:67
경기 7			17:25	13:78	29:78
경기 8				18:25	13:89
경기 9					19:25

그런데 이 매치업 방식을 실제로 적용할 때의 문제점은 참가 인원이 8명일 때부터 드러난다. 8명 이상이 참가하는 경우 코트 2면을 이용해서 동시에 두 경기가 진행되도록 하는 것이 시간상 효율적이나 위에서 제시된 방법에서는 이러한 사실을 고려하지 않고 있다. 따라서 다음 (조건)을 추가하여 주어진 l개의 코트면을 모두 활용하는 매치업 방법을 만들어 보자. (단, x가 실수 일 때 $[x]$는 x를 넘지 않는 가장 큰 정수를 의미하며 Mathematica에서는 Floor함수로 표시된다. 예를 들어 $[n/4]$는 n을 4로 나누었을 때 몫이다.)

> (조건3) $n \geq 8$일 때, l개의 코트에서 경기가 동시에 진행되도록 한다. 즉 서로 다른 선수들이 참가하는 l개의 경기를 한 묶음으로 하였을 때, 매치업의 모든 경기는 묶음에 속하거나 또는 l보다 적은 수의 잔여경기에 속한다. 잔여 경기도 각각의 묶음처럼 서로 다른 선수들이 참가하는 경기로 이루어져야한다. (단 $l \leq [n/4]$이며, $l = [n/4]$인 경우에 가장 효율적인 진행이 가능하므로 통상적으로 이 경우를 가정한다.)

n이 l의 배수인 경우 모든 경기는 n/l개의 묶음 중 하나에 속하고 잔여 경기는 없다. 일반적으로 잔여 경기는 $n - l[n/l]$개이다.

예를 들어 $n = 10$, $l = [10/4] = 2$인 경우 앞서 도입한 매치업 ($k = 1, 2, \ldots, n$에 대하여 경기 $k, k+1 : k+2, k+4$를 진행하는 방식)에서 $k = 1, 2, 3, 4, 5$에 대하여 두 경기 $k, k+1 : k+2, k+4$와 $k+5, k+6 : k+7, k+9$를 한 묶음으로 하여 총 5개의 묶음을 만들면 (조건3)을 만족하는 매치업 방식이 구성된다. $n = 15$, $l = 3$인 경우에도 $k, k+1 : k+2, k+4$와 $k+5, k+6 : k+7, k+9$ 그리고 $k+10, k+11 : k+12, k+14$ ($k = 1, 2, 3, 4, 5$) 세 경기씩 한 묶음으로 구성하면 (조건3)을 만족한다.

선수의 수가 $n \geq 10$이고 코트가 $l = [n/5]$면이 가용할 때, $[n/5]$개의 경기를 한 묶음으로 해서 세 (조건)을 만족하는 매치업은 기존 방식을 활용해서 수학적으로 다음과 같이 구성할 수 있다. 이러한 매치업을 구성하기 위하여 n을 $[n/5]$으로 나누었을 때 몫과 나머지를 각각 q, r이라고 하자. $i = 1, 2, \cdots, [n/5]$에 대하여

$$a_i = \begin{cases} (q+1)(i-1) & (i \leq r \text{인 경우}) \\ (q+1)r+q(i-r-1) & (i > r \text{인 경우}) \end{cases} \text{라고 정의하자.}$$

a_i는 집합 $\{1,2,\cdots,n\}$을 원소의 개수가 각각 $q+1$개 또는 q개인 $[n/5]$개의 부분집합 $\{a_i+1, a_i+2, \cdots, a_i+r_i\}$ ($i=1,2,\cdots,[n/5]$)으로 분할할 때

$$r_i = \begin{cases} q+1 & (i \leq r \text{인 경우}) \\ q & (i > r \text{인 경우}) \end{cases} \text{가 되도록 하는 값이다.}$$

이때 각각의 $j=1,2,\cdots,q$에 대하여 $[n/5]$개의 경기

$$a_i+j, a_i+j+1 : a_i+j+2, a_i+j+4 \quad (i=1,2,\cdots,[n/5])$$

를 한 묶음으로 구성하고 나머지 r개의 경기를 잔여 경기로 하는 매치업은 (조건 1)과 (조건2)를 만족하고, 코트가 $[n/5]$면이 가용할 때 코트를 모두 활용할 수 있게 해 준다. 이러한 매치업을 생성하는 Mathematica 프로그램은 이 장의 마지막에 첨부하였으며, $10 \leq n \leq 15$일 때 이 방식으로 만든 매치업을 다음 표로 정리하였다. 단, 표기상 선수 10,11,12,...는 각각 선수 A,B,C,... 등 알파벳으로 표시하였고, 첫 경기는 12:34, 56:78 등이 되도록 선수의 순서를 조정하였다.

인원	10명	11명	12명	13명	14명	15명
경기 1	12:34	12:34	12:34	12:34	12:34	12:34
경기 2	56:78	56:78	56:78	56:78	56:78	56:78
경기 3	23:59	23:9B	23:9B	23:9B	23:9B	9A:BC
경기 4	1A:67	1A:67	67:AC	67:AC	67:AD	23:5D
경기 5	39:46	39:45	39:45	39:4D	39:4C	67:9E
경기 6	28:7A	28:7A	18:7A	18:7A	7A:8E	1F:AB
경기 7	49:57	49:6B	49:6B	49:5B	49:5B	3D:46
경기 8	13:8A	13:8A	2C:8A	2C:8A	1D:8A	7E:8A
경기 9	45:6A	4B:57	4B:57	4B:6D	4B:6C	2C:BF
경기 10	18:29	18:29	13:8C	13:8C	2E:8D	4D:57
경기 11		5B:6A	5B:6A	57:BD	57:BC	8E:9B
경기 12			1C:29	1C:29	13:DE	13:CF
경기 13				5D:6A	5C:6A	45:6E
경기 14					1E:29	89:AF
경기 15						1C:2D

위 매치업의 장점 중 하나는 자신과 파트너로 경기한 선수와는 반드시 상대로도 한 번 만나게 된다는 것이다. 파트너가 강한 선수이던 약한 선수이던 상대로도 만나게 되니 파트너로 얻었던 이득 또는 손해가 상쇄될 수 있다.

이제 다른 경우에 조합적인 방법으로 매치업 문제를 해결해 보도록 하자. $n = 8$일 때 (조건)을 만족하는 매치업을 구성하기 위해서 선수들을 1,2,3,4와 5,6,7,8의 두 그룹으로 나누어보자. 첫 묶음의 경기에서는 각 그룹 안에서 12:34와 56:78의 두 경기를 가지고, 두 번째 묶음의 경기에서는 파트너는 같은 그룹에서 상대는 다른 그룹에서 갖도록 14:58과 23:67의 두 경기를 갖는다. 세 번째와 네 번째 묶음의 경기에서는 모든 파트너를 다른 그룹에서 구해서 경기를 구성하되 다른 그룹의 선수가 모두 상대로 한 번씩 경기를 갖도록 한다. 예를 들어, 15:26, 37:48을 한 묶음으로 그리고 16:47, 25:38을 한 묶음으로 구성한다. 이렇게 매치업을 구성하면 2번의 경기를 갖는 선수는 같은 그룹에 속하게 되며, 이 선수와는 2번째 묶음에 속한 경기에서 파트너로도 경기하게 되므로 상대적으로 공정한 경기방식이라고 볼 수 있다. 이 매치업 구성을 그림으로 나타내면 다음과 같다. 그림에서 각각의 꼭짓점은 선수를, 같은 색의 꼭짓점은 경기를 같이 하는 선수를, 선으로 연결된 두 꼭짓점은 대응되는 두 선수가 해당 경기에서 파트너임을 의미한다.

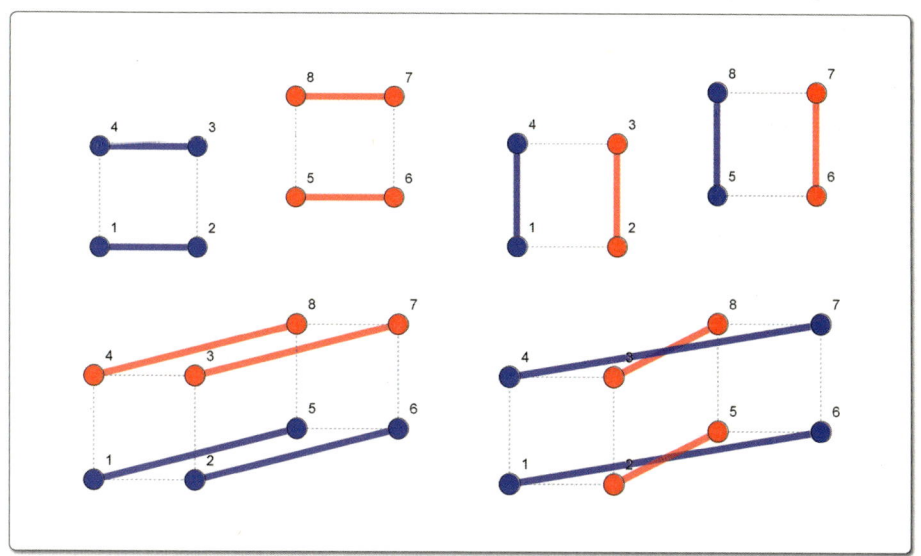

$n = 9$일 때는 (조건1)~(조건3)을 모두 만족하는 매치업을 구성하는 방법이 존재하지 않으며, 이 사실은 다음과 같이 수학적으로 증명할 수 있다.

먼저 선수의 번호를 재배열하여 첫 묶음의 두 경기를 12:34, 56:78로 가정할 수 있다. 두 번째 묶음의 첫 경기는 선수 1을 포함한다고 가정할 수 있고 $n = 9$일 때는 자신이 아닌 모든 선수와 상대로서 정확히 1번씩 경기를 해야 하므로, 첫 묶음에서 파트너였던 3과4, 5와6, 7과8은 반드시 상대로서 1번씩은 경기를 해야 하는데, 이 세 사건이 모두 잔여 경기인 마지막 경기에서 일어날 수는 없으므로 세 사건 중 적어도 하나는 묶음에 속하는 경기에서 일어나야 한다. 묶음의 순서를 재배열해서 이 경기가 두 번째 묶음의 경기에서 일어났다고 가정할 수 있고, 필요한 경우 선수의 순서를 바꾸어서 두 번째 묶음의 첫 경기에서 선수 1과 2가 상대로 참가한다고 가정할 수 있다. 이때 2의 파트너는 5,6,7,8 또는 9이다. (3과 4는 이미 1을 상대로 경기를 가졌으므로 또 다시 1을 상대로 하는 경기에 참가할 수 없으므로 2의 파트너가 될 수 없다.) 5,6,7과 8은 증명에 필요한 경우 순서를 바꿔도 매치업의 구조가 바뀌지 않으므로 2의 파트너를 5 또는 9라고 가정할 수 있다. 그러면 1x:25 또는 1y:29이다. x는 6,7 또는 9가 될 수 있는데, 6과 7의 순서는 상관이 없으므로 x=6 또는 9라고 가정할 수 있다. y=5,6,7 또는 8인데 이들 간의 순서는 상관이 없으므로 y=5라고 가정할 수 있다. 이런 식으로 필요한 경우 순서를 바꾸어서 단순한 경우로 몰아가는 논증은 수학에서 종종 쓰이는 기술이다. 결론적으로 2번째 묶음의 첫 경기에서 1의 상대가 2와 5인 [경우 1]과 2와 9인 [경우 2]로 나누어 생각할 수 있다. [경우1]은 1의 파트너가 6인 [경우 1-1], 9인 [경우 1-2]의 2가지 경우로 나눌 수 있고, [경우2]는 1의 파트너가 5라고 설정할 수 있다.

[경우 1] 12:34, 56:78, 1x:25

[경우 1-1] 12:34, 56:78, 16:25

이 경우 두 번째 묶음의 두 번째 경기에는 3,4,7,8,9 중 4명이 참가한다. 따라서 이 5명 중 한 명이 빠져야 한다. 선수 3이 빠지는 경우 7,8은 이미 파트너로 경기를 가졌으므로 상대로 참가해야 한다. 따라서 4,9도 상대로 참가해야 하고 이 경기는 47:89 또는 48:79이지만 7과 9의 순서를 바꾸어서 47:89라고 가정할 수 있다. 선수 4가 빠지는 경우는 3과 4의 순서를 바꾸어보면 선수 3이 빠지는 경우와 마찬가지이다. 선수 7이 빠지는 경우는 3과 4는 이미 파트너로 경기를 가졌으므로 상대로 참가해야 하므로 38:49 또는 39:48이 가능하지만 3과 4의 순서를 바꾸면 38:49라고 가정해도 무방하다. 선수 8이 빠지는 경우는 7과 8의 순서를 바꾸어서 선수 7이 빠지는 경우와 동일하게 간주할 수 있다. 마지막으로 선수 9가 빠지는 경우 7과 8이 상대로 경기해야 하고 필요한 경우 3과 4의 순서를 바꾸어서 37:48이라고 가정할 수 있다. 이를 토대로 [경우 1-1]은 세 개의 하위 경우인 [경우 1-1-1], [경우1-1-2], [경우 1-1-3]로 나누어진다.

[경우 1-1-1] 12:34, 56:78, 16:25, 47:89

이제 선수 1의 남은 두 경기에서의 상대는 6,7,8,9 4명인데, 7,8은 이미 파트너로 경기를 했으므로 더 이상 파트너가 될 수 없고, 8,9도 파트너가 될 수 없다. 따라서 7,9는 파트너가 되어야 하고 자동으로 6,8도 파트너가 된다. 1의 남은 두 경기를 각각 1x:79, 1y:68라고 놓고, 이전 경기를 살펴보면 x=3만이 가능하고 따라서 y=9만이 가능한 것을 확인할 수 있다. 이제 3번째 묶음에서 1이 참여하는 경기를 첫 경기로 설정할 수 있고 13:79가 그 경기라고 가정해 보자. 그러면 19:68은 4번째 묶음에 속하거나 또는 마지막 잔여 경기이다.

12:34, 56:78, 16:25, 47:89, 13:79, xx:xx, 19:68

3번째 묶음의 두 번째 경기 xx:xx에는 2,4,5,6,8 중 4명의 선수가 참가한다. 그런데 선수 6과 8은 이미 파트너로도 그리고 상대로도 경기를 했으므로 더 이상 동시에 한 경기에 참가할 수 없다. 5와 6도 마찬가지이므로 선수 6이 빠져야 한다. 2와 4는 이미 상대로 경기를 했으므로 파트너가 되어야 하므로 24:58만 가능하다. 그런데, 4와 8은 이미 상대로 경기를 했으므로 이 경기는 불가능하다. 따라서 13:79는 3번째 묶음의 경기가 될 수 없고, 세 번째 묶음의 첫 경기는 19:68이라고 설정할 수 있다. 13:79가 4번째 묶음에 속한다면 3번째 묶음으로 옮겨서 위 논리로 바로 불가능함이 증명되므로 13:79는 마지막 잔여 경기가 되어야 한다.

12:34, 56:78, 16:25, 47:89, 19:68, xx:xx, …, 13:79

마지막 경기에는 묶음 경기에 참가하지 않은 선수들이 참가한다. 1,2번째 묶음에는 각각 9와 3이 빠졌고, 4번째 묶음에서는 1이 빠졌으므로 3번째 묶음의 두 번째 경기에는 7이 빠지고 2,3,4,5가 참가해야 한다. 2와3은 파트너가 되어야 하므로 23:45이다. 이제 4번째 묶음의 첫 경기를 2가 참여하는 것으로 가정할 수 있다. 2의 상대는 아직 경기를 갖지 않은 7과 8이 되어야 하는데, 7 또는 8을 상대로 경기를 하지 않은 선수는 없으므로 불가능하다. 따라서 [경우 1-1-1]은 성립하지 않는다.

[경우 1-1-2] 12:34, 56:78, 16:25, 38:49

7과 8은 더 이상 파트너가 될 수 없으므로 [경우 1-1-1]과 마찬가지로 1의 나머지 두 경기는 각각 1x:79, 1y:68 또는 1x:89, 1y:67라고 할 수 있다. 첫 번째의 경우 이전 경기들을 살펴보면 x=4, y=3이다. 이 중 13:68은 첫 묶음에서 빠진 9가 없으므로 반드시 묶음에 속하는 경기여야 하고 따라서 이 경기를 세 번째 묶음의 첫 경기로 설정할 수 있다.

두 번째의 경우 이전 경기를 살펴보면 x=7이어야하고 y=3,4 또는 9이다. 같은 이유로 1y:67을 세 번째 묶음의 첫 경기로 설정할 수 있다. 이 두 개의 하위 경우를 고찰해 보자.

[경우 1-1-2-1] 12:34, 56:78, 16:25, 38:49, 13:68, xx:xx, 14:79

이 경우 3번째 묶음의 두 번째 경기에는 2,4,5,7,9 중 4명의 선수가 참가한다. 4와 9는 파트너로 그리고 상대로 이미 경기를 했으므로 더 이상 한 경기에 참가할 수 없다. 따라서 둘 중 한 명은 빠져야 하며 5와 7은 파트너가 되어야 하므로 24:57 또는 29:57만이 가능하다. 첫 번째 경기는 4와 7이 상대로 하는 다른 경기가 있으므로 불가능하다.

12:34, 56:78, 16:25, 38:49, 13:68, 29:57, ..., 14:79

14:79가 묶음에 속하는 경기라면 그 묶음의 다른 경기에는 2,3,4,5,8 중 4명의 선수가 참가하는데 3,4는 동시에 참가할 수 없고 2,5도 동시에 참가할 수 없으므로 불가능하다. 따라서 14:79는 마지막 경기여야 한다. 따라서 네 번째 묶음에서 빠지는 선수는 1이고, 4번째 묶음의 첫 경기에 2가 참가한다고 가정하면 2의 상대

는 89여야 하는데, 8또는 9를 상대로 경기를 하지 않은 선수는 없으므로 불가능하다.

[경우 1-1-2-2] 12:34, 56:78, 16:25, 38:49, 1y:67, xx:xx, 17:89,

앞서와 비슷한 방법으로 17:89는 묶음에 속하지 않는 마지막 경기임을 증명할 수 있고, 세 번째 묶음에는 선수 8이 빠져야 하는 사실로부터, 세 번째 묶음의 경기가 13:67과 24:59임을 증명할 수 있다.

12:34, 56:78, 16:25, 38:49, 13:67, 24:59, ..., 17:89

이 경우도 [경우1-1-2-1]에서와 비슷한 논리에 의해 불가능하다.

[경우 1-1-3] 12:34, 56:78, 16:25, 37:48

이 경우는 이미 선수9가 첫 두 묶음에서 빠져서 4번의 경기를 가질 수 없으므로 불가능하다.

[경우 1-2] 12:34, 56:78, 19:25

이 경우도 [경우 1-1]과 같은 수학적인 논증을 통해서 불가능함을 증명할 수 있다. 지면상 이 경우의 증명은 생략하도록 하겠다.

[경우 2] 12:34, 56:78, 15:29

앞서와 비슷한 논리에 의하여 2번째 묶음의 두 번째 경기에 3,4가 상대로 참가해야 하고 7,8도 모두 참가해야 한다는 것을 보인 후 필요한 경우 7과 8의 순서를 바꾸어서 다음의 경우로 설정할 수 있다.

12:34, 56:78, 15:29, 37:48

이제 선수1의 나머지 두 경기에서 1의 상대는 5,6,7,8 4명이지만, 5와 6은 더 이상 파트너가 될 수 없으므로 이 두 경기는 각각 1x:57, 1y:68 또는 1x:58, 1y:67이라고 놓을 수 있다. 이전 경기를 살펴보면 앞의 경우 x=3 이고 y=4 또는 9, 뒤의 경우 x=4, y=3 또는 9이다. 첫 묶음에서 빠진 9가 참여하지 않는 13:57 또는 14:58은 모두 잔여 경기가 아니므로 이것을 각각의 경우에 3번째 묶음의 첫 경기로 가정할 수 있다.

[경우 2-1] 12:34, 56:78, 15:29, 37:48, 13:57, xx:xx, 1y:68

3번째 묶음의 두 번째 경기에는 2,4,6,8,9 중 4명이 참가한다. 6과 8은 동시에 참가할 수 없고 2와 4는 파트너로 참가해야 하므로 24:69 또는 24:89이다. 두 경우 모두 y=4가 될 수 없으므로 y=9이다.

[경우 2-1-1] 12:34, 56:78, 15:29, 37:48, 13:57, 24:69, 19:68

19:68은 [경우1-1-2-1]에서와 비슷한 논리에 의하여 마지막 경기여야 하고 결국 불가능한 상황에 이른다는 것을 증명할 수 있다.

[경우 2-1-2] 12:34, 56:78, 15:29, 37:48, 13:57, 24:89, 19:68

위 경우와 비슷한 논리에 의하여 불가능함을 증명할 수 있다.

[경우 2-2] 12:34, 56:78, 15:29, 37:48, 14:58, xx:xx, 1y:67

3번째 묶음의 두 번째 경기에는 2,3,6,7,9 중 4명이 참가한다. 6과 7은 동시에 참가할 수 없고 2와 3은 파트너로 참가해야 하므로 23:69또는 23:79이다. 두 경우 모두 y=3이 될 수 없으므로 y=9이다.

[경우 2-2-1] 12:34, 56:78, 15:29, 37:48, 14:58, 23:69, 19:67

19:67은 [경우1-1-2-1]에서와 비슷한 논리에 의해 마지막 경기여야 하고 결국 불가능한 상황에 이른다는 것을 증명할 수 있다.

[경우 2-2-2] 12:34, 56:78, 15:29, 37:48, 14:58, 23:79, 19:67

위 경우와 같은 논리에 의하여 불가능하다.

따라서 $n=9$인 경우 (조건1)~(조건3)을 모두 만족하는 매치업을 구성할 수 없음이 증명되었다. $n=9$인 경우에 코트 2면을 모두 이용하는 효율을 공정성보다 좀 더 중요시하는 매치업을 구성하려면 (조건1)과 (조건3)은 유지하되, (조건2)를 완화하여 한 상대를 두 번까지는 만날 수 있도록 허용해야 한다. 이러한 완화된 조건을 만족하는 매치업은 예를 들어 위 증명의 [경우 2-2-2]에서 19:67을 마지막 경기로 설정하고 4번째 묶음의 경기를 24:89, 36:57로 설정하면 얻어진다. 이 매치업에서 선수 1,3,5는 다른 모든 선수와 1번씩만 상대로 경기를 하게 되고 선수 2,4,6,7,8,9는 다른 선수 한 명과는 상대로 2번 만나게 된다. 이것을 확인하기 위해서 이 장 마지막에 실려 있는 〈주어진 매치업에서 각 선수의 파트너와 상대를 확인하는 프로그램〉을 Mathematica에서 실행한다. 프로그램에서 변수 PartnerCount

을 행렬로 나타냈을 때 (i,j)번째 성분의 값은 선수i가 선수j를 파트너로 몇 번 만나게 되는가를 나타내고, 변수 OppCount은 행렬로 나타냈을 때 (i,j)번째 성분의 값은 선수i가 선수j를 상대로 몇 번 만나게 되는가를 나타낸다. 이 프로그램을 실행하면 매치업을 나타내는 Array인 Game[k]의 값들로부터 이 두 행렬을 계산해서 보여준다. PartnerCount와 OppCount는 각각 다음과 같은 대칭 행렬로 나타내어지므로 완화된 조건을 만족한다는 사실이 쉽게 확인된다.

$$\begin{pmatrix} 0 & 1 & 0 & 1 & 1 & 0 & 0 & 0 & 1 \\ 1 & 0 & 1 & 1 & 0 & 0 & 0 & 0 & 1 \\ 0 & 1 & 0 & 1 & 0 & 1 & 1 & 0 & 0 \\ 1 & 1 & 1 & 0 & 0 & 0 & 0 & 1 & 0 \\ 1 & 0 & 0 & 0 & 0 & 1 & 1 & 1 & 0 \\ 0 & 0 & 1 & 0 & 1 & 0 & 1 & 0 & 1 \\ 0 & 0 & 1 & 0 & 1 & 1 & 0 & 1 & 0 \\ 0 & 0 & 0 & 1 & 1 & 0 & 1 & 0 & 1 \\ 1 & 1 & 0 & 0 & 0 & 1 & 0 & 1 & 0 \end{pmatrix} \quad \begin{pmatrix} 0 & 1 & 1 & 1 & 1 & 1 & 1 & 1 & 1 \\ 1 & 0 & 1 & 1 & 1 & 1 & 0 & 1 & 2 \\ 1 & 1 & 0 & 1 & 1 & 1 & 1 & 1 & 1 \\ 1 & 1 & 1 & 0 & 1 & 0 & 1 & 2 & 1 \\ 1 & 1 & 1 & 1 & 0 & 1 & 1 & 1 & 1 \\ 1 & 1 & 1 & 0 & 1 & 0 & 2 & 1 & 1 \\ 1 & 0 & 1 & 1 & 1 & 2 & 0 & 1 & 1 \\ 1 & 1 & 1 & 2 & 1 & 1 & 1 & 0 & 0 \\ 1 & 2 & 1 & 1 & 1 & 1 & 1 & 0 & 0 \end{pmatrix}$$

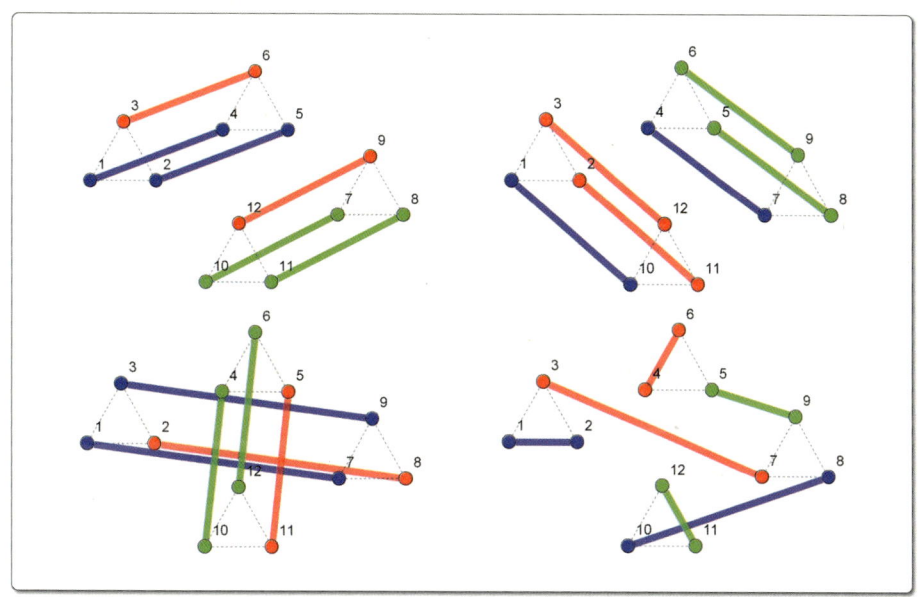

다음으로 $n = 12$인 경우에 (조건1)~(조건3)을 모두 만족하는 매치업을 그림을 이용하여 구성해 보자. 다음 4개의 그림은 게임을 3개씩 묶어서 만든 네 묶음을 보여 준다. 각각의 꼭짓점은 선수를 나타내며, 같은 색깔의 꼭짓점은 같은 게임에 참가하는 선수를 나타낸다. 선으로 연결된 두 선수는 파트너 관계이다. 이 매치업의 아이디어는 12명을 4개의 그룹으로 나누어서 대칭적인 모양의 경기로 이루어지는 묶음을 구성하는 것이다.

$n = 16$인 경우에는 (조건1)~(조건3)을 모두 만족하는 매치업을 다음 그림과 같이 대칭성이 분명한 그림만으로 쉽게 구성할 수 있다.

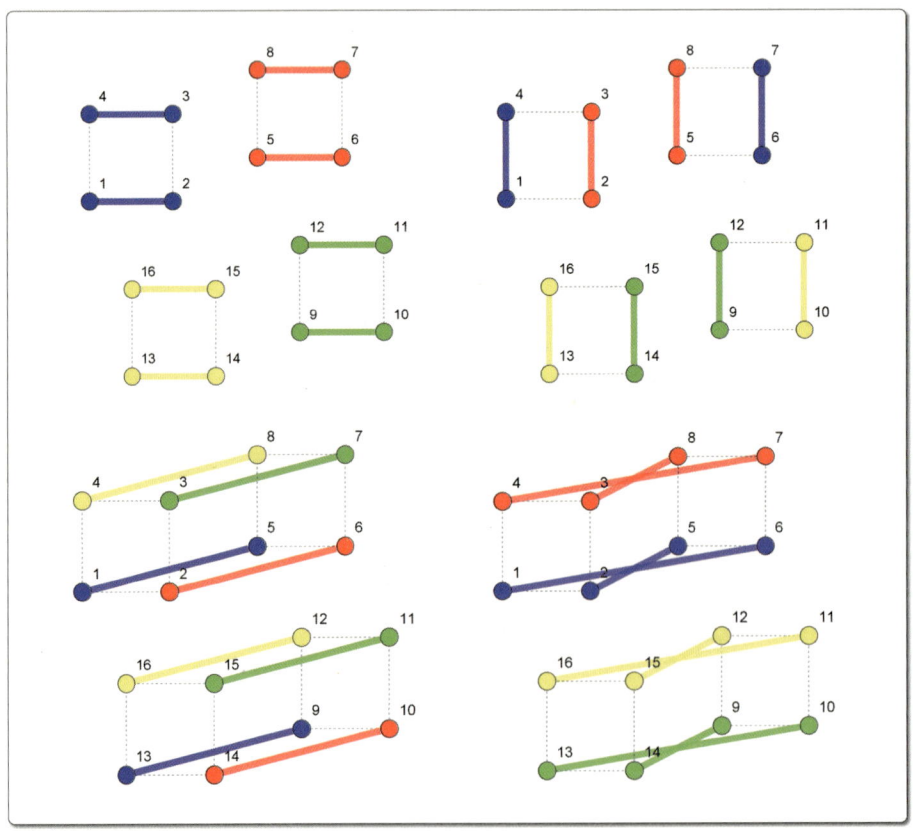

$n = 20$인 경우에도 (조건1)~(조건3)을 모두 만족하는 매치업을 다음 그림과 같이 대칭성과 순환 성질이 분명한 그림만으로 구성할 수 있다.

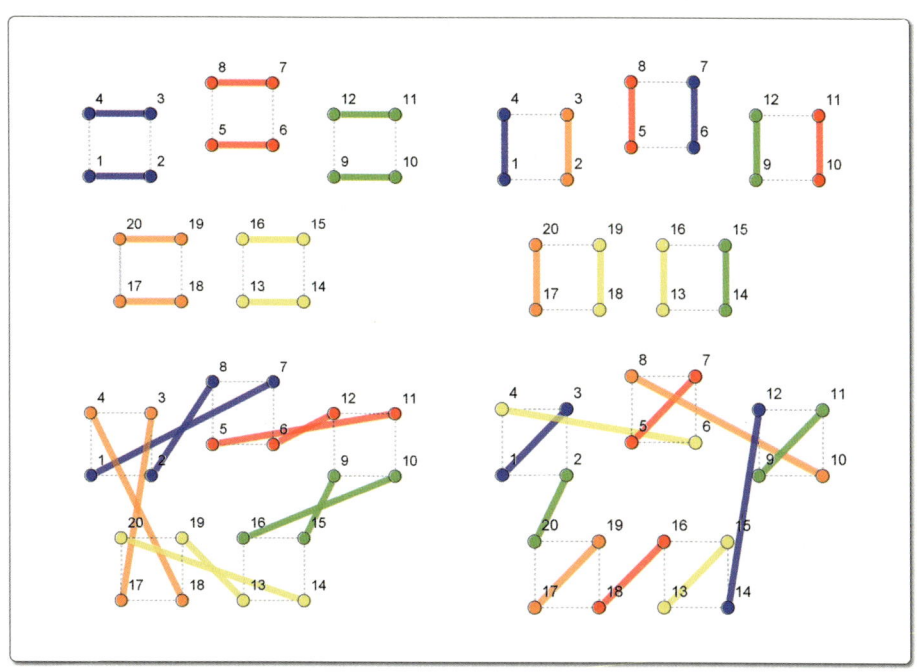

이와 같이 $n = 12, 16, 20$인 경우 세 (조건)을 모두 만족하는 매치업을 구하였다. 일반적으로 n이 24 이상의 4의 배수이면 n을 12, 16 또는 20의 합으로 나타내어 모든 (조건)을 만족하는 매치업을 구성할 수도 있고, $n = 20$인 경우와 같이 대칭성과 순환구조를 갖는 그림을 이용하여 구성할 수도 있다.

마지막으로 선수의 수가 4의 배수가 아닐 때, 세 (조건)을 모두 만족하는 매치업을 귀납적으로 만들어내는 방법을 알아보도록 하자. $n+1$이 4의 배수가 아닌 경우에 세 (조건)을 만족하는 n명의 선수의 매치업으로부터 $n+1$명의 선수의 매치업을 구성하는 방법은 다음과 같다. 이 방법은 $n \geq 12$일 때 유효하며, 이론적으로 항상 가능한 것은 아니지만 우리가 앞서 구성한 매치업의 경우 이 방법을 적용하는데 문제가 없다. 다음 두 단계로 설명해 보도록 하겠다.

(1) 세 (조건)을 만족하는 n개의 게임으로 구성된 매치업의 리스트를 $G(n)$이라고 하자. 이 매치업의 잔여 경기에 참가하지 않는 한 선수 C를 선택한다. 그리

고 C를 상대로 한 번도 게임을 하지 않는 (C가 아닌) 두 선수 중 잔여 경기에 참가하지 않는 두 선수를 A, B라고 하자. 단, A, B는 서로 파트너를 한 번도 하지 않는 선수들로 고른다. 이러한 두 선수 A, B는 잔여 경기에 참가하지 않는 선수라는 조건을 무시하면 $n \geq 15$이면 항상 존재한다. 왜냐하면 C가 4번의 게임을 하는 동안 모두 8명의 선수를 상대로 만나므로 C와 만나지 않는 선수는 최소한 $n-(1+8)=n-9$명인데, 이 중에서 A를 뽑았을 때 A 및 A의 파트너가 되는 4명 등 총 5명을 제외한 선수 중에서 B를 뽑으면 되니까 $n-9 \geq 6$인 경우에는 이러한 B를 뽑을 수 있다. ■

(2) 이제 C, A, B가 포함된 세 게임을 파트너 그리고 상대가 중복되지 않도록 서로 다른 묶음에서 하나씩 고르고, 각각의 게임 리스트에서 C, A, B를 새로운 선수 $n+1$로 대체한다. 묶음은 모두 4개가 있으므로 첫 묶음에서 C가 포함된 게임을 골랐다면 그 경기에서 C의 파트너를 파트너로 하지 않고, 2명의 상대를 상대로 하지 않는 A의 경기를 나머지 세 묶음에서 고른다. 이제 선택한 두 경기에서 C와 A의 파트너 2명과 상대 4명이 각각 파트너와 상대로 포함되어 있지 않은 B의 경기를 나머지 두 묶음에서 고른다. 이러한 경기가 없다면 C와 A의 경기를 다른 묶음에서 골라서 다시 시도해 본다.

3명이 교체된 기존의 매치업에 새로운 게임 $C, n+1: A, B$를 마지막 잔여 경기로 추가한 것을 $G(n+1)$이라고 하면 귀납적 구성이 완료된다. ■

예를 들어, 우리가 앞에서 그림을 이용해서 구성한 $G(12)$는 다음과 같다:

1,4:2,5,   3,6:9,12,   7,10:8,11,
1,10:4,7,   2,11:3,12,   5,8:6,9,
1,7:3,9,   2,8:5,11,   4,10:6,12,
1,2:8,10   3,7:4,6,   5,9:11,12.

이 매치업에서 C=1을 상대로 경기를 하지 않는 선수는 6,11,12 세 명인데, 이 중 6,11은 파트너로 경기를 하지 않으므로 A=6, B=11로 선택한다. 이제 1,6,11이 참가하는 세 경기를 고르되, 중복되는 파트너와 상대가 없도록 서로 다른 묶음에서 세 경기를 고른 후 선수 1,6,11을 13으로 교체한다. 예를 들어 첫 경기

1,4:2,5를 13,4:2,5로 9번째 경기 4,10:6,12를 4,10:13,12로 5번째 경기 2,11:3,12를 2,13:3,12로 대체하고, 경기 1,13:6,11를 추가한다. 이렇게 귀납적으로 만들어진 $G(13)$은 다음과 같다:

13,4:2,5,　　3,6:9,12,　　7,10:8,11,
1,10:4,7,　　2,13:3,12,　　5,8:6,9,
1,7:3,9,　　2,8:5,11,　　4,10:13,12,
1,2:8,10,　　3,7:4,6,　　5,9:11,12
1,13:6,11.

이제 $G(13)$에서 C=2를 상대로 경기를 하지 않는 1,6,7,9 중에서 잔여 경기에 참가하는 1,6을 제외하고 서로 파트너를 하지 않는 7,9를 각각 A,B로 선택하자. 이제 2,7,9를 포함하되 파트너와 상대가 서로 다른 세 게임을 서로 다른 묶음에서 고른다. 예를 들어 8번째 경기, 4번째 경기, 2번째 경기를 골라 각각의 경기에서 2,7,9를 14로 교체하고 마지막 경기로 2,14:7,9를 추가한다. 그러면 $G(14)$는 다음과 같이 구성된다.

13,4:2,5,　　3,6:14,12,　　7,10:8,11,
1,10:4,14,　　2,13:3,12,　　5,8:6,9,
1,7:3,9,　　14,8:5,11,　　4,10:13,12,
1,2:8,10,　　3,7:4,6,　　5,9:11,12
1,13:6,11.　　2,14:7,9

지금까지의 결과들을 이용하여 세 (조건)을 만족하는 매치업을 구성한 예를 표로 정리한 것은 이 책의 마지막 부분에 있는 부록(인하대 테니스회 경기방식)을 참고하기 바란다. 단, 9명인 경우 (조건2)를 완화하여 적용하였고, 모든 매치업은 첫 경기가 12:34, 56:78 등으로 시작되도록 선수의 순서를 조정하였다.

3. 월례대회에서 부서별 순위결정 방안

5명의 선수가 참가해서 4경기씩 하는 월례대회를 가정하고, 5인리그 매치업의 다음 예시를 보도록 하자. (실제로 모 클럽에서 사용되는 매치업이라서 이것을 사용하였다.)

12:34, 13:25, 14:35, 15:24, 23:45.

이 매치업에서는 모든 선수가 골고루 1번씩 파트너로 만나고 2번씩 상대로 만나기 때문에 1,2,3,4,5번 제비뽑기를 하는 데에 따른 유불리가 없는 것으로 보인다. 정말로 유불리가 없는지 검증해 보기 위해서 다음과 같은 모델을 생각해보자. 선수 1,2,3,4,5의 능력치를 각각 0에서 6 사이의 서로 다른 실수 값 A_1, A_2, A_3, A_4, A_5라고 하자. 12:34의 매치업의 결과는 $A_1 + A_2 > A_3 + A_4$이면 선수 1,2로 구성된 팀이 승리하고 $A_1 + A_2 < A_3 + A_4$이면 선수 3,4로 구성된 팀이 승리하는 것으로 정하자. $A_1 + A_2 = A_3 + A_4$이면 가장 능력치가 낮은 선수가 있는 팀이 지는 것으로 한다. 물론 이 모델은 매우 단순화된 형태이지만, 매우 직관적이고 검증 목적으로 사용하기 충분하다. $A_1 + A_2 > A_3 + A_4$일 때, 게임스코어는 $\frac{(A_1 + A_2) - (A_3 + A_4)}{2}$의 값이 자연수이면 그 값만큼, 자연수가 아니면 이를 올림한 자연수만큼 차이가 난다고 가정한다. $A_1 + A_2 = A_3 + A_4$이면 5:5 타이브레이크까지 가서 승리한 팀이 6:5로 이기는 것으로 한다.

이제 선수 1,2,3,4,5의 능력치가 각각 0,6,1,4,2라고 하면 선수 1은 가장 실력이 떨어지는 선수임에도 불구하고 이 모델을 적용했을 때 리그를 2승2패 3위의 성적으로 마감하게 된다. 마찬가지로 선수 1,2,3,4,5의 능력치가 각각 6,0,5,2,4인 경우에도 선수 1은 가장 실력이 뛰어난 선수임에도 불구하고 리그를 2승2패 3위의 성적으로 마감하게 된다. 검증 결과 승/패를 우선해서 순위를 정하는 경우 실력에 따라서 원하는 결과가 나오지 않을 수도 있다는 것을 알 수 있다.

실제로 NTRP 레벨을 정할 때 사용되는 USTA의 컴퓨터 알고리듬은 승/패가 아닌 경기당 게임득실 차이를 가장 중요한 입력 값으로 받아들인다고 한다. 실제로 수준이 비슷한 선수들끼리는 승/패가 갈려도 게임득실 차이는 적은 경우가 대부분이며, 수준이 차이가 나면 6-0, 6-1과 같이 차이가 크게 벌어지는 세트가 나오게 되기 때문이다. 그러나 이와 같이 경기당 득실 차이가 벌어지는 경우를 중요시하는 계산식을 사용하게 되면 적용하기도 쉽지 않다. 더군다나 대부분의 회원들이 이해하지 못하는 어려운 알고리듬은 동호회에서 환영받지 못할 것이다. 그렇다면 흔히 클럽에서 승/패가 같을 때 순위를 정하기 위해서 사용하는 게임 득실차를 계산해 보도록 하자. 이전과 같은 5인 매치업에서 선수 1,2,3,4,5의 능력치가 각각 0,6,1,4,2인 경우 계산한 결과는 다음과 같다. Mathematica를 사용한다면 A를 능력치 리스트, MU를 매치업 행렬, W, L은 각 선수의 승, 패의 수, GW, GL는 각 선수의 게임득점, 게임실점 리스트로 놓고 결과를 계산할 수 있는 프로그램을 마지막 장에 첨부하였다.

선수	1경기	2경기	3경기	4경기	승/패	게임 득/실	득실차
1	6:5	2:6	6:5	2:6	2승/2패	16 / 22	-6
2	6:5	6:2	6:2	6:5	4승/0패	24 / 14	+10
3	5:6	2:6	5:6	6:5	1승/3패	18 / 23	-5
4	5:6	6:5	6:2	5:6	2승/2패	22 / 19	+3
5	6:2	5:6	2:6	5:6	1승/3패	18 / 20	-2

승/패만을 가지고 순위를 정하면 능력치를 잘 반영하지 못하는 경우가 생길 수 있지만, 게임 득실차를 가지고 순위를 정하면 능력치가 결과에 좀 더 잘 반영될 수 있다는 점을 알 수 있다. 이와 같이 경기 결과가 능력치와 상관관계가 큰 모델을 따르고 싶다면, 게임 득실차로 순위를 정하는 것이 승/패로 순위를 정하는 것보다 더 능력치를 잘 반영한다는 사실을 염두에 두는 것이 좋겠다. 그렇지만, 엇비슷한 경기에서 압박감을 이겨내고 승리하는 것이 테니스 시합 승부의 묘미이기 때문에 능력치를 더 잘 반영할 수 있는 모델이 존재한다고 하더라도 승/패를 중심으로 순위를 매기는 것에 더욱 끌리는 것이 인지상정이다.

4. 월례대회 결과에 따른 승강제 운영방안

여기서는 3개 부서 금배/은배/동배로 운영되는 클럽의 예를 보도록 하자. 해당 월례대회 성적을 기준으로 하여 다음 달 월례대회에 참여할 부서를 정하게 되는데, 금배부의 경우 월례대회에 참여한 회원은 부서가 바뀌지 않거나 은배부로 강등이 가능하며, 은배부는 금배부로 승격, 은배부 유지 또는 동배부로 강등이 모두 가능하고 동배부에 참여한 회원은 은배부로 승격 또는 유지가 가능하다. 월례대회를 계속하게 되었을 때 궁극적으로는 금/은/동배가 모두 비슷한 인원수로 수렴하는 것을 원하게 되므로, 인원수가 많은 부서에서는 방출되는 인원수가 유입되는 인원수보다 많게, 인원수가 적은 부서에서는 유입되는 인원수가 방출되는 인원수보다 적게 설계되어야 한다.

그런데 이렇게 승강제를 설계하는 것은 전혀 어려운 일이 아니다. 예를 들어 금배부 참여 인원의 20%를 은배부로 강등시키고, 은배부 참여 인원의 20%를 금배부로 승격, 20%를 동배부로 강등시키고, 동배부 참여인원의 20%를 은배부로 강등시키는 모델을 적용하게 되면, 예를 들어 금배부 인원수가 은배부 인원수보다 많은 경우 금배부에는 적은 인원이 유입되고 더 많은 인원이 방출된다. 이런 방식으로 승강을 할 인원수의 퍼센티지만 모든 부서에 공통으로 같게 적용하면 승강제에 따른 인원 이동으로 결국은 세 부서 모두 비슷한 수의 인원이 되는 상황에 수렴하게 된다.

한 클럽에서 적용하는 승강제의 예로는 4명 이하 참가부서는 승강 인원 없고, 5-7명이 참여하면 승강 인원 1명 (은배는 승격1명 + 강등1명), 8-10명이면 승강 인원 2명 (은배는 승격2명 + 강등2명), 11명 이상이면 승강 인원 3명 (은배는 승격3명 + 강등3명) 이런 식으로 퍼센티지를 고정하는 것과 비슷한 방식으로 운영하는 예를 들 수 있다.

이와 같은 승강제 도입은 스스로 실력 수준을 정하고 그 수준의 동호인들과만 어울리려는 경향의 회원에게는 부담스러울 수 있지만 실력 향상을 목표로 노력하는 젊은 테니스 동호인에게는 좋은 기회가 된다. 의욕 있는 동호인의 경우 승강제로 상급 부서로 올라가게 되면, 평소에도 상급 부서의 회원들과의 심리적 부담감 없이 어울리고 연습 경기를 할 수 있는 계기가 된다. 또한 승강제가 없는 월례대회의 경우 입상권에서 멀어진 회원들이 어느 순간부터 최선을 다하지 않는 모습을 보이는 경향이 있으나, 승강제가 있게 되면 대부분의 참가하는 선수들이 입상을 노리거나 또는 강등을 면하기 위해 대회가 끝날 때까지 최선을 다하기 때문에 타이트하고 박진감 넘치는 경기가 이어지게 된다.

참고문헌

USTA LEAGUE ABILITY LEVEL: DETERMINE YOUR RATING
(https://www.usta.com/en/home/play/adult-tennis/programs/national/about-ntrp-ratings.html)

본문에서 사용된 Mathematica 프로그램

〈n인 리그의 매치업 행렬을 산출하는 프로그램〉 (n=5로 되어 있으나 수정가능)

```
n=5;
 Do[a1=Min[Mod[k-1,n]+1,Mod[k,n]+1];b1=Max[Mod[k-1,n]+1,Mod[k,n]+1];
  c1=Min[Mod[k+1,n]+1,Mod[k+3,n]+1];d1=Max[Mod[k+1,n]+1,Mod[k+3,n]+1];
  If[a1<c1,Game[k]={a1,b1,c1,d1},Game[k]={c1,d1,a1,b1}],{k,1,n}];
Do[Print[Game[k]],{k,1,n}]
```

결과:
{1, 2, 3, 5}
{1, 4, 2, 3}
{2, 5, 3, 4}
{1, 3, 4, 5}
{1, 5, 2, 4}

⟨위 매치업에서 선수의 순서를 적절히 바꾸는 프로그램⟩
q=Floor[n/Floor[n/5]];r=n-Floor[n/5]q;
Do[a[i]=If[i⟨=r,(q+1)(i-1),(q+1) r+q(i-1-r)],{i,1,Floor[n/5]}];
Do[Do[Game[k]=Game[k]/.a[i]+1-⟩-(4(i-1)+1);
Game[k]=Game[k]/.a[i]+2-⟩-(4(i-1)+2);
Game[k]=Game[k]/.a[i]+3-⟩-(4(i-1)+3);
Game[k]=Game[k]/.a[i]+5-⟩-(4(i-1)+4);
Game[k]=Game[k]/.a[i]+4-⟩-(4Floor[n/5]+i);
Do[Game[k]=Game[k]/.a[i]+m-⟩-((m-1)Floor[n/5]+i),{m,6,If[i⟨=r,q+1,q]}]
,{i,1,Floor[n/5]}];
Do[Game[k]=Game[k]/.-j-⟩j,{j,1,n}],{k,1,n}];
Do[
Do[Print[Game[(q+1)i+j]];,{i,0,r-1}];
Do[Print[Game[(q+1)r+q i+j]],{i,0,Floor[n/5]-r-1}]
,{j,1,q}];
Do[Print[Game[(q+1)i+q+1]];,{i,0,r-1}]

⟨주어진 매치업에서 각 선수의 파트너와 상대를 확인하는 프로그램⟩
n=9;
Game[1]={1,2,3,4};
Game[2]={5,6,7,8};
Game[3]={1,5,2,9};
Game[4]={3,7,4,8};
Game[5]={1,4,5,8};
Game[6]={2,3,6,9};
Game[7]={2,4,8,9};

Game[8]={3,6,5,7};
Game[9]={1,9,6,7};
Do[OppCount[i,j]=0,{i,1,n},{j,1,n}];
Do[PartnerCount[i,j]=0,{i,1,n},{j,1,n}];
Do[
If[Game[k][[1]]==i, PartnerCount[i,Game[k][[2]]]=PartnerCount[i,Game[k][[2]]]+1;
OppCount[i,Game[k][[3]]]=OppCount[i,Game[k][[3]]]+1;
OppCount[i,Game[k][[4]]]=OppCount[i,Game[k][[4]]]+1];
If[Game[k][[2]]==i, PartnerCount[i,Game[k][[1]]]=PartnerCount[i,Game[k][[1]]]+1;
OppCount[i,Game[k][[3]]]=OppCount[i,Game[k][[3]]]+1;
OppCount[i,Game[k][[4]]]=OppCount[i,Game[k][[4]]]+1];
If[Game[k][[3]]==i, PartnerCount[i,Game[k][[4]]]=PartnerCount[i,Game[k][[4]]]+1;
OppCount[i,Game[k][[1]]]=OppCount[i,Game[k][[1]]]+1;
OppCount[i,Game[k][[2]]]=OppCount[i,Game[k][[2]]]+1];
If[Game[k][[4]]==i, PartnerCount[i,Game[k][[3]]]=PartnerCount[i,Game[k][[3]]]+1;
OppCount[i,Game[k][[1]]]=OppCount[i,Game[k][[1]]]+1;
OppCount[i,Game[k][[2]]]=OppCount[i,Game[k][[2]]]+1]
, {i,1,n}, {k,1,n}];
MatrixForm[Array[PartnerCount, {n,n}]]
MatrixForm[Array[OppCount, {n,n}]]

〈5인 리그에서 매치업 행렬 MU과 능력치 리스트 A를 세팅하고서 결과를 계산하는 프로그램〉 (6인 이상 리그에서도 변형해서 사용 가능)

A = {0, 6, 1, 4, 2};
MU = {{1, 2, 3, 4}, {1, 3, 2, 5}, {1, 4, 3, 5}, {1, 5, 2, 4}, {2, 3, 4, 5}};
W = {0, 0, 0, 0, 0};
L = {0, 0, 0, 0, 0};
GW = {0, 0, 0, 0, 0};
GL = {0, 0, 0, 0, 0};
Do[
ADiff = (A[[MU[[i, 1]]]] + A[[MU[[i, 2]]]] - A[[MU[[i, 3]]]] - A[[MU[[i, 4]]]])/2;
If[ADiff > 0,
  W[[MU[[i, 1]]]] = W[[MU[[i, 1]]]] + 1 ; W[[MU[[i, 2]]]] = W[[MU[[i, 2]]]] + 1 ;
  L[[MU[[i, 3]]]] = L[[MU[[i, 3]]]] + 1 ; L[[MU[[i, 4]]]] = L[[MU[[i, 4]]]] + 1;
  GW[[MU[[i, 1]]]] = GW[[MU[[i, 1]]]] + 6 ; GW[[MU[[i, 2]]]] = GW[[MU[[i, 2]]]] + 6 ;

GL[[MU[[i, 1]]]] = GL[[MU[[i, 1]]]] + 6 - Max[1, Ceiling[ADiff]];
GL[[MU[[i, 2]]]] = GL[[MU[[i, 2]]]] + 6 - Max[1, Ceiling[ADiff]] ;
GL[[MU[[i, 3]]]] = GL[[MU[[i, 3]]]] + 6 ; GL[[MU[[i, 4]]]] = GL[[MU[[i, 4]]]] + 6 ;
GW[[MU[[i, 3]]]] = GW[[MU[[i, 3]]]] + 6 - Max[1, Ceiling[ADiff]];
GW[[MU[[i, 4]]]] = GW[[MU[[i, 4]]]] + 6 - Max[1, Ceiling[ADiff]],
If[ADiff == 0 && Min[A[[MU[[i, 3]]], A[[MU[[i, 4]]]]] == Min[{A[[MU[[i, 1]]]],
A[[MU[[i, 2]]]], A[[MU[[i, 3]]]], A[[MU[[i, 4]]]]}],
W[[MU[[i, 1]]]] = W[[MU[[i, 1]]]] + 1 ; W[[MU[[i, 2]]]] = W[[MU[[i, 2]]]] + 1 ;
L[[MU[[i, 3]]]] = L[[MU[[i, 3]]]] + 1 ; L[[MU[[i, 4]]]] = L[[MU[[i, 4]]]] + 1;
GW[[MU[[i, 1]]]] = GW[[MU[[i, 1]]]] + 6 ; GW[[MU[[i, 2]]]] = GW[[MU[[i, 2]]]] + 6 ;
GL[[MU[[i, 1]]]] = GL[[MU[[i, 1]]]] + 5; GL[[MU[[i, 2]]]] = GL[[MU[[i, 2]]]] + 5;
GL[[MU[[i, 3]]]] = GL[[MU[[i, 3]]]] + 6 ; GL[[MU[[i, 4]]]] = GL[[MU[[i, 4]]]] + 6 ;
GW[[MU[[i, 3]]]] = GW[[MU[[i, 3]]]] + 5; GW[[MU[[i, 4]]]] = GW[[MU[[i, 4]]]] + 5 ,
L[[MU[[i, 1]]]] = L[[MU[[i, 1]]]] + 1 ; L[[MU[[i, 2]]]] = L[[MU[[i, 2]]]] + 1 ;
W[[MU[[i, 3]]]] = W[[MU[[i, 3]]]] + 1 ; W[[MU[[i, 4]]]] = W[[MU[[i, 4]]]] + 1;
GW[[MU[[i, 3]]]] = GW[[MU[[i, 3]]]] + 6 ; GW[[MU[[i, 4]]]] = GW[[MU[[i, 4]]]] + 6 ;
GL[[MU[[i, 3]]]] = GL[[MU[[i, 3]]]] + 6 + Min[-1, Floor[ADiff]] ;
GL[[MU[[i, 4]]]] = GL[[MU[[i, 4]]]] + 6 + Min[-1, Floor[ADiff]] ;
GL[[MU[[i, 1]]]] = GL[[MU[[i, 1]]]] + 6 ; GL[[MU[[i, 2]]]] = GL[[MU[[i, 2]]]] + 6 ;
GW[[MU[[i, 1]]]] = GW[[MU[[i, 1]]]] + 6 + Min[-1, Floor[ADiff]];
GW[[MU[[i, 2]]]] = GW[[MU[[i, 2]]]] + 6 + Min[-1, Floor[ADiff]]]]
, {i, 1, 5}];
Print[W]; Print[L]; Print[GW]; Print[GL]

결과:
{2, 4, 1, 2, 1}
{2, 0, 3, 2, 3}
{16, 24, 18, 22, 18}
{22, 14, 23, 19, 20}

12장

테니스는 회전 파워

장은욱(스포츠과학과)

1. 시작하는 글

엘리트 선수들의 건강 관리와 기술 발전을 위해서 선수트레이너 **Athletic Trainer**, 스트렝스 컨디셔닝코치 **Strength & Conditioning Coach** 및 기술 코치 **Skill Coach** 들은 선수들과 함께 생활하며 다양한 각도로 고민하고 연구한다. 세상에 존재하는 대부분의 스포츠 동작은 선형으로만 이루어지지 않으며, 비선형적 움직임, 즉 회전을 통한 동작 수행을 포함한다. 효율적인 회전 움직임은 파워를 향상시킬 뿐 아니라 부드러운 신체 동작을 만들어 내어 부상 예방을 위해서도 중요한 역할을 한다. 이것은 비단 엘리트 선수의 실력 향상에 국한되어 있는 개념은 아닐 것이며, 생활 스포츠의 개념에서 운동을 즐기는 모든 시민들에게도 필요한 것이다. 테니스는 회전 움직임의 대표적인 스포츠 종목이라고 볼 수 있다. 물론 장시간 플레이를 할 수 있는 지구력, 공을 정확하게 맞추고 원하는 방향으로 보내기 위한 정확도, 짧은 거리를 빠르게 방향 전환하며 코트를 누빌 수 있는 민첩성과 스피드 등 많은 체력 요소가 필요하지만, 실제로 나의 힘이 완전하게 공으로 전달되어 상대방에게 위력적인 공을 보내는 능력이 시합에서 특히 중요하다. 본 장에서는 테니스에서 필수 요소인 회전 파워 향상을 위한 6가지의 기초적인 개념을 소개한다.

2. 회전파워 향상을 위한 6가지 요소

1) 신체의 기둥: 발끝부터 다리까지

훌륭한 코어를 갖는 것보다 훌륭한 다리를 갖는 것이 더 중요하고, 실제로 현장에서 많은 선수 및 생활 체육에 참여하는 사람들을 통해 확인한 결과, 배꼽을 기준으로 아래쪽의 신체가 배꼽 주변이나 위쪽의 신체보다 중요한 것을 확인할 수 있다. 이것은 상체의 근력 및 상체의 능력이 중요하지 않다는 것을 의미하는 것은 아니지만, 신체의 어떤 부위보다도 하체의 능력이 훌륭한 사람이 완벽한 코어를 가지고 있는 사람을 이길 가능성이 크다고 예상할 수 있다.

발은 회전 동작을 성공적으로 수행하기 위한 가장 기본이 되는 신체 부위이다. 일반적으로 몸의 회전을 생각할 때 허리, 몸통의 돌림 또는 어깨의 돌림을 떠올리지만, 아주 기본적으로 발의 정확하고 정상적인 기능이 필수적이다. 테니스 라켓, 골프 클럽, 야구 배트 등을 회전하는 동안 발이 느끼고 받아들이는 압력 분포가 일정하지 않기 때문에, 힘의 시작 지점인 발이 어떻게 기능을 하고 있는지가 전체 회전 파워에 영향을 미치게 된다. 과거 코치들이 강조한 균형에 대해 개념은 충분히 이해하지만, 움직임 패턴이 조화롭게 반응하고 빠른 근육들의 수축 속도에 대응하는 신체의 안정성만큼 중요하지는 않다. 테니스의 스윙 동작을 수행하는 0.1초 동안의 압력 중심 center of pressure 의 변화를 분석하면, 짧은 시간에 얼마나 많은 변화가 일어나는지를 확인할 수 있다. 이러한 특징은 회전 파워가 필수적인 야구의 타격 동작에서도 동일하게 발생한다. 아마도 스포츠를 좋아하는 독자라면 궁금증을 가질 수 있다. 육상경기의 원반던지기, 해머던지기와 같은 스포츠도 회전 파워가 중요한데, 테니스와 야구와 같은 구기 스포츠와는 어떻게 다른 특징이 있을까? 원반던지기와 해머던지기는 환경적 변화가 없는 정해진 틀 안에서의 반복적인 움직임이기 때문에, 순간적인 발의 압력 분포의 급격한 변화가 요구되지 않는다. 그러나 테니스의 경우 상대방에게 보내는 볼의 위치, 강도, 스핀 등에 따라 발의 위치, 거리 등을 조정하고 이러한 과정에 더해 정확한 스트로크를 수행해야 하므로, 지면에 가장 가까운 발의 기능과 하지의 근력이 움직임의 안정성을 확보해 주고 최종적인 회전 파워를 발생하는 데 중요한 역할을 한다.

일반적으로 다리의 힘은 스쿼트, 런지, 힙 쓰러스트 Hip Thrust와 같은 하체 운동에서의 무게 지표를 기준으로 판단할 수 있지만, 단순하게 무게 지표로 판단하는 것이 아닌 정확한 발의 위치, 발의 빠르기 및 속도에 의한 힘 벡터의 통합적 결과로 이해해야 한다. 효과적인 회전을 위한 다리가 되기 위해서는 테니스에서 주로 사용하는 움직임과 관련되어 있는 하지 근력 운동을 혼합하여 실시하는 것이 효과가 있을 것이다. 테니스 스트로크를 수행하는 과정 동안 (백스윙부터 팔로우 스루까지의 모든 과정), 하지의 관절 움직임이 제한됨과 동시에 상체를 빠르게 회전시켜야 하므로 이와 비슷한 동작 훈련을 통해 하지의 정확한 수축 능력에 집중하는 것이 타당한 훈련 방법이 될 수 있다. 하지의 힘이 회전력으로 전환되는 과정에 관한 메커니즘 연구는 더 필요하지만, 지면으로부터 힘이 전달되는 시작 지점이 정확하지 않다면 상체의 움직임의 효율성은 매우 떨어지고 최고의 퍼포먼스를 기대하기 어려울 것이다.

2) 정적 안정성, 방향 전환, 그리고 신체의 에너지에 집중하라

회전 파워를 위해서 첫 번째로 중요한 요소는 발끝부터 다리까지 가지고 있는 능력이라고 논의하였다. 이와 더불어 일반적으로 사람들은 코어 및 몸통의 근력이 중요한 것으로 인식하고 있으며, 이에 대한 다양한 운동 방법들을 소개하고 있다. 인간의 척추는 심각한 부상과 연관되어 있는 신체의 한 부분이며, 사지의 움직임, 몸의 중심 유지 등 중요한 기능들을 가지고 있다. 인간의 요추 부위를 해부해 본 사람이라면 관절의 구조와 주변 조직들의 강성을 알 수 있을 것이다. 척추는 운동과 일반적인 움직임 패턴에서 발생하는 불필요한 움직임을 줄이기 위해 설계가 되어 있으며, 여러 층의 결합조직으로 이루어져 있어 높은 강성을 보여준다. 실제로 요추를 일부러 다치게 하지 않는 한 허리 때문에 평생 불구가 되어 살아갈 가능성은 매우 낮으므로, 요추의 통증을 단순한 메커니즘의 문제로만 이해해서는 안 된다.

현재까지 많은 훈련이 완벽하게 조절된 회전 또는 적절한 힘을 사용한 방향 전환과 같은 스포츠에서 필수적인 움직임의 향상을 위해 다각도로 접근하고 있다. 그런데 가장 큰 문제점은 이처럼 스포츠 퍼포먼스와 직결된 움직임에 필수적인 "감속" 능력에 대한 이해의 부족이다. 다시 말하면 신체의 안정화, 정적 안정성 등의 접근이 틀린 것은 아니지만, 일반적으로 스포츠에서의 회전은 외부의 자극이 아닌 내적인 (선수 스스로의) 결정에 따라서 발생하기 때문에 움직임 수행에 있어서 감속과 가속의 전환을 어떻게 만들어 내는지가 중요한 요소가 된다. 감속과 가속의 전환은 정적 안정성 능력과 더불어 지면으로부터의 힘, 그리고 신체가 만들어내는 힘이 개별적으로 분산되는 것이 아니라 각 힘의 흐름을 재연결하여 결과적으로 강력한 스트로크를 만들 수 있도록 에너지를 모으는 과정이 되는 것이다.

엉덩이에서 어깨까지 연결되는 근육 그룹들이 만들어 내는 힘보다는, 지면으로부터의 힘과 신체에서 발생시키는 힘을 정확하게 회전 파워로 전환하도록 재연결하는 능력이 중요하다. 이러한 능력이 부족한 경우 몸통의 Re-coil 메커니즘이 상실하여 각 신체 부위의 에너지가 상실되어 버린다. 파워풀한 회전을 위해서 근육의 동심성 수축(근육이 짧아지면서 힘을 발휘하는 것)뿐 아니라 신장성 수축(근육이 길어지면서 힘을 발휘하는 것) 동안 저장되는 에너지의 사용 능력이 필수적이다. 만약 동심성 수축만 강조하여 운동한다면, 엉덩이 관절부터 어깨 관절까지 연결되어 저장되는 에너지를 사용하지 못하고 낭비하는 결과를 초래할 것이다. 신체의 완벽한 연결을 위해서는 앞서 논의한 발끝부터 다리까지 지면에 충분히 고정되어야 한다는 것을 잊지 말아야 한다. 신체가 가지고 있는 근력과 신체 구조가 가지고 있는 탄성 능력을 적절하게 사용하기 위해서 지면과 하지의 고정 능력에 집중하면 전체적인 신체 안정성과 방향 전환, 그리고 내재되어 있는 에너지를 효율적으로 사용할 것이다.

3) 최대 등척성으로 훈련하라

앞서 하체 근력의 중요성, 신체의 안정성 및 에너지 사용의 효율성에 대해서 이야기를 나누었다. 회전 파워를 증가시키기 위해서는 일차적으로 위의 요소들이 중요하다고 이야기할 수 있다. 그렇다면 하체 근력, 신체의 안정성에 있어서 어떠한 근육 수축의 특징이 중요한 것인지에 대해 설명하려고 한다. 앞서 파워풀한 회전을 위해서는 근육의 동심성 수축 뿐 아니라 신장성 수축의 조절을 통해 에너지의 활용의 효율성이 높아져야 한다고 하였다. 그러나 그 이전에 하체가 지면에 정확하게 고정되어야 함을 강조하였다는 것을 기억해야 한다. 과연 하체가 지면에 고정될 때에는 어떤 방식의 근육수축이 필요한 것일까?

인간의 몸을 간단하게 기계에 비유하자면, 회전의 힘이 강해지기 위해서는 회전축의 견고함이 필수적이다. 실제 테니스 뿐만 아니라 모든 스포츠에서의 회전은 몸통에서 발생되는 것으로 이해할 가능성이 있으나, 골반의 회전이 중요하며 골반의 회전을 위해 축이 되는 신체 부위는 바로 하지가 될 것이다. 만약 축의 안정성이 떨어진다면, 결국 회전 방향의 정확성 및 발휘하는 힘은 감소하게 될 것이기 때문에 회전이 발생되는 순간에는 우리 몸의 축은 움직임이 최소화되어야 한다. 테니스 스트로크를 수행할 때 공이 날아오는 곳으로 몸을 이동한 후 다리는 지면에 고정하여 버티면서 정확한 임팩트 순간을 찾는 것을 상상해 본다면, 공이 맞는 순간 하지의 움직임(상하-좌우의 움직임)은 없이 상체의 회전을 위해 정확하게 버텨주고 있어야 함을 쉽게 이해할 수 있다. 이러한 개념을 바탕으로 하지의 등척성(근육의 길이가 일정한 상태에서 힘을 발휘하는 것) 수축 능력은 매우 중요하다.

일반적으로 코어 훈련에서는 등척성 수축의 개념을 많이 사용한다 (플랭크, 브릿지 운동, 데드벅 등이 있다). 하지의 등척성 근력을 증가하기 위해서는 무릎 관절 및 고관절의 각도 변화를 최소화(또는 각도의 변화가 없음)하면서 근육을 지속적으로 수축하는 훈련을 하면 좋다. 예를 들어 월 스쿼트 동작을 설명하도록 하겠다. 월 스쿼트를 수행하기 위해 발을 벽에서 약 30cm 앞쪽에 위치한 후 벽에 등을 기대어 선다. 그 이후에 무릎 관절과 고관절이 90도가 되는 자세로 스쿼트 동작(지면을 향해 앉는 동작)을 수행한 후 하지의 두 관절이 90도가 되는 지점에서 멈추어 선다. 이 자세를 1분 동안 유지하게 되면, 무릎 관절과 고관절에 연결되어 있는 근육들이 등척성 수축을 하면서 자세를 유지할 수 있게 된다. 비록 간단한 동작이지만, 이러한 동작을 꾸준히 연습하면 하지의 최대 등척성 능력에 도움이 많이 되며, 실제 테니스에서 움직임의 편안함을 경험할 수 있을 것이다. 만약 두 다리로 월 스쿼트가 쉬운 사람이라면 한발 월 스쿼트를 시도해 보는 것을 추천한다.

이러한 등척성 훈련은 실제 근력 강화 운동에서 홀대받는 경향이 있다. 왜냐하면 근육의 비대 및 근력을 평가하는 척도(일반적으로 1 Repetition Maximum)에는 적합하지 않은 트레이닝 방법이기 때문이다. 그러나 등척성 훈련은 근육과 신경의 연결성 및 활성화에 매우 좋은 영향을 미치며, 실제 프로 테니스 선수들의 경우 시합 전 근신경계의 활성화를 위해서 이러한 훈련을 수행하기도 한다. 하지의 등척성 수축 능력은 회전 파워의 기본이 되는 하지의 견고함을 위해 필수적인 요소인 것을 잊지 말아야 한다.

4) 골프, 야구, 육상에서 힌트를 얻는다

테니스가 참고할 수 있는 스포츠가 무엇이 있을까? 먼저 테니스의 동작을 살펴보면 1) 가속과 감속 2) 정회전과 역회전 3) 무게중심의 위치변화 4) 지면 반력의 상체 이동(나선형 힘의 전달) 5) 테니스 서브의 오버헤드 동작 6) 사이드 스텝으로 나누어지며, 이러한 동작은 팔꿈치, 어깨, 손목의 스트레스 및 부상의 위험성을 내포하고 있다. 모든 스포츠가 그러하듯 스포츠 움직임은 복합적인 움직임을 나타내지만 특이적 specific 이라는 관점에서 볼 때 회전이 중요한 부분을 차지하는 야구와 골프가 테니스와 연관성이 깊으며 직관적으로 보이기에 전혀 어울리지 않는 육상 훈련 또한 기본적인 신체 발달 블록 요소 general preparation development block 의 구성을 위해서 가장 기초적인 기틀을 다지는 역할을 한다. 흥미로운 사실은 최고의 야구 스트렝스 코치 중 한 명으로 기억되는 Steve Odgers Chicago White Sox 1989 ~ 2003 가 10종 경기 출신이라는 사실이다. 10종 경기에서 육상이 차지하는 비중에 매우 높은 것을 고려하면 달리는 동작은 이해하는 기본적인 역학적 지식과 경험이 회전 스포츠에도 도움이 됨을 미루어 짐작할 수 있다. 야구와 골프는 앞쪽 다리 front leg

를 고정점-기본적인 어트랙터 attractor 로 사용하며 뒷발 back leg 의 내회전을 통한 하체의 회전을 상체로 전달한다. 이때 앞발에서 생성되는 지면 반력을 적절하게 사용하여 힘의 크기를 증가시킨다. 일련의 과정은 테니스에서의 회전 동작과도 깊은 연관성을 지니며 뒷발(발 - 발목 - 골반)의 강력한 내회전과 앞다리의 지면 반력이 통합되어 코어를 통해 팔로 연결되는 가속적인 패턴은 역학적으로 매우 유사한 기전을 보인다.

팔꿈치와 어깨의 부상 또한 테니스와 골프 및 야구의 연관성을 보여주는 좋은 증거이다. 대표적인 예로 남자 단식 그랜드 슬램 20회 우승을 기록한 조코비치는 2020 도쿄 올림픽에서 어깨 부상으로 인해 동메달 결정전에 출전하지 못했으며 팔꿈치 바깥쪽에 뼈 돌출된 부위에 통증을 느끼는 테니스 엘보우와 팔꿈치 내측 상과염인 골프 엘보우는 테니스와 골프 그리고 야구에서도 흔히 나타나는 부상들이다. 스포츠 퍼포먼스 측면에서 어깨와 팔꿈치의 부상은 적정한 타이밍에 순서대로 회전되어야 하는 일련의 회전 파워 동작이 서로 엇박자를 내면서 큰 근육과 관절로 생성해야 하는 큰 힘을 어깨와 팔꿈치로 보상하면서 발행한다고 볼 수 있다. 네덜란드의 스포츠 과학자 프란스 보쉬 Frans Bosch 는 골반(엉덩이)에서 시작된 움직임이 무릎을 통해 발목으로 이어지는 과정을 근위발달 순서 proximodistal sequence 라고 정의하였다. 보쉬는 근위 관절에서 시작된 힘이 올바른 타이밍을 통해서 전달되어야 관절이 손상을 입지 않고 최대한의 회전 파워를 생성할 수 있음을 그의 책에서 설명하고 있다. 야구의 투수는 내측 상과염이 자주 발생하는 대표적인 포지션이다. 내측 팔꿈치 통증을 호소하는 선수들은 하체의 어색한 움직임 패턴을 보여준다. 움직임 패턴의 오류의 원인은 일반적으로 인간이 가진 가장 큰 근육 중 하나인 엉덩이 근육을 사용하여 회전을 하지 못하기 때문이다. 엉덩이를 사용하지 못하면 회전 동작을 수행할 때 무릎이 안쪽으로 무너지면서 움직임이 시작되고, 이러한 패턴의 고착화로 인하여 엄지발가락이 지면을 정확하게 누르면서 지면 반력을 사용하는 능력이 떨어지게 된다. 이와 같은 패턴은 힘의 나선형 전달을 방해하여 투수의 뇌에 내재되어 있는 야구공의 속도(구속)에 억지로 도달하기 위해서 팔꿈치와 어깨의 과도한 보상으로 이어진다. 테니스에서 나타나는 팔의 부상 또한 투수와 비슷한 측면에서 접근할 수 있으며 결국 하체 패턴의 적절한 사용 여부에 따라 큰 영향을 미친다고 볼 수 있다.

하체의 움직임 패턴이 회전 동작의 파워와 부상의 위험성과 연관되어 있다고 가정하면 달리기와 육상 훈련과 관련된 스트렝스 훈련은 올바르고 강한 하체의 움직임 패턴을 형성하는 가장 기초적인 연습이 될 수 있다. 달리기는 골반에서 시작된 관절의 시상면 회전이 무릎과 발목을 통해 전달되고 중력을 이용해 지면으로 내리꽂은 발의 충격력으로 인한 지면 반력이 다시 역순으로 전달되어 코어로 이어지는 과정이다. 몸통을 통한 힘은 나선형으로 전달되어 팔의 앞뒤 움직으로 다시 역나선형 힘으로 전달되어 전방으로 이동하는 가장 기본적이면서도 복잡한 인간의 이동이다. 흔히 우리는 앞서 열거한 과정을 삼중편 triple extension, 나선형의 힘의 전달, 지면 반력의 전달 등의 용어를 사용하여 표현하며 우리가 골프와 테니스 및 야구 선수들 지도할 때 자주 설명하는 개념이기도 하다. 결과적으로 달리기를 위한 훈련은 회전 파워 스포츠를 위한 기본적인 연습이다. 체육관에서 수행되는 수많은 스트렝스 훈련 중 골반의 힘을 중요시하는 힙힌지 hip hinge 형태의 동작은 지면 반력과 골반의 연결성을 높이는 좋은 운동이며 한쪽 다리를 이용한 싱글 레그 데드리프트 등의 운동을 통한 변형 동작으로 한 다리 single leg 의 안정성과 힘의 전달을 익힐 수 있다.

5) 생체 자기 제어를 위한 다방향 저항 훈련

체력 & 컨디셔닝 코치, 스포츠 의학 전문가는 운동 선수의 신체적 발달을 위해서 꼭 필요한 존재이다. 절대 스트렝스를 위한 리프팅 및 재활 운동 방법이 선형에 가까운 방식을 따랐다면 실제 선수의 움직임은 다선형의 특징을 지니고 있다. 다선형 방식에 익숙하지 않는 사람들은 마치 여러 방향으로 움직이는 액체와 같은 움직임을 생각하겠지만 실제로 3차원 방향으로 과부하를 줄 수 있으며 이것은 어느 정도 정형화된 방식으로 팔을 사용하는 경로를 제공할 수 있음을 의미한다.

일반적인 케이블 기구는 단일 벡터(한 방향)의 과부하만 존재한다. 하지만 다방향 훈련은 동시에 3개의 백터를 선수에게 제공하여 유기체의 움직임을 어느 정도 구현할 수 있게 된다. 고무 밴드를 이용한 회전운동은 케이블 기구를 대체할 수 있는 훌륭한 방법이 된다. 저항이 일정하고 매끄럽다고 할 순 없지만 기계적이고 제한적이지 않으며 자연스러운 느낌마저 든다. 또한 고무줄의 탄성은 마치 실체 스포츠에서 발생하는 예상하지 못한 상황에서의 동시 수축을 제공할 수도 있다.

실제로 3차원으로 발생하는 저항 운동은 추가적인 저항(무게를 더함) 없이도 다차원 적인 스트레스를 인체에 줄 수 있다. 예를 들어 고무 밴드로 수평 회전 저항 운동을 수행하면 동심성 수축과 편심성 수축 그리고 등척성 수축에 이르는 거의 모든 수축의 형태를 훈련할 수 있으며 고무줄의 유동적인 성질 때문에 좀 더 복잡한 움직임까지 구현할 수 있게 된다.

운동 선수가 부상 직후 (수술 또는 2등급 이상의 부상) 적용하는 재활은 안전을 위한 선형적인 운동이 많지만, 부상을 당했던 당시 상황을 생각해 보면 다방향의 외력에 의한 상해나 자신의 내부에서 나오는 힘을 신체가 조절하지 못해 발생하는 경우가 대부분이다. 두 경우 모두 선형적인 문제보다는 관절이 서로 협응하는 또는 불협응하는 3차원적인 (또는 그보다 많은) 외력 및 움직임에 의해서 발생된다. 따라서 일정 수준의 초기 안정화 과정을 거친 후에는 다방향의 저항 운동을 중점적으로 수행해야 한다. 오른손잡이 테니스 선수가 포핸드 스트로크를 수행하는 경우 파워와 안정성에 영향을 주는 신체의 시작점은 반대쪽 발목(왼쪽 발목)이며, 이 지점으로부터 대각선 방향으로 힘이 전달되어 오른쪽 손목에서 최종적인 힘이 발휘된다. 이러한 힘의 전달 특성은 다방향, 다관절, 나선형 힘 전달을 위한 시작과 끝지점을 명확하게 보여준다(오른손잡이 포핸드 - 왼쪽발의 안정성 - 우측 골반의 회전 - 회전하는 물체는 단단한 축을 가지고 있어야 한다). 이렇듯 인체의 움직임의 다방향의 파워와 안정성을 수반하고 있으며 특히 회전은 인체의 움직임 중 가장 파워풀하고 복잡한 움직이다.

6) 팔의 힘과 코어의 지구력

테니스는 보행 이동 locomotion 과 결합된 회전 및 대항 회전 그리고 감속 - 가속의 형태이다. 이 모든 동작을 트레이닝적 용어로 집약한다면 물체를 들고 수행되는 방향 전환 움직임이다. 3차원의 동작을 떠올리면 마치 모든 힘이 하체에서 시작되어 코어를 거쳐 라켓으로 이동한다고 생각하기 쉽다. 그리고 실제로 이런식으로 훈련을 하는 트레이너들도 많다. 하지만 스포츠 환경과 움직임은 이상적이지 않으며 때로는 그립을 잡는 손의 힘이 약해 역으로 발목에 영향을 줄 수 있다. 테니스뿐만 아니라 야구와 골프와 같은 회전-중심 스포츠 선수는 이러한 "동적역방향 스트레스"를 고려해야 한다. 팔은 어깨 - 팔꿈치 - 손으로 이어지는 하나의 고리 형태를 가지고 있다. 각 관절은 매듭으로써 힘을 전달하는 중심점이 되고 유기적인 일련의 힘의 이동이 강하고 견고한 포핸드를 만들어 낸다. 현대의 많은 테니스 훈련 전문가들이 갖가지 다양한 종류의 이른바 최첨단 코어 운동을 하면서 상체 운동 없이도 근막경선이나 인체의 패턴을 통해 충분한 파워를 만들어 낼 수 있다고 자부한다. 하지만 테니스는 현존하는 스포츠 중 가장 역동적인 가속과 감속 및 회전을 포함하고 있는 운동으로서 "힘"을 포함하지 않고 오직 패턴만을 이용한 훈련만으로 파워를 생성하고 부상을 방지한다는 생각은 물가에 가지 않고 좋은 낚싯대만으로 물고기를 잡는것과 마찬가지 행동이다.

물론 인체의 3차원 패턴과 다방향 움직임 훈련은 너무나도 중요하다. 하지만 앞서 언급했듯이 관절들이 서로 만들어 내는 힘의 고리의 유려한 움직임을 위해서는 일정 수준 이상의 "힘"과 내구성을 고립적으로 만들어 내는 것 또한 중요한 과정이다.

3. 맺는 글

테니스는 지구상의 다른 어떤 스포츠보다도 가속과 감속, 순간적인 방향전환, 지구력과 스테미너와 같은 체력적 요소가 중요하며 이에 더하여 강력한 스트로크를 위해서 신체의 회전 능력이 필수적이다. 본 장에서 회전 파워를 향상시키기 위한 6가지 요소를 소개하였다. 비록 실제적인 훈련 방법을 모두 담을 수는 없었지만, 기본 원리를 바탕으로 다양한 체력 훈련을 시도한다면, 스트로크 파워 향상에 도움이 될 것으로 생각한다.

참고문헌

Frans Bosch (2020). Anatomy of Agility, Rotterdam, the Netherlands, 2010 Publisher

Joel Smith (2018). Speed Strength, Berkeley, U.S.A, Just Fly Sports

Frans Bosch (2015). Strength Training and Coordination - an Integrative Approach, Rotterdam, the Netherlands, 2010 Publisher

테니스 알쓸신잡, 일곱

유용한 테니스 상식   김 우 성(스포츠과학과)

● **라켓을 던져서 공을 맞추면 포인트로 인정이 되는가?**

프로 선수들의 경기를 보면 간혹 치기 힘든 곳으로 공이 날아 올 때 라켓을 던져서 맞추는 모습을 볼 수 있다. 우연히 그 공이 상대편 코트로 넘어가서 그것이 위닝 샷이 된다면 그것을 포인트로 인정할 수 있는가? 정답은 '안 된다'이다. ITF(International Tennis Federation) 24번 룰 2항에 따르면 '선수가 라켓을 쥐고 있지 않은 상태에서 공이 라켓을 맞으면 포인트를 잃는다'라고 명시되어 있다. 따라서 선수들이 라켓을 던지는 행동은 하나의 안타까운 퍼포먼스라고 볼 수 있다.

● **오버네트가 허용되는 경우가 있다?**

오버네트는 라켓이 상대편 코트를 침범해서 치는 것을 말한다. 일반적으로 오버네트를 하게 되면 포인트를 잃게 된다. 그렇지만 내 코트에서 공을 맞춘 다음 스윙 속도 때문에 라켓이 넘어가는 것은 가능하다. 즉 핵심은 라켓이 네트를 넘어가는 것이 아니라 공을 맞추는 순간에 내 코트 진영에 있었느냐 혹은 상대편 코트 진영에 있었느냐가 중요한 것이다. ITF 룰에 따르면 공이 스핀이나 바람 때문에 네트를 넘어가서 원래 쳤던 사람 쪽으로 다시 돌아가면 상대 선수는 네트 너머로 공을 치는 것이 허용된다. 단 이때 네트를 건드려서도 안 되고 상대편 코트를 침범해서도 안 된다. 이 규정은 내 코트에서 공이 한 번 튀긴 다음에 상대 코트로 넘어가는 경우에 적용된다.

13장

테니스! 건강한 삶의 중심이 되다

강청훈(체육교육과)

1. 시작하는 글

테니스는 16~17세기 사이에 본격적으로 영국 전역으로 퍼져나간 이후 1877년 첫 윔블던 경기가 개최되어 오늘에 이르고 있다. 테니스는 주로 소수 계층에 의해 점유되던 놀이 문화 혹은 스포츠 경기로 인식되고 행해졌으나 긴 시간의 흐름 동안 비교적 차분하게 진화하여 지금은 대중의 큰 사랑을 받고 있다.

현재의 테니스 동호인의 증가는 사회, 경제적 여건의 변화와 그 맥락을 같이 한다. 정치 그리고 경제적으로 궁핍했던 과거 우리나라는 생활체육을 즐길 수 있는 여건이 좋지 않았으며, 다만 올림픽과 같은 국제대회에서 강한 정신력과 투지로 투영된 엘리트 선수들의 경기를 TV 브라운관을 통해 맞이하며 대리 만족하였다. 그 당시 테니스는 사실 인기 있는 스포츠 카테고리에는 포함되지 못했으며, 더욱이 대부분 사람이 심지어 게임 규칙조차 잘 모르는 그저 먼 나라의 스포츠 이벤트 중 하나였다.

하지만 2000년대로 접어들어 급격한 생활체육 인구 증가와 함께 테니스 또한 수많은 마니아층이 생겨나 저변이 확대되고 관련 산업도 급성장하게 되었다. 이는 과거 보는 것만으로도 희열 가득했던 스포츠 영웅들의 미디어 속 이야기로부터 내가 직접 호흡하며 즐기는 생활 스포츠의 능동적 참여 주체로서 테니스 참여의 스펙트럼이 바뀐 것이다.

테니스의 운동 참여 과정을 살펴보면 처음에는 운동을 즐기기가 쉽지 않으나 결국 심취할 수밖에 없는 오묘한 특성이 있다. 다른 스포츠 종목과 비교해 볼 때 입문 이후 경기를 즐기기 위한 수준에 도달하기 위해서는 많은 시간과 비용의 투자가 불가피하지만, 이러한 끈기와 노력은 결국 공을 타격하는 순간 '뇌를 자극하는 카타르시스', '사회적 유대감', '심리 및 신체 건강' 등의 보상이 뒤따르게 되어 여느 종목보다 운동 지속의 충실도가 높고 동호인층이 두터운 편이라고 할 수 있다. 또한 조절 가능한 운동 강도의 범위가 넓어 중장년이나 노년층이 즐길 수 있는 다양한 나이를 포용하는 운동이기도 하다.

최근 들어 MZ세대[1]로 일컫는 젊은 세대들의 스포츠, 등산, 캠핑 그리고 소위 몸짱 프로젝트를 통한 소개 사진 등을 저마다의 SNS[2]에 개성 가득한 패션과 함께 셀프 광고를 함으로써 스포츠/레저 활동 참여에도 개인의 취향을 중시하고 표출하는 문화가 자리 잡고 있다. 테니스 또한 예외가 아니어서 각종 SNS를 통해 동호회에 참가하며 직접 촬영한 사진이나 영상 콘텐츠를 공유하는 등 젊은 세대들의 테니스 즐기는 방식이 이전과는 차별화되고 있다.

이러한 테니스 경기의 참여를 통해 멋진 동작, 경기의 승리, 사회적 유대감 및 자기만족 등을 추구하는 가운데서도 테니스 운동의 궁극 목표와 가치를 생각해 볼

---

[1] 1980년대 초~2000년대 초 출생한 밀레니얼 세대와 1990년대 중반~2000년대 초반 출생한 Z세대를 통칭하는 말이다. 디지털 환경에 익숙한 MZ세대는 모바일을 우선적으로 사용하고, 최신 트렌드와 남과 다른 이색적인 경험을 추구하는 특징을 보이며, SNS를 기반으로 유통 시장에서 강력한 영향력을 발휘하는 소비 주체로 부상하고 있다. (시사상식사전, pmg 지식엔진연구소)

[2] 소셜네트워크 서비스(Social Network Service)로서 사용자 간의 자유로운 의사소통과 정보 공유, 그리고 인맥 확대 등을 통해 사회적 관계를 생성하고 강화해 주는 온라인 플랫폼. 인스타그램, 페이스북, 트위터 등이 포함된다.(위키백과)

때 결국 '건강 증진'은 핵심 키워드가 될 수밖에 없다. 운동과 신체 활동이 질병과 수명에 미치는 영향에 대한 논의는 필자와 같은 운동생리학 연구자들의 주된 관심 분야이다. 테니스는 왜 모든 세대로부터 사랑받는 운동이며 앞으로도 그렇게 되어야 할까?

2. 테니스와 건강 수명

1) 운동, 선택이 아닌 필수가 되다

전문가가 아니더라도 운동이 주는 건강의 이로운 점은 잘 알려져 있다. 규칙적이고 적절한 강도의 운동은 왜 건강수명을 증가시킬 수 있을까? 운동의 효과를 요약해보자면 우리 몸의 대사과정에 필요한 산소 및 영양분은 혈액을 통해 이동되는데 이러한 순환계를 구성하고 있는 심장과 폐 그리고 혈관의 기능이 운동으로 좋아진다. 또한, 적절한 운동 자극을 통해 심혈관질환의 위험 요인을 감소시킬 수도 있다. 예를 들어 운동은 HDL-C와 같은 이른바 좋은 콜레스테롤 수치를 높여주고, LDL-C와 같은 나쁜 콜레스테롤[3]은 낮추며, 혈관의 탄력성을 높여 고혈압과 같은 질병의 위험 요인을 감소시키기 때문이다.

또한 운동은 적절한 식이요법과 병행하였을 때 처방된 치료 약물보다 더 효율적으로 당뇨를 관리할 수 있으며, 일부 암 중에서 특히 대장암 및 여성의 유방암과 난소암의 발병 위험을 감소시킨다고 알려져 있다. 운동 자극을 통해 뼈가 더 튼튼해지고 근육양이 증대되어 신진대사를 원활하게 하며, 특히 노인들의 골다공증 및 근감소증 예방 효과가 있어 낙상에 의한 골절과 이로 인한 사망률을 크게 낮춘다.

---

[3] 고밀도지단백-콜레스테롤(High Density Lipoprotein-Cholesterol), 혈관벽에 점착된 콜레스테롤을 간으로 운반하여 동맥경화 등을 예방하는 역할을 한다.
저밀도지단백-콜레스테롤(Low Density Lipoprotein-Cholesterol), 혈관벽에 쌓여 동맥경화와 같은 심혈관질환 등을 일으킨다.

최근 들어서는 노인성 근감소증 사코페니아⁽⁴⁾에 대한 연구가 뜨겁다. 국내 연구 결과에 따르면 65세 이상 인구의 최대 30%는 근감소증을 겪고 있으며 미국의 경우 40%에 이른다는 보고도 있다. 근육의 감소가 단순히 근력의 감소만을 의미하지 않음을 알게 된 후 많은 운동생리 및 임상·생명과학자들이 관련 연구에 뛰어들고 있다. 해외의 사례에서 미국과 일본은 이미 근감소증에 국가의료시스템에서 질병을 분류할 때 쓰는 질병코드를 부여하여 의료시스템에서 공식적으로 관리하고 있다. 이후 세계보건기구 WHO가 발간하는 표준 진단지표인 국제질병분류 ICD의 제10차 임상용 개정판 'ICD-10-CM'에서도 근감소증이 공식 등록되는 등 그 중요성이 시급히 인식된 것이다. 이렇듯 노화에 따른 근육의 감소가 이제 질병으로 분류되어 치료의 행위로서 공식화된 이유는 무엇일까? 근육은 에너지를 소비하는 동안 신진대사 및 힘의 발생, 그리고 움직임을 가능케 하는 것 외에도 우리 몸의 장기에 미치는 영향이 커 건강 수명을 결정짓는 주요 요인이 되기 때문이다.

근육 세포는 당 흡수 및 지방 분해를 촉진하고, 또한 근육에서 분비된 호르몬과 같은 성분은 혈액을 타고 우리 몸의 주요 장기臟器로 흘러 들어가 체지방 감소, 췌장의 인슐린 분비 증가, 뇌의 인지기능 향상, 혈관 생성, 심장의 병리적 비대 및 암세포 성장을 억제하는 효과가 속속 밝혀지고 있기 때문이다〈그림 1〉.

필자는 유년시절에 농사를 지으시는 외할아버지와 나에게는 어머니이신 딸과의 대화를 듣고서는 많이 의아한 적이 있었다. 연로하신 부모님에 대한 걱정과 안타까움에 **"이제 농사일 좀 줄이시고 집에서 편안하게 지내세요."**라고 딸이 여쭙자 **"일을 하지 않으면 내가 금방 죽어!"**라고 응수하시던 장면을 목격하고서는 말이다. 시간이 많이 지나 강산이 두어 번 이상 바뀌는 동안 근육을 주제로 공부해 보니 이제 그 말씀이 와 닿는 것 같다. 논과 밭을 일구는 부지런한 활동으로 근감소 예방효과가 있었다. 근육량의 유지로 인해 근육에서 분비되는 이로운 물질이 혈액을 타고 다른 장기臟器에 흘러 들어가 보호 작용을 하여 결국 노인성 대사 질환의 진

⁽⁴⁾ Sarcopenia; 노화 등의 원인으로 인한 근육의 양과 힘이 감소되는 퇴행성 위축 현상으로 아직 정확한 병리적 기전은 밝혀지지 않았다.

행을 늦추는 데 도움이 되었으리라 추측해 본다. 일을 중단하셨더라면 당시의 따님은 더 큰 시름에 날을 지새우셨을 법도 하다.

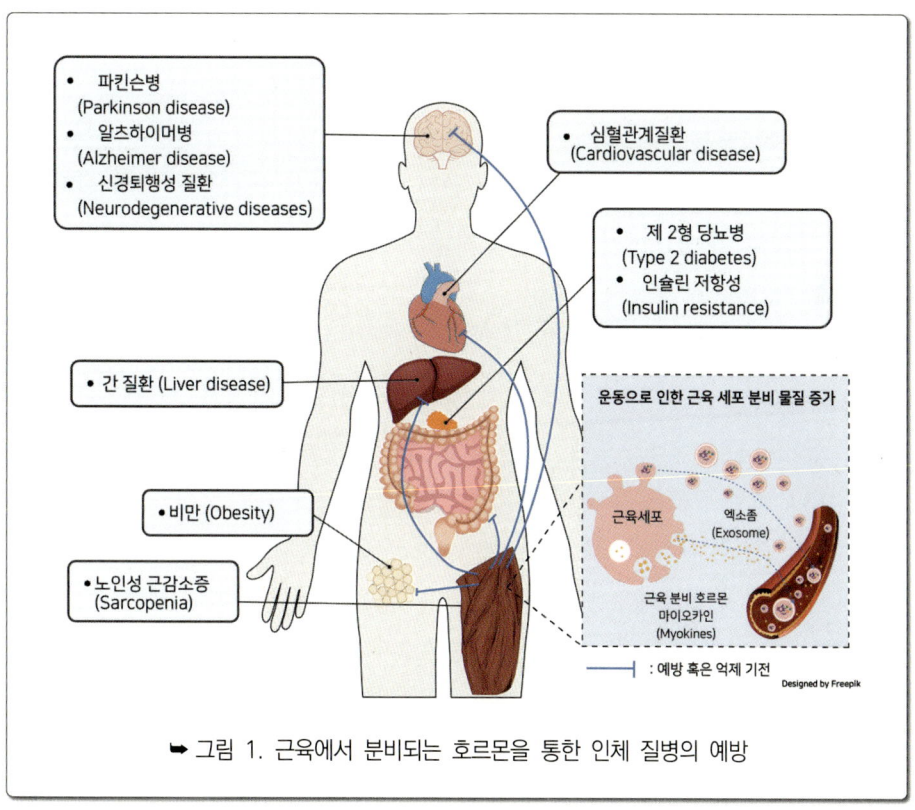

➡ 그림 1. 근육에서 분비되는 호르몬을 통한 인체 질병의 예방

최근 세계적 학술 논문집에도 소개되고 있는 운동 효과로 인한 사코페니아의 예방 효과와 그 결과로 주요 질환의 유병률과 사망률을 낮출 수 있다는 사실을 주목할 필요가 있다. 운동은 이제 물질적으로만 충족되지 않는 건강한 삶의 가치 추구에서 선택이 아닌 필수가 되었다. 현대사회의 에너지 과잉섭취 및 좌업식 생활습관에 따른 운동 부족으로 인한 유병률 증가도 이와 같은 맥락을 같이 한다. 그럼 질병을 예방하는 나에게 맞는 운동은 무엇일까?

2) 과하면 독(毒)이 되고 소량이면 이로운 호르메시스(Hormesis) 효과

적절한 운동을 선택하고 실천하는 요령에는 전문가의 도움이 있으면 좋다. 개인별 특성 및 운동 목표에 따라 운동 강도, 형태, 빈도 및 기간을 서로 달리 적용하여야 효율 및 성과가 높기 때문이다. 또한 맞지 않는 운동은 앞서 언급한 운동의 이로움은커녕, 때로는 우리 몸에 독毒으로 작용할 수도 있기 때문이다. 과도한 운동은 체내 염증반응을 증가시키고, 활성산소[5] 발생을 높여 결국 산화스트레스 및 항산화 균형이 망가져 대사 질병을 일으키고 근골격계의 손상을 빈번히 초래하게 된다. 건강한 삶을 영위하기 위해 추천되는 운동은 무엇이며, 운동 강도, 기간 및 빈도 등은 어떻게 계획하여야 할까? 노화로 인한 각종 질병을 예방하고 건강 수명을 연장하는 운동법은 무엇일까?

운동의 목적은 개인마다 서로 다르고 신체 특성과 조건의 차이로 인해 천편일률적으로 동일한 운동 강도, 형태, 시간 등이 적용된 운동 방법이 제시될 수는 없다. 올림픽이나 프로 스포츠 등의 예와 같은 경쟁 스포츠의 최우선 목표는 경기 승리이며 이를 위해 지속적인 고강도 트레이닝으로 근골격계 및 순환계 등의 기능을 향상시킨다. 하지만 대체로 일반인들의 운동 참여 목적은 자신의 체형을 가꾸고, 사회 활동 및 적절한 체력 수준을 유지함으로써 건강한 삶을 영위하는 데 있다. 운동선수들의 고강도 운동을 준비 없이 따라 한다면 몸은 망가질 수밖에 없다. 무리한 운동이 오랜 기간 반복되면 근육과 관절에 무리가 오고, 집중력이 일시 저하되는 등 일상생활에 잠깐 지장을 주는 정도의 수준이 아니다. 준비되지 않은 과도한 운동의 지속은 횡문근 융해증[6], 근골격계 질환, 면역력 저하, 통풍의 악화, 말초조직의 괴사 및 식이장애 등과 같은 심각한 질병으로 이어질 수도 있다.

---

[5] 다양한 세포내외 자극으로 인해 발생될 수 있는 활성산소(활성산소종, reactive oxygen species, ROS)는 대부분 최외각 전자가 짝을 짓치 않는 특징으로 반응성이 뛰어나 지질 이중층으로 구성된 세포막 등을 공격하여 질병, 노화에 취약하게 만든다.

[6] 횡문근 융해증(Rhabdomyolysis): 다양한 외상적 그리고 비외상적 원인으로 골격근이 괴사 되면서 근육 세포에 있는 성분이 혈액을 통해 특히 신장으로 흘러들어가 신장의 필터 기능을 저하시키고 이에 따른 급성 세뇨관 괴사 및 신부전증을 일으킨다. 고강도 운동은 주요 비외상적 원인으로 분류된다.

운동하는 동안 인체 내부는 세포 수준에서의 수많은 신호 전달이 발생하고 생리적 기능의 변화가 일어난다. 운동으로 인해 우리 몸에 유익한 성분과 과하면 독毒이 되는 성분이 공존하여 발생한다. 즉, 고강도 운동 중에 생성되는 체내 활성산소는 과하면 우리 몸속에 독毒으로 작용을 하지만 적정 수준 이하일 경우 오히려 근육의 비대 및 뼈의 성장을 돕고, 항산화 시스템을 견고히 하며, 세포의 재생을 도와주는 이른바 '호르메시스 Hormesis'의 원리를 담고 있다. 호르메시스란 몸에 좋지 않다고 알려진 해로운 물질이지만 방어 가능한 적은 수준은 오히려 인체에 긍정적인 영향을 줄 수 있으며, 마치 호르몬처럼 작용한다고 하여 그렇게 명명되었다.

〈그림 2〉에서 보는 바와 같이 운동 자극으로 인한 마치 독소 같은 물질의 증가가 A의 위치까지는 항산화 균형을 통한 건강 증진의 효과가 더 높아 몸에 이롭게 작용하지만, A 구간 이후로 운동량과 강도가 더 높아지게 되면, 운동의 긍정적 효과는 사라지게 되고 산화스트레스 및 염증반응의 증가와 같은 부정적인 경험의 빈도가 높게 나타나는 것이다. 따라서 건강 증진을 위한 운동은 개인의 체력 수준에 맞춘 운동 강도의 설정이 A 구간에 포함되도록 하면 좋다.

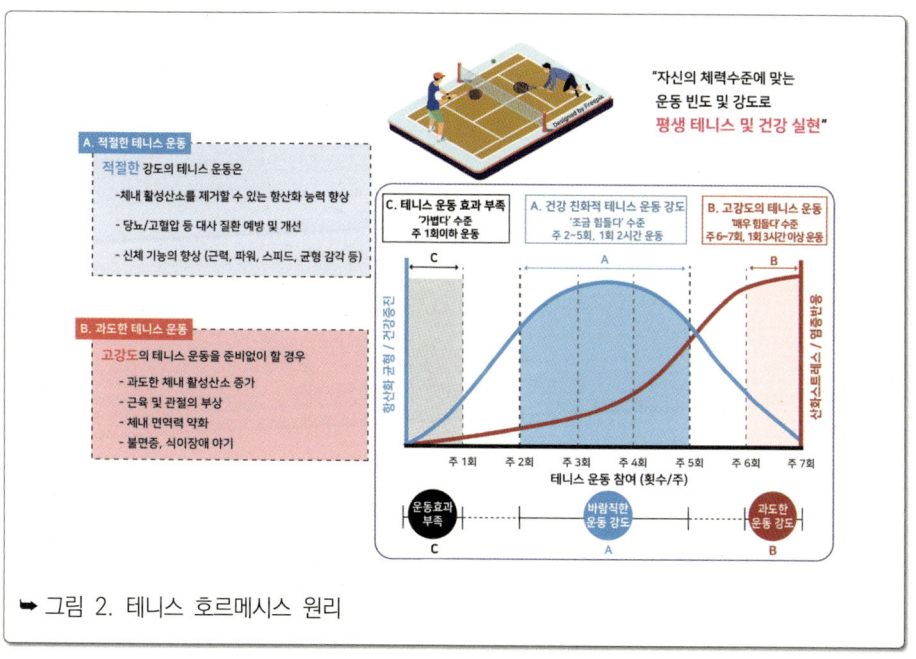

➡ 그림 2. 테니스 호르메시스 원리

3) 호르메시스 원리를 담은 테니스

개인에 맞는 적정 수준의 운동 강도 조절은 앞서 언급한 호르메시스 효과를 결정짓는 가장 큰 요인이라 할 수 있다. 테니스 운동은 개인차가 있지만, 동호인의 경우 운동 중 본인이 느끼는 강도(주관적 운동강도)는 '조금 힘들다.' 수준이며 휴식을 제외한 실제 운동 시간이 1~2시간 정도인 경우가 많다. 운동 강도를 측정하는 방법은 몇 가지가 있는데 그 예로 최대산소섭취량 VO₂ max ⟨7⟩, 심박수 HR, Heart Rate 및 주관적 운동강도 RPE, Rate of Perceived Exertion 를 들 수 있다.

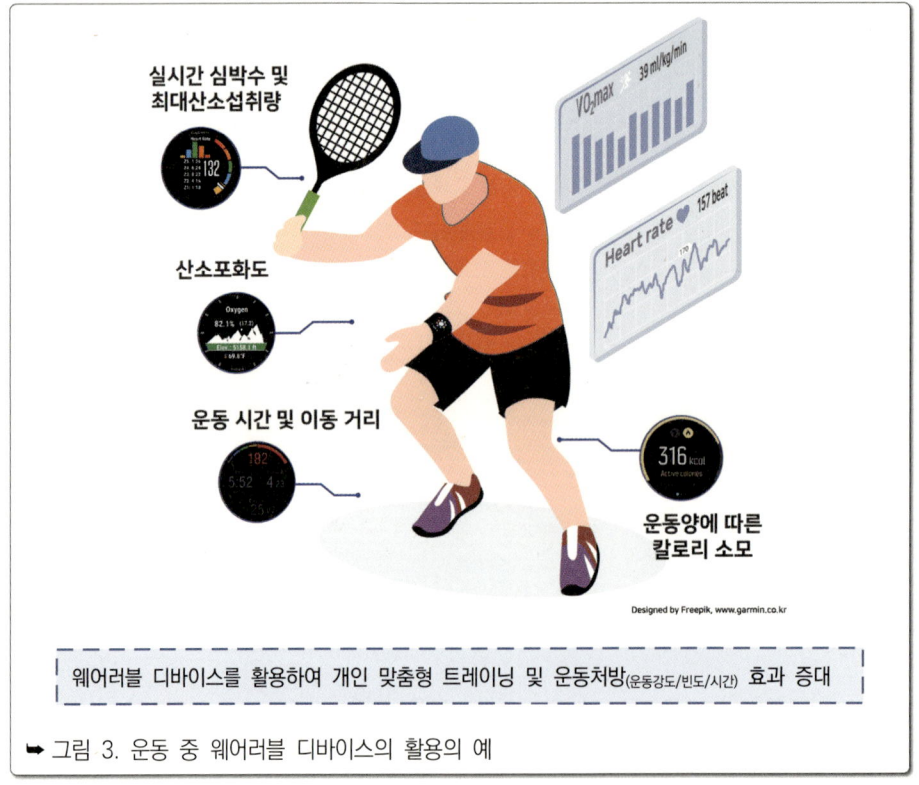

➡ 그림 3. 운동 중 웨어러블 디바이스의 활용의 예

⟨7⟩ 최대산소섭취량(VO₂ max)은 심폐 체력 수준을 평가할 수 있는 지표로서 최대심박출량과 폐기능, 근육의 대사, 혈색소 등 다양한 요인들에 영향을 받는 동·정맥 산소 차이에 의해 주로 결정된다.

스포츠 및 생체공학을 활용한 웨어러블 장치의 발달로 손목시계의 뒷면 광학 센서 등을 이용한 심박수, 산소포화도 및 최대산소섭취량, 그리고 체지방 등의 직·간접 측정이 가능해 전반적인 운동의 양과 질적인 측면을 다양하게 관찰할 수 있게 되었다. 물론 측정 변인에 따라 어느 정도의 오차는 있을 수 있지만, 심박수 같은 경우는 거의 완벽하게 실시간으로 알려준다〈그림 3〉.

테니스 운동에 있어 보통 느끼게 되는 '조금 힘들다' 수준의 RPE는 최대 심박수의 50~60% 50~60% HRmax 수준에서 운동하는 것과 유사하며, 이는 체내 에너지대사에서 탄수화물보다는 지방산에 더욱 의존하여 에너지 대사를 활발하게 한다. 즉 동호인의 테니스 운동 중 호흡 가스를 분석해 볼 때, 소비되는 산소의 양당 생성되는 이산화탄소량의 비율을 계산하면 '0.7'의 호흡교환율 RER [8]에 가까우며, 이러한 강도에서 운동할 때 이를 일반적으로 '유산소 운동'이라고 일컫는다. 참고로 호흡교환율이 '1'에 가까우면 '매우 힘들다' 수준의 운동 강도이며 탄수화물을 주 연료로 소비하는 것이다. 테니스는 평균적으로 호흡교환율의 값이 0.7에 가까운 운동 강도이므로 지방산을 태우는 에너지 대사가 주로 작동된다. 테니스 운동 중 세포 안을 자세히 들여다보면 에너지 생성 공장이라 일컫는 세포 소기관인 미토콘드리아[9]의 활발한 호흡 oxidative phosphorylation; 산화적 인산화 이 주로 촉진되어 생체 에너지 ATP, adenosine triphosphate 분자를 만들어 내게 된다.

우리 몸은 산화스트레스는 다양한 외부적 원인(자외선, 방사선, 약물 등)에 의해 영향을 받을 수 있으나 운동을 통한 생리적 산화스트레스는 주로 미토콘드리아에서 만들어 내는 활성산소에 의해서이다. 이외에도 생리적 산화스트레스는 면역세포의 작용으로 발생하기도 하며, 외과적 수술 동안의 혈액의 공급이 부족하다가 다시 공급되는 (허혈-재관류) 경우 및 특정 질환(류머티스 관절염, 통풍 등)에 의해 유발되기도 한다. 운동 참여자의 신체 능력을 넘어서는 고강도 운동을 할 때 미토

---

[8] 호흡교환율(RER)은 에너지 대사량 측정에 있어 분당 소비된 산소량에 대해 배출된 이산화탄소량의 비율(VCO_2/VO_2)을 의미하며 이를 이용하면 대사화되는 영양소 및 운동강도를 추정할 수 있다.
[9] 미토콘드리아는 우리 몸의 가장 작은 구성단위인 세포의 삶과 죽음의 사이클 및 질병의 진행에 관한 핵심적인 역할을 가지고 있으며 또한 운동 중 근수축을 위한 에너지인 아데노신삼인산(ATP)을 공급한다.

콘드리아 등에서 발생되는 과도한 활성산소는 통제 가능한 수준을 넘어서 결국 몸은 감당하기 힘든 산화스트레스를 받게 된다.[10] 테니스는 미토콘드리아를 마치 숙련된 지휘자에 의해 오케스트라를 연주하는 대사체 심포니를 완성하는 운동이다〈그림 4〉.

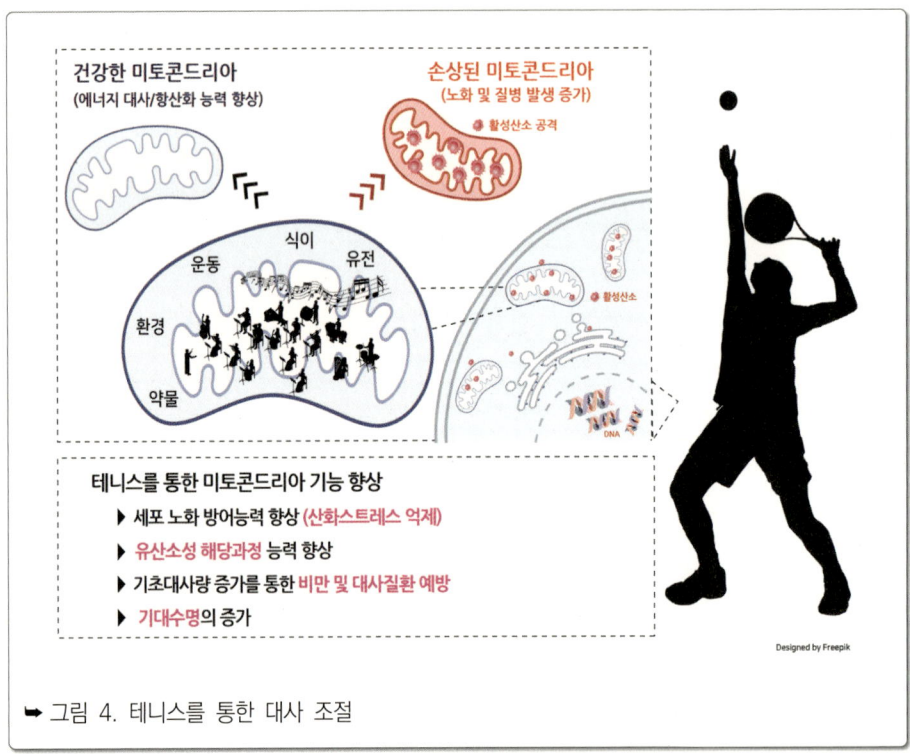

➡ 그림 4. 테니스를 통한 대사 조절

즉, 테니스 운동을 하는 동안 생성되는 활성산소와 같은 물질은 충분히 제어 가능한 이로운 독毒이며 이는 다시 미토콘드리아 수를 늘리거나 수명이 다한 미토콘

---

[10] 고강도 운동에 의한 산화스트레스의 예로 햄스트링과 같은 미세근육이 찢어져 이를 치료하고 복구하는 동안 면역세포들의 과잉 반응, 손상된 조직의 허혈-재관류 현상의 반복으로 인한 조직의 2차 손상, 산화스트레스 및 항산화 시스템의 균형의 파괴로 인한 인체 장기 조직 전반의 유전체 손상 및 질병과 노화의 촉진을 들 수 있다.

드리아를 제거하여 세포 노화를 방어하고 암, 치매, 심혈관 등의 대사 질병을 예방한다. 또한, 기초대사량의 증가를 통한 생체 리듬의 활성으로 비만을 예방하여 당뇨와 같은 질환의 유병률을 감소시킬 수가 있다. 따라서 테니스는 건강 운동 분류에 있어 호르메시스 운동의 정점에 서 있다고 할 수 있다.

호르메시스 원리에 충실한 테니스의 건강효과를 주장하기 위해서는 테니스 운동 참여와 수명과의 관련성이 뒷받침되어야 한다. 그럼 규칙적인 테니스 운동 참여가 인간의 수명에는 어떠한 영향을 미칠까? 실제 운동 유형별 인간의 수명 연구 결과가 미국 메이요 클리닉 Mayo Clinic 논문에 소개되었다〈그림 5〉.

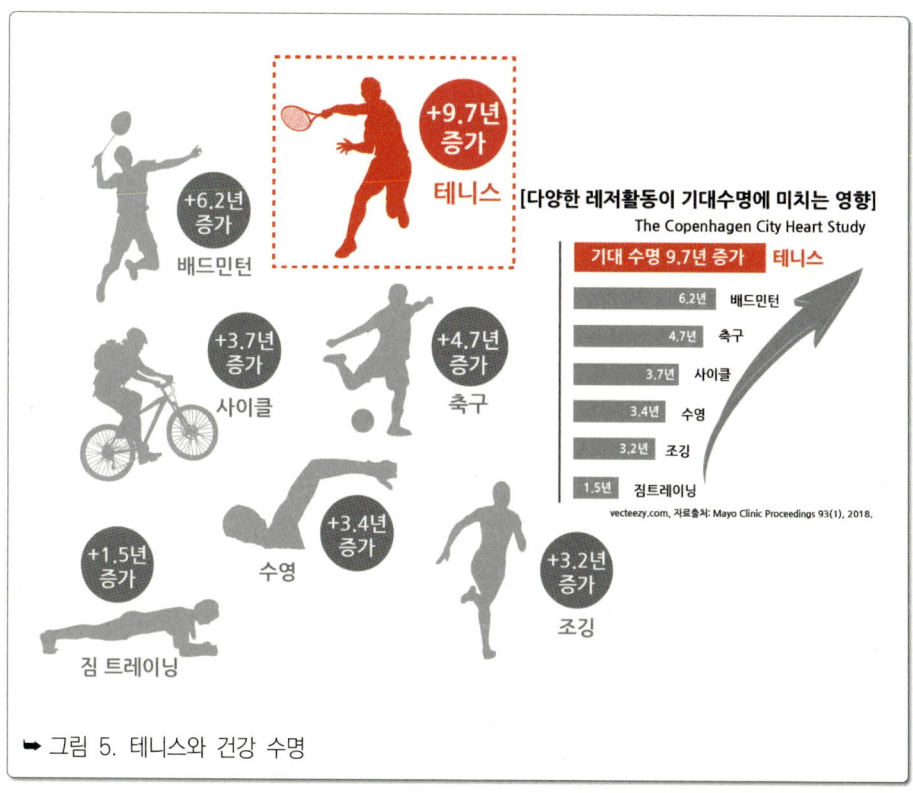

➡ 그림 5. 테니스와 건강 수명

연구 결과에 따르면 25년 동안 8500명의 사람들을 추적한 결과 테니스를 즐기는 사람들은 운동하지 않는 사람들 보다 평균 9.7년 더 오래 살았으며, 이는 조사 대상 운동 중 가장 높은 수치로서 배드민턴 6.2년, 축구 4.7년의 증가로 그 뒤를 따랐다. 흥미로운 점은 조깅이나 짐 트레이닝이 각각 3.2년, 1.5년 수명 증가로 테니스 운동 참여자와는 제법 큰 차이를 보인다는 것이다. 이는 테니스 운동이 적절한 운동 강도를 통한 건강 체력의 유지뿐만 아니라 테니스를 즐기는 동호인의 경제 수준이 평균 이상인 경우가 많았고 이로 인한 건강관리가 비교적 체계적이였기 때문이라고 추정하고 있다. 또한 조깅이나 짐에서의 트레이닝과 같이 개인 운동 참여보다는 높은 사회적 유대감이 형성되어 노화의 과정에서 흔히 겪게 되는 소외감 및 외로움이 감소되고, 심리-정신 건강의 유지 효과가 동반된다는 것이다. 따라서 테니스 운동에서의 지나친 승부욕과 과도한 운동 참여에 따른 심리적 스트레스가 유발되는 경우 이와 같은 역학적 연구 사례를 적용하기는 어려울 것이다.

3. 테니스 경기를 위한 적절한 영양 섭취

테니스 운동의 가장 큰 장점 중 하나는 유년에서부터 노년층까지 참여 가능하며, 때에 따라 삶의 50~60년 이상을 즐길 수 있는 운동이라는 것이다. '성장기-유지기-노화기'의 과정을 거치는 동안 인체는 몸의 기능을 보존하는 항상성을 유지하기 위해 운동 및 영양 에너지 요구량이 달라진다. 앞서 언급한 테니스의 호르메시스적 운동은 건강수명을 연장하는 큰 이점을 보여주고 있지만, 이는 적절한 영양학적 섭취를 통한 산화-항산화, 염증-항염증 균형이 이루어질 때 그 효과를 극대화할 수 있다. 테니스 운동에 도움이 되는 식단은 동호인과 선수, 그리고 단식과 복식 경기에 따라 구성이 달라질 수도 있다. 단식 선수들의 경우 훈련 혹은 시합 중 앞서 언급한 호흡 교환율 RER 값이 1에 좀 더 가까운 고강도 운동을 주로 행하며, 동호인의 복식 경기는 0.7에 가까운 중·저 강도의 운동이 더 높은 비중을 차지하기 때문이다.

효과적인 고강도 운동을 수행하기 위해서는 영양분의 구성에 있어 탄수화물 비율을 조금 더 높여야 한다. 왜냐하면 앞서 언급한 대로 탄수화물은 무산소성 운동 대사의 주 에너지원으로서 짧은 시간 고강도 운동을 가능하게 하기 때문이다. 테니스 시합에 참여하기 위한 트레이닝은 '일반 준비단계-특수 준비단계-시합기-전이단계'로 나눌 수 있으며 영양 섭취 또한 구성을 달리하여야 한다. 단백질과 지방의 권장 섭취량은 모든 단계에 있어 같거나 큰 차이가 없지만, 탄수화물은 시합기로 접어들어 전이기보다 2배가량 늘어나 그 비중이 체중 1kg 당 하루 8-10g의 섭취가 추천된다. (8-10g·kg^{-1}·day^{-1}) 반면에 식이를 통한 지방의 일일 섭취량은 체중 1kg당 2g이 넘지 않도록 유의해야 한다.(<2g·kg^{-1}·day^{-1}) 지나친 지방의 섭취는 경기력과 상관없는 불필요한 저장 에너지를 증가시킬 수도 있기 때문이다. 또한 훈련 혹은 시합 기간에 커피를 통한 카페인 섭취도 경기력에 도움이 될 수도 있는데 이는 지방을 태워 에너지를 만들어 내는 데 도움을 주기 때문이다.

또한 연구에 따르면 경기 중에는 기온에 따라 시간당 0.5~5L 정도의 땀이 배출되며 이때 0.5~1.8g의 나트륨 sodium이 손실되는 것으로 남녀 선수들에 나타났다. 따라서 이를 보충하기 위하여 기온이 온화하거나 약간 더운 수준인 27°C 미만일 경우 200mL 정도의 전해질 음료의 섭취가 필요하며 27°C 이상일 경우 그 두 배인 400mL 정도의 섭취가 요구된다. 시합이 2시간 이상 길어질 때는 경기력을 끌어올리기 위해서 시간당 30~60g 탄수화물의 섭취가 필요하기도 하다. 경기 중 바나나와 같은 당 glucose 성분이 높은 과일을 섭취하기도 하는데 바나나는 전체 무게의 20~25%가량이 당으로 이루어져 있기 때문이다. 또한 칼륨 potassium과 같은 무기질이 풍부하여 근육 경련 예방에 도움이 되기도 한다. 시합이 끝난 후 휴식기에는 단백질의 섭취도 중요하다. 경기 후 단백질을 섭취하면 근육 회복이 빠르고 손상을 줄여줄 수 있는 것으로 알려져 있다.

일반인의 테니스 운동참여를 위해 추천되는 영양 섭취 구성은 전문 선수들과는 차이가 있다. 또한 나이, 성별뿐만 아니라 체력 수준 및 근육양 등 신체 조건도 고려되어야 한다. 테니스 선수들의 심폐 체력 수준을 가늠할 수 있는 최대산소섭취량 VO2max은 체중 1kg당 1분당 50mL 가량으로 보고되고 있다. 일반인은 동일

연령대 테니스 선수들 최대산소섭취량의 대략 70% 수준이며 경기 중 체력 소모도 상대적으로 적은 편이다. 따라서 선수들에게 추천되는 영양소 비율(탄수화물 60%, 지방 20~30%, 단백질 10~15%)과 비슷하게 음식을 섭취하면 되나 운동으로 인한 총 에너지 소비량은 적기 때문에 선수들의 영양소의 섭취량 수준에서 30% 정도 적게 먹는 것이 에너지 과잉으로 인한 대사질환을 예방하고 테니스 운동을 즐기는 방법이다.

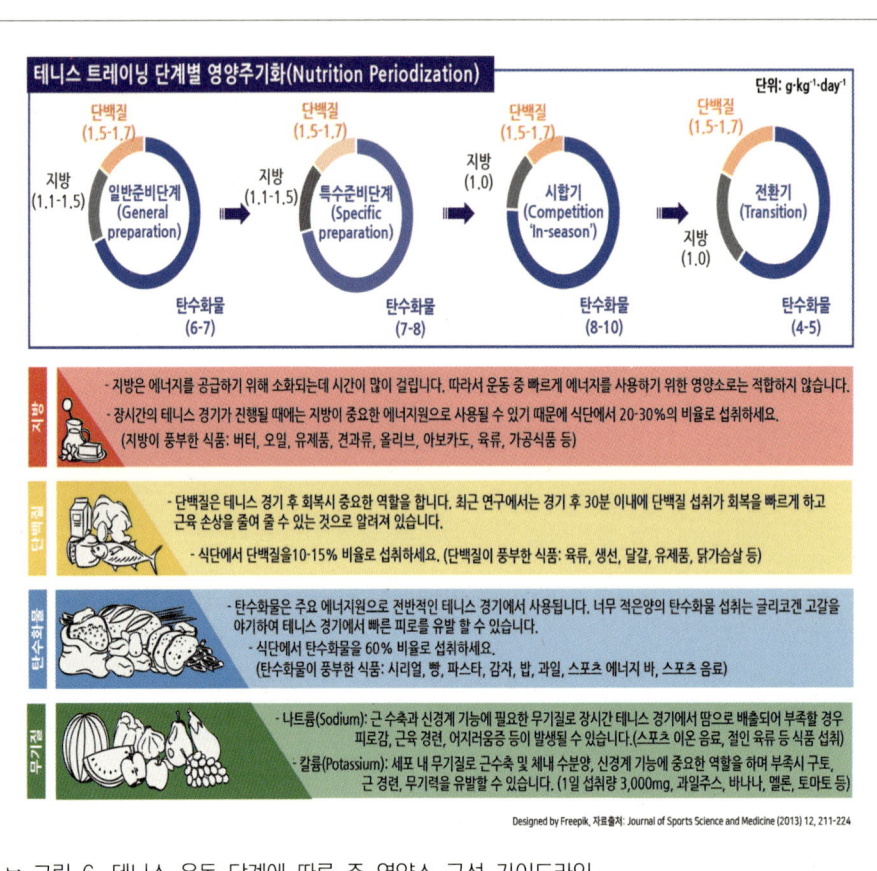

➡ 그림 6. 테니스 운동 단계에 따른 주 영양소 구성 가이드라인

4. 맺는 글

현대사회에서는 질병 없이 건강한 삶을 영위하는 것이 삶의 중요한 가치가 되었는데 무엇보다 규칙적인 운동을 통한 건강 수명 증진의 효과가 가장 바람직하다. 테니스를 통한 건강 증진 효과는 오랜 기간에 걸쳐 과학적으로 증명되고 있다. 과하지도 않고 모자람도 없는 테니스의 운동 강도는 호르메시스 원리를 듬뿍 담은 건강 친화적 운동이라 할 수 있다. 테니스를 통한 식이, 운동 등 생활 습관의 개선 및 사회적 유대감 형성은 수명 증가의 효과를 가져다준다. 이제 라켓을 들고 코트로 나가 보자. '왜 이제 시작했을까?'라는 단 하나의 후회만이 있을 뿐이다.

참고문헌

Ranchordas, M. K., Rogersion, D., Ruddock, A., Killer, S. C., & Winter, E. M.(2013). Nutrition for tennis: practical recommendations. Journal of sports science & medicine, 12(2), 211.

Schnohr, P., O'Keefe, J. H., Holtermann, A., Lavie, C. J., Lange, P., Jensen, G. B., & Marott, J. L. (2018, December). Various leisure-time physical activities associated with widely divergent life expectancies: the Copenhagen City Heart Study. In Mayo clinic proceedings (Vol. 93, No. 12, pp. 1775-1785). Elsevier.

Stebbins, R.(2001). *New directions in the theory and research of serious leisure.* Lewiston, New York: The Edwin Mellen Press.

[네이버 지식백과] MZ세대 (시사상식사전, pmg 지식엔진연구소)

정영린(2002). 테니스 동호인의 개인적 특성과 스포츠 참가의 관계. **한국스포츠사회학회지, 15(2),** 459-470.

테니스 알쓸신잡, 여덟

역대 주목할 만한 남자선수들의 기록비교

이 종 호 (정보통신공학과)

이름/출생년도/국적/신장	메이저대회 우승횟수	세계랭킹 1위기간	통산상금액 (근사치, $)	플레이 특징, 스타일	비고
Rod Laver, 1938, 호주, 173cm	11회 Grandslam 2차례 달성 ('62, '69).	7년연속 ('64~'70)	1,564,000	왼손잡이, 스핀 컨트롤, 발리기술	Davis Cup 5회우승
Jimmy Connors 1952, 미국 178cm	8회	160주연속 ('74~'77) 통산268주	8,641,000	오른손잡이, 양손백핸드, 플랫성 타구	Davis Cup 1회우승 (1981)
Bjorn Borg 1956, 스웨덴 180cm	11회 (USOpen, 호주오픈 우승없음.)	4년연속 ('77~'80)	3,655,000	오른손잡이, 양손백핸드 (한손 follow through)	Davis Cup 1회우승 (1975) 26세 은퇴
John McEnroe 1959, 미국 180cm	단식7회 (복식9회)	4년연속 ('81~'84) 통산170주	12,552,000	왼손잡이, 순발력 발리의 달인	Davis Cup 5회우승
Pete Sampras 1971, 미국 185cm	14회	6년연속 ('93~'98) (286주)	43,280,000	오른손잡이, Serve-and-Volley 기술	Davis Cup 2회우승 (1992, 1995).
Roger Federer 1981, 스위스 185cm	20회 (윔블던 8회우승)	ATP 5년 (305주)	130,594,000	오른손잡이, 최강 forehand	Davis Cup 1회우승 (2014) 베이징올림픽 (복식)금메달
Rafael Nadal 1986, 스페인 185cm	22회 (French Open 13회 최다우승)	ATP 년말 1위 5회 (209주)	131,661,446	태생오른손잡이 왼손잡이선수, 양손백핸드, forehand topspin down the line	Davis Cup 5회우승 베이징올림픽 (단식)금메달
Novak Djokovic 1987, 세르비아, 188cm	21회 (호주오픈 9회우승)	ATP년말 세계1위 7회 (348주)	159,143,258	오른손잡이, 최강양손백핸드	Davis Cup 1회우승 (2010)

(자료: 나무위키 2022. 10. 3. 현재)

역대 주목할 만한 여자선수들의 기록비교

이름/출생년도/ 국적/신장	메이저대회 우승횟수	세계랭킹 1위기간	통산상금액 (근사치, $)	플레이 특징, 스타일	비 고
Margaret Court, 1942 호주 175cm	단식우승24 복식 19회 혼합복식21.	7년간 (During '62~'73)	(No Data)	오른손잡이, one-handed back, serve-and-volley	Grandslam (1970년). 페더레이션컵 4회 우승견인
Billy Jean King, 1943, 미국 164cm	단식우승12 복식 16회 혼복 11회	7년 (During '65~'75)	$1,966,000	오른손잡이, one-handed back 공격적 네트플레이어.	Fed Cup 7회 우승견인. 보비리그스와 성대결 승리(1973)
Martina Navratilova, 1956, 체코->미국, 173cm	단식 18회, 복식 31회, 혼복 10회	total of 331 weeks	21,626,000	왼손잡이, 한손백핸드. serve-and-volley	Fed Cup 4회우승 견인
Chris Evert 1954, 미국 168cm,	단식 18회 복식 3회	5년연속 ('75~'79) 통산260주	8,895,000	오른손잡이, 두손백핸드, 플랫성 타구, baseline player	Fed Cup 8회우승 견인
Steffi Graf 1969, 독일 175cm	단식 22회 복식 1회	WTA Player of the year 8년:87~96	21,895,000	오른손잡이, Forehand drive, 한손백슬라이스, serve-and-volley	Fed Cup 2회우승. 호프만컵1회, 서울올림픽 금메달
Martina Hingis 1980, 스위스 170cm	단식 5회. 복식 13회 혼복 7회	ITA world 챔피언 3회:97~00	24,749,000	오른손잡이 estern grip, twohanded back, slice dropshot	호프만컵 1회우승 견인(2001). 최연소(16세) 세계1위
Maria Sharapova 1987, 러시아 188cm	단식 5회. ('04~'14)	21 weeks	38,777,000 여성스포츠최고갑부 (나이키 $70mil 등)	오른손잡이선수, 양손백핸드, (태생왼손잡이)	Fed Cup 1회우승, 런던올림픽 단식 은메달
Serena Williams 1981, 미국 175cm	단식 23회. 복식 14회. 혼복 2회.	8년 (2002 ~ 2017)	94,518,000	오른손잡이, 양손백핸드. aggressive baseliner.	Fed Cup 1, 호프만컵 3회 올림픽단식 금메달 (2012) 올림픽복식금 3회

(자료 : en.wikipedia.org)

03 사회과학으로 바라본 테니스 세계

14장 테니스의 경제학
15장 테니스와 학문 그리고 정치
16장 70, 80년대의 테니스
17장 테니스 용품의 국제무역
18장 단식 테니스 경기의 매력
19장 테니스 그랜드 슬램 이벤트
20장 위대한 테니스 선수들과 그들의 업적

14장

테니스의 경제학

장경호(사회교육과)

1. 시작하는 글

테니스는 세계적으로 10억 명이 넘는 팬을 확보한 인기 스포츠이다. 그만큼 최고의 테니스 선수들은 슈퍼스타의 반열에 오르며 세계에서 가장 돈을 많이 버는 선수 중 하나가 되었다. 포브스 Forbes 에 따르면 2021년에 페더러 Roger Federer 는 9,000만 달러(약 1,050억 원)를 벌어 스포츠 선수 중 7번째로 돈을 많이 버는 선수에 이름을 올렸다. 하루에 3억 원씩 번 셈이다. 축구에서 메시 Lionel Messi 의 1억 3,000만 달러, 미식축구에서 프레스콧 Dak Prescott 의 1억 750만 달러, 농구에서 제임스 LeBron James 의 9,650만 달러에는 못 미치지만, 골프에서 우즈 Tiger Woods 의 6,000만 달러보다는 많다.[1]

---

[1] Forbes(2021).

얼핏 보면 테니스가 다른 스포츠만큼이나 상금이 많아 인기에 못지않게 테니스 산업이 발전한 것으로 생각할 수 있다. 속을 들여다보면 사정이 그렇지만은 않다. 페더러의 경우 한 해 동안 벌어들인 9,000만 달러 중에 상금으로 올린 소소득은 60만 달러로 총소득의 0.67%에 불과하다. 거의 모든 소득이 스폰서, 광고 등에서 나온 것이다. 세계 1위 남자 테니스 선수인 조코비치 Novak Djokovic 는 같은 기간 동안 3,450만 달러를 벌어들였으나 상금은 450만 달러로 13.0%에 불과하고 나머지는 역시 스폰서, 광고 등에서 나왔다. 여자 테니스의 경우는 더 심각하다. 여자 테니스 선수 중 가장 많은 소득을 올린 오사카 Naomi Osaka 는 6,000만 달러를 벌어들였는데 상금은 500만 달러로 8.3%에 불과하다. 총 소득에서 연봉 등이 차지하는 비율을 비교하면, 축구에서 메시의 74.6%, 미식축구에서 프레스콧의 90.7%, 농구에서 제임스의 32.6%보다 턱없이 낮은 수치이다.⑵

슈퍼스타들이 경기에서 돈을 벌든, 스폰서나 광고 등으로 돈을 벌든 무슨 상관이냐고 반문할 수 있다. 그들만의 리그로 보자면 별문제가 없어 보인다. 슈퍼스타를 원하는 스포츠에서는 경기장 밖까지 냉혹한 승자와 패자의 세계가 이어진다. 슈퍼스타의 반열에 오르지 못한 선수들에게는 스폰서나 광고가 남의 집 잔치에 불과하다. 선수 대부분이 바랄 수 있는 소득은 경기와 관련된 이벤트에서 나올 수밖에 없다. 테니스 산업에서 상금이 차지하는 비율이 낮아 선수 대부분은 상대적 박탈감을 느끼게 된다. 2018년에 그랜드 슬램에 두 차례나 진출한 루빈 Noah Rubin 의 사정을 들어 보면 그 심각성을 느낄 수 있다. 그는 당시 세계 125위에 오르며 자신의 기량을 뽐냈지만 그랜드 슬램에서 받은 상금은 22만 5천 달러에 그쳤다. 이는 PGA에서 동일한 순위의 골프 선수가 벌어들인 상금의 25%에 불과한 금액이다. 우리에게는 적지 않은 상금이지만, 여행 경비를 제외한 비용 대부분을 개인이 부담해야 해서 정작 호주머니 사정은 그다지 녹록하지 않다. 비용을 정산해 보니 루빈이 그랜드 슬램에 출전해서 올린 소득은 1만 5천 달러에 불과했다.⑶

⑵ Forbes(2021).

⑶ 비용에는 교통비, 숙박비, 식비, 장비 구입비뿐만 아니라 선수를 보조하고 있는 직원들의 급여까지 포함된다(Bloomberg Busineesweek, 2021).

2. 슈퍼스타 경제학

직종이 같더라도 능력과 노력에 따라 보수가 다를 수 있다. 우수한 건축가는 평범한 건축가보다 더 높은 소득을 올린다. 그렇지만 슈퍼스타들의 천문학적 소득을 그들의 능력이나 노력만으로 설명하기는 힘들다. 이들이 보통 사람이라면 꿈에서나 기대할 수 있는 소득을 올릴 수 있는 이유를 알기 위해서는 이들이 속한 스포츠의 특성을 살펴볼 필요가 있다.

슈퍼스타 산업은 두 가지 특성을 보인다. 수요 측면에서 수많은 소비자가 최고의 생산자가 제공하는 상품을 구입하고자 하고, 공급 측면에서는 생산자가 수많은 소비자에게 최저의 비용으로 상품을 판매할 수 있어야 한다.[4] 영화 산업에서 관객 대부분은 최고의 인기 배우가 출연하는 영화를 보고 싶어 하고, 제작사는 필름 또는 스트리밍을 통해 손쉽게 영화를 복제하거나 전송하여 세계 곳곳의 관객들이 슈퍼스타의 영화를 관람할 수 있게 한다. 테니스는 대중매체의 발달과 함께 슈퍼스타 산업이 되었다. 사람들은 페더러나 조코비치의 경기를 보고 싶어 하고, 방송사는 TV 중계를 통해 전 세계 팬들에게 그 경기를 제공한다. 연극에서는 영화와 달리 슈퍼스타로 불리는 배우가 없다. 연극은 시공간적인 제약을 받기 때문이다. 최고의 건축가도 슈퍼스타가 되기는 힘들다. 그들이 평범한 건축가보다 높은 소득을 올릴 수는 있겠지만 자신의 서비스를 몇몇 사람에게만 제공할 수 있기 때문이다.

테니스는 12세기 프랑스 북부의 수도원에서 손으로 공을 치던 놀이에서 시작했다. '손으로 하는 놀이' jeu de paum 는 14세기 중반에 영국에 건너가면서 현재의 테니스 tennis 로 불리게 되었다. 이는 고대 프랑스어인 테네즈 tenez 에서 유래하였는데, 서브를 넣는 선수가 상대방에게 "받아라!" take 라고 외치면서 경기를 시작한 데서 그 기원을 찾을 수 있다.[5]

---

[4] Mankiw(2018).
[5] 16세기에 이르러서야 테니스에서 라켓이 사용되었다(Wikipedia, "History of tennis").

테니스는 상류층이 즐기던 경기였다. 14세기에 프랑스와 영국의 왕족은 높은 벽으로 둘러싸인 실내 코트에서 테니스를 즐겼다. 평민들은 테니스 코트에 접근할 수 없었다.

19세기 후반에 이르러 테니스의 아버지로 이름을 남긴 윙필드 Walter C. Wingfild 가 잔디 코트에서의 경기를 고안하면서 근대 테니스의 길이 열렸다. 과학의 발전과 함께 하드 코트 등 다양한 코트가 도입되면서 테니스는 대중화되기 시작했다.

1877년에 윔블던 Wimbledon 이, 1881년에 US 오픈이, 1891년에 프랑스 오픈이 개최되었고, 1896년에 제1회 근대 올림픽 대회에서 테니스가 정식 종목으로 채택된 데 이어 1905년에 호주 오픈이 개최되어 20세기 초반에 그랜드 슬램의 틀이 구축되었다. 이와 함께 1913년에 국제 테니스 연맹 ITF: International Tennis Federation 등 주요 테니스 연맹이 설립되어 테니스가 대중에게 전파되기 시작했다. 하지만 20세기 중반까지도 테니스는 귀족 운동이라는 고정 관념에서 벗어나지 못했다.

1960년대까지도 미국 일부 주에서는 흑인이 테니스를 치는 것을 금지할 정도로 인종적인 차별이 있었다. 편견은 오랫동안 테니스 선수들은 머리끝에서 발끝까지 흰색 운동복을 착용해야 했던 데서도 찾을 수 있다. 이러한 전통은 1968년 미국 데이비스 컵 Davis Cup 에서 컬러 색상의 운동복을 착용한 이후 사라지기 시작했지만, 윔블던에는 아직도 남아 있다.[6]

테니스가 대중적 인기를 얻게 된 데는 과학의 발전과 함께 이루어진 TV 중계의 역할이 크다. 테니스가 처음으로 TV 전파를 탄 것은 1937년에 BBC가 영국에서 윔블던 경기를 방송하면서이다. 1955년에는 NBC가 데이비스 컵 경기를 미국에서 컬러로 방송하고 1963년에는 ABC가 미국에서 윔블던 경기의 하이라이트를 편집하여 녹화 방송하면서 테니스 TV 중계의 새 지평을 열었다. 테니스가 대중적 인기와 함께 슈퍼스타 산업의 면모를 갖추게 된 것이다. 그만큼 테니스 선수도 높은 소득을 올릴 수 있게 되었다.

---

[6] 박신미 · 이재정(2010).

1960년대에 가장 뛰어난 테니스 선수는 레이버Rod Laver이다. 그는 호주 출신 테니스 선수로 1960년대에 그랜드 슬램 대회에서 12번 우승했다. 레이버가 선수로 활동하면서 벌어들인 상금은 154만 달러였다. 물가가 그동안 8.4배로 상승한 것을 감안하면 그가 벌어들인 상금은 현재 가치로 약 1,290만 달러(150억 원)에 해당한다. 10년 동안 그만큼 벌었으니 당시 기준으로는 슈퍼스타라 할 만하겠다.[7]

대중매체의 발달로 테니스 산업에서 슈퍼스타는 천문학적인 소득을 올릴 수 있게 되었다. 레이버에 견줄 만한 현역 테니스 선수는 2021년 현재 그랜드 슬램 대회에서 20번 우승한 조코비치와 페더러이다.

조코비치는 2021년 현재까지 상금으로 통산 1억 5,187만 달러를 받았고, 페더러는 1억 3,059억 달러를 받았다. 1960년대 레이버가 벌어들인 상금의 현재 가치보다 10배 이상 많다. 슈퍼스타가 경기장 밖에서 버는 소득은 이에 비할 수 없이 더 많다.[8]

테니스 선수 중 가장 많은 소득을 올린 선수는 2020년에 빌리어네어 클럽에 가입한 페더러이다. 상금보다 스폰서나 광고 등으로 벌어들인 수입이 8배 이상이다.

그동안 운동선수 중 10억 달러 이상을 벌어들인 선수는 농구의 조던Michael Jordan, 골프의 우즈, 권투의 메이웨더Floyd Mayweather Jr.가 전부였으니, 페더러는 네 번째로 10억 달러 이상을 벌어들인 선수에 이름을 올린 셈이다.[9]

---

[7] Wikipedia, "Rod Laver".
[8] Sportrac, "ATP Career Earnings".
[9] Insider, "Roger Federer will reportedly become the first billionaire in tennis in 2020".

3. 승자 독식

　슈퍼스타 산업에서는 승자가 판을 독차지하는 승자 독식의 결과가 나타난다. 소득은 절대적인 능력보다는 상대적인 능력에 의해 결정된다. 자신이 얼마나 훌륭한지를 보여 주는 것도 중요하지만 다른 사람보다 얼마나 잘하는지를 보여 주는 것이 더 중요하다는 것이다. 테니스와 같이 슈퍼스타가 제공하는 상품이 상대방과의 경기라는 특성이 있는 스포츠 산업은 승자 독식의 전형을 보여 준다. 몇몇 슈퍼스타들이 상금을 비롯하여 광고 산업까지 모두 휩쓴다. 이들을 제외한 선수 대부분은 승자의 영광을 받쳐주는 역할에 그치고 있다. 승자 독식에 따른 소득 격차가 그만큼 커진다는 것이다.

　2013년을 기준으로 프로로 등록된 테니스 남자 선수는 8,874명, 여자 선수는 4,862명이다. 이들 중 상금을 전혀 받지 못한 남자 선수는 3,896명으로 44%, 여자 선수는 2,212명으로 45%에 이른다. 상위 0.5%의 선수들이 전체 상금의 50% 이상을 차지하는 승자 독식의 결과는 토너먼트 방식으로 개최되는 테니스 대회의 특성에서 나온다. 남자의 경우 상위 50위 안에 드는 선수가 총상금 1억 6,200만 달러 중 9,745만 달러인 60%를 차지했고, 여자의 경우에는 상위 26위 안에 드는 선수가 총상금 1억 2,000만 달러 중 6,059만 달러인 51%를 차지했다. 성별로 보자면 승자 독식은 여자보다 남자 테니스 선수 사이에서 더 두드러졌다.[10]

　개인 스포츠로서 테니스와 비교할 수 있는 것은 골프이다. 테니스와 골프는 대중적으로 인기 있는 스포츠이지만 상금에는 큰 차이가 있다. 2012년 기준으로 200위에 해당하는 남자 테니스 선수가 받은 상금은 98,000달러다. 이는 동일한 순위의 남자 골프 선수가 받은 상금인 639,000달러의 15%에 불과하다. 250위 이하 남자 테니스 선수는 상금을 전혀 받지 못한 데 비해 남자 골프 선수의 경우 250위는 461,000달러, 300위는 358,000달러, 350위는 264,000달러를 받았

---

[10] ItstheMarket, "Many challenges remaining: The Economics of Tennis".

다.⁽¹¹⁾ 이들 순위를 단순히 비교할 수는 없다. 세계적으로 골프 인구는 6천만 명이 넘고 테니스 인구는 4천만 명이 안 되니 골프에서 높은 순위를 유지하기가 더 어려워서 상금의 차이가 날 수도 있기 때문이다. 하지만 하위권 테니스 선수가 상금을 많이 받지 못하는 것은 녹아웃 형태로 진행되는 토너먼트 경기 방식에 따른 것이다. 골프 대회도 1라운드에서 4라운드까지 토너먼트 형태로 진행되기는 하지만 최종 라운드인 4라인드까지 많은 선수가 진출한다. 3라운드의 경기 성적을 합쳐 우승한 선수가 가장 많은 상금을 받지만, 나머지 선수들도 상금의 일정 부분을 공유할 수 있다는 것이다. 반면 테니스의 녹아웃 토너먼트에서는 최종 라운드인 결승전에 두 명만 진출할 수 있다. 그만큼 슈퍼스타가 상금을 독식할 수 있는 구조이다. 그야말로 냉혹한 승자 독식의 세계가 펼쳐진다.

4. 맺는 글: 변화와 한계

차별의 경제학 Economics of Discrimination 은 1992년에 노벨 경제학상을 받은 베커 Gary Becker 의 시카고대학교 박사학위 논문 제목이다. 베커는 동일한 능력을 갖춘 사람들에 대한 불평등한 대우를 일컫는 차별에 대해 경제학적인 분석을 시도했다. 베커가 관심을 가졌던 분야는 노동 시장에서의 인종 차별이었다.⁽¹²⁾ 노동 시장에서 임금 격차로 나타나는 차별은 고용주, 소비자, 정부에 의해 발생할 수 있다. 경쟁 시장에서 고용주에 의한 차별은 이윤 동기에 의해 지속 가능하지 않다. 낮은 임금을 받는 노동자를 차별하여 고용하지 않는다면 기업은 경쟁에서 살아남기 어렵기 때문이다. 반면 소비자와 정부에 의한 차별은 오랫동안 지속될 수 있다.⁽¹³⁾

소비자에 의한 차별의 전형적인 예는 스포츠 시장에서 찾아볼 수 있다. 스포츠

⁽¹¹⁾ Sportseconomics, "Why do golfers earn more than tennis players?".
⁽¹²⁾ Wikipeida, "Gary Becker".
⁽¹³⁾ Mankiw(2018).

팬들이 특정 인종을 선호하여 그들이 출전하는 시합만 보려 한다면 그만큼 인종에 따른 임금 격차가 커질 수밖에 없기 때문이다. 지금은 격차가 거의 사라졌지만 1990년대까지만 하더라도 미국 메이저 리그 MLB에서는 실력이 비슷하더라도 흑인 선수들이 백인 선수들에 비해 연봉이 낮은 경우가 많았다.

2019년 프랑스에서 개최된 여자 월드컵에서 우승한 미국 여자 축구 대표팀은 시상식에서 관중들과 함께 '동일 경기, 동일 수당'이라는 구호를 외쳤다. 그동안 여자 축구가 괄목할 만한 성장을 이뤄냈지만, 우승 상금은 여전히 남자의 10% 수준에 머물러 있다. 여자 월드컵 상금이 인상된다는 소식이 들려오고 있지만, 그 격차가 쉽게 해소되지는 않을 것으로 보인다. 축구팬들이 남자 경기를 선호하는 한, 남녀 축구 입장권 가격 차이와 TV 중계 수익 차이가 좁혀지지 않을 것이기 때문이다.

〈빌리 진 킹: 세기의 대결 Battle of Sexes〉은 테니스에서 여성 차별에 저항해 온 여자 테니스 선수 킹 Bille Jean King이 1973년에 남자 테니스 선수 릭스 Bobby Riggs와의 성 대결에서 승리한 실화를 소재로 2017년에 개봉된 영화이다. 1972년 US 오픈 여자 단식에서 우승한 직후 남녀 우승 상금이 동일하지 않으면 이듬해 US 오픈에 참여하지 않겠다고 선언한 킹은 세기의 대결에서 릭스를 상대로 사람들의 예상을 깨고 승리를 거두면서 처음으로 10만 달러 이상의 상금을 받은 여자 선수가 되었다.[14]

US 오픈은 그랜드 슬램 대회 중 처음으로 1973년부터 남자와 여자 우승 선수에게 모두 2만 5천 달러씩 동일한 상금을 수여했다.[15] 이를 계기로 나머지 그랜드 슬램 대회에서도 우승 상금의 성별 차이가 점차 줄어들다가 1980년대에 이르러 그 차이가 10% 내외가 되었다. 호주 오픈은 2001년 이후, 프랑스 오픈은 2006년 이후, 윔블던은 2007년 이후 남녀 모두에게 동일한 상금을 수여했다. 모든 그랜드

---

[14] Wikipeida, "Bille Jean King".
[15] Wikipedia, "1973 US Open (tennis)". 아이러니하게도 릭스에게 패한 코트는 9월 초까지 개최된 US 오픈에서 우승컵을 차지했고, US 오픈 3라운드에서 패한 킹은 9월 하순에 열린 세기의 대결에서 릭스를 상대로 승리를 만끽했다.

슬램 대회에서 남녀 모두 동일한 상금을 받게 될 것이다.[16] 그랜드 슬램 상금으로만 치면 여성 차별을 없애고자 했던 킹의 염원이 이루어진 셈이다.

그랜드 슬램 대회에서 우승한 선수가 거머쥐는 상금은 US 오픈 380만 달러, 호주 오픈 330만 달러, 윔블던 290만 달러, 프랑스 오픈 270만 달러로 어마어마하다.[17] ITF가 주관하는 그랜드 슬램 대회 초기에는 상금이 없었다.[18] 당시에는 아마추어 선수들만 출전 자격이 있는 대회였기 때문이다. 선수들은 기껏해야 여행 경비만을 지원받을 수 있었다. 테니스가 상업화되면서 1968년 프랑스 오픈을 시작으로 프로 선수들도 그랜드 슬램 대회에 출전할 수 있게 되었다. 우승 상금이 걸리게 된 것도 이때부터이다. 프로 선수들에게도 출전 기회가 열리게 open 되면서 이 시기 이후를 오픈 시대 open era 라고 구분하고, 그랜드 슬램 대회의 공식 명칭에도 프랑스 오픈, 호주 오픈, US 오픈처럼 오픈을 넣게 되었다.[19]

1970년대에 들어서면서 프로 테니스 선수들은 자신의 권익을 보호하기 위해 노력하게 된다. 1972년에 남자 테니스 선수들을 중심으로 프로테니스협회 ATP: Association of Tennis Professionals, 1973년에 여자 테니스 선수들을 중심으로 여자테니스협회 WTA: Women's Tennis Association 가 설립되었다.[20] 출범 초기부터 ATP와 ITF는 삐끗거렸다. 1973년에 ATP는 윔블던을 보이콧했다. 시드를 배정받은 16명 중 13명이 대회에 불참한 것이다. 1974년 이후 ATP는 ITF와 국제 테니스 대회를 공동으로 주관하면서 상금 배분과 경기 규칙 표준화 등에 관여하기 시작했지만, 선수들의 의사가 충분히 반영되지 않는다는 불만은 여전했다. 결국 ATP는 1988년 US 오픈이 열리는 경기장 앞 주차장에서 독립을 선언하기에 이른다. 상위 100위 안의 선수 중 85명이 지지할 정도로 ATP의 위세는 거셌다. ATP는 2000년부터 세계 남자 테니스 투어 ATP Tour 를 시작하며 독립 체제를 굳혔고 상금도 50%

---

[16] ESPN(2018).
[17] SillySeason, "Highest Prize Money in tennis tournaments Grand Slams 2021 (Revealed)"
[18] 국가 대항 테니스 토너먼트로서 남자 테니스 월드컵으로 불리는 데이비스 컵과 여자 테니스 월드컵으로 불리는 페드 컵(Fed Cup)도 ITF가 주관한다.
[19] 뉴시스(2020).
[20] 킹은 WTA의 설립에 주도적인 역할을 하여 초대 회장이 되었다.

높일 정도로 테니스 선수들의 이익을 도모했다.[21]

변화의 물결은 2020년 US 오픈 경기장에서 다시 출렁이고 있다. 그동안 진전은 있었지만, ATP가 선수들의 권리를 보호하는 데 한계가 있었다며 조코비치는 80여 명의 선수와 함께 프로테니스선수협회 **PTPA: Professional Tennis Players Association** 의 발족을 선언했다. PTPA는 기존 협회와 조직의 구성에서 큰 차이가 있다. ATP와 WTA의 이사회는 선수 대표와 투어 대표로 구성되는 반면 PTPA는 선수만으로 구성된다. 그만큼 PTPA는 선수들의 이익을 최우선으로 내세울 수 있는 것이다. 주목할 점은 승자 독식의 세계에서 슈퍼스타가 아닌 선수들에게도 관심을 두기 시작했다는 것이다. 슈퍼스타인 조코비치가 "사람들 대부분이 미디어를 통해 보고 듣는 것은 상위권 선수들과 그들의 수입뿐"이라면서 "하위권 선수들에 관한 이야기"를 한 것이다. 아직 페더러, 나달 **Rafael Nadal** 과 같은 슈퍼스타들이 코로나19로 인해 침체된 분위기에서 새로운 조직을 발족하면 자칫 분열을 일으킬지 모른다고 우려하면서 참여를 꺼리고 있지만, 조코비치가 내세운 명분은 많은 사람의 공감을 자아내고 있다.[22]

새로운 물결의 길목에는 많은 장애물이 놓여 있다. PTPA는 남자와 여자 선수 모두로 구성하려 하지만, 여자 선수들과 함께 협회를 조직하면 피해를 본다고 생각하는 남자 선수들의 인식을 바꾸기는 쉽지 않다. 조코비치, 페더러, 나달로 대표되는 슈퍼스타의 경기만을 기대하는 한 하위권 선수들의 걱정이 하루아침에 없어지지도 않을 것이다. 테니스 산업의 구조적인 한계도 넘어서야 한다. 테니스는 세계적으로 축구, 크리켓, 하키에 이어 4번째로 많은 팬을 가진 스포츠이지만[23] 다른 스포츠에 비해 경제적인 측면에서 성공하지는 못한 듯하다.[24] 글로벌 스포츠 TV와 미디어와의 계약에서 축구가 수익금에 대해 23%의 지분을 가졌지만, 테니

---

[21] 테니스피플(2020).
[22] CNN(2021).
[23] WorldAtlas, "The Most Popular Sports In The World".
[24] 1990년대 이후 테니스 선수의 수는 급격히 감소했다. 프랑스의 경우 테니스 선수 수는 1990년대에 20% 이상 감소했고, 2000년대에는 그 상태가 유지되고 있다. 이러한 추세는 미국 등에서도 그대로 나타났다(Barget, 2006).

스는 1.3%의 지분밖에 갖고 있지 못하다. 파이가 작으니 항상 내부에서 다툼이 일어난다. 테니스 선수들이 대회를 주관하는 협회와 상금을 놓고 다툴 수밖에 없는 이유이기도 하다. 슈퍼스타를 제외한 선수 대부분은 생계를 걱정해야 한다. 조코비치가 관심을 가져야 한다고 하는 500위권 선수들, 아니 막 프로 세계에 입문한 선수들이 생계를 걱정하지 않고 맘껏 테니스 훈련에 매진할 수 있는 날은 아직도 요원하게 느껴진다.

참고문헌

뉴시스(2020), "[스잘알] 테니스 최고 권위 4대 메이저 대회 파헤치기" (2020. 3. 30.), https://newsis.com/view/?id=NISX20200328_0000973984.

박신미·이재정(2010), "20세기 여자 테니스웨어의 시대별 디자인 특성 고찰", 「服飾」, 60(4), 126-145.

테니스피플(2020), "조코비치 '선수조직은 선수들과 테니스 생태계에 가치를 더하는 일'" (2020. 9. 5.), http://www.tennispeople.kr/news/articleView.html?idxno=11633.

Barget, E (2006), "The Economics of Tennis", in W. Andreff and S. Szymanski ed., *Handbook on the Economics of Sport*, 418-431, Edward Elgar Publishing.

Bloomberg Busineesweek (2021), "The Missed Business Opportunity That Is Pro Tennis" (2021. 3. 24).

CNN (2021), "New players' association co-founded by Novak Djokovic has momentum but still divides opinion" (2021. 8. 31.), https://edition.cnn.com/2021/08/31/tennis/ptpa-novak-djokovic-atp-wta-contentious-spt-intl/index.html.

ESPN (2018), "Follow the money: How the pay gap in Grand Slam tennis finally closed", https://www.espn.com/tennis/story/_/id/24599816/us-open-follow-money-how-pay-gap-grand-slam-tennis-closed.

Forbes (2021), "2021 Highest-Paid Athletes", https://www.forbes.com/athletes/.

Insider, "Roger Federer will reportedly become the first billionaire in tennis in 2020", https://www.businessinsider.com/roger-federer-to-become-first-billionaire-in-tennis-in-2020-1.

Itsthe Market, "Many challenges remaining: The Economics of Tennis", https://itsthemarket.wordpress.com/2015/07/13/many-challenges-remaining-the-economics-of-tennis/.

Mankiw, N. G. (2018), *Principles of Economics,* 8th ed., Cengage Learning.

Silly Season, "Highest Prize Money in tennis tournaments Grand Slams 2021 (Revealed)", https://sillyseason.com/tennis/highest-prize-money-in-tennis-tournaments-grand-slams-118331/.

Sportrac, "ATP Career Earnings", https://www.spotrac.com/atp.

Sport seconomics, "Why do golfers earn more than tennis players?", https://www.sportseconomics.org/sports-economics/why-do-golfers-earn-more-than-tennis-players.

Wikipedia, "1973 US Open (tennis)", https://en.wikipedia.org/wiki/1973_US_Open_(tennis).

Wikipeida, "Billie Jean King", https://en.wikipedia.org/wiki/Billie_Jean_King.

Wikipeida, "Gary Becker",https://en.wikipedia.org/wiki/Gary_Becker.

Wikipedia, "History of tennis", https://en.wikipedia.org/wiki/History_of_tennis.

Wikipedia, "Rod Laver", https://en.wikipedia.org/wiki/Rod_Laver.

WorldAtlas, "The Most Popular Sports In The World", https://www.worldatlas.com/articles/what-are-the-most-popular-sports-in-the-world.html.

15장

테니스와 학문 그리고 정치

정승연(국제통상학과)

1. 시작하는 글

나는 학문을 연구하는 학자다. 또한 나는 현실 정치에 참여하는 정치가다. 그러므로 나는 정치가이자 학자인 셈인데, 일반인들은 현실 정치에 참여하는 교수를 폴리페서 polifessor 라고 부른다. 우리 사회에서 폴리페서라 하면 부정적 이미지가 강하지만, 나는 크게 개의치 않는다. 그것은 그래도 내가 당당한(?) 폴리페서이기 때문일 것이다. 나는 학자로서의 본분에 충실하면서, 그저 현실 정치가들을 쫓아다니는 차원을 넘어 스스로 선거에 출마하는 정치를 해 왔다.

약 10년 전 내가 정치를 시작한 것은 나의 청춘 시절의 꿈과 신념에 기인한다. 젊어서 나는 학자보다는 정치가가 되는 것이 꿈이었다. 현재와 같은 후진 양성과 연구자로서의 삶도 충분히 보람 있지만, 나는 순수했던 청춘 시절의 꿈을 쫓아 정치에 도전해 왔다. 또한 학자로서 믿는 바를 현실에 적용하는 것은 의미 있는 것이며 정치 발전으로 이어진다는 신념을 갖고 있다.

학문과 정치 이야기가 좀 길어졌다. 이제 이들 주제와 엮어서 테니스 이야기를 하려고 한다. 테니스라는 즐거운 운동을 학문과 정치라는 딱딱한 영역과 연결시키는 것은 다소 무리가 있지만, 이를 통해서 테니스는 나에게 무엇인가에 대해 풀어 보려고 한다.

2. 교수들은 왜 테니스를 좋아하는가?

현재 전국에는 200개 정도의 4년제 대학이 있다. 아마도 테니스 코트가 없는 대학은 없을 것으로 예상되며, 각 대학에 50명 정도의 회원들이 있다면 1만 명 정도의 교수들이 테니스를 즐기고 있다고 볼 수 있다. 실제로 이전에 전국교수테니스대회가 열리면 참가자들이 족히 2천 명은 된다고 회자되었다. 이만한 인원이 며칠간 묵고 마시고 먹으면 웬만한 지방 지역경제가 들썩거린다 하여 대학들은 지자체의 명운을 걸고 대회 유치에 적극 나서기도 했다.

그 외에도 학교보다는 동네에서 테니스를 하는 교수들도 꽤 있을 것으로 예상되는데, 그렇다면 교수들은 왜 테니스를 좋아할까? 나 자신과 테니스를 좋아하는 주위 선후배 교수들을 돌아보면 몇 가지 원인을 유추해 볼 수 있다.

우선, 테니스가 가지는 '정확성'이다. 각 전공마다 정형화된 틀 속에서 학문을 연구하는 교수들은 스포츠 중에서도 상대적으로 정확성을 요하는 테니스를 좋아한다. 테니스 코트는 세로 23.77m, 가로 10.97m의 직사각형으로 이루어져 있다. 코트는 네트를 중심으로 2등분되며 네트는 지름 0.8cm 이하의 코드나 메탈 케이블로 매달며, 그 양쪽 끝은 지름 15cm이하인 두 개의 포스트 위를 넘겨서 맨다. 이 포스트는 네트 코드 위보다 2.5cm이상 높아서는 안 된다.

라켓은 스트링을 매고 난 뒤의 형태가 전체적으로 균일해야 하며 중앙 부분의 밀도가 다르면 안 된다. 라켓 면에는 진동이나 스트링의 마모를 억제하기 위한 합리적인 크기의 부착물 이외는 아무것도 부착할 수 없다. 충격 완충기구의 부착 위치는 스트링의 +자형 바깥쪽의 가장자리다. 그리고 볼은 지름이 6.35~6.67cm이고 무게는 56.7~58.5g이다. 색깔은 흰색 또는 노란색이며 볼 바운드는 254cm 높이에서 콘크리트 바닥으로 떨어뜨렸을 때 135cm 이상 147cm 이하까지 튀어 올라야 한다[1].

현대적인 테니스의 형태가 만들어진 영국에서 치러지는 윔블던 대회에서는 아직까지 백색 드레스코드를 요구한다. 전통을 중시하는 영국 특유의 현상으로 볼 수 있지만 다른 스포츠에서는 이런 현상을 찾아볼 수 없는 바 테니스가 지니는 엄격함과 절제의 미학으로도 생각할 수 있다.

꽤나 엄격하게 규격을 따지는 테니스는 자연현상의 법칙과 인문사회의 진리를 탐구하는 교수들의 관심 영역과 맞아떨어진다. 자신만의 학문 세계의 정확성을 추구하는 교수들에게 정확한 규격과 절제를 중시하는 테니스는 매우 매력적인 운동이다.

또한 다른 스포츠에 비해 테니스는 1mm의 인/아웃을 따지는 운동이다. 국제대회에서는 호크아이를 통해 정확한 판정이 내려지지만, 학교나 동네 시합에서는 이를 가리기가 결코 쉽지 않다. 따라서 인/아웃 판정을 둘러싸고 상대방과 언성을 높이기도 하지만 이러한 정확성을 추구하는 스포츠라는 점이 학문을 연구하는 교수들에게 부합되는 측면이 많다.

다음으로 교수들이 테니스를 좋아하는 두 번째 원인은 테니스가 갖는 '격리성'이다. 대개의 테니스 코트는 외부에서 들여다보이지 않도록 눈높이 정도에 녹색 비닐막이 쳐져 있다. 따라서 테니스는 외부 시선들로부터 차단되면서 내부에서 운동하는 사람들만의 세상이 보장된다. 다른 사람들로부터 시선을 받는 것을 거북해하며 자신들만의 시간을 갖는 것에 익숙한 교수들에게 안성맞춤인 것이다.

또한 테니스는 그 수준에 따라 같이 하는 멤버들이 분리되는 운동이다. 어떻게 보면 다른 운동에 비해 테니스는 폐쇄적이며 레벨에 따라 격리된 스포츠인 셈이다. 잘하거나 못하거나 같이 즐길 수 있는 축구나 골프 등과 비교해 보면 테니스가 얼마나 A조, B조, C조 등으로 등급을 나누었는가를 알 수 있다. 테니스 실력이

---

[1] [네이버 지식백과] 테니스 [tennis] (스포츠 백과, 2008, 대한체육회)

뛰어난 사람들은 낮은 사람들과 하면 재미가 없고, 낮은 사람들은 뛰어난 사람들과 하면 주눅이 든다.

이러한 테니스의 격리성은 교수들이 스스로 규정해온 사회와의 격리성과 유사하다. 오래 전부터 대학을 일컬었던 상아탑 象牙塔이란 속세를 떠나 조용히 예술을 사랑하는 태도나 현실 도피적인 학구 태도를 이르는 말이다. 그 상아탑 안에서 생활하는 교수들은 사회와 어느 정도 격리되어 있는 현실에 익숙해하며 만족하는 경우가 많다.

더구나 일반적으로 교수들은 스스로가 다른 동료 교수들보다 학문적으로 뛰어나다고 생각하는 경향이 있다. 한국 사회에서 출신 대학이나 소속 대학 레벨이 높을수록 그러한 경향이 강하다. 사실은 그것이 착각일 수 있지만, 그렇게 스스로를 다른 동료보다 뛰어나다고 판단하는 교수들일수록 동료들로부터 자신을 격리해 놓는다. 그리고 그러한 교수일수록 격리성이 강한 테니스를 좋아하고 인/아웃 주장도 강하게 드러낸다.

끝으로 교수들은 수비와 공격에 있어서의 '복합성' 때문에 테니스를 좋아한다. 가장 단순한 스포츠가 최대 팬과 동호인을 갖는 축구라고 하는데 축구는 수비와 공격이 엄격히 구분되어 있다. 탄탄한 수비를 바탕으로 주어진 공격 찬스를 골로 연결시키는 축구가 칭송받는다.

반면에 테니스는 수비가 공격일 수 있고 공격이 수비일 수 있는 운동이다. 수비로 보이는 로빙이 때로는 유용한 공격이 되고, 닥공(닥치고 공격)이 최선의 수비가 된다. 또한 교수들이 주로 하는 복식 게임의 경우, 수비와 공격을 적절히 섞어 줘야 포인트를 따기 쉽다. 파트너와 수비를 하다가도 호흡을 맞춰 동시에 네트 앞으로 나아가야 상대를 압박할 수 있는 것이다.

다른 직업군들에 비해 교수들은 성격을 잘 드러내지 않는다. 대개는 온화한 성격이 많지만 주관이 워낙 뚜렷하다 보니 다른 교수들과 부딪치는 경우가 많다. 수비형으로 보이지만 누군가 자존심을 건드릴 때에는 물불 안 가리는 성격이 많다. 이렇게 겉으로 파악하기가 쉽지 않은 복합적 성격을 가진 교수들이 많기 때문에 비슷한 특성을 갖는 테니스는 교수들과 궁합이 맞는다.

3. 우리 사회에서 테니스와 정치

우리 사회에서 테니스는 특정 직업군의 사람들이 많이 하는 것은 아니지만, 테니스를 즐기는 정치가들이 많은 것도 사실이다. 요즘은 배드민턴이나 탁구 동호인들이 많이 늘었지만 10~20년 전만 해도 각 동네마다 테니스 동호인들이 지금보다 많았다. 그것은 과거에 아파트 단지마다 거의 테니스 코트가 있었던 것과 관련이 깊어 보인다. 쉽고 편하게 접할 수 있는 운동이 테니스였던 것이다.

그런 탓에 테니스를 즐겼던 사람들이 지자체 선거에서 구의원이나 시의원 등으로 선출되는 경우가 많았다. 필자가 사는 지역에서는 과거 테니스 코치를 했던 사람이 구의원에, 지역 테니스연합회장을 역임했던 사람이 시의원에 당선되기도 했다. 아마 전국적으로도 이런 사례가 꽤 많을 것이다. 땀을 흘리며 함께 운동했던 동호인들의 지지가 상당한 도움이 되었기에 많은 당선자가 배출되었을 것이다.

이렇게 지역에서 테니스는 많은 사람들의 사랑을 받으며 지역 정치가들에게 도움을 주었다. 그런데 눈을 중앙 정치로 돌리면 유독 테니스를 좋아하는 대통령들이 많았다는 사실을 알게 된다. 특히 보수 진영에서 그렇다. 전두환, 노태우 전 대통령은 테니스 마니아였다고 전해진다. 지금도 그렇지만 과거에도 체력 단련의 일환으로 부대 안에 테니스 코트가 있었기 때문에 대부분의 장교들은 테니스를 칠 줄 안다.

전두환 전 대통령은 육군사관학교 생도 시절 축구 골키퍼 겸 주장을 맡았었고, 개인적으로는 복싱도 했다. 운동신경이 매우 발달했기 때문에 테니스를 많이 치지도 않았는데도 실력은 매우 뛰어났다고 한다. 테니스 실력만 놓고 보면 전두환 보다는 노태우 전 대통령이 더 좋았다고 전해진다. 노 전 대통령은 100m를 11초대에 주파하는 엄청난 스피드로 럭비부 주장을 했었지만, 개인적으로는 테니스를 많이 즐겼다. 노 전 대통령은 청와대 안 테니스 코트에 국가대표급 선수나 코치들을 불러 친선경기를 자주 했다고 한다.

국내 정치가 중에서 테니스 하면 떠오르는 사람은 단연 이명박 전 대통령이다.

일명 '황제 테니스' 사건으로도 알려진 이명박 전 대통령의 테니스 사랑은 유명했다. 2018년 호주오픈 16강전에서 정현 선수가 세계 1위 출신 노박 조코비치를 상대로 승리를 거두자 이 전 대통령은 페이스북에 "아름다운 청년 정현의 도전은 여전히 진행 중"이라며 "세계적인 선수들을 정신력으로나 기술적으로 압도하는 그의 경기를 보며 큰 감동을 받는다"고 극찬하기도 했다.

한편 박근혜 전 대통령의 테니스 실력이 수준급이었다는 사실은 잘 알려져 있지 않다. 박 전 대통령은 박정희 전 대통령이 살아 있을 때 청와대 테니스 코트에서 테니스를 제대로 배웠고, 당 총재 시절에는 동료 의원이며 초등학교 동기동창인 정몽준 씨와 함께 테니스를 종종 했다고 한다[2].

상대와 직접 부딪히지 않게 네트가 쳐져 있고 상대에게 처음 넣는 볼을 서비스라고 하듯이 테니스는 그야말로 상대를 배려하는 신사 운동이다. 그런데 위에서 언급한 네 명의 대통령은 이러한 테니스를 많이 사랑했음에도 불구하고 왜 정치적인 말로와 세간의 평가가 좋지 않을까? 그것은 박근혜 전 대통령이 언젠가 언급했다는 아래의 테니스 관이 그들의 정치 역정에서는 제대로 실천되지 못했기 때문이 아닐까라고 생각한다.

> 테니스를 잘 치려면 기본에 충실해야 한다. 편하게 치려고만 하면 실력이 늘지 않고 기본에 충실하다 보면 자신도 모르게 실력이 는다. 우리의 삶도 결국 테니스와 같은 것이다. 세상을 살아가는 데 기본과 원칙에 충실해야 한다.

이 책의 출간을 앞둔 요즘 세간에서는 얼마 남지 않은 대선 얘기가 한창이다. 여야를 대표하는 후보들을 보면 한 사람은 취미가 낚시이고, 또 다른 사람은 강아지나 고양이 키우는 일이라고 한다. 두 후보들이 테니스를 쳐본 일이 있는지 모르겠지만 젊은 시절 테니스에 빠져 이 멋진 운동을 취미로 가졌다면 좋았을텐데 하는 생각을 해본다. 왜냐하면 두 후보가 테니스에 빠졌다면 상대를 배려하고 기본에 충실한 테니스와 같은 정치를 했을 것이기 때문이다. 그랬다면 불공정과 진흙탕 싸움이 반복되는 우리나라의 정치판도 조금은 맑아졌을 것이다.

---

[2] 뉴시안 [기영노의 시사 올림픽] (2018.4.24.) 참조.

4. 정치는 테니스로부터 무엇을 배울 것인가?

그렇다면 정치의 기본과 원칙은 무엇일까? 정치의 목적이라 할 수 있는 민생복리 民生福利를 증진시키기 위해서는 정치가들이 기본과 원칙에 투철해야 한다. 그 기본과 원칙으로는 상대를 인정하고 사리사욕을 추구하지 않으며 국가와 국민을 위해 희생한다는 것이라 말할 수 있다.

앞서 보았던 우리나라 보수 정권의 대통령들이 이러한 기본과 원칙을 지키지 않아 퇴임 후가 불행했는데 이는 지금까지의 몇 번의 진보 정권들에서도 마찬가지였다. 정의와 공정, 희생 등과 같은 정치의 기본 원칙에 있어서 결코 충실했다고 말하기 어려운 것이다.

그렇다면 우리나라 정치, 우리나라 대통령들은 '신사 스포츠' 테니스로부터 무엇을 배워야 할 것인가? 첫 번째로 상대에 대한 배려라고 생각한다. 네트가 쳐져 있고 상대에게 서비스를 넣는 것 이외에도 테니스는 시작과 끝에 악수를 한다. 상대가 없으면 테니스가 성립될 수 없고 경기 중 상대의 멋진 플레이에는 "나이스"를 연발하기도 한다. 세계 탑 랭커들인 조코비치나 나달도 상대의 멋진 플레이에 박수를 쳤던 모습이 떠오른다.

이렇게 상대를 배려하고 상대가 잘한 것에 박수를 보내는 모습이 우리 정치에 살아있다면 정치도 바뀌지 않을까? 안타깝게도 지금까지의 우리 정치 모습은 내 편 네 편 나누어 무조건 네 편을 깎아내리고 국민들도 우리 편만을 위한 정책을 남발했다. 대한민국이 짧은 기간에 산업화와 민주화를 거쳐 선진국이 되었다고 하지만 역대 어느 정권도 임기 중 많은 국민들이 행복해 하고 박수를 받으며 퇴임한 사례가 없다. 불행한 일이다. 어떻게 보면 승자 독식인 현재의 대통령제를 바꾸어야 화합과 배려의 정치가 살아날지도 모르겠다.

두 번째로 우리 정치는 테니스로부터 규칙을 지키는 정신을 배워야 한다. 모든 스포츠가 그렇지만 유독 테니스는 규칙이 철저하다. 정해진 공간 안에 공을 넣어야 하고 1mm의 인/아웃에 민감한 스포츠다. 또한 레프리가 없는 동네 테니스에서는 상대가 규칙을 지킬 것이라는 믿음을 바탕으로 테니스가 이루어진다. 자기가 친 볼에 대해 상대방이 외치는 인/아웃을 기본적으로 신뢰해야 한다. 물론 그러한 양심이 없는 사람들이 간혹 있어서 언성이 높아지는 경우가 있기는 하지만 말이다.

그러나 안타깝게도 우리 정치에서 테니스의 이러한 규칙 준수와 양심이 살아있다고 말하기는 어렵다. 법을 만드는 사람들이 법을 어기는 경우가 숱하게 많고 그러고도 양심의 가책을 받지 못하는 사람들도 수두룩하다. 오죽하면 우리나라에서 정치가들은 매일같이 교도소 담장 위를 걸어간다는 말이 회자될까?

세 번째로 테니스로부터 우리 정치는 팀워크의 중요성을 배워야 한다. 일반 동호인들이 많이 하는 복식 게임에서 파트너와의 호흡과 화합은 시합의 승패를 가를 정도로 중요하다. 파트너의 마음을 읽고 움직여야 포인트를 따기 쉽고, 파트너에 대한 신뢰가 있어야 내 플레이에 집중할 수 있다.

그러나 우리 정치는 그렇지 못하다. 정치는 상대편보다 오히려 내부의 적이 더 무섭다고 한다. 내부 동지들을 비방하고 끌어내리기가 횡행한다. 그러다보니 계파라는 것이 생기고 계파 정치는 정당 민주화를 후퇴시키며 결국 내부뿐 아니라 외부 상대와의 사생결단식 투쟁 정치로 연결된다. 그 폐해는 고스란히 국민들에게 돌아오는데 현재의 우리나라 모습이 그러하다.

5. 테니스와 학문 - my story ①

지금까지 전공 관련해서 책을 몇 권 썼지만, 아마도 테니스 관련해서 책을 내는 것은 이것이 처음이자 마지막이 되지 않을까 생각한다. 고로 학문과 정치를 하면서 테니스와 함께 해온 나 자신의 이야기를 기록으로 남겨두는 것도 의미가 있을 듯하다.

내가 테니스 라켓을 처음 잡은 것은 초등학교 때였나. 친구 몇 명과 6개월 정도 레슨을 받았다. 하지만 그 후 성인이 될 때까지 라켓을 잡은 일이 없었기 때문에 어려서의 경험은 테니스 실력 향상에 전혀 연결되지 않았다. 그러나 어릴 적 테니스를 접해 본 경험은 나중에 테니스라는 운동을 본격적으로 하게 된 동기가 되었다고 생각된다.

테니스 라켓을 다시 잡게 된 것은 20대 중반 일본에서의 유학 시절이었다. 나는 대학과 군대를 마치고 1992년에 교토京都 대학으로 유학을 갔는데 그 당시 살았던 유학생 기숙사에 오래된 하드 코트가 있었다. 한 면짜리 코트였는데 주말이나 휴일이 되면 각국으로부터 온 유학생들에게 꽤나 인기가 있었다. 그래서 시간대별로 나누어 희망자들이 예약을 해서 운동을 했다. 한국 유학생들이 가장 많이 이용했던 것으로 기억한다.

직장을 다니다 유학을 온 한국인 선배들 중에서 몇 분은 테니스를 상당히 잘 쳤다. 열 명 정도 모여서 운동을 했는데 나는 잘 치는 선배들로부터 폼을 배우기도 했다. 배웠다고 하지만 제대로 연습을 하지 않고 바로바로 복식 게임을 했던 탓에 마구잡이 폼이 굳어진 듯하다. 초보자들이 그렇듯이 당시 나는 볼을 세게만 때리려고 했다. 따라서 네트에 걸리거나 라인을 벗어나는 볼이 많았다. 하지만 간혹 들어가는 볼은 그 스피드가 빠르고 길게 떨어져 상대방이 잘 못 받는 경우가 많았다.

교토에서의 7년 간의 유학생 시절, 테니스는 연구로부터의 스트레스를 날려 주는 청량제였다고 회상한다. 가족과 함께 교토의 수려한 경관을 보러 다니기도 했지만, 한국인 유학생 선후배들과 함께 하는 테니스는 무척 즐거운 경험이었다. 또한 운동을 마치고 마셨던 시원한 일본 맥주의 맛은 잊을 수가 없다.

유학을 마치고 나는 가나자와金澤라는 곳에서 일자리를 잡게 되었다. 일본 혼슈의 동해 연안 중앙부에 있는 이시카와石川 현의 현청 소재지가 가나자와였는데, 이곳은 작은 교토小京都라 불리듯이 금박공예 등 문화가 살아있는 곳이었다. 그곳의 국립대학인 가나자와대학에서 나는 5년 동안 교편을 잡았는데, 캠퍼스에는 잘 정리된 클레이 코트가 몇 면 있었다. 그곳에서 나는 가끔씩 일본인 교수들과 테니스를 즐겼다.

그 당시 함께 운동했던 일본인 교수들은 수준의 높고 낮음에 관계없이 거의 대부분 폼들이 좋았던 것으로 기억한다. 매뉴얼 사회 일본에서는 모든 운동에서 정확한 폼을 중시하는 경향이 강하다. 단순히 취미로 즐기는 테니스의 경우에도 처음 배울 때 선배나 코치로부터 레슨을 받으며 스트로크, 발리, 서브 등의 폼 완성에 많은 시간을 들인다. 그렇게 하다 보니 몇 년 운동한 사람들은 거의 정형화된 테니스 폼을 갖추게 되는 것으로 보인다.

일본에서의 유학과 교수 생활을 마치고 나는 2005년 인하대에 부임하게 되었다. 10여 년 만에 모국에 돌아왔다는 기쁨과 함께 인하대에서 후학을 양성하는 즐거움은 컸다. 그리고 무엇보다도 인하대에 널찍한 테니스 코트가 있는 것이 마음에 들었다. 교수 테니스부가 있는 것을 듣고 바로 가입했다.

그 당시는 목요일 오후에만 운동을 했는데 동료 교수들과 땀 흘리는 테니스는 큰 즐거움 중의 하나였다. 당시 나는 구력은 꽤 되었지만 레벨은 여전히 B조에 속했다. 그런데 가끔씩 A조에 속한 원로 교수님들과 한편이 되어 복식을 하는 경우가 있었는데 그 때에는 조금 부담이 되기도 했다. 복식이라는 것이 늘 그렇지만 내 실수로 인해 포인트를 주는 경우 파트너에 대한 미안함 때문이다.

지금도 꽤 기억에 남는 교수님이 계신다. 오래 전 정년퇴직하신 그 교수님의 경우 정교한 샷으로 유명했는데 나를 포함한 B조 젊은 교수들은 그 분과 파트너를 하는 것을 상당히 꺼려했다. 왜냐하면 그 교수님은 파트너가 실수라도 하면 여지없이 양손을 허리에 대고 하늘 한 번 땅 한 번 쳐다보았기 때문이다. 지금은 즐거운 추억이다.

또 1년에 한 번씩 열리는 전국교수테니스대회에 참가하는 것도 큰 즐거움이었다. 대회에서의 성적보다도 인하대라는 소속감을 느끼며 각지에서 맛보는 음식과 여흥으로부터의 즐거움이 컸다. 특히 2009년인가 부산에서 열렸던 대회는 많은 추억을 남겼다. 지금까지의 역대 대회 중 아마도 그 대회 기간에 인하대 교수들은 가장 많은 술을 마시지 않았을까 생각한다.

광안리와 해운대 바닷가가 주는 묘한 최면 때문이었을까? 1차, 2차, 3차로 이어진 술자리로 인해 다음날 시합에서 벤치에 쓰러져 있거나 라켓으로 볼을 제대로 못 맞추는 분들이 속출했다. 당연히 성적이 제대로 나올 리가 없었다. 운동은 뒤로 하고 그날의 여흥을 주도했던 당사자로서 나는 지금도 그때를 생각하면 회원들에게 미안한 마음이 든다.

6. 테니스와 정치 - my story ②

가끔씩은 정치가들과 테니스를 하는 경우도 있었다. 2007년 12월의 대통령 선거 직후였다. 평소 알고 지냈던 어느 원로 교수로부터 전화를 받았다. 정교수가 테니스를 좋아하니 내일 준비를 하고 나오라는 이야기였다. 누구와 운동한다는 말은 없었다.

다음날 준비를 하고 약속장소에 갔더니 몇 명의 교수들이 와있었고 우리가 안내받아 간 곳은 삼청동 안가安家 테니스 코트였다. 운동 상대는 당시 대선에서 당선되었던 이명박 당선인이었다. 그 사실을 알고 놀랐지만 이명박 당선인이 테니스를 무척 좋아한다는 말을 들었던 터라 운동 자체에 의미를 두었다. 그런데 안가 코트에 들어가는 과정에서 색다른 경험을 했다. 일단 몸이 보안 검색대를 통과해야 했고 테니스 가방을 수색견들의 후각에 맡겨야 했다. 썩 유쾌한 경험은 아니었다.

코트에는 전직 테니스 국가대표 출신 선수들이 몇 명 대기하고 있었다. 코트는 세 면 정도 있었는데 A코트에서는 이 당선인과 원로 교수들이 시합을 했다. 테니스는 그 사람의 성격이 그대로 드러난다고 한다. 옆에서 지켜보았을 때 이 당선인 역시 그의 성격대로 플레이를 했다. 서브를 넣고 상당히 빠른 속도로 코트를 향해 돌진하였고, 볼도 스핀보다는 스트레이트로 강하게 치는 스타일이었다. 실수하더라도 상대를 강하게 밀어붙였다.

나는 그 옆 코트에서 당시 한나라당 국회의원이었고 지금은 부산 시장을 하고 있는 박형준 시장과 운동을 했다. 동아대 교수이기도 한 그는 전국교수테니스대회에서 우승한 경험도 있는 수준급의 실력자다. 박 시장은 왼손잡이였던 것으로 기억하는데 볼에 힘이 있으면서 상당히 정교한 테니스를 구사했다. 경기 도중 팥죽을 먹었던 기억을 더듬어보면 그 날이 동지였던 것 같다.

일반 조직에서도 그렇지만 정치에서도 같은 취미의 운동을 즐긴다는 것은 상대방과의 거리를 쉽게 줄여 준다. 특히 땀을 많이 흘리며 강한 유대감을 느끼는 테니스의 경우에는 더욱 그렇다. 과거에 미국에서 발표된 스포츠 관련 연구 결과를 보았던 기억이 난다. 수영, 조깅, 축구, 테니스 등 많은 운동을 하는 일반인들의 평균

수명을 조사한 결과 테니스를 즐기는 미국인들의 수명이 가장 길었다는 내용이었다. 주로 혼자 하는 스포츠에 비해 테니스가 멤버들과의 유대감을 강하게 느낄 수 있게 하기 때문에 그러한 결과가 나왔다고, 그 연구는 결론지었던 것으로 기억한다.

정치에서 유대감은 생명이다. 얼마나 유대감을 갖는 사람들이 함께 하느냐가 정치가의 정치 생명을 좌우한다. 그런 의미에서 테니스는 정치라는 영역에 있는 사람들이 하기에 참 좋은 운동이다. 'MB맨'으로 유명한 박형준 시장은 과거 테니스로 이명박 전 대통령과 가까워졌다고 한다.

정치가들 중에서 나는 가끔씩 김포 출신 홍철호 전 국회의원과 테니스를 친다. 그렇게 정교하게 로빙을 띄우는 사람은 본 적이 없을 정도로, 홍 의원은 수비형이면서 시합에 강하다. 굽네치킨 대표이기도 한 그는 최근 김포에 '테니스 아레나'라는 럭셔리한 실내 테니스 돔을 세웠다. 얼마 전 그곳에서 운동을 했는데, 바닥을 파란색 카페트로 깔아서 무릎에도 부담이 없고 아주 편안한 코트였다.

7. 맺는 글

코로나 19 사태가 이어지면서 요즘은 테니스를 자주 하기는 어렵다. 그래도 가끔은 동네 코트에 나가거나 아는 지인들과 운동을 한다. 돌이켜 보면 유학생 시절 라켓을 잡은 이래로 30년 정도 테니스를 해왔다. 중간에 가끔 쉴 때도 있었지만 그래도 한 운동을 이렇게 오래 할 수 있었던 것은 테니스 특유의 '중독성' 때문일 것이다.

나는 학자로 살아오면서 테니스를 좋아하게 되었고 정치를 하면서 테니스 커뮤니티를 넓혀 왔다. 앞으로 학자나 정치가로서의 활동을 언제까지 할 수 있을지 모르지만, 그보다는 더 오랫동안 테니스를 치고 싶다. 많은 테니스 애호가들이 염원하듯이, 나 역시 지금으로부터 30년 그러니까 80대 중반까지는 테니스를 계속하고 싶다는 소망을 가져 본다.

16장

70, 80년대의 테니스

송용진(수학과)

1. 시작하는 글

테니스와 함께 살아 온 옛날이야기를 해 보고자 한다. 테니스 경력이 긴 사람들에게는 추억을 되살릴, 그리고 다른 곳에서는 쉽게 얻을 수 없는 내용들을 담아 보도록 하겠다. 이 글을 준비하며 인터넷 상에 70, 80년대의 테니스에 대한 정보가 의외로 충분하지 않다는 것을 알게 되었다. 테니스의 르네상스 시대인 70년대에 시작한 나의 테니스와 70, 80년대의 라켓과 선수들에 대해 내 기억을 더듬어 이야기를 풀어 보겠다.

내가 테니스를 시작한 70년대 초반은 60년대에 본격적인 텔레비전 시대가 열림에 따라 전 세계적으로 테니스 붐이 일던 때였다. 당시나 지금이나 세계 최고의 스포츠였던 축구는 테니스와는 반대로 텔레비전 시대가 열리면서 오히려 좋지 않은 영향을 받았다. 그 이유는 축구는 기본적으로 축구장에 수만 명의 관중이 모여 뜨거운 현장의 열기를 느끼며 즐기는 스포츠인데, 사람들이 텔레비전과 보내는 시간이 전보다 많아진 반면에 중계 기술이 떨어지던 당시에는 텔레비전으로 보는 축구 경기는 지루하게 느껴졌기 때문이다. 한국에서도 테니스 붐이 일어나 테니스장이 여기저기 생기고 젊은이들이 테니스에 관심을 갖기 시작하였다. 그런 분위기 속에서 나는 아버지 덕분에 테니스에 입문하게 되었다.

테니스를 하면 좋은 점을 꼽는다면 다음과 같은 세 가지를 들 수 있겠다. 첫째, 아주 재미있고 운동량도 많다. 둘째, 테니스를 통해 많은 사람들과 가까워질 수 있다 (사회생활에 도움이 된다). 셋째, 노년까지 즐길 수 있다. 사람들과 어울리기 좋아하는 나에게는 이중에서 두 번째 장점이 으뜸인데 운이 좋게도 나는 그런 장점의 혜택을 무려 50년간이나 누리고 있다. 최근에는 신체 노화와 손가락 부상으로 인해 나의 예전의 테니스 실력은 어디론가 사라지고 없지만 더 잘 치겠다는 욕심은 내려놓고 늘 즐거운 마음으로 테니스를 즐기고 있다.

20년쯤 전 아직까지는 일본과의 사이가 그다지 나쁘지 않던 때에 매년 서울과 도쿄의 테니스 동호인끼리 교류전이 있었다. 당시에 서울 팀 선수로 도쿄에 다녀온 분에게 들은 얘기인데, 그곳에 갔더니 일본의 70대, 80대부 선수들이 너무 잘 쳐서 한국이 상대가 안 되는데다, 일본 측에서 한국팀에도 90대부 선수가 있으면 좋겠다는 얘기를 하더라는 것이다. 최근에는 한국에도 테니스 실력이 괜찮은 90대 선수들이 있다고 들었다. 우리가 그 나이가 될 즈음에는 100세부도 생기지 않을까 기대해 본다.

2. 나의 테니스 인생

나는 70년 대 초 아버지께서 테니스를 치러 가시면 가방도 들어 드릴 겸 같이 따라 나가 어른들 사이에서 틈틈이 난타를 치며 테니스를 배웠다. 어릴 때여서 그 런지 테니스를 금방 익혔다. 주로 한남동에 있던 충주비료 테니스장에 가서 쳤다. 내가 테니스를 잘 친다며 칭찬하시던 아버지 친구께서 나를 위해 대회 참가 신청을 하고는 대진표 팸플릿을 가져 오셨는데, 그것을 보니 나의 1회전 상대가 당시 랭킹 1위이던 정영호 선수가 아닌가? 종별 선수권 대회인 줄 잘못 알고 신청하여 벌어진 일이다. 그 대회에는 기권하여 정 선수께 무례를 범하지는 않았다.

중학교 3학년이 되던 1973년 초에 갑자기 고등학교 입시가 없어지는 고교 평준화가 발표되었다. 덕분에 테니스를 칠 수 있는 자유 시간이 더 생겼다. 그 때가 테니스를 가장 열심히 친 때인 것 같다. 벽치기를 많이 했던 기억이 난다. 내가 가던 코트는 집에서 멀었지만 자주 가서 테니스를 쳤고, 결국 나는 중학교 졸업 전에 그 코트에서 최강자가 되었다.

입시 걱정도 없어지고 사춘기가 시작된 나에게 중학교 3학년과 고등학교 1학년은 방황의 시간이었다. 나는 매일 동네 친구들과 이리저리 몰려다니며 놀았고 툭하면 학교를 결석하였다. 결석하는 습관은 고등학교에 진학한 후에도 3년 동안 내내 지속이 되어 매년 결석 일수가 40일이 넘었다. 고등학교 입학할 무렵부터는 나름 철학 공부를 한다고 당시 유명한 철학자이던 안병욱 교수님의 책들을 모두 구해 읽었고, 버트란드 러셀 Bertrand Russell, 1872-1970 경의 행복의 정복 The Conquest of Happiness 을 탐독하였다. 알베르트 슈바이처 Albert Schuweitzer, 1875-1965 의 생명 존중 사상에 심취해 채식도 시작하였고 불교 서적도 열심히 읽었다. 당시 나는 뭔가 중요한 일을 하는 사람이 되어야 한다는 막연한 사명감이 있었지만 한편으로는 아무 것도 중요해 보이지 않는 무기력증에 빠져 있었다. 결국 1학년 11월 초에 학교를 그만 두기로 결심하고 부모님의 동의를 얻어 학교에 자퇴 원서를 제출하였다. 자유의 몸이 된 나는 날마다 안암동에 있는 산업은행 코트에 가서 테니스를 쳤다 (그 때 담임선생님께서 자퇴 대신 질병으로 인한 휴학으로 처리해 주신 덕분에 2학년 초에 다시 복학할 수 있었다). 당시 안암동 산업은행 코트는 랭킹 1위이던 김성배 선수를 비롯한 쟁쟁한 선수들의 연습장이자 이런저런 선수들이 와서 연습하던 곳이었다. 그곳에서는 유명한 선수인 김용선, 김용안 형제가 코트도 관리하고 테니스도 지도하고 있었다. 당시 중앙대 선수이던 두 형제는 고등학생 때 최강자였다. 김용선 선수가 종종 나에게 단식 지도 경기를 해 주었는데 그 덕분에 나의 실력은 일취월장, 결국 그에게 3~4게임 정도는 따는 수준까지 올라갔다. 그때가 내 인생 중 테니스 실력이 가장 좋았던 때이다.

고교 2학년에 복학한 이후 졸업할 때까지 테니스를 치는 시간은 많이 줄었지만 대신 당시 미국 테니스 잡지에 나오는 기사를 빠짐없이 읽고 있었고 나의 우상이던 아르헨티나의 히예르모 비야스 Guillermo Vilas, 1952년생의 포핸드 스트로크 연속 동작 사진을 오려 벽에 붙여 놓고 연습하였다. 왼손잡이이자 클레이 코트의 절대 강자이던 그는 포핸드를 오픈 스탠스로 서서 탑스핀 드라이브로 쳤었다. 요즘에는 누구나 탑스핀을 걸어 치지만 우드 라켓을 쓰던 당시에는 플랫 샷이 대세였다.

고3이던 9월 어느날 학교 교실에서 심한 기침이 계속 나와 멈추지 않더니만 갑자기 입에서 피가 폭발하듯 뿜어져 나와 3-4미터 앞까지 튀었다. 결핵이었다. 2년 가까이 채식만 하다 보니 집에서 먹을 게 별로 없었고 그 결과 영양실조에 결렸던 모양이다. 그 후 10알 이상씩 되는 결핵약을 아침저녁으로 1년 넘게 먹었다. 대학교에 입학한 후에는 2학기에 가서야 교내 총장배 테니스대회 참가를 위해 오랜만에 다시 라켓을 잡았다. 유신정권 말기이던 당시에는 학생 활동 자체가 전면 금지되던 시절이라 학도호국단이 주관하는 이 행사에 참가자가 제법 많았다. 참가자가 너무 많아 1학년이던 나는 C조에 출전할 수밖에 없었고, 준결승까지 모든 경기를 6:0으로 이기고 우승을 차지했다. 그 대회 이후 테니스부에 들어가게 되었는데 당시 서울대학교에는 관악캠퍼스뿐만 아니라 공대, 의대, 농대, 치대 캠퍼스에도 강자들이 많았다. 그래도 최강자들은 관악캠퍼스의 신인식, 김종택(이상 전 서울대 체육교육과 교수), 구해모(전 한국스포츠과학연구원) 세 분으로 그분들은 나보다 4~6년 선배들이었다. 공대의 강자 서행기와 김종택은 순천고 동기동창으로 둘 다 고등학교 때 배드민턴을 쳤다. 서행기의 동생 서장기는 나와 1학년 때 같은 반 단짝이었는데 총장배에서 준결승에서 그와 붙었다. 2학년 진급 시 공대(당시 태능에 소재)를 선택한 그는 그곳에서 당대 최고수인 설경원, 박철홍 등을 넘기 위해 날마다 테니스만 쳤고, 결국 그들과 버금가는 수준까지 가긴 했으나 결국 거듭된 학사경고로 학교를 떠나고 만다.

나는 3학년 때는 테니스부 주장을 맡았고 4학년 때는 3학년 주장이던 후배가 테니스를 그만 두는 바람에 주장 역할을 1년 더 하게 되었다. 당시 전국국립대학 체육대회에 집중하던 서울대 체육교육과의 정책에 따라 체교과가 아닌 학생들은 테니스부를 나가게 되었다. 주장인 나는 남았고 결국 나는 체교과 학생이 아닌 학생으로는 지금까지 마지막 테니스부원이 되었다. 당시 테니스부에서 가장 가깝게 지내던 사람은 2년 선배(나이는 7살 위)이던 체교과의 김만규 씨이다. 마산고등학교 출신인 그분은 탁월한 신체 조건을 갖고 있었고 테니스에 대한 열정이 대단했다. 현재 미국에 거주 중인 그분은 프로 골퍼 크리스티나 킴(김초롱)의 아버지이다.

당시 우리 팀은 여러 차례 대회에 참가하였지만 전문 선수들에게 이기는 것은 쉽지 않았다. 그런데 3학년 때 드디어 1회전에서 부산대 선수를 상대로 1승을 거두었다. 2회전 경기가 있는 다음날 나의 몸 컨디션은 좋았다. 상대는 건국대 2학년 곽용운으로 국가대표 상비군이었다. 잃을 것이 없던 나는 스트로크를 최대한 구석으로 강하게 쳤고 네트에도 수시로 대시하며 그를 압박하였다. 나의 플레이는 최상이었고 모든 게임이 비교적 빡빡하게 흘러갔지만 형편없는 스코어로 지고 말았다. 내가 너무 잘 쳐서 봐줄 수가 없었다는 그의 인사말이 내겐 충분한 위안이 됐다. 그런지 30년쯤 후에 그와 함께 테니스도 같이 치고 옛날 얘기를 나눌 기회가 있었다. 그는 2021년 초까지 27대 대한테니스협회장을 역임했다.

나는 대학 졸업 후 대학원을 잠시 다니다 휴학하고 해군사관학교 교관으로 군생활을 하게 되었는데 그곳은 테니스 치기에는 천국 같은 곳이었다. 매일 오후에 나가서 테니스를 칠 수 있었고, 목욕탕 등 부대시설도 좋았다. 그곳에서 나는 테니스 실력 덕분에 생활이 아주 편했다. 84년에 제대 후 미국으로 유학을 갔는데 첫 1년은 테니스와 멀리 지내다가 그다음 해에 1년 후배이자 대학교 때 복식 파트너이던 김성진(현재 카이스트 기계공학과 교수)이 내가 있는 대학으로 유학을 오면서 다시 테니스를 칠 수 있었다. 그와 나의 복식팀은 서울대 최강이었을 뿐 아니라 (물론 총장배도 우승) 우리는 테니스 이외에도 평소에 아주 친하게 지냈다. 그는 내 결혼식 날 저녁에 우리 집에 와서 나와 둘이서 술을 마시고 갈 정도로 친했다. 그는 미국에 유학 갈 때에 여러 좋은 대학에서 입학허가를 받았지만 다 마다하고 내가 있던 대학으로 유학을 왔다. 우리는 지금도 형제처럼 가깝게 지낸다.

나의 테니스에 있어서의 인연과 행운은 인하대학교에 부임해서도 이어진다. 91년도에 부임한 후에 들었는데, 교내 최고 고수가 김광회, 이종호 교수님이라는 것이 아닌가? 아니 두 분은 해군사관학교에서 나와 테니스 치던 분들인데, 이게 웬 인연이란 말인가? 나는 인하대학교에 부임한 후 테니스회 교수님들과 정말 많은 즐거운 시간을 같이 보냈다. 92년도에는 16명의 교수들이 모여 단식 랭킹전을 한다며 목요회를 만들었고 (실은 모여서 주로 복식만 쳤지만) 내가 초대 총무를 맡았다. 1대 회장은 심명필, 2대 회장은 이본수 교수님이 맡았다.

나는 2005년도에 김광회 교수님과 파트너로 전국교수테니스대회 일반부 A조에서 우승했다. 그해 말경에 농구를 하다가 오른쪽 엄지손가락을 크게 다친 이후 몇 년간은 테니스를 거의 치지 못 했다. 손가락은 그 후로도 계속 아파 포핸드 스트로크를 정상적으로 치기 어려웠지만 이제는 많이 좋아져서 새로운 테니스 인생을 시작하겠다는 각오를 다지고 있다.

3. 70, 80년대 테니스 라켓

70년대에는 물론 우드 라켓이 주류였지만 알루미늄 등 금속을 사용한 라켓과 합성 composite 라켓이 등장하여 10년 이상 우드 라켓과 병용되었다. 우리나라의 경우 70년대 초에 국산 라켓으로는 한일라켓과 학림라켓이 있었고 그후 에스콰이어 라켓이 나왔지만 당시 사람들은 아무래도 외제 라켓을 많이 사용하였다. 당시 고수 중에는 Head Master라는 메탈 라켓을 쓰는 사람들이 제법 있었다. 금속 소재의 라켓으로는 원래 Wilson의 T-2000이 Head Master보다 일찍 나왔다는데 (1968년) 국내에는 지미 코너스 Jimmy Connors, 1952년생가 이 라켓을 사용하는 것이 알려진 이후부터 유행했다. 나는 이 라켓으로 몇 번 쳐 봤는데 파워는 좋지만 컨트롤하기도 어렵고 치는 감도 별로였다. 후속 모델로 T-3000, T-4000, T-5000이 80년대 초까지 나왔다. 그 중 T-4000이 모양이 좀 특이하여 라켓의 그립 끝에 동그란 돔 dome 모양의 진동흡수장지 vibration damper가 달려 있었다.

비에른 보리 Bjorn Borg, 1956년생는 Donnay 우드 라켓을 사용했는데 그 라켓의 무게는 405g (스윙 무게는 375g), 헤드 사이즈는 60sq inch였다. 그는 이 작은 헤드의 라켓에 80파운드 장력의 스트링을 매고 쳤다. 장력이 높으면 스핀을 걸기 쉽고 컨트롤에 유리한 점이 있으나 파워가 떨어지고 공을 치는 느낌이 좋지 않다는 단점이 있다. 높은 장력으로 인하여 그가 공을 칠 때는 "캥캥"하는 금속음과 같은 소리가 났다. 보리는 비교적 젊은 나이인 1983년에 은퇴하였는데 8년 후인 1991년에 갑자기 복귀를 선언하여 세상을 놀라게 했다. 그때는 이미 그래파이트 라켓의 시대가 시작한 지 한참이 지난 후였는데도 그는 그래파이트 라켓에 적응하지 못하였고 결국 자신의 옛날 우드 라켓을 들고 시합에 나섰다. 결과는 물론 연속 패배였고 '우드 라켓을 쓰는 선수 중에서 세계에서 가장 잘 치는 선수'라는 조롱을 받으며 쓸쓸히 물러났다.

벨기에 회사인 Donnay와 미국 회사인 Davis는 그래파이트 라켓의 시대에 적응하지 못하고 사라져 버렸지만, Wilson은 70년대에도 이미 최대 브랜드였다. 그때는 Dunlop, Slazenger, Head 등의 메이저 브랜드 외에도 많은 중소 회사들이 있었다. 70년대에 외제 테니스 라켓 중에서 한국에서 가장 많이 쓰이던 라켓은 일본 회사 제품이다. 두 일본 회사가 있었는데 그것을 Kawasaki와 Futabaya이다. Futabaya를 아직까지 기억하는 사람이 별로 없지만 70년대에는 우리나라에서 외제 라켓 중에 가장 널리 쓰인 라켓이다. 이 회사는 후에 그래파이트 시대에 변신에 실패하여 도산하였다. Kawasaki는 70년 대 중반에 합성 composite 라켓을 생산하는 등 비교적 일찍 변신을 꾀하였지만 결국에는 Yamaha, Yonex 등에게 최고의 자리를 내주고 물러난다. Yonex는 Yoneyama가 세운 회사로 우드 테니스 라켓을 생산할 때까지는 Yoneyama라는 브랜드로 생산하다 합성 라켓 시장이 열림 즈음에 Yonex라는 브랜드로 새 출발을 하였다.

70년 대에 전 세계에서 가장 많은 우드 라켓을 생산하던 회사는 벨기에의 Donnay이다. 이 회사는 자체 브랜드도 있었지만 Wilson 등의 제품을 OEM 형식으로 생산하였다. 1973년까지는 매년 200만 자루 이상의 라켓을 생산하였으나 1973년에 Wilson이 생산지를 타이완으로 변경하며 생산량이 감소하였다. 하지만 자체 브랜드도 성공하였고 1981년도 생산량이 180만 자루 정도 되었다고 한다.

그렇지만 이 회사는 88년에 도산하였다.

80년대에 가장 많은 그래파이트 라켓을 생산한 회사는 타이완의 Pro Kennex이다. 이 회사도 주로 OEM으로 생산하였다.

1) 합성 라켓

70년대 초반에 등장한 Head Competition은 아마도 합성 라켓 중 가장 많이 팔린 라켓일 것이다. 흑인 테니스 선수 아서 애쉬 Arthur Ashe, 1943-1993 가 75년에 이것을 갖고 윔블던에서 우승을 하는 바람에 유명해졌다. 이 라켓은 알루미늄 벌집으로 만들어졌다. 후속 모델로 Arthur Ashe Competition II가 나왔지만 거의 같은 라켓이라고 보면 된다. 알루미늄 라켓과 합성 라켓의 공통적인 장점은 파워가 좋다는 것이고 공통적인 약점은 컨트롤이나 치는 감이 우드 라켓만큼 좋지는 않다는 것이다.

합성 라켓의 강자는 일본 회사들이었는데 빨간색 (흰색도 있었다) Kawasaki Pro Shot이 강렬한 색채로 시선을 끌었고 Yamaha도 좋은 합성 라켓들을 생산하였다. 70년대 말에 나온 미제 Aldila Cannon은 당시에 가장 비싼 라켓이었다. 보통의 라켓의 소매가가 30달러 내외였는데 이 라켓은 소매가가 300달러였다.

Head Master가 알루미늄 라켓으로 오랫동안 사랑을 받았지만 그래도 알루미늄 라켓 중에 가장 많은 사랑을 받은 라켓은 Prince Classic 오버사이즈이다. Prince 라켓의 영향으로 80년대 초반에는 오버사이즈 라켓의 시장 점유율이 높아졌다. 여기서 천재 하워드 헤드 Howard Head, 1914-1991 에 대한 이야기를 꺼내지 않을 수 없다. 원래 항공기 엔지니어이던 그는 47년경 스키를 타다가 나무 재질 스키의 한계를 느끼고 더 나은 스키를 만들겠다고 결심한 후 50년에 자신의 이름을 딴 Head 회사를 차린다. 스키 장비에 있어 혁명적인 변화를 가져다 준 그의 회사는 테니스로 영역을 넓힌 후 혁신적인 Head Competition 라켓을 개발한다. 그는 1969년에 당시 미국의 최대 레저 장비 회사인 AMF에 자신의 회사를 팔고 은퇴한다. 그 이후 Head 회사는 AMF Head로 이름을 바꾸었다 (80년대 중반 AMF가

도산한 후 다시 Head로 바뀜). 헤드는 은퇴 후에 테니스를 배웠는데 그때 Prince에서 나온 연습 기계로 연습했다고 한다. 그는 테니스 장비에 혁신이 필요하다고 느끼고 Prince 회사에 입사한 후 그 회사의 대표이사가 된다. 라켓의 헤드 사이즈를 늘려야 한다고 생각한 그는 요즘 기준의 미드사이즈부터 오버사이즈까지의 라켓에 대한 특허를 내고 75년에 전설적인 오버사이즈 Prince Classic을 생산한다.

2) 그래파이트 라켓

80년에 나온 Dunlop Max 200G는 최초의 100% 그래파이트 라켓으로 존 맥캔로 John McEnroe, 1960년생 와 슈테피 그라프 Steffi Graf, 1969년생 가 사용했다. 100% 그래파이트 라켓 중에서 가장 성공한 라켓은 비슷한 시기에 나온 Prince Graphite 오버사이즈이다.

80년대의 라켓 시장에는 100% 그래파이트 라켓보다는 유리섬유와 그래파이트의 혼합 라켓이 주류를 이루었다. 그래서 이 두 재료의 비율이 얼마나 되느냐가 주요 스펙 중 하나였다. 한때는 케블라 kevlar 나 보론이 섞인 라켓도 유행했었다. 내가 80년대에 가장 오랫동안 사용했던 라켓은 Yamaha Ceramic으로 세라믹이 들어간 라켓이다. Yamaha는 좋은 라켓을 많이 생산했었는데 요즘에는 보기 힘들어 아쉽다. Yonex는 iso-metric 기술을 적용한 R-22로 빅히트를 쳤다.

존 맥캔로는 1984년 윔블던 우승을 할 때까지도 Dunlop Maxply라는 우드 라켓을 썼는데 그 다음해부터는 Max 200G를 썼고 87, 88년 윔블던 우승을 하였다. 85년도에 혜성과 같이 등장하여 17세의 나이로 윔블던을 우승한 보리스 베커 Boris Becker 는 헤드가 계란형으로 생긴 Puma 합성 라켓을 사용하며 엄청난 파워플레이를 보여 주었다. 나는 84년도에 '반도 Bando'라는 국산 브랜드의 그래파이트 라켓을 선물 받아 써 보았는데 그 라켓은 너무 무거워서 다루기가 힘들었다.

87년도 출시된 Wilson Profile 2.7은 획기적인 라켓이다. 소위 wide body라는 것으로 헤드 프레임의 폭이 좁고 두께는 엄청 두꺼운 희한한 모습의 라켓이지만 그 이후에 나온 Wilson Hammer 2.7과 더불어 10년 이상 동안 베스트셀러 라켓이었다. Profile은 강직도 stiffness 가 높은 라켓으로 아마도 파워 면에서는 지금까지 나온 라켓 중 최고가 아닐까 싶다. Profile은 권장 스트링 장력이 보통 라켓보다 약 10lb 이상 낮은 50lb 내외였다. 권장 스트링 장력은 요즘에는 많이 낮아졌지만 예전에는 미드사이즈는 65lb 정도였고 오버사이즈는 그보다 좀 높았다. Wilson 라켓에 붙어 있는 2.7, 3.6과 같은 숫자는 무엇을 의미하는 숫자일까? 그것은 소위 SI swing index 라는 숫자로 측정 기계에 라켓의 그립 쪽 끝을 고정하고 헤드 쪽 끝에 6.2lb(2.8kg)의 무게를 매달 때 라켓 프레임 끝이 몇 mm 휘느냐를 측정한 수치이다.

4. 70, 80년대 테니스 선수

1) 남자 선수

70년대에 활약한 세계적인 테니스 스타들에 대한 기억은 아직도 생생하다. 당시 가장 유명한 남자 선수들은 로드 레이버 Rod Laver, 1938년생, 켄 로즈월 Ken Rosewall, 1934년생, 존 뉴컴 John Newcomb, 1944년생 등 호주 선수들이었다. 미국 선수로는 당대 최고 중 한 명이던 스탠 스미스 Stan Smith, 1946년생 와 아서 애쉬가 있었고, 루마니아의 일리 나스타세 Ilie Nastase 도 강자였다. 나의 우상은 아르헨티나의 히예르모 비야스였지만 체코의 얀 코데스 Jan Kodes 도 좋아했다.

레이버와 로즈월은 60년대에 세계 최고의 선수들이었다. 로드 레이버는 두 번이나 한 해에 네 개의 그랜드 슬램 대회를 모두 우승한데다가 호주 오픈의 메인 스태디움도 로드레이버 아레나여서 더 유명하지만 이 두 사람 중 당대에 누가 더 훌륭한 선수였는지 판단하기는 어렵다. 60년대는 아직 '오픈의 시대'가 아니었다. 그랜드 슬램(메이저) 대회가 선수권대회에서 오픈으로 바뀐 것은 1968년 프랑스 오픈부터이다. 오픈이란 그 대회에 프로 선수들도 참가할 수 있다는 뜻이다.

호주의 절대강자들은 신예 지미 코너스에게 무너졌다. 로즈월은 마흔 살 때인

74년도에 윔블던과 US 오픈에서 결승에 진출했는데 자신보다 18세나 어린 코너스에게 두 경기 모두 현격한 실력 차이를 보이며 패했다. 코너스는 이 해에 윔블던에서 당시 애인이던 크리스 애버트와 남녀 동반 우승을 하였다. 미국에서조차 레이버와 로즈월의 인기는 코너스보다 더 좋았다. 그래서 프로모터들은 (73년의 성대결 경기와 같은) 이벤트 경기를 기획한다. 바로 코너스와 레이버의 대결이다. 이 경기는 75년에 라스베가스에서 열렸는데 레이버도 힘없이 패배하고 만다.

당시 호주의 세 스타 선수들은 코트 서피스 surface 에 상관없이 항상 서브 앤 대시 플레이를 했다. 요즘에는 그런 플레이를 윔블던에서나 간혹 볼 수 있지만 당시에는 서브 앤 대시가 보편적이었다. 코너스는 윔블던을 제외하고는 네트 대시를 하지 않고 스트로크 위주로 플레이하였는데 이것이 그 이후의 선수들에게 표준이 되었다. 존 뉴컴은 75년도에 내한하여 장충체육관에서 한국 대표와 시범경기를 가졌는데 당시 국내에서 열리는 거의 모든 테니스 경기를 관람하던 나는 당연히 현장에 가서 경기를 보았다. 그의 강력한 스핀 세컨드 서브와 자연스럽고 부드러운 발리, 그리고 그가 사용한 메탈 라켓이 아직도 눈에 선하다.

US 오픈은 74년까지는 잔디 코트[1], 75~78년에는 클레이 코트, 78년부터는 하드 코트로 대회가 열렸다. 재미있는 것은 74년부터 84년까지 11년 연속으로 왼손잡이들이 우승했다는 사실이다. 코너스는 이때 세 종류 코트에서 모두 우승했다 (그러므로 유일하다). 클레이 코트의 강자 스페인 마누엘 오란테스(75년 우승)와 비야스(77년 우승) 그리고 그 이후에 우승한 매켄로가 모두 왼손잡이이다.

매켄로와 렌들의 통산 상대 전적은 렌들이 21승 15패로 살짝 우위에 있다. 80년대 중반까지는 매켄로가 렌들보다 우위에 있다가 중반 이후부터는 렌들이 우위에 있었다. 매켄로는 서브와 발리가 최고였다. 서브할 때 상대방을 향해 등을 돌린 자세로 토스하여 서브 방향을 예측하기 어려웠다. 그의 몸은 유연하고 날렵했다. 그는 뛰어난 서브와 발리 실력 덕분에 복식에서도 그랜드 슬램 타이틀을 10개나

---

[1] 당시 미국테니스협회 이름도 USLTA(US Lawn Tennis Association)였다. 당시에는 호주오픈도 잔디 코트에서 열렸다.

땄다. 렌들은 매켄로와 대조적으로 강력한 스트로크 위주로 플레이했다. 그는 원래도 힘이 좋았지만 80년대 중반 이후에는 모든 스트로크를 전보다 더 강하게 치면서 힘으로 상대방을 압도하였다. 요즘에는 강하게 치는 선수들이 대부분이지만 당시에는 아주 획기적이었다.

보리스 베커가 85년에 윔블던에서 우승한 것을 기점으로 신세대 스타들인 마츠 빌란더 Mats Wlander, 스테판 에드베리 Stefan Edberg, 안드레 아가시 Andre Agasi, 70년생, 마이클 창 Michael Chang, 72년생 등이 대거 등장한다. 하지만 87년정도까지는 터미네이터 이미지의 이반 렌들이 이들을 압도하고 있었다. 아가시와 창은 원래 10대 초반부터 라이벌 관계였다. 창이 두 살 어리지만 두 사람은 같은 에이지 그룹에서 경쟁했다. 21세기 이전의 가장 위대한 선수로 꼽히는 피트 샘프라스 Pete Sampras (71년생, 93-98년 6년 연속 랭킹 1위, 윔블던 7회 포한 그랜드 슬램 14회 우승)도 어릴 때는 이들보다 뒤졌다. 창은 12세에 주니어대회 첫 우승을 하고 13세에 16세부에서 우승, 15세에 18세부에서 우승한 기록이 있다. 알다시피 17세에 프랑스 오픈에서 우승한다. 샘프라스는 89년 프랑스 오픈 1회전에서 그랜드 슬램 첫 승을 거두는데 그 다음 경기에서 만난 창에게 6;1, 6:1, 6:1로 패한다. 인하대 총장을 역임하신 이본수 교수님의 '똥개 이론'이라는 것이 있다. 누군가에게 한 번 꼬리를 내리게 되면 그 이후로도 그 앞에서는 힘을 못 쓴다는 이론이다. 샘프라스도 한동안은 창 앞에서는 꼬리를 내렸었다.

86년도쯤에 미국에서 테니스 경기가 서브하는 시간이 너무 길어 TV 시대에 맞지 않으니 서브를 하나로 줄이자는 논의가 시작되어 그와 관련된 기사가 자주 실리곤 하였다. 한편으로는 10대 그룹에서 압도적인 성적을 내는 마이클 창을 비롯한 몇 명의 아시안 신동들에 대한 관심이 높았다. 나는 당시에 진행되던 서브에 대한 논의가 갑자기 중단된 데에는 창과 그 외의 아시안 신동들이 성인 투어를 장악하게 되면 테니스 인기가 축소될 지도 모른다는 염려가 어느 정도 작용했다고 생각한다.

70년대에 인도의 비제이 암리트라지 Vijay Anritraj 도 유명했다. 그와 그의 동생은 막강 복식조였는데, 데이비스 컵 대회로 그들이 한국에 왔을 때 그들이 치는 것을 현장에서 본 적이 있다. 그는 홍콩 스타 TV의 테니스 해설자로 오랫동안 활동하였다. 당시 국제경기는 동대문의 서울운동장에서 열렸다. 그곳에서는 중간에 라인을 덧그을 때 커다란 붓 같은 것으로 그었다. 일반 테니스 코트는 공 통에 석회를 담아 줄긋는 나무판을 따라 그었는데 80년을 전후하여 요즘과 같은 롤러형 기계가 보급되었다.

2) 여자 선수

호주의 마가렛 코트 Margaret Court, 1942년생 는 역사상 가장 위대한 선수 중 한 명이고 60년대 초부터 70년대 중반까지 최고의 선수였다. 원래 육상을 했다는 그녀는 키가 아주 컸고 운동 능력이 탁월했다. 미국의 빌리 진 킹 Billie Jean King, 1943년생 과 라이벌이었다. 호주 원주민인 이본 굴라공 Evonne Goolagong, 1951년생 은 71년에 윔블던에서 우승하였고 마가렛 코트, 빌리 진 킹과 함께 빅3를 이루고 경쟁한다. 나는 당시 굴라공을 가장 좋아했다. 영국의 버지니아 웨이드 Virginia Wade, 1945년생 도 강자였지만 빅3에 비하면 조금 손색이 있었다. 그녀는 21세기의 앤디 머레이와 비교될 수 있을 것 같다. 코트 Court 와 킹 King 은 그녀들의 결혼 후의 성이고 그들의 원래 처녀 성은 Smith와 Moffitt이었다. 이 두 사람은 결혼을 통해 테니스에서 대성하기 좋은 성을 얻게 된 것 같다. 이 두 사람의 1970년 윔블던 결승은 아주 유명하다. 코트가 14-12, 11-9로 이겼는데 두 사람 모두 가볍지 않은 부상을 입은 상태에서 혈투를 벌였다.

12point 타이브레이크 제도는 그랜드 슬램 대회 중에서는 US 오픈이 1970년에 제일 처음 도입하였고 1975년부터는 파이널 세트에도 적용했다. 윔블던에서는 1971-1978년에는 게임스코어 8;8에서 타이브레이크를 했고 그 이후에는 파이널 세트를 제외하고 6:6에서 타이브레이크를 적용했다. 파이널 세트에서의 타이브레이크 제도는 현재도 그랜드 슬램 대회가 모두 서로 다르다. 윔블던은 12:12에서 타이브레이크를 하고, 호주 오픈에서는 게임 스코어 6:6에서 하되 10점을 먼저 따는 사람이 이긴다. 프랑스 오픈에서는 파이널 세트에서 타이브레이크를 적용하지 않는다. US 오픈에서는 파이널 세트에서도 타이브레이크를 적용한다.

크리스 에버트 Chris Evert, 1954년생 와 마르티나 나브라틸로바 Martina Navratilova, 1966년생는 테니스 역사상 최대 라이벌로 꼽힌다. 그들은 80번 대전해서 43-37로 나브라틸로바가 조금 앞서지만 거의 대등한 전적이다. 대체적으로 1980년을 기점으로 그전까지는 에버트가 절대 우위에 있었고 그 이후에는 나브라틸로바가 절대 우위에 있었다.

그랜드 슬램 대회의 우승 상금 액수는 대회 전체 수입에 따라 해마다 바뀌는데 윔블던의 2019년의 우승 상금은 295만 달러였고, US 오픈은 300만달러였다. 상금은 남자와 여자가 동일한데 그것은 언제부터 어떻게 이루어지게 되었을까? 이 성평등이 이루지는 과정에는 빌리 진 킹의 역할이 아주 컸다. 킹은 72년 US 오픈에서 우승했는데 그녀가 받은 우승 상금은 10,000달러인 반면 남자 우승자 일리 나스타세의 상금은 25,000달러였다. 당시 그랜드 슬램 대회에서 여자 선수들의 상금은 남자 선수들의 40%정도였지만 그것도 60년대에 비해서는 많이 개선된 것이었고 당시에도 다른 중소 대회에서는 10%도 채 안 되는 경우도 많았다. 73년 US 오픈이 열리기 전에 킹은 성평등을 주장하며 자신들의 요구대로 되지 않으면 여자 선수들은 대회 보이콧을 하겠다고 협박한다. 결국 73년도 US 오픈부터 성평등이 이루어지게 되고 그 다음부터 차츰 다른 대회에서도 이를 표준으로 삼게 된다.

70년에 킹과 다른 8명의 여자 선수들(이들을 'Original 9'이라 부른다)이 'Virginia Slims Circuit'이라는 투어를 만든다고 발표한다. 버지니아 슬림은 담배회사 필립 모리스의 여자용 담배 이름으로 이 투어는 이 회사가 후원하게 된다. 여자 선수들은 그 다음 해에 자신들의 테니스협회인 WTA Women's Tennis Association 를 결성한다. 지금까지도 남자 테니스 투어는 ATP Association of Tennis Professionals 투어라고 하고 여자들은 WTA 투어라고 부른다. WTA 투어를 만들고 대중의 관심을 끌었던 것이 성평등을 이루는 데에 공헌하였다.

73년에 당시 55세인 전 세계 랭킹 1위 보비 리그스 Bobby Riggs 는 자신이 늙었어도 현재 여자 최고 선수들을 이길 수 있다고 주장하며 성 대결을 제안한다. 그리하여 그와 당시 세계 랭킹 1위이던 마가렛 코트의 성 대결이 1973년 5월에 열리게 된다. TV 화면으로 보는 리그스는 코트보다 키가 훨씬 작았고 아주 늙어 보였지만 그는 Head Master 메탈 라켓을 갖고 6:2, 6:1로 가볍게 승리하고는 상금 1만 달러를 독차지하였다. 그러나 그는 4개월 후에 열린 빌리 진 킹과의 경기에서는 맥없이 지고 만다. 이 성 대결에 대한 세계적 관심은 그 이후 테니스 대회 상금에 있어서 성평등에 큰 영향을 미쳤다.

슈테피 그라프 Stteffi Graf, 1969년생는 10대이던 80년대 후반부터 이미 세계 랭킹 1위가 되었고 7번의 윔블던 우승을 비롯하여 그랜드 슬램에서 22회 우승(오픈 시대 이후 최다 기록)을 한다. 그녀는 이전의 여자 선수들과는 달리 파워 위주의 샷을 날렸다. 그녀는 4개의 그랜드 슬램 대회에서 모두 4번 이상 우승한 유일한 선수이자 1988년에는 올림픽과 그랜드 슬램 대회를 모두 우승하여 역사상 소위 골든 슬램 golden slam을 달성한 유일한 선수이다. 적수가 거의 없던 그라프에게도 혜성과 같이 등장한 젊은 라이벌이 한 명 있었다. 유고슬라비아의 헝가리계 선수인 모니카 셀레스 Monica, Seles, 1973년생는 1990년에 16세의 나이로 프랑스 오픈에 우승하였고 91, 92년도에 세계 랭킹 1위에 등극한다. 그라프와의 라이벌 구도가 심화되던 93년 어느 날, 독일에서 열린 경기 도중 그라프 팬인 독일 관중 한 명이 경기장에 들어와 셀레스의 등을 칼로 찌르는 사고가 발생한다. 그녀는 심각한 정신적 후유증으로 2년간 경기를 뛰지 못하게 되고 복귀 뒤에도 전성기의 실력을 회복하지 못한다.

3) 한국 선수

70년대 초에는 김성배(인천시, 산업은행)와 김문일(산업은행)이라는 라이벌이 있었다. 60년대 중반부터 70년대 초까지는 정영호 선수(서울은행)가 최강이었다. 최부길(상업은행)도 상당한 강자였고 데이비스컵 국가대표로 자주 선발되었다. 김-김 라이벌은 74년도경까지는 김성배가 대체로 우위에 있었고 75년도경부터는 김문일이 우위에 있었다. 전남 곡성 출신의 김문일은 체격 조건이 탁월하게 좋았다. 73년도 3월에 열린 데이비스 컵 한일전에서 한국의 에이스 김성배는 일본의 에이스 카미와즈미 준에게 첫날 단식경기에서 3-0 승리를 거두어 모두를 놀라게 했다. 이 승리는 해방 후 한일전에서 거둔 첫번째 승리였다. 데이비스 컵 경기는 첫날 단식 두 경기, 둘째날 복식 한 경기, 셋째날 단식 두 경기를 하는 방식인데 그 해에도 첫날 거둔 1승을 제외한 나머지 모든 경기에서 일본에게 졌다. 나는 일요일인 셋째날 김성배와 일본의 구끼九鬼 선수의 단식 경기를 가서 보았는데 구끼는 이름도 특이했지만 플레이 스타일도 특이했다.

앞선 네 선수의 뒤를 이은 강자는 주창남(54년생, 당시 성균관대생)이었다. 75년도 랭킹은 1위 김문일, 2위 주창남이었지만 그 이후에는 주창남이 국내 랭킹 1위를 차지하게 된다. 그는 매우 영리하게 플레이하는 스타일이었다. 그는 특이하게도 165cm 정도의 작은 키에도 불구하고 복식의 최강자였다. 주원홍과 짝을 이루어 스무 개가 넘는 복식 타이틀을 차지했고 데이비스 컵 대회에서도 복식전에는 늘 그가 뛰었다. 78년도 파키스탄에서 열린 데이비스컵 대회에서 역시 키가 작은 김봉석과 짝을 이룬 복식 경기에서 거둔 승리는 역사에 남을 일이다. 2013년부터 4년간 대한테니스협회장을 역임한 주원홍은 주창남의 동인천고등학교, 성균관대학교 후배이고 대우중공업에서도 같이 운동을 했다. 주창남은 주周씨이고 주원홍은 주朱씨이다. 주창남은 2005년도 무렵에 인하대학교에도 몇 번 와서 교수들과 공을 쳐주었고, 교양테니스 수업도 담당하면서 수많은 동호인들을 지도하였다. 그가 네트로 전진하면서 하는 발리는 신비하게도 빈자리로만 간다.

79년도 초에 그때 막 고등학교를 졸업한 60년생 네 명이 등장하여 테니스계에 쿠데타를 일으켰다. 이우룡, 전창대, 김춘호, 전영대가 그들이다. 김춘호는 전주고 출신이고 나머지 세 명은 마산고 테니스부 2회 출신이다. 이우룡은 고등학교 2학년 때부터 같은 학교 선배 곽용운, 황정곤을 제치고 고등부 우승을 차지했고 그와 전창대는 고등학교 내내 라이벌이었다. 이 넷 중 전영대만 건국대로 진학하고 나머지 세 명은 신생 팀 명지대로 진학하였다.

전창대가 가장 먼저 국가대표가 되었고 이우룡은 해외 주니어 투어에 집중하게 된다. 79년 전한국선수권대회에서 이우룡은 준결승, 결승에서 최강 주창남, 김영환을 이기고 우승하며 세대교체를 공식화하였다. 80년, 81년에는 김춘호가 가장 좋은 성적을 낸다. 그는 키는 아주 작지만 발이 빠르고 정신력이 좋았다. 그는 81년에 아시아선수권대회에서 한국 테니스 역사상 처음으로 우승하고, 그해 이탈리아와의 데이비스 컵 경기에서는 당시 세계 랭킹 36위인 바라주티를 3-2로 이기는 기적을 이룬다.

이 넷 중 언론과 협회가 가장 관심을 갖고 후원해 준 선수는 전영대이다. 그는 키가 크고 서브가 좋았고, 강한 서브를 가진 선수를 키워야 한다는 생각 때문에 전영대에게 거는 기대가 컸다. 결국 그는 성취를 이루게 된다. 그는 은퇴 후 건국대 감독, 국가대표 감독 등을 맡으며 성공적인 생활을 해 왔다. 이우룡은 용인시청 감독 시절인 2004년 뇌경색으로 쓰러져 지금까지 장애인으로 살고 있고, 김춘호는 국군체육부대 감독, 전창대는 창원시청 감독을 맡고 있다.

이들 빅4의 바로 뒤를 이어 또 다른 빅4가 나타나는데 그들은 바로 송동욱(80학번), 김봉수(81학번), 유진선(81학번), 노갑택(83학번)이다. 이 새로운 빅4는 앞선 빅4와 나이 차이는 아주 적지만 그 사이 더 진화한 테니스 실력을 보여 준다. 물론 국제대회 경험을 많이 갖게 한 테니스협회와 현대중공업, 대우중공업 등의 지원이 있었기 때문에 가능한 일이었다. 이들의 전성기는 85년부터 90년대 초까지이다. 제일 먼저 랭킹 1위가 된 선수는 송동욱이었지만 김봉수, 유진선이 한국 테니스의 새로운 지평을 연다. 86년도는 유진선의 해였다. 그해 한국에서 열린 아시안 게임에서 그는 단식, 복식, 단체, 혼합복식에서 모두 우승하는 기염을 토한다. 이 직후 열린 데이비스 컵 동부지역 결승에서도 그의 활약으로 승리하여 역사상 처음으로 본선에 진출하게 된다.

양정순(국민은행)은 70년대 중반까지 여자 테니스의 절대강자였다. 그 뒤를 이어 53년생 동갑내기인 이덕희와 이순오가 양강 체제를 이룬다. 일본의 사와마츠 카즈코(윔블던 복식 우승)는 이들의 공동의 라이벌이 있었다. 나는 그 선수가 한국에 왔을 때 보여 준 뛰어난 실력과 멋진 모습에 반했다.

이덕희는 79년도에 미국으로 건너가 한국 최초로 프로가 되었고, 81년도에는 세계 랭킹 34위까지 올라갔다. 그녀는 81년도 US 오픈에서 16강까지 진출하였다. 16강 경기 중계를 떨리는 가슴으로 본 기억이 지금도 생생하다. 상대인 체코의 만들리코바는 당시 너무 강해서 이덕희가 이기기는 힘들었다. 만들리코바는 그 대회에서 결국 우승을 차지했다. 이덕희는 82년도에는 버지니아 웨이드, 빌리 진

킹과의 경기에서 승리를 거두었다. 같은 이름의 남자 선수 이덕희(98년생)는 청각장애인임에도 불구하고 발군의 실력을 갖추는 기적을 이룬 선수로서 국내보다는 해외에서 더 유명한 듯하다. 내 동생도 청각장애인인데 예전에 그에게 테니스를 가르치는 건 엄두를 못 냈다. 얼마나 어려운 일인지 알았기 때문이다.

5. 부록

다음 몇 개 종목에서 내가 선정한 최고 1~3위를 소개해 보고자 한다. 독자들도 자신들의 순위를 매겨보면 재미있을 것 같다.

1) 역사상 최고의 남자 선수는?

공동 1위 로저 페더러, 라파엘 나달, 노박 조코비치

이 세 명이 과거의 어느 선수들보다 더 위대하다고 생각하지만 이들 중에 누가 더 우위인지를 판단하기 어려워 이들을 공동 1위로 꼽는다. 페더러는 인기가 높은 편인데다 윔블던에서의 최다 우승으로 인해 그를 역사상 가장 위대한 테니스 선수로 보는 사람들도 있지만 그는 나달과 조코비치와의 상대 전적에서 두 사람 모두에게 열세이다.

2) 역사상 최고의 여자 선수는?

1위 세레나 윌리암스, 2위 슈테피 그라프, 3위 마가렛 코트

윌리암스는 지금까지 그랜드 슬램 대회에서 단식 21회, 복식 15회 우승했고, 2012년 올림픽 금메달노 땄다. 그라프는 그랜드 슬램 대회에서 단식 22회 우승했고, 1988년에는 4개의 그랜드 슬램 대회와 올림픽에서 우승하여 유일하게 한 해에 '골든 슬램'을 달성한 선수이다. 마가렛 코트는 부상으로 66-68년 2년간 대회에 참가하지 못했음에도 불구하고 통산 그랜드 슬램 단식 24회, 복식 38회 우승했다.

3) 역사상 최고의 남자 서버는? (단, 세계 랭킹 1위였던 선수 중)

1위 로저 페더러, 2위 피트 샘프라스, 3위 앤디 로딕

페더러는 최고의 빅서버는 아니지만 그의 퍼스트 서브는 세 가지 구질인데다 정교하고 까다롭다. 브레이크 포인트에 몰렸을 때 정확도가 높아지는 정신력도 주요하게 작용한다. 그가 애드 사이드에서 T존으로 꽂아 넣는 슬라이스 서브는 최고의 무기이다. 샘프라스는 아마도 21세기 이전의 역대 최고의 선수로 꼽힐 수 있을 것이다. 그의 서브는 늘 상대를 압도하였다. 앤디 로딕은 놀라운 파워 서버이다. 그는 거인들인 존 이스너 John Isner 나 이보 카를로비치 Ivo Karlovic 만큼이나 강한 서브를 꽂아 넣었다.

4) 역사상 최고의 남자 서브 리터너는? (단, 세계 랭킹 1위였던 선수 중)

1위 노박 조코비치, 2위 안드레 아가시, 3위 앤디 머레이

조코비치, 머레이, 페더러, 나달 모두가 서브 리턴에 있어서 엄청난 고수들인 것은 잘 알려져 있다. 그래도 그중 최고를 꼽으라고 한다면 조코비치일 것이다. 안드레 아가시는 엄청난 리턴 실력을 바탕으로 세계 랭킹 1위까지 올라갔고 윔블던(1992년)에서는 약한 서브를 갖고도 우승할 수 있었다. 그는 짧은 백스윙으로 강하고 공격적인 리턴을 하였다.

5) 가장 큰 영향을 미친 (획기적인) 남자 선수는?

1위 이반 렌들, 2위 지미 코너스, 3위 라파엘 나달

렌들은 그전까지의 플레이 방식을 완전히 바꾸는 새로운 경지의 플레이를 보여주었고 그것이 지금까지 프로선수들 플레이의 표준이 되고 있다. 그것은 바로 네트 대시는 최소화하고 스트로크 위주로 플레이를 하되 모든 샷을 강하게 치는 것이다. 그전까지는 서브 앤 대시를 하는 선수들도 많았고, 원래 짧고 낮은 공은 다시 짧되 각도 깊게 받아치는 것이 정석이었는데 (짧은 공은 짧게 긴 공은 길게 치라는 격언이 있다) 그는 짧고 낮은 공조차도 강하고 길게 쳤다. 지미 코너스는 양손으로 백핸드를 치고, 메탈 라켓을 사용하였으며 그 전 선수들에 비해 스트로크를 훨씬 강하게 쳤다.

내가 나달을 3위로 꼽은 이유는 그의 놀라운 수비 능력과 기이한 포핸드 스트로크 때문이다. 그는 코너로 각도 깊게 들어오는 공도 (심지어는 잔디코트에서도) 받아칠 수 있을 뿐 아니라 더 각도 깊게 반격할 수 있다는 것을 보여준 최초의 선수이다. 그의 영향으로 지금은 최상위권 선수들은 모두 번개같이 움직인다.

참고문헌

ATP Tour Head 2 Head,
https://www.atptour.com/en/players/atp-head-2-head
테니스피플 홈페이지, http://tennispeople.kr/news/article

17장

테니스 용품의 국제무역

박민규(국제통상학과)

1. 테니스 용품 수입

테니스 스타 나달을 좋아하는 A는 프랑스 학회에 참석 후 귀국길에 프랑스 현지 스포츠 용품점에서 프랑스에서 생산된 최신 바볼랏 테니스 라켓 2자루를 구입했다. 그리고 나달이 프랑스 오픈에서 신었던 150유로 하는 클레이 코트용 테니스화, 프랑스 오픈에서 나달이 입었던 소매가 없는 상의와 하의 그리고 헤어밴드를 250유로 주고 구매했다. A는 여행용 가방에 테니스 라켓과 테니스화 등 용품을 살 때 있었던 포장 그대로 캐리어에 넣어 한국으로 귀국했다. 아울러 A는 테니스 동호회 회원들과 마시기 위해 면세점에서 포도주 2병을 구입하여 탑승했다.

입국장에서 수화물을 기다리던 A는 자신의 캐리어에 커다란 자물쇠가 부착되어 나오는 것을 보았다. 캐리어를 들고 세관 심사장으로 가자 자물쇠에서 음악 소리가 났다. 세관원은 A에게 동의를 구하고 캐리어를 열어 라켓과 테니스화를 발견했다. 세관원은 A가 수입신고 없이 라켓 등을 수입했다며, 무신고죄로 형사 처벌될 수 있으며, 세금을 부과하겠다고 했다. A는 자신이 사용할 목적으로 구매한 라켓을 한국으로 반입하면 왜 프랑스 라켓을 수입한 것이 되며, 프랑스에서 세금을 냈는데 왜 같은 물품에 대하여 한국에서 세금을 내야 하는지 이해를 할 수 없었다. A는 프랑스에서 구입한 테니스 용품에 대하여 한국에서 세금을 내야 할까?

2. 테니스 용품의 품목 분류

테니스 용품을 수입하려면 수입신고를 하고 관세와 내국세를 내야 한다. 수입한 테니스 용품의 관세액(물품 가격 × 관세율)을 알기 위해서는 관세율을 알아야 한다. 테니스 용품의 관세율을 알기 위해서는 대한민국 관세법 별표 관세율표상의 10단위 품목번호를 알아야 한다.

테니스에서 가장 기본적인 물품은 라켓이다. 라켓은 예전에는 나무와 알루미늄 등으로 되어 있었으나 현재는 대부분 탄소섬유 등 다양한 소재로 되어 있다. 원칙상 나무 라켓은 나무로 만든 제품이 분류되는 류(제44류)와 호(제4421호)에, 알루미늄 라켓은 알루미늄이 분류되는 류(제76류)와 호(제7616호)에 분류되어야 한다. 만약 재질에 따라 라켓을 분류해야 한다면, 나무 라켓과 알루미늄 라켓의 기본 관세율은 13%이다. 라켓 재질에 따라 분류를 달리하고 관세율이 다르면, 수입자도 불편하고 무역통계를 내기 어렵다. 따라서 국제사회는 운동 용품을 재질에 따른 분류를 하지 않고, 용도에 따라 제95류로 분류하고 있다.

여러 운동 용품 가운데 테니스 용품은 제9506호에 분류한다. 라켓의 소호인 제9506.5호의 표제어는 '테니스용 라켓·배드민턴용 라켓이나 이와 유사한 라켓(줄을 맨 것인지에 상관없다) Tennis, badminton or similar rackets, whether or not strung'인데, 국제적으로 테니스 라켓이 가장 중요시되고 있음을 알 수 있다. 테니스 라켓은 론 테니스 lawn-tennis 라켓(줄을 맨 것인지에 상관없다)과 기타(HSK 제9506-59.9000) 라켓으로 분류된다.[1] 론 테니스 lawn-tennis 라켓이 우리가 알고 있는 테니스 라켓이며, 테니스 라켓의 기본 관세율은 8%이고 WTO 협정 관세율은 16%

이다. 그러나 라켓을 수입하는 대부분의 국가와 FTA가 체결되어 있어 라켓의 특혜 관세율은 0%이다.

골프공과 탁구공을 제외한 일반적인 공 balls 의 소호는 제9506.6호이다. 론 테니스 공의 품목번호는 HSK 제9506-61.0000이다.

표 1. 테니스 라켓과 공의 품목 분류

품목번호			품명(한글)	기본세율	양허세율
9506	5		테니스용 라켓·배드민턴용 라켓이나 이와 유사한 라켓(줄을 맨 것인지에 상관없다)		
9506	51	0000	론테니스(lawn-tennis) 라켓(줄을 맨 것인지에 상관없다)	8%	C 16%
9506	59		기타		
9506	59	1000	배드민턴 라켓	8%	C 16%
9506	59	9000	기타	8%	C 16%
9506	6		공(골프공과 탁구공은 제외한다)		
9506	61	0000	론테니스(lawn-tennis) 공	8%	C 16%
9506	62		공기를 넣어 부풀게 하는 것		
9506	62	9000	기타	8%	C 16%

자료: 관세법령정보포털(https://unipass.customs.go.kr/clip/index.do)

테니스 라켓과 공이 분류되는 기타에는 테니스 라켓과 이와 유사한 다른 라켓과 공이 분류될 수 있다. 그러나 한국에서는 테니스 라켓과 유사한 라켓을 사용하는 스포츠가 거의 없고 공도 마찬가지다.

⑴ 프랑스에서 시작된 jeu de paume이 현대의 테니스와 유사했으나 손바닥으로 공을 쳤으며, 론 테니스는 19세기 영국 버밍햄에서 시작되었던 것으로 현대 테니스의 기원으로 보고 있다. 위키피디아, https://en.wikipedia.org/wiki/Tennis, 2021. 7. 4 검색. 2021년 윔블던 테니스 남자 단식에서 우승한 조코비치에게 트로피를 수상한 사람은 영국 왕족인 켄트 공작으로서 그의 직함은 론 테니스협회 회장이었다. 켄트 공작의 론 테니스협회 회장직은 2021년이 임기의 마지막 해였고, 2022년부터는 세자빈인 케이트 미들턴이 영국 론 테니스협회 회장이 된다.

테니스 라켓과 공을 제외한 품목들은 제95류가 아닌 다른 품목 분류표의 류 chapter 에 분류한다. 플라스틱으로 만든 라켓용 줄은 제39류(제3926호), 천연 거트는 제4206호, 인조섬유(제54류) 등으로 분류될 수 있다. 천연 거트와 인조사를 섞어 줄을 만들면 관세율표 통칙에 따라 줄에 본질적 특성을 부여하는 재료에 따라 분류를 해야 한다. 라켓 줄에서 재질이 차지하는 중량, 가격 등을 종합적으로 고려하여 제54류 또는 제42류로 분류한다.

표 2. 테니스 용품의 품목 분류

용품	분류
테니스 라켓용 줄	제39류·제4206호, 제11부(제54류)
운동용구 백(bags)과 그 밖의 용기	제4202호·제4303호·제4304호
운동용 장갑	일반적으로 제4203호
경기장 울타리용 네트와 축구·테니스용 등의 휴대용 망대	일반적으로 제5608호
방직용 섬유로 만든 운동복	제61류나 제62류
운동화	제64류
운동용 모자	제65류
보호용 안경	제9004호
그 밖에 운동용에 사용하는 물품	제91류

자료 : 관세법 별표 관세율표를 참조하여 분류

3. 한국의 테니스 용품 수출입

한국의 테니스 라켓 수입량은 연평균 500-700만 달러(60~80억) 규모로 많지 않다. 다음 표에서 한국이 소량이지만 라켓을 수출하고 있다는 것을 알 수 있다. 라켓 수입량은 매년 10% 정도 증가했으나, 2020년에는 코로나19로 인해 감소한 것을 알 수 있다. 줄을 안 맨 라켓의 평균 중량을 300g이라고 가성하번, 매년 17만 3천 자루에서 24만 6천 자루가 수입되고 있다. 테니스 인구는 정체되어 있지만, 경제적으로 여유가 있는 중장년층이나 은퇴자들이 라켓을 정기적으로 교체하고 있다는 것을 알 수 있다.

표 3. 한국의 론 테니스(lawn-tennis) 라켓 수출입 실적

단위:천 불(USD 1,000) / 톤(TON)

기간	수출 중량	수출금액	수입 중량	수입 금액	무역수지
2016	0.1	16	54.4	4,683	-4,667
2017	0.2	5	55.6	5,261	-5,256
2018	0.0	2	75.1	5,978	-5,976
2019	0.1	5	73.9	6,448	-6,443
2020	0.1	4	52.3	4,129	-4,125

자료: 관세법령정보포털(https://unipass.customs.go.kr/clip/index.do)

한국은 테니스 라켓의 대부분을 중국과 일본으로부터 수입하고 있다. 특히 일본으로부터는 요넥스 브랜드 제품이 주로 수입되는 것으로 보이며, 중국으로부터 윌슨이나 바볼랏 제품 등 선진국의 OEM 제품이 주로 수입되는 것으로 보인다. 단가를 비교해 볼 때 일본으로부터 수입되는 제품의 단가가 중국으로부터 수입되는 제품의 단가보다 높다는 것을 알 수 있다. 한국 라켓 제품이 소량 일본으로 수출되고 있다.

표 4. 국가별 라켓 수입 현황

단위:천 불(USD 1,000) / 톤(TON)

기간	수입 중량			수입 금액		
	중국	일본	일본 비중	중국	일본	일본 비중
2016	46.8	6.6	14%	3,861	760	20%
2017	49.7	4.8	10%	4,565	620	14%
2018	65.9	7.3	11%	4,913	986	20%
2019	67.6	5.5	8%	5,659	739	13%
2020	46.0	4.4	10%	3,435	609	18%

자료: 관세법령정보포털(https://unipass.customs.go.kr/clip/index.do)

테니스공도 매년 400만 달러 정도 수입을 하고 있다. 테니스공을 수출하는 양은 많지 않은 것으로 보아 수입한 공을 재수출하는 것으로 보인다. 테니스공 수입은 많이 증가하거나 감소하지 않고 있다.

표 5. 한국의 론 테니스(lawn-tennis) 공 수출입 실적

단위:천 불(USD 1,000) / 톤(TON)

기간	수출 중량	수출 금액	수입 중량	수입금액	무역수지
2016	1.2	15	467.3	3,436	-3,421
2017	0.0	2	570.2	4,128	-4,126
2018	0.1	1	486.9	3,579	-3,578
2019	1.7	9	542.2	4,190	-4,181
2020	1.7	9	596.1	4,241	-4,232

자료: 관세법령정보포털(https://unipass.customs.go.kr/clip/index.do)

테니스공은 주로 태국과 중국으로부터 수입한다. 중국으로부터의 수입량은 매년 10~19% 정도였으나 2020년에는 36%까지 높아졌다. 2020년에 중국으로부터의 테니스공 수입 증가가 일시적인지 아닌지는 2021년이 지나고 봐야 알 수 있을 것으로 보인다. 중국으로부터 수입하는 테니스공은 6~9% 정도였다. 태국산 공이 중국산 공보다 가격이 높다.

표 6. 국가별 론 테니스 공 수입 현황

단위:천 불(USD 1,000) / 톤(TON)

기간	수입 중량			수입 금액		
	태국	중국	중국 비중	태국	중국	중국 비중
2016	379.3	48.6	13%	2,884	184	6%
2017	453.0	84.1	19%	3,512	300	9%
2018	381.6	70.1	18%	3,009	271	9%
2019	465.3	48.4	10%	3,709	220	6%
2020	420.2	152.4	36%	3,373	647	19%

자료: 관세법령정보포털(https://unipass.customs.go.kr/clip/index.do)

테니스 용품(공)의 무역 통계를 통해 한국에서 테니스 인구가 거의 증가하지 않고 있다는 것을 알 수 있다. 프랑스 파리를 돌아다니다 보면 시내 곳곳에 테니스장이 있고, 주변 초중고등학교 학생이 체육 수업 시간에 테니스를 즐기는 모습을 볼 수 있다. 그리고 유럽 기차여행을 하다보면 마을마다 실내 테니스장이 있어 마을 주민들이 사시사철 테니스를 즐기고 있는 것을 볼 수 있다. 미국의 경우 대학마다 수십 면의 실외 코트와 여러 개의 실내 테니스 코트가 있고, 마을마다 실내외 테니스코트가 있다. 이제 선진국인 한국도 학교 및 생활 테니스 관련 인프라의 확대를 통해 국민들이 마음껏 테니스를 칠 수 있도록 하는 정책 방안이 필요해 보인다.

4. 테니스 용품 휴대 통관

A가 프랑스에서 테니스 용품을 구입하여 한국으로 반입한 것은 수입에 해당하며, 세금을 내야 할까? 우선 내국 물품이 아닌 외국 테니스 용품을 한국으로 반입하면 수입에 해당한다. 따라서 A는 테니스 용품을 수입한 것이다. 대한민국 국민은 면세 한도를 초과하여 외국 물품을 반입하는 경우 수입신고를 해야 한다. 여행자 휴대품 면세 한도는 600달러이다. A의 휴대품 가격이 1,000유로이므로 여행자 휴대품 면세 범위를 초과했다. 따라서 A는 수입신고를 해야 했다.

그럼 A가 수입한 테니스 용품의 관세액은 얼마일까? 먼저 테니스 용품과 관련하여 라켓의 WTO 협정세율은 16%이지만, 한국과 EU는 FTA를 체결하였고, 라켓의 FTA 협정 관세율은 0%이다. 테니스화도 FTA 협정세율은 0%이다. 테니스용 의류와 모자도 대부분 0%이다. 따라서 내야 할 관세는 없다. 그러나 A는 부가가치세를 포함한 내국세와 무신고에 따른 중가산세(40%)를 내야 한다. 그리고 A는 무신고죄로 고발되어 벌금형까지 받을 수 있다(물론 A가 반복적으로 휴대품을 신고 없이 반입한 것이 아니고, 관련 세금을 납부했다면 세관에서 고발하지는 않는다). A가 정상적인 휴대품 신고를 했다면, 면세기준(600불)을 제외한 물품 가격(1000

유로 - 600불)의 10%에 해당하는 내국세인 부가가치세만 내면 반입할 수 있다. A는 세관에 적발되었으므로, 여행자 휴대품 미신고에 대한 가산세(물품가격의 40%)를 추가하여 내야 한다. A가 세금과 가산세를 내지 않으면 세관은 테니스용품을 유치할 수 있다.

A가 세금 없이 라켓과 테니화를 반입하는 방법은 없었을까? A가 라켓과 테니화를 구매한 후 프랑스에서 게임을 했다면, 사용한 중고 라켓에 해당하여 세금없이 라켓을 반입할 수 있다. 물론 시타 정도 했다면 사용한 것으로 보지 않을 수 있다. 그러나 줄을 매고 그립을 감고 게임을 했다면 세관에서 세금을 부과하기 어려울 것으로 보인다. 물론 중고용품으로 인정받기 위해서는 가격표나 라켓 포장물은 모두 현지에서 버려야 한다. 세관에서는 가격표, 물품의 케이스 등을 가져오면 신품으로 취급한다. 현재 중고용품 또는 사용한 물품에 대한 명확한 기준은 없지만 줄을 매고 그립이 감긴 라켓은 신품으로 팔기 어렵다. 따라서 세관에서 세금을 부과할 수 없을 것으로 보인다.

A가 구입한 포도주의 경우 휴대품 면세 한도 600달러와는 별도로 계산하며, 400달러 이하 1병(1ℓ)까지는 면세이다. 따라서 구매한 2병 중에서 나머지 포도주 1병에 대한 관세를 내야 한다. 세금을 내기 싫다면 입국 전까지 소비(마시면)하면 관세를 내지 않는다. 마시다 남아서 코르크 마개를 막고 들고 온다면 어떻게 될까? 재판매 가능성이 없어 소비로 인정될 가능성이 높지만, 보통 사람과 다른 생각을 가진 세관 공무원이 있을 수 있다.

참고문헌

위키피디아, https://en.wikipedia.org/wiki/Tennis, 2021. 7. 4 검색
관세법령정보 포털, https://unipass.customs.go.kr/clip/index.do 2021. 10. 2 검색

18장 단식 테니스 경기의 매력

김우성(스포츠과학과)

1. 시작하는 글

테니스의 경기 방식은 단식, 복식, 혼합 복식으로 구분된다. 이들 세 가지 경기 방식 중에서 가장 많은 사람들의 관심을 끌고 있는 것은 단식이다. 세계적으로 유명한 선수들은 모두 단식 경기에 주력하고 있다. 물론 복식 경기를 전혀 안하는 것은 아니지만. 미디어의 주목도와 상금 규모에 있어서도 복식은 단식과 비교가 되지 않는다.

흔히들 단식 경기를 테니스의 꽃이라고 말한다. 또한 테니스의 참 맛은 단식 경기에 있다고도 한다. 넓은 코트에서 모든 것을 혼자 결정해야 하는 단식 경기에서는 파트너를 탓할 수도 없고, 일정 수준 이상의 체력이 뒷받침되지 않으면 단식 경기에 참가할 수 없다. 왜냐하면 테니스는 팔로 하는 것이 아니라 발로 하는 것이라는 말에서 암시하는 바와 같이 단식 경기를 하기 위해서는 사기 코트를 모두 커버할 수 있을 정도의 체력을 갖추어야 하기 때문이다. 따라서 단식 경기를 한다는 것은 테니스에서 요구하는 신체적·정신적·기술적 능력을 모두 갖추었다는 것을 말해 주는 것이다.

그렇지만 현실적으로 우리나라에서 동호인들이 단식 경기를 즐기기란 그리 쉬운 일이 아니다. 먼저 단식 경기를 할 만큼 코트 수가 많지 않다. 아쉽게도 최근 들어서는 코트가 더욱 줄어드는 추세이다. 특히 아파트 단지에 조성된 테니스 코트가 주차장으로 바뀌는 모습을 볼 때면 동호인의 한 사람으로서 마음 한구석이 짠해지는 느낌을 갖게 된다.

다음으로 단식 경기를 하기 위해서는 코트 전체를 뛰어다니면서 볼을 처리해야 하기 때문에 상당한 수준의 체력이 뒷받침되어야 한다. 그렇지만 대부분의 동호인들은 거의 매일 운동을 하는 선수들이 아니기 때문에 이러한 체력을 갖고 있기가 쉽지 않다. 따라서 대부분의 코트에서 단식 경기는 주로 젊은 동호인들의 몫이다.

우리나라에서 처음으로 단식 동호인 대회를 주관한 단체로는 단식테니스매니아(일명 단테매)를 들 수 있다. 단테매는 1999년 당시 포항공대(현 포스텍) 산업공학과에 재직중이던 서의호 교수님이 만든 온라인 단체로서 다음 Daum 카페에 등록되어 있다. 개인적으로 필자가 포항공대에 재직 중 일 때 서 교수님과 여러 해 동안 단식 경기를 즐긴 적이 있다. 거구의 몸에서 내리꽂는 서브와 포핸드 스트로크가 인상적이었는데 정년퇴직을 하신지 여러 해가 지난 요즘도 단식경기를 하시는지 궁금하다. 서 교수님의 노력으로 단테매는 전국적으로 확산되어 지금은 가장 대표적인 동호인 단식 테니스 운영체로서 자리매김하고 있다.

최근 들어 미국이나 일본 그리고 중국과 같이 테니스의 원형인 단식 경기를 즐기는 대다수의 나라들과는 달리 테니스 환경 자체가 복식 경기 위주로 형성되어 있는 우리나라 동호인 테니스계에도 복식 경기 위주에서 탈피하는 모습을 보이고 있는 것은 무척이나 다행스러운 일이라고 하겠다. 특히 단식 대회가 많이 늘어나고 있고 젊은 층을 중심으로 단식을 치려는 동호인들이 증가하고 있는 추세이다. 테니스코리아 www.tennis.co.kr 에서도 단식 대회 활성화에 힘을 쓰고 있으며, '한국테니스동호인단식연맹'의 출범으로 본격적으로 단식 테니스의 붐이 조성되고 있다(표 1 참조). 또한 최근에는 여성들만 참가하는 대회도 개최되고 있다(표 2 참조).

이 글에서는 일반적으로 복식 경기 위주인 국내 동호인 테니스문화에서 특정인들만이 즐기고 있는 단식 경기가 실제로는 얼마나 유익한 장점들을 많이 갖고 있는가에 대해 살펴봄으로써 동호인들의 단식 테니스문화 활성화에 보탬이 되고자 한다.

표 1. 2020년 KTA 생활체육 남자부 단식 대회

번호	개최월	대회명(그룹)	번호	개최월	대회명(그룹)
1	1	닛시배(신인그룹)	35	7	리더스IT(4그룹)
2		지평오픈(4그룹)	36		닛시배(1그룹)
3	2	대구오픈(3그룹)	37	8	청주PTC(1그룹)
4		지평오픈(3그룹)	38		대구단식(3그룹)
5		닛시배(신인그룹)	39		지평오픈(3그룹)
6	3	전주천지배(1그룹)	40		충주사과배(3그룹)
7		청주PTC(3그룹)	41		닛시배(신인그룹)
8		안동오픈(4그룹)	42	9	청주PTC(3그룹)
9		대구LEE(4그룹)	43		대구LEE(2그룹)
10		지평오픈(신인그룹)	44		지평오픈(2그룹)
11		요양병원배(신인그룹)	45		리더스IT(4그룹)
12		닛시배(3그룹)	46		KAIST오픈(2그룹)
13	4	청주PTC(4그룹)	47		닛시배(4그룹)
14		대구단식(1그룹)	48		경기도 협회장배(2그룹)
15		지평오픈(2그룹)	49	10	대전다솜배(2그룹)
16		닛시배(4그룹)	50		청주PTC(4그룹)
17		낙동강배(신인그룹)	51		대구단식(신인그룹)
18		벼룩시장(3그룹)	52		지평오픈(3그룹)
19		경기도 협회장배(신인그룹)	53		교원대오픈(4그룹)
20	5	청주PTC(신인그룹)	54		JBTA배(1그룹)
21		대구오픈(4그룹)	55		요양병원배(신인그룹)
22		지평오픈(3그룹)	56		닛시배(2그룹)
23		시설공단이사장배(1그룹)	57	11	청주PTC(2그룹)
24		시설공단이사장배(4그룹)	58		대구오픈(2그룹)
25		소양강배(1그룹)	59		지평오픈(신인그룹)
26		닛시배(신인그룹)	60		리더스IT(3그룹)
27	6	청주PTC(3그룹)	61		춘천오픈(3그룹)
28		안동오픈(1그룹)	62		닛시배(신인그룹)
29		대구LEE(3그룹)	63	12	챔피언십(A그룹)
30		지평오픈(신인그룹)	64		청주PTC(2그룹)
31		닛시배(4그룹)	65		대구LEE(3그룹)
32	7	청주PTC(4그룹)	66		지평오픈(3그룹)
33		대구오른(신인그룹)	67		닛시배(4그룹)
34		지평오픈(4그룹)			

표 2. 2020년 KTA 생활체육 여자부 단식 대회

번호	개최월	대회명(그룹)	번호	개최월	대회명(그룹)
1	1	하양오픈(신인그룹)	8	7	하양오픈(신인그룹)
2	2	하양오픈(3그룹)	9	8	홍앤정배(3그룹)
3	3	홍앤정배(4그룹)	10	9	홍앤정배(4그룹)
4	4	홍앤정배(신인그룹)	11	10	홍앤정배(신인그룹)
5	5	홍앤정배(3그룹)	12	11	하양오픈(3그룹)
6		춘천소양강배(3그룹)	13		춘천오픈(3그룹)
7	6	하양오픈(4그룹)	14	12	하양오픈(4그룹)

출처 : https://cafe.daum.net/singlestennis

➡ 그림 1. 연령과 성별에 제한을 두지 않는 단식대회에는 자유로움을 느끼고자 하는 많은 남녀 동호인 고수들이 참가하고 있다.

2. 단식 경기의 매력

모든 것을 본인 스스로 책임지는 단식 경기는 복식 경기에서 맛 볼 수 없는 여러 가지 매력을 갖고 있다. 여기에는 자율적인 게임 운영, 개방적인 대회 분위기, 체력향상, 그리고 규칙 준수 및 경기 매너 중시 등이 포함된다.

아래에 제시된 인용문들은 인터넷 다음 카페의 '단식테니스매니아' 동호회에 정회원으로 활동하면서 서울 및 인천지부에서 매달 열리는 정식모임(일명 정모)과, 전국 동호인 단식 테니스 대회에 참가한 경험이 있는 동호인들로부터 수집한 내용을 바탕으로 한 것이다.

1) 자율적인 게임 운영

복식 경기와 달리 단식 경기에서는 파트너와의 의견충돌이나 파트너 선정의 어려움, 그리고 파트너에 대한 불만 등 파트너와의 불협화음이 거의 없다. 즉 단식 경기는 자기 자신과의 싸움이라고 할 수 있다. 단식 경기를 마치고 나서 자주하는 말들을 살펴보자.

> 단식은 박진감이 넘치는 경기이다. 한 게임을 치더라도 후회없는 경기가 가능하고 본인의 부족한 점을 배울 수 있다. 또한 파트너 때문에 졌다는 뒷말을 할 수가 없다. 1:1로 시합을 했는데 누구를 원망하겠는가?

> 단식은 솔직하게 패배를 인정하고 다음을 기약할 수 있는 계기가 된다. 복식은 이겨도 말이 많고 져도 말이 많다. 나는 잘했는데 파트너 때문에 졌다는 말부터 시작해서 서로 간에 패배의 원인을 떠넘기기 바쁜 경우가 대부분이다.

위에서 열거한 사례를 통해 알 수 있는 바와 같이 단식 경기에서는 파트너를 탓하거나 파트너에 의존하지 않고 본인이 하고자 하는 대로 마음껏 경기를 운영해 나가면서 게임을 즐길 수 있는 경험을 맛 볼 수 있다는 것을 잘 보여 주고 있다.

복식 경기 대회에서 입상을 하기 위해서는 많은 시간을 투자해야 할 뿐만 아니라 자신과 비슷한 혹은 자신보다 나은 실력을 갖춘 파트너와 함께 대회에 나가야 하는데 그러기 위해서는 여러 곳의 동호회에 가입을 해서 많은 시간을 회원들과 함께 보내야 하기 때문에 가족 구성원(특히 배우자)과 갈등을 겪는 경우가 빈번하다.

단식 경기는 모든 것을 스스로 책임지기 때문에 단식 경기에 참가하는 사람들은 좀 더 도전적이고 개척적인 성격이 강한 편이라고 볼 수 있다. 미국이나 유럽과 같은 서양에서 복식 경기보다는 단식 경기를 선호하는 이유도 이와 같은 맥락에서 설명할 수 있다.

서양과는 달리 우리나라에서 동호인 테니스는 주로 복식 경기 위주로 진행되고 있는데 이러한 점은 우리나라만의 독특한 특색이라고 볼 수 있다. 왜냐하면 가까운 일본이나 중국에서도 복식 경기보다는 단식 경기를 많이 하기 때문이다. 이러한 복식 경기 중심의 테니스 문화는 실력에 따른 배타성과 함께 좁은 국토로 인한 시설 부족에 기인한다고 볼 수 있다.

단식 경기를 선호하는 사람들은 테니스의 참 맛을 즐기려면 단식 경기를 해봐야 한다고 주장한다. 즉 단식 경기는 본인의 실력을 바탕으로 경기하기 때문에 자신이 구사하고 싶은 다양한 기술을 마음껏 발휘할 수 있으며, 이를 통해 자신감 향상과 실력 증진에 도움이 된다는 것이다. 따라서 중수 이상의 실력을 갖고 있으면서 전국대회에서 입상한 경험이 있는 동호인들은 복식 경기보다 단식 경기에서 편안함과 함께 게임 후에 만족감을 느끼는 경우가 더 많다. 이와 관련하여 고민수(2005)는 기량이 높은 동호인일수록 복식 경기보다 단식 경기를 통한 여가만족도가 더 높다고 보고한 바 있다.

2) 개방적인 대회 분위기

복식 경기를 재미있게 하기 위해서는 네 사람의 실력이 비슷해야 한다. 물론 실력이 낮은 경우 비슷한 사람끼리 팀을 이루어 레크리에이션 형태로 즐기는 경우가 있기는 하지만 대부분의 경기에서는 경기 결과를 중시하는 분위기가 강하기 때문에 실력이 낮을 경우 동료 회원들로부터 무시를 당하거나 홀대를 받는 경우가 자주 있다. 이와는 반대로 실력이 아주 좋은 경우에는 회원이나 파트너로서 우대를 받게 된다.

테니스를 시작하는 사람들이 누구나 처음에 경험하게 되는 난감한 상황은 같은 클럽의 회원들이 자신과 함께 시합하기를 꺼려 한다는 점이다. 실수를 하게 되면 파트너에게 미안하고, 서브를 넣지 못해 게임 전체의 분위기를 다운시키게 된다. 초보자가 느끼는 이러한 진입장벽은 동호회의 폐쇄성으로 인해 발생하는데 이로 인해 테니스를 조기에 포기하게 되는 악순환으로 이어져 동호인의 수를 감소시키는 주요한 원인으로 작용하고 있다. 이에 비해 단식 대회에는 실력에 의한 차별이나 장벽이 별로 없으며, 서로의 다양성을 인정하는 경향이 강하다. 이를 뒷받침하는 몇 가지 사례를 소개해 보자.

> 전국적인 규모의 단체에서 주관하는 단식대회에는 대부분 신인부가 있어서 테니스를 시작한지 3개월 이상 된 사람이면 누구든지 참가할 수 있다. 여기서 입상이라도 하게 되면 자신감이 증진되고 보다 많은 대회 참가를 통해 실력향상의 길잡이가 되고 있다.

> 처음 대회에 참가할 때는 실력이 없기 때문에 걱정을 많이 했는데 지금은 대회에 참가하는 것이 편하고 좋다. 정모에 참가하면 정말 숨은 고수들이 많다는 것을 알게 된다. 이분들은 게임 후에 조언도 해주고 자신감도 심어 준다. 정말 고마움을 느끼게 해 주는 분들이 많다.

위에서 제시한 사례들은 단식 대회는 복식 대회에 비해 진입장벽이 낮아서 초보자도 쉽게 접근할 수 있으며, 다양한 부류의 사람들과의 교류를 통해 새로운 인간관계를 형성할 수 있으며, 게임이나 개인적인 대화를 통해 더욱 친숙해 질 수 있는 기회가 많다는 것을 보여주고 있다.

테니스는 한번 중독이 되면 벗어나기 힘든 매력적인 운동이다. 그렇지만 처음에 기초기술을 제대로 배우지 않으면 기량 향상이 더딜 뿐 아니라 경기 중에 받는 스트레스로 인해 중간에 그만두는 일이 많은 운동 종목 중의 하나이다.

복식경기에서는 파트너가 나보다 실력이 좋을 때는 경우에 따라 다르기는 하지만 대체로 파트너에게 의존하게 되고, 실수를 했을 때 파트너의 눈치를 보는 경우가 많다. 이로 인해 심리적으로 위축되면서 더 많은 실수를 범하게 된다. 이에 반해 단식경기에서는 이러한 스트레스에서 벗어나 자유롭게 시합을 즐길 수 있다. 특히 전국 각지에서 매월 개최되는 정모는 순수하게 테니스 자체를 즐기기 위한 사람들이 모여 일상에서 벗어나 즐거운 마음으로 스트레스를 해소할 수 있는 장소로서 참가자들의 유대를 돈독히 해주고 있다.

3) 체력 향상

단식경기는 각자의 활동 영역이 구분되어 있는 복식경기와는 달리 넓은 공간에서 혼자 모든 샷을 처리하면서 지속적으로 상대방과 랠리를 해야 하기 때문에 매우 높은 수준의 체력이 요구된다. 이와 관련된 몇 가지 사례를 살펴보자.

> 단식대회에 출전하면서 정말 복식대회보다 힘이 많이 든다는 것을 자주 느꼈다. 단식대회에서 입상하시는 분들은 대단한 체력을 지닌 분들이다. 바람직한 현상은 아니지만 일반적으로 동호인들은 운동 후에 회식을 하면서 과도한 음주를 하게 되는 경우가 많다. 단식대회에 참가하면서 회식에 참가하는 빈도와 술을 많이 줄였다. 왜냐하면 경기 막판에 체력이 떨어져서 힘든 경우가 많았기 때문이다.

> 어느 정도 테니스의 맛을 알게 되면서 단식경기가 진정한 테니스라고 생각해왔다. 그렇지만 우리나라의 테니스 환경이 복식경기 중심이어서 단식경기에 출전할 수 있는 기회가 적었다. 작년에 처음으로 전국 규모의 단식대회에 출전하면서 체력 수준과 스트로크 기술을 확인할 수 있었다. 특히 나의 실력이 어느 정도인지 가늠할 수 있었던 것은 매우 좋은 경험이었다. 요즘에는 거리에 관계없이 거의 모든 단식대회에 참가하고 있다.

위에서 제시한 사례들은 단식경기를 즐기기 위해서는 기본적으로 일정 수준 이상의 체력이 밑받침되어야 하며, 이를 위해서는 철저한 자기관리가 필요하며, 가능한 한 자주 대회에 출전하여 자신의 체력과 실력을 가늠해 보는 노력이 필요하다는 것을 보여 주고 있다.

단식경기는 한 게임당 최소한 30분 이상 코트에서 쉴 새 없이 계속 움직이면서 모든 공을 처리해야 한다. 따라서 일정 수준 이상의 체력을 갖추지 않고서는 단식경기를 즐기기 힘들다. 이러한 점이 나이가 들어 감에 따라 점차 단식경기를 멀리하게 되는 이유이기도 하다. 그렇지만 지금은 장수시대이다. 국내 시니어 대회에도 85세부가 운영되고 있다. 여기에 출전하는 분들은 꾸준히 자기관리를 해 오신 분들이다. 물론 아직까지 단식경기에는 시니어부가 따로 운영되지는 않고 있다. 그렇지만 우리나라에서도 곧 단식대회에 시니어부가 운영될 날을 기대해 본다.

이와 관련하여 국내의 대표적인 테니스 전문잡지인 '테니스 코리아'에서 단식 테니스 경기의 매력을 묻는 설문조사를 실시한 적이 있다. 조사 결과에 따르면 설문 대상자의 약 30%가 '땀'이라고 응답하였다. 이러한 조사 결과를 통해 단식경기는 복식경기에 비해 활동량이 훨씬 많으며, 강한 체력이 요구된다는 것을 확인할 수 있다.

➡ 그림 2. 각 대학에도 단식 경기를 즐기는 교수들이 있지만 그 수는 그리 많지 않다. 위 사진에서 서브를 넣고 있는 60대 중반의 김기창 교수와 리시브를 하고 있는 40대 후반의 원동준 교수의 단식 경기는 여러 해 동안 진행되면서 두 사람의 체력증진에 크게 기여한 것으로 보인다.

또한 단식경기 참가자들은 대부분 하루에 3게임 이상을 소화할 수 있는 강인한 체력을 보유하고 있으며, 전문적인 선수들 못지않게 테니스와 관련된 각종 규칙이나 장비, 그리고 기술적인 부분에 이르기까지 풍부한 지식을 가지고 보유하고 있다. 이와 관련하여 Stebbins(2001)은 진지한 여가 serious leisure 이론을 통해 단식경기 참가자들과 같이 정신적·육체적으로 진지한 마음으로 여가활동에 참가하는 사람들은 어려움을 참고, 전문성을 증진시키고, 기량 향상을 위해 개인적인 노력을 기울이고, 자아 실현이나 자기 만족이 높다고 주장한 바 있다.

4) 규칙 준수 및 경기매너 중시

프랑스의 궁정에서 시작되어 영국에서 오늘날과 같은 정식 경기로 자리 잡은 테니스는 신사의 스포츠로서 다른 어떤 종목보다 매너를 중시하는 경기이다. 그렇지만 동호인 대회의 경우 경기 시작 시간을 지키지 않거나 공이 떨어진 위치를 두고 상대방과 라인 시비를 하거나 서브를 넣을 때 상습적으로 풋 폴트를 범하는 등 테니스인으로서 반드시 지켜야 할 기본적인 예절을 지키지 못하는 경우를 자주 목격하게 된다.

이는 테니스가 공의 속도가 매우 빠르고, 인 아웃에 따라 승패가 갈리는 민감한 스포츠이며, 특히 승부욕이 강한 운동이고 승패에 대한 집착이 강한 운동이라 경기 후 결과에 따른 이해관계가 상당히 복잡하게 형성되기 때문이다. 이와 관련된 몇 가지 사례를 소개해 보자.

단식경기에서는 풋 폴트가 거의 없다. 이에 반해 복식경기에서는 열 명 중에서 아홉 명이 풋 폴트를 한다고 해도 과언이 아니다. 동호인으로서 어울리지도 않는 서브 앤 발리 플레이를 하면서 시작된 것으로 보인다. 동호인 대회를 가보면 세컨 서브한 볼이 상대 코트에 떨어지기도 전에 서비스 박스 가까이 와 있는 경우가 비일비재하다.

단식경기는 심판 없이 셀프 카운트로 진행되지만 오히려 보는 눈이 훨씬 많은 복식경기보다 라인 시비가 거의 없다. 일단 복식경기에서는 한 사람이 무조건 아웃이라고 콜을 하고 파트너가 거들면 게임 끝이다. 이럴 경우 상대방과의 시시비비는 불을 보듯 뻔하다. 상대방은 흥분하고 난장판이 되는 경우가 비일비재하다.

위에서 제시한 사례들은 복식경기가 많아지고 대회 규모에 따라서는 상당한 금액의 상금이 주어지다 보니 생긴 부작용이라고 할 수 있다. 즉 승리에 대한 집착이 강해지면서 이에 따른 지나친 경쟁심으로 인해 동호인 본연의 자세에서 많이 벗어나는 경향이 있다는 것을 보여 주고 있다.

동호인들은 운동을 직업적으로 하는 선수들이 아니다. 선수들은 경쟁을 통한 승리가 우선시되지만 동호인들은 운동을 통해 스트레스를 해소하고 체력을 증진시키는 것을 최우선으로 해야 한다. 승패는 부수적인 것이다. 동호인이 동호인다운 자세를 보여줄 때 몸과 마음이 운동의 효과를 볼 수 있다. 과욕은 금물이다. 그렇지만 동호인도 경쟁에서 지는 것을 반가워할 수는 없다. 그런데 문제는 주객이 전도되고 있다는 점이다. 즉 동호인이 경기에 참가하는 것에 의의를 두지 않고 경기를 통한 부수적인 결과에 더 관심을 두고 있다. 우리나라의 복식 중심 테니스 경기 운영방식, 랭킹점수 획득, 점점 비중이 커지고 있는 대회 상금 등이 이러한 현상을 부추기고 있다.

또한 골프와 더불어 테니스에서 문제가 되고 있는 점이 '내기문화'이다. 내기문화의 장점을 무시할 수는 없다. 일단 내기가 걸리게 되면 경기에 집중하게 된다. 경기에 집중함으로써 열심히 뛰게 되고 이를 통해 많은 운동량을 얻게 된다. 그렇지만 내기가 과열되면 빈번한 풋 폴트나 라인 시비 등 경기 규칙을 위반하게 되고, 파트너의 실수에 대한 질책이 잦아지고, 약한 상대방에 대해 집중적으로 공격함으로써 경기에서 이기는 것을 최우선으로 하는 등 바람직하지 않은 행동을 하게 된다.

3. 맺는 글

시중에 떠도는 말 중에 '9988234'라는 숫자로 구성된 유행어가 있다. 이를 풀어서 설명하자면 99세까지 건강하게(팔팔하게) 살다가 2~3일 정도 아픈 다음에 죽는다는 의미이다. 아마도 나이 들어서도 건강한 삶을 유지하고자 하는 희망을 빗대어 만들어진 말이라고 생각된다.

테니스는 어린 시절부터 시작해서 나이 들어서도 건강한 삶을 영위하고자 하는 현대인의 욕구를 충족시키기에 매우 적합한 스포츠이다. 일류선수들 중에는 걸음마를 배우기 시작하면서 라켓을 든 선수들이 많이 있다는 점과 함께 서울 목동지역에서 103세까지 테니스를 즐긴 동호인 어른이 계신다는 동료교수의 전언은 이러한 사실을 입증하는 사례라고 하겠다.

단식경기는 앞에서 살펴 본 바와 같이 여러 가지 장점을 많이 갖고 있음에도 불구하고 아직까지 많은 사람들이 단식경기의 매력을 모르고 복식경기만 하고 있다는 것은 매우 안타까운 현실이다. 앞으로 동호인들의 단식테니스경기가 활성화되기 위해서는 먼저 단식동호인대회를 주관하는 전국 규모의 단체가 더욱 많아져야 한다. 1999년에 단테매가 조직된지 20년이 넘었지만 아직까지 단식대회를 주관하는 전국적인 조직은 그 수가 적을 뿐만 아니라 조직운영도 매우 영세적인 규모이다. 이러한 문제를 해결하기 위해서는 대한테니스협회와 함께 각 시도테니스협회의 관심과 노력이 필요하다.

다음으로는 테니스 동호인들의 의식이 변화될 필요가 있다. 단식경기는 젊은이들만 하는 경기라는 고정관념에서 탈피해야 한다. 40대에 접어들면 벌써 단식경기는 자신과 관련이 없는 분야라는 인식이 보편적으로 깔려 있다. 그렇지만 지금은 장수시대이다. 40대는 아직 인생의 절반도 넘지 않은 나이라고 볼 수 있다. 본인이 무리만 하지 않는다면 이제는 50대나 60대뿐만 아니라 70대에도 단식을 즐길 수 있는 시대이다. 단지 시도해보지 않고 경험해 보지 않았기 때문에 지레짐작으로 미리 겁을 먹고 도전해 보지 않는 것이 문제이다.

우리가 잘 알고 있는 격언 중에 'Boys, be ambitious!'라는 말이 있다. 이제는 이 말을 'Try it, olders!'로 바꾸어야 할 시대이다. 젊은이들뿐만 아니라 나이 든 사람들도 단식경기를 즐기는 것이 초고령사회를 앞둔 현 시점에서 테니스인들이 보여주어야 할 바람직한 자세가 아닐까 생각된다.

➡ 그림 3. 2021년 하반기 들어 코로나19 사태로 인한 사회적 거리두기 4단계가 장기화됨에 따라 많은 코트에서 단식경기가 활성화되었다는 점은 아이러니라 하겠다. 이랬든 필자가 운동하고 있는 동네코트에서도 50-60대 이상의 동호인들이 야간에 단식경기를 즐기기 시작하게 된 것은 신선한 변화이다.

몇 년 전 환갑 생일 날 딸아이가 집 주방에 걸어 준 축하용 현수막에 쓰여있던 '나이는 숫자, 마음이 진짜'라는 글귀가 떠오른다. 지금도 마음은 20~30대 젊은이들과 단식 한게임을 하고 싶다. 그렇지만 그동안 공이 잘 맞을 때 무리하게 운동을 하다가 부상을 당했던 시행착오를 수 없이 겪어왔기 때문에 이제는 무리하지 않으려고 한다. 그래서 오늘 저녁에는 환갑을 앞둔 동네코트의 최박사(이 친구 아직도 발이 워낙 빨라서 나달을 빗대어 '너덜'로 불림)와 4게임 매치방식으로 단식 한게임을 할까 한다.

참고문헌

고민수(2005). 단식테니스 동호인의 여가제약 및 여가만족. 미간행석사학위논문. 인하대학교 교육대학원.

Stebbins, R.(2001). New directions in the theory and research of serious leisure. Lewiston, New York: The Edwin Mellen Press.

https://cafe.daum.net/singlestennis/NiTw/411

https://cafe.daum.net/singlestennis/NiTw/441

테니스 알쓸신잡, 아홉

유용한 테니스 상식　　민 경 진 (생명과학과)

- **테니스 경기 중 화장실은 언제 그리고 몇 번이나 갈 수 있을까?**

    2021년 호주오픈 경기에서는 화장실 이용을 두고 심판과 선수 간에 고성을 높이는 일이 생겼다. 1회전 경기에서 4세트를 마친 데니스 샤포발로프(캐나다) 선수가 화장실을 가려다 심판에게 제지당하자 강하게 항의한 것이다. 그는 "벌금을 받아도 상관없다" "선수는 소변도 볼 수 없냐"며 항의했지만 이미 이전에 자신의 화장실을 다녀올 수 있는 기회를 다 사용해서 받아들여지지 않았다. 화장실은 언제 그리고 얼마나 자주 이용할 수 있을까? 각 세트와 세트의 사이, 또는 서로 코트 체인지가 이루어질 때 화장실 이용이 가능하고, 3세트 경기에서는 1번, 그리고 5세트 경기에서는 두 번이 허용된다. 생리 현상의 일부인데 왜 화장실 이용 횟수를 제한하는 것일까? 이는 화장실 휴식 규칙을 악용하여 경기의 흐름을 깨기 위한 전략으로 이용할 수 있기 때문이다. 실제로 테니스 경기를 보면 선수들이 땀으로 흠뻑 젖은 상의를 갈아입는 것을 자주 볼 수 있듯이 몸의 수분 상당수가 땀으로 배출되기에 화장실 사용이 필요한 경우는 그리 많지 않다고 한다.

- **라파엘 나달의 물통 이야기**

    2015년 호주오픈 경기 중 물병 하나로 관중과 나달 모두가 웃는 일이 일어났다. 강한 바람에 라파엘 나달의 물병이 쓰러졌고 심판은 볼보이에게 물병을 바로 세워달라고 한 것이다. 그리고 볼보이는 그 유명한 '나달의 물통'을 건드리게 되었는데 관중과 나달 모두가 웃은 것이다. 나달은 매 경기 똑같은 행동을 하는 루틴을 지키는 것으로 유명한데 그의 루틴은 12가지가 된다고 한다. 그중 하나가 이 물통이다. 그는 항상 두 개의 물통을 준비하는데 자신의 발 앞에 비스듬하게 위치시키고 라벨은 코트의 정면을 향하게 둔다. 볼보이가 그 유명한 나달의 물통을 그의 루틴대로 세워 주었기에 나달도 웃고 관중도 환호한 것이다. 경기에 집중하고 일정한 리듬을 유지하게 하는 루틴, 여러분도 가지고 계신지요?

19장

테니스 그랜드 슬램 이벤트

박찬민(스포츠과학과)

1. 시작하는 글

테니스에 직접 참여하여 운동하는 재미 이외에 세계 최고 수준 선수들의 경기를 관람하는 것 또한 테니스로부터 얻는 즐거움이 아닐까? 우리는 일 년 내내 테니스 이벤트를 관람할 수 있는 특권(?)을 가지고 있다. 일 년 내내 전 세계에서 크고 작은 규모의 테니스 이벤트가 열리는데 뭐니 뭐니 해도 테니스 팬들을 열광의 도가니로 몰아넣고 있는 것은 4대 메이저 대회가 아닐까 싶다. 테니스의 매력에 푹 빠진 팬 중에는 4대 메이저 대회로는 부족하여 5대 메이저 대회를 추가하자는 의견도 나오고, 더 나아가 각자의 기준과 분석을 통하여 기존의 테니스대회 중에 어떤 대회를 5대 메이저 대회로 승격시킬 것인가에 대한 논쟁도 활발하게 진행되고 있다.

그럼 누구나 4대 메이저 대회인 그랜드 슬램[1]에 참여할 수 있는 것인가? 아니다.

---

[1] 각 그랜드 슬램 본선 대회에는 총 128명의 선수가 출전하며, 104명은 랭킹에 의하여, 16명은 예선을 통과하는 방식으로, 나머지 8명은 와일드카드를 받아서 출전할 수 있다.

그랜드 슬램에 참가할 방법은 다음과 같은 세 가지 방법이 있다.

첫째, 그랜드 슬램에 등록한 상위 104명[2]에 드는 것

둘째, 그랜드 슬램 예선전[3]에 출전하여 3번을 이기는 것

셋째, 8명에게 주어지는 와일드카드를 받아서 참가하는 것

그랜드 슬램 본선에서 경기하는 대다수의 선수는 자신들의 높은 랭킹을 바탕으로 출전 자격을 얻고 있다. 본선 출전 선수 총 128명 중 104명이 랭킹을 이용하여 참가하고 있으며, 나머지 24자리를 놓고서 전 세계의 수천 명의 프로 선수가 경쟁하고 있다. 하지만, 상위 104명의 선수 중에 부상이나 기타 개인적인 이유로 인하여 대회에 참가하지 못하는 때도 있으니, 대략 110위권에 있는 선수들은 상황에 따라 출전 기회를 가질 수도 있다. 특히 부상으로 인하여 지난 1년간 시합을 참가하지 못한 선수들을 대상으로 부상 이전에 순위가 100위안에 들면 그랜드 슬램 본선에 참가할 수 있도록 하는 '보호랭킹제도'를 시행하고 있는 것이 특이한 점이다.

그랜드 슬램의 본선 진출 선수들은 엄청난 혜택을 받게 된다. 여기서는 '프랑스 오픈'을 예로 들어 본선 진출 선수들이 누릴 수 있는 혜택을 잠시 살펴볼까 한다.

먼저 파리 시내의 공식 호텔들은 조식을 포함한 숙박을 무료로 제공한다. 아울러 프랑스의 푸조 자동차는 선수들과 관계자들을 호텔과 경기장까지 안전하게 이동할 수 있도록 하는 이동 서비스를 제공하며, 연습 시간과 경기 시간에 맞춰 호텔 픽업 서비스도 제공한다.

둘째, 선수들은 풍족한 식사 서비스를 받게 된다. 대략 하루에 120유로 정도의 식사 쿠폰이 AD카드에 자동 입력되므로 수시로 식당이나 카페테리아를 이용할 수 있다.

---

[2] 상위 104명 안에 들려면, 국제테니스연맹 프로대회 (퓨처스, 서키트)와 세계남자테니스협회 (ATP) 챌린저와 투어대회에 출전해 랭킹포인트를 확보해야 한다.

[3] 그랜드 슬램 예선전은 총 128명이 출전하여, 최종 16명의 선수만이 본선대회에 출전권을 얻게 된다. 즉, 각 선수는 3번의 승리를 거둬야만 본선에 진출할 수 있으며, 예선통과자가 본선 대회를 우승하기까지는 10번의 경기를 이겨야 한다. 예선통과자가 우승을 한 경우는 역사상 단 한 번 있었다. 그 주인공은 2021년 US 오픈의 여자 단식 우승자 엠마 라두카누 선수이다.

셋째, 다른 선수들의 경기를 관람할 수 있는 좌석이 따로 준비된다. 필립 샤트리에 센터코트, 수잔코트나 매튜코트 등에서 이루어지는 다른 선수들의 경기를 충분히 관람할 기회도 주어진다.

넷째, 본선 1회전만 올라도 상금(6만 유로/한화로 대략 8천만 원)을 받기 시작한다. 예선전에 출전하는 랭킹 선수들에게는 아주 요긴한 투어 비용이 되곤 한다. 예선 1회전이 1만유로, 예선 결승이 25,600유로인데 본선 첫 경기는 6만유로라니, 2회전만 가도 1억이 넘는 돈이 통장에 들어오게 된다.

한편 예선전을 통과하게 되면 랭킹 포인트도 추가되어 100위권 이내의 랭킹에 진입하게 된다. 과거의 예를 보면 200위권 대의 선수가 예선전을 통과하여 본선에 진출하게 되면 예선전에서 얻은 포인트와 본선에서 이길 때마다 얻어지는 점수가 합산되어 100위권 안에 진입하는 경우가 다반사였다. 즉 본선에 오르게 되면 다른 3개의 그랜드 슬램 대회 본선 진출도 상당히 수월해진다. 순위가 많이 올라 있는 상태이므로 다른 대회 본선에 직행하는 경우가 많아지고, 혹 예선전에 나가게 되더라도 이미 예선전에서 3번이나 이긴 경험이 있으므로 이 또한 경기 운영에 엄청난 도움을 준다. 아울러 예선 대진에서도 1, 2회전에서 강자를 만날 경우의 수가 줄어들며, 예선 3회전만 신중하게 잘 이겨내면 또다시 그랜드 슬램 본선으로 가는 길이 열린다. 추가로 본선으로 갈 경우, 8천만 원 정도의 본선 진출 상금도 받아서 투어의 남은 일정에 매우 쓸모 있는 금전적 도움이 되는 것은 분명하다.

마지막으로 테니스 선수로서 '그랜드 슬램 본선 출전 선수'라는 명예가 평생 계속해서 붙어 다니게 된다. 그 영광스러운 명예는 그랜드 슬램 호적처럼 본인이 떼어 내려야 떼어낼 수 없는 어마어마한 자랑거리임이 틀림없다. 이렇게 좋은 혜택을 누릴 수 있으니 선수로서는 얼마나 영광스러운 일이겠는가…. 그럼 평생 한 번쯤 뛰어 보고 싶은 그랜드 슬램 대회에는 각각 어떤 특징들이 있는지 알아보도록 하자.

2. 테니스 그랜드 슬램 (Grand Slam) - 4대 메이저 대회

국제테니스연맹 International Tennis Federation, ITF 이 관장하는 수많은 테니스 대회 중에 가장 권위가 높고 역사적으로도 명성이 있는 그랜드 슬램 대회, 즉, 호주오픈 테니스 선수권대회, 프랑스오픈 테니스 선수권대회, 윔블던테니스대회, US오픈 테니스 선수권대회를 테니스의 4대 메이저 대회라고 칭한다. 세계적으로 최상위 레벨의 선수들이 참가하는 대회들이기 때문에 경기력은 의심할 여지가 없을뿐더러 그 밖에 다양한 화젯거리가 풍성한 대회들이기도 하다. 지금부터 4대 메이저 대회를 하나하나 알아가 보도록 하자.

1) 호주오픈 대회

대회명	지역 및 위치	기간	특징
호주오픈 (Australian Open)	호주 빅토리아주 멜버른 멜버른 파크 (Melbourne Park)	매년 1월 중순경	1905년 창설 잔디코트(1905-1987) / 하드코트(1988년 이후) 총상금 A$71,000,000 (호주달러) 우승자 A$4,120,000 (호주달러) 최다 우승 남성 - 노박 조코비치 (9회) 최다 우승 여성 - 마가렛 코트 (11회)

매년 1월에 세계 4대 그랜드 슬램 대회 중 가장 먼저 개최되는 것이 호주 오픈 (또는 오스트레일리아 오픈)이다. 호주 오픈은 '테니스 오스트레일리아'에서 주관하고 있으며, 1905년 대회 창설 당시에는 '오스트레일라시아 선수권' 대회였다.

그 이후 1927년에 '오스트레일리아 선수권'으로 이름을 바꾸고, 1969년부터는 프로선수들의 참가를 허용하며 현재와 같이 '오스트레일리아 오픈'으로 대회명을 바꾸었다.

오스트레일리아 오픈은 남자 및 여자 단식, 남자 및 여자복식, 혼합복식, 그리고 주니어 및 시니어 경기부문으로 이루어져 있다. 메인 코트[4]인 로드 레이버[5] 아레나 Rod Laver Arena 와 멜버른 아레나 Melbourne Arena 는 불볕더위나 우천 등 기상 상황에 따라 조절이 가능한 개폐식 지붕을 갖추고 있다. 2008년까지 실내경기가 가능한 그랜드 슬램은 오스트레일리아 오픈이 유일했으나 2009년부터는 윔블던도 센터코트를 개폐식 지붕으로 설치함으로써 기상 악화로 인한 경기에도 대비할 수 있게 되었다.

오스트레일리아 오픈은 1987년까지 잔디 코트를 사용하다가 1988년부터는 하드 코트를 사용하고 있다. 1988년부터 2007년까지 20년 동안은 '리바운드 에이스 Rebound Ace' 종류의 하드 코트를 사용하다가 2008년부터는 안정성이 우수하고 열에 의한 변형이 적은 '플렉시쿠션 Plexicusion'으로 교체하여 사용하고 있다. 한편 플렉시쿠션은 US 오픈에서 사용하고 있는 '데코터프'와 유사하다는 것으로 도입할 때 논란을 불러오기도 하였다.

대회는 매년 70만 명 이상의 관중을 동원하고 있으며, 오스트레일리아의 폭염에 맞서서 경기해야 하므로 선수 중에 심한 더위에 취약하다면 호주오픈에서 좋은 결과를 얻기는 매우 힘들다는 게 정설이다. 따라서 Top 랭킹 선수들도 업셋[6]을 당하는 경우가 종종 있다. 예전에는 다른 그랜드 슬램 대회들과 비교해 상금도 적고 역사도 짧아서 선수들이 선호하지 않았던 적도 있지만 현재는 상금 규모도 커지고 1분기에 열리는 마스터스 1000, 인디언웰스 오픈, 마스터스 1000 마이애미 오픈 등을 준비하는 차원에서 선수들의 선호도가 점점 높아지고 있다. 아울러 대한민국의 정현 선수가 2018년 호주오픈 4강에 진출했던 대회이기도 하다.

---

[4] '센터코트 (Center Court)'라고도 불린다.
[5] 호주 출신 테니스 전설
[6] 높은 순위의 선수가 아래 순위의 선수에게 경기를 지는 상황

2) 프랑스오픈 대회

대회명	지역 및 위치	기간	특징
롤랑가로스 (Roland Garros) - 프랑스 오픈 (The French Open)	프랑스 파리 롤랑가로스 경기장 (Stade Roland Garros)	매년 5월 중	1891년 창설 클레이코트(앙투카)[7] 총상금 €34,367,215[8] 최다 우승 남자단식 - 라파엘 나달 (우승 14회) 최다 우승 여자단식 - 크리스 에버트 (우승 7회)

    호주오픈에 이은 두 번째 그랜드 슬램 대회는 프랑스 파리에서 매년 5월에 열리는 프랑스오픈이다. 프랑스 조종사의 이름을 따서 롤랑가로스 Roland Garros 라는 명칭으로 더욱 잘 알려진 대회이다. 그랜드 슬램 대회 중 유일하게 클레이 코트(앙투카)를 사용하는 대회이다. 유리병에 담긴 앙투카는 프랑스 오픈의 인기 높은 기념품 중의 하나이다. 아무래도 클레이 코트에서 경기하다 보니 비가 오면 경기를 중단하는 상황이 연출 될 때가 있으며, 유일하게 호크아이(비디오판독)를 사용하지 않는 그랜드 슬램 대회이기도 하다. 클레이 코트이다 보니 바닥에 남는 공 자국을 통하여 판독하는 것을 원칙으로 하고 있다.

    선수들은 호주오픈 종료 후에 4월 초부터 5월 중순까지 몬테카를로 오픈을 시작으로 마드리드 오픈, 로마 오픈 등의 유럽 이벤트를 돌면서 클레이 코트에 적응한다. 그리고 클레이 코트의 마지막 화룡점정을 찍는 대회가 바로 '롤랑가로스(프랑스오픈)'이다. '흙신'이라고 불리는 스페인의 라파엘 나달 선수는 이 대회에서만

---

[7] 앙투카(en tout cas)는 불에 구워 분쇄한 흙(벽돌)을 사용하는 붉은색의 흙. 코트 한 면에 들어가는 앙투카의 양은 대략 1톤이며, 일반 클레이코트보다 탄력성이 좋아서, 랠리가 많이 나오는 경우가 많다.

[8] 프랑스오픈은 2019년까지 상금 규모는 2.64배가 되었지만, 상금 인상에도 불구하고 그랜드 슬램 대회 중에 우승자의 상금 비율이 가장 작은 대회이다.

14회 남자단식 우승의 독보적인 성적을 보여주고 있다. 현역 시절 200주 이상이나 세계랭킹 1위를 지냈던 미국의 피트 샘프라스 선수도 결국 이 대회에서 우승을 하지 못하여 커리어 그랜드 슬램을 달성하지 못하고 은퇴하기도 했다.

롤랑가로스는 1981년 이후로 가장 훌륭한 스포츠맨십을 보여 준 선수에게 '오랑쥬 상 Prix Orange'을, 가장 인상적인 경기를 보여 준 선수에게는 '시토롱 상 Prix Citron'을, 또한 한 해 동안 가장 놀라운 성적을 보여 준 선수에게는 '부르종 상 Prix Bourgeon'을 수여하는 전통이 있다. 또한 정식 대회 전날에는 베니 베르트 전시회인 전통 행사를 통하여 전 세계 최고의 테니스 선수들을 초대하고 행사를 통해 얻은 수익금 전액을 자선단체에 기부하는 선행을 하고 있다.

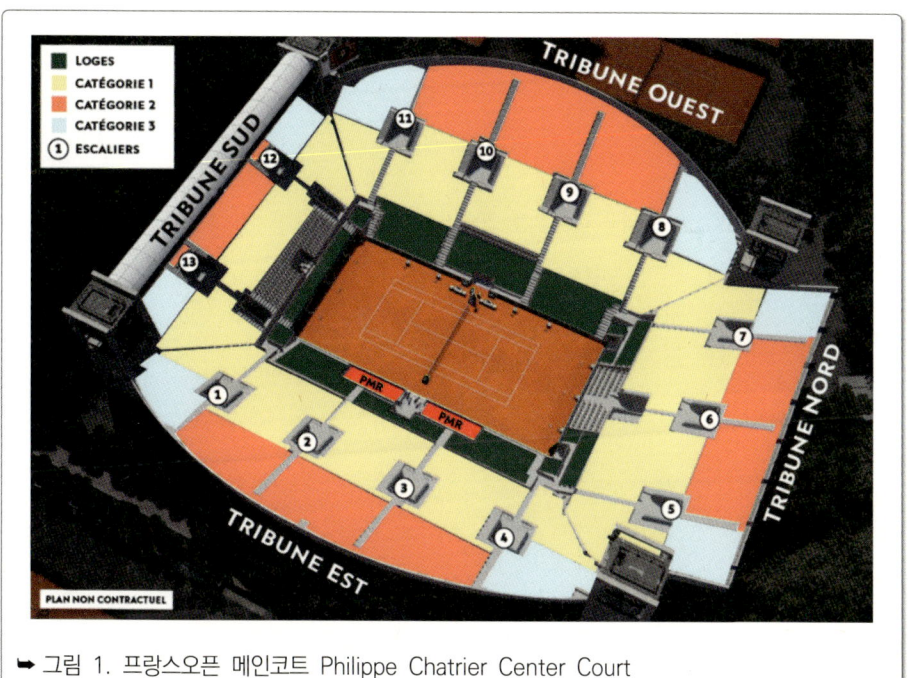

➡ 그림 1. 프랑스오픈 메인코트 Philippe Chatrier Center Court

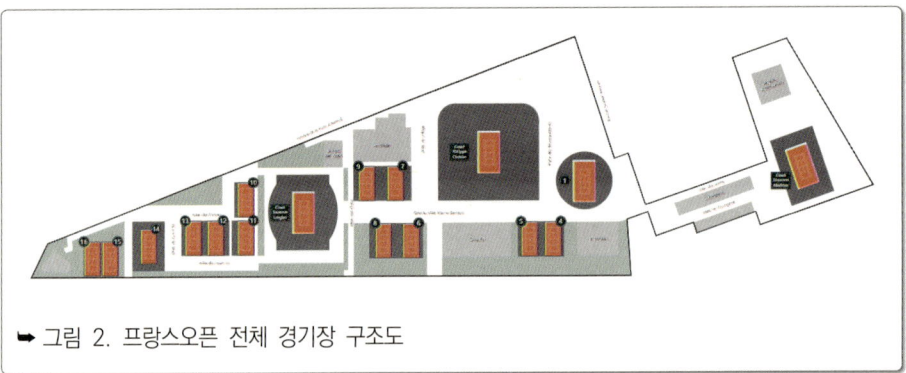

➡ 그림 2. 프랑스오픈 전체 경기장 구조도

3) 윔블던 챔피언십

대회명	지역 및 위치	기간	특징
윔블던 챔피언십 (The Championships, Wimbledon)	영국 런던 머튼 윔블던 올 잉글랜드 테니스 클럽 (The All England Lawn Tennis & Croquet Club)	매년 6월 4주 차 ~ 7월 1주 차 즈음	1877년 창설 잔디코트/야외 총상금 £35,000,000 (영국 파운드) 최다 우승 남자단식 - 로저 페더러 (우승 8회) 최다 우승 여자단식 - 마르티나 나브라틸로바 (우승 9회)

　다른 메이저 대회는 '오픈 Open'이라고 불리지만 영국에서 열리는 대회는 영국 오픈이라 하지 않고 공식 대회 명칭을 '더 챔피언십 The Championship, Wimbledon'이라고 쓰고 윔블던이라고 부른다. 세계에서 가장 오래된 테니스 토너먼트라는 최고의 권위와 전통을 가진 대회로 꼽히고 있다. 윔블던은 그랜드 슬램의 아버지, 즉 원조를 자칭하며 다른 그랜드 슬램과는 달리 이름을 쓰면서 나름의 규칙을 적용하고 있다.

전체 경기장에서 메인 코트는 다른 코트들의 중앙에 위치하게 배치되었으며, 메인 코트를 '센터코트 Centre Court'라 이름 붙이게 된 이유이기도 하다. 윔블던 챔피언십은 잔디 코트에서 열리는 유일한 그랜드 슬램 이벤트로 자부심이 상당하기에 그만큼 잔디 관리를 철저하게 하고 있다. 100% 다년생 라이 글라스가 뿌려지고 일 년 내내 정성 들여 관리하며, 챔피언십 기간 동안 최고 높이 8mm에 맞추도록 준비하고 관리한다. 잔디 코트의 특성상, 서브가 강한 선수들이 좋은 성적을 내는 대회로 유명하기도 하다. 이는 잔디와 공의 마찰로 인해 공의 속도가 빨라지는 영향도 있지만 이보다는 경기가 지속될수록 잔디가 패고 닳아 없어지면서 볼의 바운드가 불규칙적으로 발생함으로써 서비스 리턴에 어려움을 많이 겪는다는 의견이 지배적이다.

윔블던에서는 남자 단식 우승자에게는 은으로 도금이 된 우승컵을 수여하는데 이 우승컵은 1887년부터 사용되었으며, 'All England Lawn Tennis Club Single Handed Championship of the World'라는 문구가 새겨져 있다.

윔블던 테니스 대회는 1라운드 경기만 뛰어도 한화로 6000만원이 넘는 고액의 상금을 받을 수 있는 것으로도 유명하지만 그만큼 많은 상금을 받는 대회이니만큼 까다로운 규정으로 더욱 잘 알려져 있다. 2018년도 대회 1라운드에서 당시 세계 랭킹 96위였던 버나드 토믹(호주)은 총 경기 시간 58분을 성의 없이 대충 경기를 했다는 대회 본부의 판정으로 한 경기에서 받을 수 있는 6600만 원의 벌금을 내도록 조치했다. 이 외에도 토믹은 아픈 척을 하며 경기를 지연한 것으로도 벌금을 낸 경험이 있는 벌금 단골이기도 하다.

또한 발리 플레이를 하러 나온 상대 선수를 정면으로 겨냥해 몸을 맞추고 경기 내내 심판에게 불만을 표시하고 언성을 높인 코트의 악동 키리오스는 1,000만 원 벌금 판정을 받기도 했다. 경기 도중 윔블던 대회에 대한 비하 발언을 하거나 라켓을 집어 던지는 행위에 대해서도 엄중하게 벌금을 내도록 조치하고 있다.

윔블던 챔피언십의 대회 규정 중 가장 많이 알려진 것이 바로 선수 복장 규정이다. 이 선수 복장 규정은 매우 엄격하고 독특한데, 선수는 모든 코트의 경기와 연습 세션 동안 윔블던 복장 규정을 엄격하게 따라야만 한다. 일단 선수는 'All

White(올 화이트)' 드레스 코드를 지켜야만 한다. 흰색 유니폼을 입는 것은 기본이고 대회조직위원회는 2014년부터 선수들의 속옷조차 흰색으로 통일하도록 규제하고 있다. 즉 안에 입는 모든 종류의 속옷 또한 흰색이어야 하며, 심지어 신발의 밑창도 흰색으로 하라는 엄청난 압박을 받고 있다.

'윔블던 복장규정 7항 - 모자, 헤드밴드, 두건, 손목밴드, 양말은
모두 흰색이여야 하고, 10mm가 넘게 색깔이 들어갈 수 없다.'

➡ 그림 3. 올 화이트로 경기중인 세레나 윌리엄스 선수

평소 컬러플한 복장을 선호하는 것으로 알려진 세레나 윌리엄스 선수도 윔블던 대회에서만큼은 까다로운 복장 규정을 피해 갈 수는 없어 흰색 유니폼을 입고 경기에 임하고 있다. 2021년 윔블던 예선전에서는 네덜란드의 인디 데브룸 선수가 심판으로부터 모자의 안쪽이 매우 하얗지 않다는 지적을 받기도 해 논란이 있었다.

선수들뿐만 아니라 윔블던 일부 관객들도 드레스코드로부터 100% 자유로울 수 없다. 특히 윔블던의 로열 박스에 앉는 관객들의 경우 남성은 정장차림이어야 하며, 넥타이를 꼭 매야 한다. 로열 박스 여성 관람객의 경우 정장을 입되 모자를 써서는 안 된다. 이는 뒤에 앉은 관객의 시야를 가릴 수 있는 상황 때문이다. 이 로얄 박스의 경우는 입장권을 사서 입장할 수 있는 좌석이 아니며, 영국이나 외국의 왕실 관계자, 정부 대표, 테니스 관련 인물 등 저명한 인사들만 들어갈 수 있다고 알려져 있다.

4) US오픈 대회

대회명	지역 및 위치	기간	특징
US 오픈 (US Open)	미국 뉴욕주 퀸스 프러싱 매도우 코로나 파크 USTA 빌리진킹 국립 테니스 센터 (USTA Billie Jean King National Tennis Center)	매년 8월 말 ~ 9월 초	1881년 창설 하드코트 총상금 $57.5 million [9] 우승자 $3,850,000 (약 45억 원) 최다 우승 남자 (단식)- 리차드 시어즈/ 윌리엄 란드/ 빌 틸던 (우승 7회) 최다 우승 여자(단식) - 몰라 마놀리 (우승 8회)

마지막 메이저 대회인 US 오픈은 매년 8월 말에서 9월 초 경에 미국의 뉴욕주에 있는 테니스 전용 경기장에서 열린다. 8월에는 마스터스 1000레벨의 캐나다 마스터스와 신시내티 오픈을 포함하여 5개의 하드 코트 대회가 연달아 개최되고, US 오픈 이후로 상하이 오픈과 파리오픈을 거쳐 11월에 이탈리아의 토리노에서 ATP 파이널스 경기를 마지막으로 한 해 시즌을 마무리하게 된다.

현재는 US 오픈으로 잘 알려진 이 대회는 원래 '유나이티드 스테이츠 내셔널 챔피언십 United States National Championship'으로 불리던 이벤트였다. 1881년부터 시작된 이 챔피언십은 처음에는 몇 년간 남자 단식 경기만을 개최했으며, 미국 론 테니스 협회에 등록된 선수들에게만 참가 자격이 주어졌었다. 이후 1887년에 여자단식이 추가되고, 1889년에는 여자 복식과 혼합 복식이 추가되었다. 남자 복식은 가장 마지막으로 1900년도에 추가되었다. 1911년까지는 지난 대회 우승자가 결승전에 자동으로 진출하여 있는 상황에서 새로운 결승 진출 도전자와 결승전을

---

[9] 그랜드 슬램 대회 중 총상금이 가장 많은 대회이다.

치르는 타이틀 방어전 형식으로 진행되었다. 이후 1968년 US 오픈 챔피언십으로 대회 명칭을 바꾸면서 각각 진행되던 남자 단복식, 여자 단복식, 혼합 복식을 통합하여 개최하게 되었다.

유독 US 오픈은 최초라는 수식어를 많이 붙이고 있는 그랜드 슬램 대회이다. 가장 먼저 5세트 타이브레이크를 적용한 그랜드 슬램이다. 전통적으로 그랜드 슬램 대회에서는 5세트는 6-6 게임이 되었을 때 타이브레이크를 적용하지 않고 연장 세트를 진행하였다. 그렇지만 US 오픈은 1970년도부터 최초로 마지막 5세트에 타이브레이크를 적용하여 진행하고 있으며, 2019년에 호주오픈과 윔블던도 이 제도를 도입하여 운영하고 있다.

또한 US 오픈은 최초로 남녀의 상금을 동등하게 적용한 그랜드 슬램 대회이다. 1973년 동일 상금 분배를 한 이후 다른 그랜드 슬램 대회들도 동일 상금을 적용하고 있다(호주오픈, 2001년 / 프랑스오픈 2006년 / 윔블던 2007년).

지금은 그랜드 슬램 대회 중 잔디 코트를 사용하는 대회가 윔블던이 유일하지만 1975년 이전까지는 US 오픈도 잔디 코트에서 진행되었다. 1975년 이후, 잔디 코트를 클레이 코트로 바꾸고, 야간 경기를 할 수 있도록 라이트 장비를 완비하였다. 하지만, US 오픈의 클레이코트 이벤트는 오래가지 않았다. 클레이 코트를 사용한 지 3년 만에 메인 코트를 현재 위치인 플러싱 메도우 USTA 내셔널 테니스 코트(루이 암스트롱 스타디움)로 옮기면서 클레이 코트 방식에서 하드 코트 방식으로 바뀌게 되었다. 1997년에는 US 오픈 최초 남자 단식 우승자(1968년) '아서 애쉬'의 이름을 따서 '아서 애쉬 스타디움'을 개장하고 메인 코트를 옮기게 되었다.

US 오픈은 2005년부터 코트의 색을 투톤 two-tone 으로 변경하였는데, 모든 바닥이 초록색이던 것을 코트 안쪽은 파란색으로 바꾸게 되었고, 이를 'US 오픈 블루'라 부르게 되었다. 또한 2006년부터는 'USTA 내셔널 테니스 코트'라는 이름 대신에 테니스의 전설 빌리진 킹[10]을 기리기 위한 목적으로 '빌리진 킹 내셔널 코트'

---

[10] 빌리진 킹은 그랜드 슬램에서 단식 12회, 복식 16회, 혼합복식 11회의 우승경력을 가진 미국의 은퇴 테니스 영웅이다. 그녀는 레즈비언으로 커밍아웃 한 최초의 운동선수이기도 하다.

라는 이름을 사용하게 되었다. 이제는 테니스 이벤트에서 쉽게 볼 수 있는 '호크아이 Hawk-eye'⁽¹¹⁾가 도입된 최초의 그랜드 슬램 대회이기도 하다.

현재 US Open Director는 전 WTA CEO 인 스테이시 엘러스터로 2020년에 취임하였고, USTA의 프로 테니스 최고 경영자이면서 140년 역사상 최초의 여성 감독이기도 하다.

한편 대회마다 사용하는 공인구 Official Ball 의 공급자들도 다양하다. 롤랑가로스는 바볼랏 Babolat, 윔블던은 영국 토종 슬레진저 Slazenger, 호주오픈과 US 오픈은 윌슨 Wilson 이 공인구 공급자들이다. 특히 윌슨은 1978년 이래로 40년 넘게 US 오픈 공인구 지위를 지키고 있다.

➡ 그림 4. 4대 메이저 대회 공인구

지역	지역별 US 오픈 공식 중계 방송사
미국	ESPN
캐나다	TSN (The Sports Network) + RDS (Réseau des sports)
유럽 전역	Eurosport
영국	Amazon Prime
아시아	Fox Sports
중동	BeIn Sports

⁽¹¹⁾ 전자라인 판독 시스템으로 5-6대 이상의 카메라가 공의 궤적을 3D로 재구성하여 시각적으로 분석하는 시스템이다. 2006년 3월 지금의 소니 에릭슨 오픈에서 전체 테니스 이벤트 중 가장 처음 사용되었고, 2006년 US오픈에서 그랜드 슬램 대회에는 처음 사용되었다. 이후, 2007년부터 호주 오픈과 윔블던에도 같이 적용하고 있다.

참고문헌

프랑스오픈 메인코트 Philippe Chatrier Center Court.
  https://www.tennistours.com/french-open/seating-guide/
프랑스오픈 전체 경기장 구조도
  https://commons.wikimedia.org/wiki/File:2019_French_Open_map-fr.svg

4대메이저대회 공인구
프랑스오픈공인구
  https://www.flickr.com/photos/43555660@N00/27425119265
윔블던공인구
  https://m.blog.naver.com/PostView.naver?isHttpsRedirect=true&blogId=tennispeople_kr&logNo=221044672321
호주오픈
  https://commons.wikimedia.org/wiki/File:2013_Australian_Open_IMG_3919_(8395653225).jpg
US오픈
  https://www.maxpixel.net/Background-Competition-Bat-Play-Tennis-Ball-Sport-3240416

20장

위대한 테니스 선수들과 그들의 업적

박찬민(스포츠과학과)

1. 테니스 이벤트의 포인트 시스템

어떤 스포츠이건 간에 선수들을 평가하는 지표로 흔히 쓰이는 게 랭킹 또는 포인트 시스템이다. 테니스도 예외는 아니다. 테니스도 포인트를 통한 랭킹 시스템을 적용하여 선수들의 성과를 산정하는 지표로 삼고 있다. 이러한 포인트를 통한 랭킹 시스템은 남자부 ATP의 경우 1973년 8월 23일 도입되어 시행되고 있으며, 여자부 WTA의 경우, 남자부보다 2년 정도 뒤인 1975년 11월 3일 도입되어 실시되고 있다.

현재 남녀 세계 1위 재위 기간의 Top 10 선수들의 기록을 아래에서 확인할 수 있다. 은퇴한 선수들까지 포함하여 작성된 이 표에서 보면 현재 남녀를 통틀어 은퇴한 슈테피그라프 Steffi Graf, 독일 선수가 가장 오랜 시간 1위를 한 기록을 보이고 있으며, 현재 남자부 통산 1위인 노박 조코비치 Novak Djokovic, 세르비아 가 매주 최장 기록을 경신하고 있다. 만약 이대로 세계 1위를 유지한다면 2022년 6월 무렵에는 그라프를 뛰어넘어 남녀 통산 1위에 등극할 수 있다는 산술적 계산 결과가 나온다.

표 1. 남녀 통산 세계랭킹 1위 선수와 재위 기간

선수	통산 세계랭킹 1위 재위 기간 (2022년 2월 1일 현재)
슈테피 그라프 (독일)	377주
노박 조코비치 (세르비아) - 현역	358주
마르티나 나브라틸로바 (미국)	332주
세레나 윌리엄스 (미국) - 현역	319주
로저 페더러 (스위스) - 현역	310주
피트 샘프라스 (미국)	286주
이반 렌들 (미국)	270주
지미 코너스 (미국)	268주
크리스 에버트 (미국)	260주
라파엘 나달 (스페인) - 현역 마르티나 힝기스 (스위스)	209주

그럼 랭킹을 위한 포인트는 어떻게 얻을 수 있을까? 그랜드 슬램 대회를 포함해서 남자부 ATP 투어와 여자부 WTA 투어에 출전하여 얻어진 결과를 바탕으로 포인트를 부여받고, 대회마다 얻은 포인트를 모아서 랭킹을 정하게 된다.

세계 테니스의 최정상급 선수들은 매년 1월 첫째 주부터 11월까지 진행되는 남자프로테니스 투어 ATP Tour 와 여자프로테니스 투어 WTA Tour 대회에 출전하여 경쟁하지만, ATP 투어와 WTA 투어 이름이 붙어있는 대회라 해도 다 똑같지는 않다. 즉 투어에도 등급이 존재한다. 다음의 포인트 관련 표에서 볼 수 있듯이 대회의 규모 및 수준에 따라서 대회에서 얻을 수 있는 포인트도 다르므로 선수들마다 포인트를 얻기 위한 전략도 필요하다. 이렇게 모여진 포인트를 통한 랭킹의 적용은 다른 토너먼트 대회의 참가를 위한 시드 배정이나 자격 부여 qualification 의 근거로 활용되며, 포인트는 각 대회가 끝나면 바로바로 쌓이게 되고, 랭킹의 업데이트는 매주 월요일에 진행된다.

표 2. 남자대회 ATP Tour 종류 및 포인트

남자대회	분류	대회 개수	우승자 랭킹 포인트
ATP Tour	그랜드 슬램 (메이저대회)	4	2000
	마스터스 1000 시리즈	9	1000
	마스터스 500 시리즈	13	500
	마스터스 250 시리즈	40	250

표 3. 여자대회 WTA Tour 종류 및 포인트

여자대회	분류	대회 개수	우승자 랭킹 포인트
WTA Tour	그랜드슬램(메이저 대회)	4	2000
	프리미어 의무대회	4	1000
	프리미어 5	5	900
	프리미어	12	470
	인터내셔널 토너먼트	32	280

2. 과연 누가 최고의 선수인가?

우리는 테니스 역사를 통틀어 누구를 가장 위대한 선수라 칭할 수 있을까? 이러한 지표를 나타내는 재미있는 수치가 있는데 바로 '고트 G.O.A.T / Greatest Player Of All Time'라는 용어를 사용하고 있다. '누가 테니스계의 고트냐?' 라는 난제에는 늘 논란은 끊이지 않는다. 사실 시대마다 훌륭한 선수들은 늘 존재해 왔고, 선수마다 가지고 있는 장점이 다르듯 추구하는 플레이 스타일이 다르고, 라이벌 관계를 통한 서로의 성장에 도움을 주는 환경들이 다양한 변수로 다르게 적용됐기에 누구 한 명을 최고의 선수라고 칭하는 것 자체가 무리수일지도 모르겠다. 그런데도 우리는 꼭 한 명의 최고의 선수를 선택하기를 갈망하고 있고, 이를 위해 더욱 체계적인 포인트 시스템의 도움을 받음으로 인해 그 논란의 답을 제시하고 있다. 은퇴 선수를 포함하여 역대 최고의 플레이어 상위 20위를 아래 표에서 확인할 수 있다. 이 랭킹을 산정하면서 기준이 되는 다양한 포인트에는 토너먼트 포인트, 랭킹 포인트(년말 랭킹 포인트, 커리어하이 포인트 등) 이외에도 여러 포인트(그랜드 슬램 대회에서 몇 라운드까지 진출했느냐? 올림픽에서는 몇 라운드까지 진출했느냐? 등등)가 각각의 방식에 따라서 다르게 적용되어 최종 G.O.A.T 포인트를 산출하는 데 활용되고 있다. 매우 체계적이고 객관적인 지표를 통하여 역사상 최고의 선수를 가려내는 데 요긴하게 쓰이고 있다. 이 지표는 Ultimate Tennis Statistics[1] 라는 사이트에 가면 실시간 업데이트된 자료를 보실 수 있다.

표 4. 역대 상위 20명 GOAT 포인트(2022년 2월 첫째 주 기준)

Rank	Name	Pts	Tourn P	Rank P	Ach P	GS	TF	AF	M	O	BT	T	W@1
1	Novak Djokovic	966	528	216	222	20	5	0	37	-	62	86	358
2	Roger Federer	933	566	199	168	20	6	0	28	-	54	103	310
3	Rafael Nadal	866	511	177	178	21	0	0	36	1	58	90	209
4	Jimmy Connors	616	402	151	63	8	1	2	20	-	31	109	268
5	Ivan Lendl	606	395	141	70	8	5	2	18	-	33	94	270
6	Pete Sampras	523	316	140	67	14	5	2	11	-	32	64	286
7	John McEnroe	514	321	128	65	7	3	5	17	-	32	77	170
8	Bjorn Borg	483	254	132	97	11	2	1	11	-	25	66	109
9	Andre Agassi	417	292	82	43	8	1	0	17	1	27	60	101
10	Rod Laver	389	202	101	86	5	0	2	18	-	25	72	219
11	Boris Becker	369	267	61	41	6	3	2	12	-	23	49	12
12	Stefan Edberg	328	243	62	23	6	1	0	6	1	14	42	72
13	Andy Murray	315	228	55	32	3	1	0	14	2	20	46	41
14	Mats Wilander	243	179	38	26	7	0	0	8	-	15	33	20
15	Guillermo Vilas	242	191	32	19	4	1	0	3	-	8	62	0
16	Ilie Nastase	228	163	46	19	2	4	0	6	-	12	65	88
17	Ken Rosewall	220	159	40	21	4	0	2	7	-	13	40	26
18	Arthur Ashe	211	174	23	14	3	0	1	4	-	8	45	0
19	John Newcombe	210	160	35	15	5	0	1	6	-	12	41	8
20	Lleyton Hewitt	181	114	52	15	2	2	0	2	-	6	30	80

[1] https://www.ultimatetennisstatistics.com/goatList 참조.

현재 세계 남자 테니스를 이끌고 있는 3명의 빅타임 Big-Time 선수는 바로 노박 조코비치(세르비아), 라파엘 나달(스페인), 그리고 로저 페더러(스위스)임에 이견을 제시하기는 쉽지 않을 것이다. 이 세 선수의 시대는 2008년 조코비치가 첫 메이저 타이틀인 호주오픈 우승을 차지한 이후부터 13년째 이어져 오고 있다. 이들 빅3 선수들이 활약하고 있는 현시대를 일컬어 '페나조 시대'라고 부르기도 하며, 이들이 행한 이벤트는 항상 드라마 같이 회자되기도 한다.

현재 두 선수는 30대 중반이고, 페더러는 40대 초반임에도 불구하고 여전히 20대 선수들의 도전에 당당히 맞서며, 이제는 라이벌이라기보다는 동반자로서 각자의 성장에 자극제로 활용하며, 서로에게는 존경심을 갖고 대하는 성숙한 모습을 보임으로써 차세대 선수들의 본보기가 되고 있다.

표 5. 현재 빅 3의 주요 대회 기록 비교

	노박 조코비치	라파엘 나달	로저 페더러
그랜드슬램	20	21	20
ATP Finals	5	0	6
ATP 1000	36	36	28
Olympics	0	1	0
Total	61	57	54

아울러 차세대 빅 4라 불리는 20대 돌풍의 주역들(다닐 메드베데프, 스테파노스 치치파스, 알렉산더 즈베레프, 도미니크 팀)은 현존하는 최고 현역 선수들과 어깨를 나란히 하며 더욱 테니스 이벤트를 흥미롭게 만들고 있다.

표 6. 차세대 빅 4 그랜드 슬램 성적표 (2022년 2월 기준)

세계랭킹	선수명	나이	성적
2위	다닐 메드베데프	26세	우승 (2021 US 오픈) 준우승 (2019 US 오픈 / 2021, 2022 호주오픈)
3위	알렉산더 즈베레프	24세	준우승 (2020 US 오픈)
4위	스테파노스 치치파스	23세	준우승 (2021 프랑스오픈)
37위	도미니크 팀	28세	우승 (2020 US 오픈) 준우승 (2018, 2019 프랑스오픈 /2020 호주 오픈)

3. (커리어)그랜드 슬램? 캘린더 그랜드 슬램? 골든 슬램?

이제까지 우리는 테니스에서 최고의 권위를 자랑하는 4대 메이저 대회, 관련 포인트 시스템 및 G.O.A.T에 대하여 알아보았다. 그런데, 우리는 4대 메이저 대회를 시청하거나 관심을 가지게 되면 종종 그랜드 슬램이란 용어를 접하게 된다. 과연 그랜드 슬램은 무엇을 의미하는 것일까?

그랜드 슬램 Grand Slam [2]이란 용어는 호주의 잭 크로프드 Jack Crawford 가 호주, 프랑스, 윔블던 챔피언십대회에서 우승하고, 영국 선수 프레드 페리 Fred Perry 와의 US 오픈 결승에 올랐던 1933년으로 거슬러 올라간다. 결승전 전날, 동료 선수인 존 키어런 John Kieran 은 뉴욕타임지 NewYork Times 와의 인터뷰에서 "만약 크로포드가 오늘 페리를 이긴다면 코트에서 그랜드 슬램을 득점하는 것과 같은 일이 될 것입니다"라고 언급했다. 하지만 키어런의 인터뷰와는 다르게 크로포드는 페리에게 패하게 되었고, 재미있게도 프레드 페리가 4대 메이저 대회를 모두 승리하게 된 그랜드 슬램의 최초 달성 선수가 되었다 (다만 한 해에 달성한 것은 아니다).

이 그랜드 슬램 용어를 두고 파생되어 나온 것이 '캘린더 그랜드 슬램 Calender Grand Slam'과 '골든 슬램 Golden Slam'이다. 위에 언급한 4대 메이저 대회를 연도와 상관없이 현역 선수 생활 동안에 모두 단식 우승을 한 것을 우리는 '커리어 그랜드 슬램 Career Grand Slam'이라 부르게 되었다. 특히 한 해에 4대 메이저 대회에서 모든 단식의 우승을 하였다면 '캘린더 그랜드 슬램'이라 칭하고, 여기에 올림픽 금메달까지 추가가 된 경우, 바로 '골든 슬램' 또는 '커리어 골든 슬램 Career Golden Slam'이라고 한다. 아마도 올림픽이 개최되는 해에 올림픽과 4대 메이저 대회를 모두 승리하는 위대한 선수가 나온다면 '캘린더 골든 슬램 Calender Golden Slam' 달성자라는 칭호를 붙여야겠지요?

---

[2] https://ausopen.com/grand 참조.

표 7. '그랜드 슬램'을 달성한 선수들

그랜드 슬램 구분 (Grand Slam)	선수
(커리어) 그랜드 슬램 Career Grand Slam	(남) 프레드 페리, 로이 에머슨, 안드레 애거시, 로저 페더러, 라파엘 나달, 노박 조코비치, 돈 버지, 로드 레이버
	(여) 모린 코널리, 마가렛 코트, 슈테피 그라프, 도리스 하트, 셜리 프라이 어빈, 빌리진 킹, 크리스 에버트, 마르티나 나브라틸로바, 마리아 샤라포바, 세레나 윌리엄스
캘린더 그랜드 슬램 Calender Grand Slam	(남) 돈 버지(1938), 로드 레이버(1962, 1969)
	(여) 모린 코널리 (1953), 마거릿 코트 (1970), 슈테피 그라프 (1988)
(커리어) 골든 슬램 Career Golden Slam	(남) 안드레 애거시, 라파엘 나달
	(여) 슈테피 그라프, 세레나 윌리엄스
캘린더 골든 슬램 Calender Golden Slam	(남) 없음
	(여) 슈테피 그라프 (1988)

4. 테니스의 올스타전, 레이버 컵(Laver Cup)

US Open이 끝나고 나면 테니스 팬들은 다소 시무룩할 수도 있다. 하지만 다음 해의 호주오픈 시작 전에 우리는 올스타전 형태의 또 하나의 흥미로운 이벤트인 '레이버컵 Laver Cup'을 만나게 된다.

➡ 그림 1. 로드 레이버 흉상과 그의 업적

레이버 컵은 호주의 테니스 영웅이자 두 번의 캘린더 그랜드슬램(1962년, 1969년)을 이룬 로드 레이버 Rod Laver 의 이름을 따서 만든 대회로 유럽, 미국과 호주 등 최고의 스타들을 초청하여 '팀 유럽 Team Europe'과 '팀 월드 Team World'로 나누어 단식과 복식 경기를 진행한다. 현재까지는 4번의 대회에서 모두 '팀 유럽'이 우승했다.

2017년부터 시작한 이 대회는 2020년 대회(코로나로 인하여 취소)를 제외하고 진행되고 있으며, 3일에 걸쳐서 매일 3번의 단식 경기와 1번의 복식 경기 형식으로 미국 보스턴에서 이루어지고 있다.

각 팀은 총 6명의 선수로 구성되고, 별도로 1명의 캡틴(주장)을 두게 된다. 단식 게임에 출전할 3명의 선수는 ATP 싱글 포인트(그해 프랑스오픈이 있는 월요일 당일 포인트)를 기준으로 결정되며, 나머지 3명은 그 해 'US Open'이 시작하기 전까지 주장 captain's picks 의 추천으로 팀을 구성하게 된다.

3일(금요일~일요일)에 걸쳐서 진행되는 레이버 컵의 우승팀을 가리는 승점 시스템은 매우 색다르며 흥미를 유발하기에 충분하다. 금요일에 열리는 경기는 경기당 승점 1점씩, 토요일에 열리는 경기는 경기당 승점 2점씩, 그리고, 일요일에 열리는 경기는 경기당 승점 3점씩의 포인트를 획득하게 된다. 3일간 총 승점 24점 중 먼저 13점을 획득하게 되는 팀이 최종 우승을 하게 되는 방식이다. 그래서 첫째 날과 둘째 날에 경기를 많이 졌더라도, 셋째 날 경기를 잘 풀어나간다면 어느 팀이든지 최종 승리를 가져갈 기회는 존재한다고 봐야 한다. 만약 모든 경기가 끝난 후에 양 팀이 12:12의 승점일 경우, 일요일 5번째 경기를 통해 최종 우승팀을 가리게 된다.

➡ 그림 2. 2021년 레이버 컵에 참가한 '팀 유럽' 대 '팀 월드'

참고문헌

https://www.tennis.co.kr/tkboard/tkboard_view.php?seq_no=32380&category=global

https://www.ultimatetennisstatistics.com/goatList

https://commons.wikimedia.org/wiki/File:Bust_of_Rod_Laver_at_Pat_Rafter_Arena_Queensland_Tennis_Centre_2020.jpg

https://commons.wikimedia.org/wiki/File:Laver_Cup_intro.jpg

테니스 알쓸신잡, 열

유용한 테니스 상식   원 동 준(전기공학과)

● **내가 서브한 공이 상대팀 선수를 바로 맞히면 누가 득점하는가?**

복식 경기 중에 아주 드물지만 내가 서브한 공이 리턴을 준비하고 있거나 혹은 전위에 나와 있는 상대 선수를 맞히는 경우가 있다. 이 경우 많은 사람들은 서비스 라인을 벗어나게 서브를 한 서브 팀이 실점한다고 생각한다. 그러나 ITF룰에 따르면 오히려 공을 맞은 리턴 팀이 실점하게 된다. ITF 룰 24조(Player loses point) i항에서는 인플레이 상황에서 공이 라켓을 제외한 몸이나 옷에 맞으면 실점한다고 되어 있는데, 바로 이 조항이 적용되기 때문이다. 그런데 서비스 라인을 벗어나게 서브한 나는 왜 실점하지 않는 것일까? 이것도 ITF 룰로 설명할 수 있다. ITF 룰 11조(Ball in Play)에 따르면, 서브가 폴트(fault)나 렛(let)이 선언되지 않는다면, 서버가 친 공은 서버가 친 순간부터 포인트가 결정될 때까지 계속 인플레이 상태로 인정된다. 따라서 공이 서비스 라인을 지나쳤더라도 아직 폴트나 렛이 선언되기 전이므로 인플레이 상황이고, 인플레이 상황에서 몸에 맞았기 때문에 리턴팀이 실점하게 되는 것이다.

결론! 리턴을 준비하고 있는데 공이 내 몸쪽으로 직접 날라온다면 무조건 피하는 것이 상책이다.

● **복수전을 할 때 서브 순서는 어떻게 정하는가?**

클럽에서 박진감 넘치는 경기 끝에 승부가 결정된 경우, 패한 팀에서 "한게임 더!"를 외치는 경우가 많다. 소위 복수전(Revenge match)이다. 복수전을 하는 경우 서브 순서는 어떻게 결정하는가? 대부분의 동호회에서는 첫 경기와의 형평성을 고려하여 다음과 같이 서브 순서를 정한다. 첫째, 첫 경기에서 서브로 시작했던 팀이 다음 경기에서는 리턴으로 시작한다. 둘째, 첫 경기에서의 서브 순서와 달라지도록 한다. 즉, 앞 경기에서 1, 2, 3, 4번(1, 3번이 한팀, 2, 4번이 한팀) 순서로 서브했다면, 다음 경기에서는 2, 1, 4, 3 순서가 되게 하는 것이다. 그럼 실제 공식 경기에서는 세트마다 서브 순서를 어떻게 정할까? 일단 첫 세트 마지막 게임의 리턴 팀이 다음 세트 첫 게임의 서브권을 갖는 것은 단식과 동일하다. 그럼 첫 서브는 서브 팀 선수 2명 중 누가 하는가? 정답은 '서브 팀에서 마음대로 정할 수 있다'이다. ITF 룰 14조(Order of service)에 따르면, 복식에서는 세트마다 첫 게임에서 서브하는 선수를 정할 수 있다고 되어 있다. 즉 매 세트를 하나의 새로운 경기라고 생각하는 것이다. 이러한 원칙은 두 번째 게임의 서브 선수를 정할 때도, 그리고 리턴의 포, 백을 정할 때도 모두 적용된다. 하나의 세트에서 적용된 순서는 그 세트에서만 유효하며, 새로운 세트가 시작되면 모든 순서는 리셋된다.

결론! 복수전에서는 복수가 가능한 가장 강력한 조합으로 승부하자.

테니스 알쏠신잡, 열하나

테니스 선수의 메타포

백 승 국 (문화콘텐츠 문화경영학과)

- 분노는 경기를 더 잘하는 데 도움이 되지 않는다.
  (로드 레이버)

- 서브를 넣을 때 스피드보다 깊이가 중요하다는 것을 기억해라.
  (빌리 진 킹)

- 모두들 패배하는 것을 배워야 한다. 패배를 참을 수 없으면 너는 경기를 할 수 없다.
  (아서 애쉬)

- 테니스 경기는 정신력 싸움이다. 즉 더 오래 버티는 선수가 승리한다.
  (크리스 에버트)

- 테니스는 음악이고, 끈을 사용하는 현악기이다.
  (지미 코너스)

- 코트 안에서 나는 오직 다음 포인트를 가져오는 것만을 생각한다.
  상대방의 약점을 압박해라.
  (존 맥켄로)

- 나에게 테니스는 배움의 도구이다. 나 자신을 발견하는 배움의 도구이다.
  (안드레 아가시)

- 테니스는 라켓이 아니라 승리를 갈망하는 머리로 치는 것이다.
  (스테판 에드베리)

- 경기 중 주저하는 순간, 그것은 패배의 시작이다.
  (로저 페더러)

- 성공이란 곧 행복해지는 것이다. 그것이 모든 경기를 하나하나 이긴다는 뜻은 아니다.
  (앤디 머레이)

- 이겼든 졌든, 라켓 때문은 아니다. 그것은 너 때문이다.
  (라파엘 나달)

- 압박감은 우리가 하는 일 중의 일부다. 그것은 어디에나 현존한다.
  (노박 조코비치)

04 공학으로 바라본 테니스 세계

21장 메타버스를 활용한 테니스 연습
22장 테니스 라켓의 역학
23장 나의 테니스 라켓 편력 50년
24장 호크아이
25장 모션 캡처와 테니스

21장

메타버스를 활용한 테니스 연습

원동준(전기공학과)

1. 초보가 가장 배우기 힘든 라켓 운동, 테니스

라켓을 가지고 상대와 대결하는 대표적인 운동을 세 가지만 꼽으라면 무엇일까? 대부분 테니스, 배드민턴, 탁구를 가장 많이 떠올릴 것이다. 이 세 가지 운동은 라켓의 스윙 메커니즘을 이용한다는 점에서 유사하며 하나를 제대로 익히면 이러한 스윙 메커니즘의 응용을 통해 다른 종목도 어느 정도까지는 쉽게 즐길 수 있다. 코로나로 인해 테니스를 즐기지 못하는 기간 동안 잠시 배드민턴과 탁구를 즐기면서 세 가지 운동의 차이점을 느끼게 되었고, 주변의 동호인 인터뷰를 통해 세 가지 운동의 차이점을 정리하여 다음 페이지의 〈표 1〉에 요약하였다.

먼저 구질이 까다롭고 다양한 탁구는 초보 탈출은 쉽지만 고수로 가는 길이 가장 험난한 스포츠이다. 탁구 구질의 종류는 상상을 뛰어넘을 정도로 다양하여, 고수의 볼은 초보의 라켓에 닿자마자 엉뚱한 곳으로 가기 일쑤인 경우가 많다. 하지만 초보들끼리 즐겁게 공을 넘기며 운동을 즐기는 것은 크게 무리가 없다. 이는 배드민턴도 마찬가지이다.

반면 테니스는 자유롭게 스트로크를 즐기고, 게임을 시작할 수 있을 때까지의 기간이 상대적으로 긴 스포츠이다. 초보가 웬만큼 테니스 코트에서 상대방과 스트로크를 즐기기까지는 사람에 따라 다르겠지만 최소 3개월에서 6개월 정도의 지루한 레슨과 연습이 필요하다. 이러한 높은 진입 장벽이 배드민턴이나 탁구와 비교해서 초보들이 테니스에 접근하기 어려운 요인이 아닐까 한다. 선수나 지인들의 멋진 플레이를 보고 테니스를 시작한 대부분의 초보들이 진정한 테니스의 즐거움을 맛보기도 전에, 길고 지루한 입문 과정을 견디지 못하고 포기하는 경우가 많다. 현재 테니스를 즐기고 계시는 많은 동호인들은 모두 초보때 겪은 설움을 한두 개씩은 기억하고 있을 것이다. 물론 지금은 이러한 설움을 딛고 고수의 길로 접어드셨겠지만 말이다.

표 1. 테니스, 배드민턴, 탁구의 상대적인 특징 비교

항목	상대평가	특징
초보 진입장벽	테니스 〉 탁구 〉 배드민턴	상대와 함께 테니스 경기를 즐기기 위해서는 최소 3개월 이상의 꾸준한 레슨 및 개인 연습 필요
체력소모	배드민턴 〉 테니스 〉 탁구	단식 배드민턴은 랠리가 길게 이어지고 전후좌우의 순간적인 움직임이 많아 체력소모가 가장 심함
고수와의 실력차	탁구 〉 테니스 〉 배드민턴	탁구는 고수로 갈수록 까다로운 스핀 구사가 가능하여 초보와 고수와의 현격한 실력차 존재
코트 접근성	배드민턴 〉 탁구 〉 테니스	테니스 코트는 타 종목에 비해 상대적으로 넓은 면적이 필요하여 도심에서는 점점 사라지는 추세
동호인 연령대	탁구 〉 테니스 〉 배드민턴	탁구는 88올림픽 시기에 최고의 인기를 구가하여 동호인 평균 연령이 상대적으로 높음
장비/ 소모품비	배드민턴 〉 테니스 〉 탁구	배드민턴은 셔틀콕 교체 비용이 많이 들고, 복식 시 라켓 파손의 위험 존재

따라서 테니스 초보들의 연습 과정을 지루하고 고단한 훈련에서 즐겁고 유쾌한 유희의 과정으로 변화시켜 테니스의 진입장벽을 낮추는 것이 최근 증가하고 있는 테니스의 인기를 유지하고 테니스에 관심이 있는 새로운 동호인들을 계속 코트로 불러모을 수 있는 효과적인 방법이 될 것이다.

한편 최근 코로나로 인해 온라인에서 보내는 시간이 늘어나고 가상현실 Virtual Reality 기술이 발전함에 따라 가상과 현실의 경계가 모호해지면서, 현실을 가상세계로 확대하는 Metaverse Meta + Universe 개념이 부상하고 있다. 메타버스는 게임뿐만 아니라 e-commerce, 의료, 교육 등으로 범위를 넓혀가고 있으며, 앞으로 무한한 가능성을 보여줄 것으로 예상되고 있다.

따라서 이 글에서는 최근 뜨거운 관심을 받고 있는 메타버스 Metaverse 개념을 적용한 테니스 연습 사례들을 소개하고, 메타버스 기술의 적용을 통해 테니스 연습을 더욱 친숙하게 하여, 초보들의 테니스 입문을 좀 더 쉽고 즐거운 과정이 될 수 있게 하는 방안들에 대해 살펴보고자 한다.

2. 메타버스란 무엇인가?

메타버스라는 용어는 이제 어느정도 대중에게도 친숙한 단어가 되었지만, 아직도 생소한 독자가 있다면 2009년에 개봉했던 영화 '아바타'를 떠올려보면 이해가 쉬울 것이다. 영화에서 주인공은 자신의 아바타를 통해 나비족과 교류하며 임무를 수행하게 되는데, 주인공이 아바타를 통해서 만나는 가상의 새로운 세상을 바로 메타버스라고 해석할 수 있다.

1) 메타버스의 정의

'메타버스 Metaverse'는 가상, 초월이라는 의미인 '메타 meta'와 세계, 우주라는 의미인 '유니버스 universe'를 합성한 신조어이다. 메타버스는 닐 스티븐슨 Neal Stephenson의 소설 '스노우 크래쉬' (1992)에서 처음 등장한 것으로 알려져 있으며, 현실의 공간과 연결되어 현실 세상이 확장된 가상세계를 의미한다. 흔히 좁게는 가상현실 VR 혹은 증강현실 AR 등의 기술을 이용한 게임이나 소셜네트워크서비스 SNS를 메타버스로 생각하는데, 메타버스는 이들의 상위개념으로서 현실에서 이루어지는 정치, 경제, 사회, 문화 등을 모두 가상화하는 개념이라고 볼 수 있다.

2) 메타버스의 구분

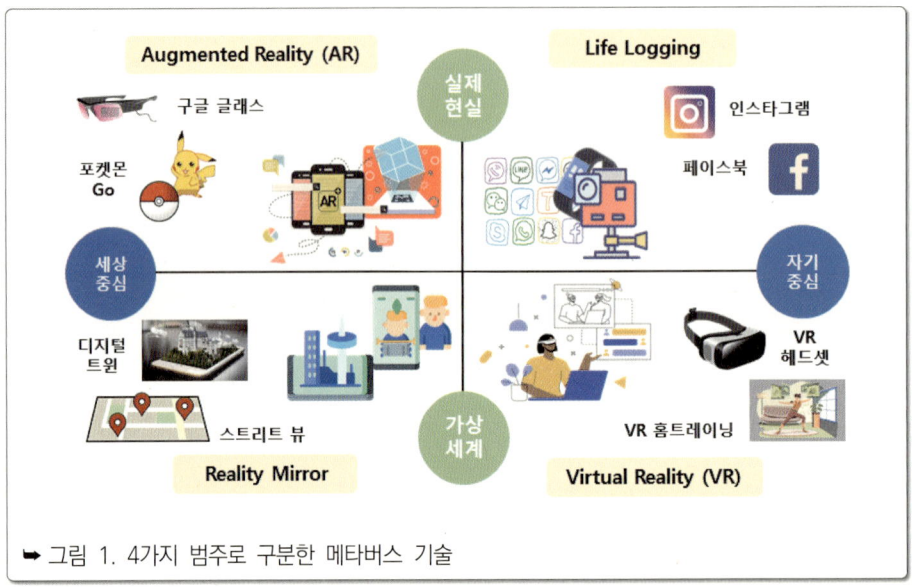

➡ 그림 1. 4가지 범주로 구분한 메타버스 기술

메타버스의 속성을 자기중심/세상중심, 그리고 실제 현실/가상 세계로 구분하여 4사분면에 각 해당 기술을 나타내면 〈그림 1〉과 같다. 1사분면은 'Life logging'으로서 개인 블로그, 페이스북, 인스타그램 등의 SNS에 자신의 일상을 디지털화하여 기록으로 남기는 것을 의미한다. 현실을 디지털화하여 가상의 공간에 기록하였으므로 life logging을 메타버스로 분류할 수 있는 것이다. 2사분면은 카메라 영상 위에 가상의 물체를 표현하는 AR **Augmented Reality, 증강현실**이다. 증강현실은 말 그대로 현실을 강화하고 확대하는 기술이다. 한때 선풍적인 인기를 끌었던 포켓몬고가 가장 대표적인 증강현실 사례이다.

3사분면은 인터넷 지도상의 거리뷰와 같이 실제 도로나 건물을 디지털화하여 보여주는 reality mirror이며, 현실에 대한 가상의 쌍둥이인 디지털 트윈을 구축하는 기술이다. 마지막으로 4사분면은 오큘러스와 같은 전용기기를 이용한 VR Virtual Reality, 가상현실이며, 일반인들이 생각하는 메타버스의 개념에 가장 가깝다고 할 수 있다. 이러한 가상현실 기술은 이미 게임, 여행, 운동, 교육 등에 널리 적용되고 있다.

이 4가지 범주의 기술들은 상호 결합될 수 있으며, 기존에 크게 주목받지 못하던 범주가 최근의 기술 발전에 따라 새로운 가능성을 열기도 한다. 로블록스, 제페토 등 최근 메타버스의 대표 애플리케이션들은 발전된 3D 기술과 유통, 오락, 문화예술 등의 분야와의 결합을 통해 점차 가상세계와 현실세계의 연계를 강화함으로써 그 영역을 확대하고 있다. 이러한 메타버스 기술은 테니스계에도 적극 도입되고 있는데, 최근 개최된 호주 오픈에서는 주 경기장인 멜버른 파크를 메타버스에 구현하고 메타버스 상에서 경기 관람, 테니스 연습, NFT Non-Fungible Token 구매 등의 서비스를 제공함으로써 가상과 현실 세계를 연결하였다.

3. 메타버스와 결합된 테니스 연습 사례

➡ 그림 2. 볼머신을 활용한 테니스회 신입회원들의 단체 연습

지금까지의 전통적인 테니스 연습 방식으로는 지인이나 가족의 지도, 전문 코치의 레슨, 스스로 하는 벽치기 연습이나 박스볼 연습 등이 있고, 최근 들어서는 자동 볼 피딩이 가능한 볼머신을 통한 연습도 증가하는 추세이다. 최근 출시되고 있는 약 300만원대의 볼머신은 공의 세기, 회전, 방향 제어가 모두 가능하여 초보부터 고수까지 널리 활용할 수 있어 필자의 테니스회에서도 회원들의 단체 훈련에 적극 활용되고 있다.

초보의 경우에는 테니스 게임을 이용해서 기본적인 테니스 자세와 경기 규칙을 익힐 수도 있는데, 이러한 테니스 게임도 점차 VR과 결합되어 예전과는 다른 차원의 현실감을 제공하고 있다. 따라서 이 글에서는 먼저 초보의 테니스 연습에 응용할 수 있는 가상현실 테니스 게임들과 이를 이용한 간단한 연습 방법들을 소개하고, 최근 연구되고 있는 메타버스 기술을 활용한 효과적인 테니스 훈련 방법들을 소개함으로써 테니스 연습의 미래 모습을 그려보도록 한다.

1) 모션 인식을 이용한 테니스 게임 : 닌텐도 Wii, MS Xbox Kinect

닌텐도 Wii 게임은 메타버스의 가장 초창기 형태라고 볼 수 있다. 기존의 조이스틱이나 컨트롤러를 이용한 테니스 게임과는 달리, Wii sports의 테니스 게임은 자이로 센서가 내장되어 있는 컨트롤러를 이용하여 화면을 보면서 미니 테니스 라켓을 실제 휘두를 수 있게 되어 있어 테니스에 생소한 초보자가 테니스를 친숙하게 느끼고 공을 맞추는 타점에 대한 감각을 익히는 데 도움이 된다. 실제로 필자의 아들은 이 게임의 챔피언을 물리칠 때까지 꾸준하게 연습하여 체력과 실력을 향상

➡ 그림 3. 닌텐도 Wii를 이용한 가상 연습 모습
 - 필자의 아들

시켰고, 이를 바탕으로 유소년 테니스 대회에까지 출전하였다. MS Xbox Kinect는 자이로 센서를 이용하는 대신에 카메라로 직접 플레이어의 모션을 인식한다는 점만 다르며, 실제 공을 치지 않는다는 점에서는 닌텐도 Wii와 동일한 기술이라고 할 수 있다.

이러한 게임기들은 비록 게임을 목적으로 하고 실제로 공과의 물리적인 접촉이 있는 것은 아니지만, 활용 여부에 따라서는 충분한 운동과 자세 연습이 가능하여 최근 비대면 추세에 따라 유행하고 있는 홈트(홈트레이닝)로도 충분히 활용될 수 있다. 홈트로서 모션인식 게임기를 활용하는 효과적인 방법으로는 첫째, 충분한 공간을 두고 실제 경기와 같이 전후좌우 스텝을 밟으면서 게임하기, 둘째, 실제 경기처럼 정확한 스윙 구사하기, 셋째, 일정 주기로 규칙적으로 운동하기를 추천한다. 물론 이를 위해서 층간소음이 적고 거실이 넓은 집과 몰입감 향상을 위한 대형 TV가 필요하다는 것쯤은 독자들도 잘 알고 계시리라 믿는다.

2) 스크린 테니스 시뮬레이터

최근 들어 코로나로 인해 비대면 문화가 증가하면서 실내 테니스 연습장, 특히 무인 실내 테니스 연습장이 증가하고 있다. 골프에서는 이미 대중화에 성공한 스크린 골프 연습장이 드디어 테니스로도 확대된 것이다. 현재 운영중인 스크린 테니스 시뮬레이터 중 일부는 단식 랠리, 복식 랠리까지 가능한 수준으로 진화하고 있다. 테니스뿐만 아니라 아직은 한계가 있지만 야구, 축구, 볼링 등의 스크린 스포츠 시뮬레이터들이 메타버스 붐을 타고 가능성을 엿보고 있다. 이미 초등학교에는 '가상현실 스포츠실 보급 사업'을 통해 다양한 스포츠를 한곳에서 체험할 수 있는 스포츠 시뮬레이터들이 보급되어 교육에 활용되고 있다.

➡ 그림 4. 듀얼 플레이까지 가능한 스크린 테니스 시뮬레이터

　스크린 테니스 시뮬레이터는 메타버스의 3사분면인 reality mirror 기술에 해당하며, 실제 경기장의 디지털 트윈을 구축한다는 의미가 있다. 스크린 테니스 시뮬레이터의 장점은 실제 공을 타격한다는 점에 있으며, 다양한 종류의 샷을 한곳에서 반복하여 연습할 수 있다. 또한 대부분의 실내 스크린 테니스 연습장에서는 예약에 따라 레슨도 가능하므로, 전문 코치의 레슨 이후 개인 연습을 병행하면서 훈련 효과를 극대화할 수 있다.

　특히 최근 증가하고 있는 무인 연습장은 플레이어가 결제부터 플레이 및 정리까지 스스로 진행하며, 저렴한 가격에 많은 연습을 할 수 있는 장점이 있다. 무인 점포이므로 24시간 운영이 가능하여, 시간과 날씨 등 여러 제약을 받는 현대인들에게 시간과 공간의 제약없이 언제 어디서나 혼자서 테니스 연습이 가능한 장점이 있어 테니스 초보들의 초보 탈출에 큰 기여를 할 것으로 보인다.

　미래의 스크린 테니스 시뮬레이터는 과연 어떤 모습일까? 첫째, 현재 주로 1대의 볼머신으로만 운용되는 시뮬레이터는 최소 3대 이상의 볼머신으로 운용되면서 다양한 샷에 대한 연습이 가능할 것이다. 둘째, 전면 디스플레이 이외에 상하좌우,

후면 디스플레이까지 총 6면 입체 디스플레이로 구성되어 완전한 몰입감을 제공할 것이다. 셋째, 소프트웨어적으로는 자세 분석을 통한 스윙폼 교정, 수준에 맞는 레벨별 훈련 시나리오 제공, 참가자간 실시간 경기 등이 가능할 것이다.

이러한 스크린 테니스 시뮬레이터의 미래는 우리가 상상할 수 있는 미래 메타버스의 가장 현실적인 모습이라고 할 수 있다. 내가 입장한 경기장이 호주 멜버른 파크의 로드 레이버 아레나가 되고, 나의 상대가 권순우 선수도 될 수 있으며, 국내외 테니스 동호인들과 시간과 공간을 뛰어넘는 토너먼트에 참가하여 자웅을 겨룰 수도 있을 것이다. 1년 365일 24시간 언제나 방문하여 운동할 수 있는 메타버스 경기장이 수많은 테니스 마니아들을 고수의 길로 인도할 것이라 믿어 의심치 않는다.

3) VR 헤드셋 테니스 게임 : Oculus Quest2 - First Person Tennis

➡ 그림 5. 오큘러스 퀘스트2를 이용한 VR 테니스 연습

실제로 스크린 시뮬레이터를 이용하여 완벽한 가상현실 환경을 만드는 것은 아직까지는 비용 문제와 기술적 한계가 존재한다. 그러나 이미 많은 사람들이 경험

하고 있는 VR Virtual Reality 기술을 활용하면 오늘날에도 이러한 한계를 충분히 극복할 수 있다. VR 헤드셋으로 세계 여행을 하고, 게임을 즐기는 것이 이제는 더 이상 신기한 일이 아니기 때문이다. 메타버스 기술의 4사분면에 해당하는 VR 기술은 가상의 세계를 직접 체험하게 함으로써 우리가 생각하는 메타버스를 가장 실용적으로 구현할 수 있는 기술이다.

테니스 게임에도 이러한 VR이 적용된 프로그램이 있으며, 오큘러스 퀘스트2를 이용하는 First person tennis가 가장 대표적인 테니스 게임이라고 할 수 있다. 오큘러스 퀘스트2를 착용하면 머리의 움직임에 따라 화면이 변하게 되므로 실제 플레이어의 관점에서 실감나는 플레이를 즐길 수 있다. 유튜브 등에서 볼 수 있는 오큘러스 헤드셋을 착용한 테니스 게임 영상은 상당한 몰입도를 보여주고 있으며 운동량도 상당함을 알 수 있다.

물론 공과의 물리적인 접촉이 없고, 아직까지는 실제와 완전히 동일한 경험을 제공하지는 못하기 때문에 이 게임을 통해 실제로 공을 치는 감각을 향상시키는 데는 한계가 있다. 하지만 향후 기술 발전에 따라 몰입감을 가장 강하게 줄 가능성이 높고, 테니스 초보들의 게임 운영 능력을 키우는 데는 충분히 도움이 될 것으로 보인다.

한편 앞에서 설명한 시뮬레이터 기술과 VR 기술은 가상의 공간에 현실 물리 세계의 쌍둥이를 구현하는 디지털 트윈 혹은 가상 물리 시스템 Cyber Physical System 기술을 기반으로 하고 있다. 디지털 트윈에서는 현실에서는 제어하기 어려운 변수들을 자유롭게 변화시켜 시뮬레이션할 수 있으므로 이를 테니스 연습에 적용하여 다양한 훈련이 가능하다. 다음 절에서 이러한 가상 훈련 사례를 소개하도록 한다.

4) VR을 이용한 테니스 훈련 연구 사례

앞에서 설명한 VR 기술을 실제 테니스 능력 향상에 적용한 사례가 있어 간단하게 소개하도록 한다. 동경대학교의 준 레키모토 교수 연구팀은 최근 VR 기술을 초보의 테니스 훈련에 적용한 사례를 발표하였다.

이 연구팀은 먼저 테니스를 전혀 치지 못하는 초보자에서

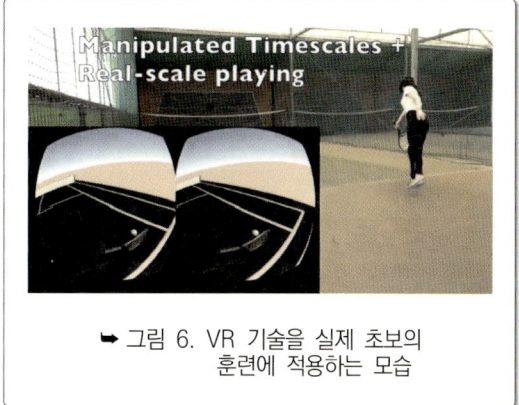

➡ 그림 6. VR 기술을 실제 초보의 훈련에 적용하는 모습

공을 맞추도록 했고, 〈그림 7〉의 첫 번째 결과를 얻었다. 이 그림에서 라켓에 대한 공의 타점이 매우 넓게 분포한 것은, 초보자들이 정상적인 속도의 공에 대해서는 공을 잘 맞추지 못하였음을 의미한다. 그러나 VR 헤드셋을 착용하고 가상의 메타버스 세계에서 공의 속도를 느린 속도부터 빠른 속도로 변화시켜가며 연습을 시키면, 〈그림 7〉의 2, 3, 4번째 그림과 같이 느린 속도에 적응한 초보자는 중간 속도나 정상 속도에 대해서도 우수한 타격 능력을 보여주었다.

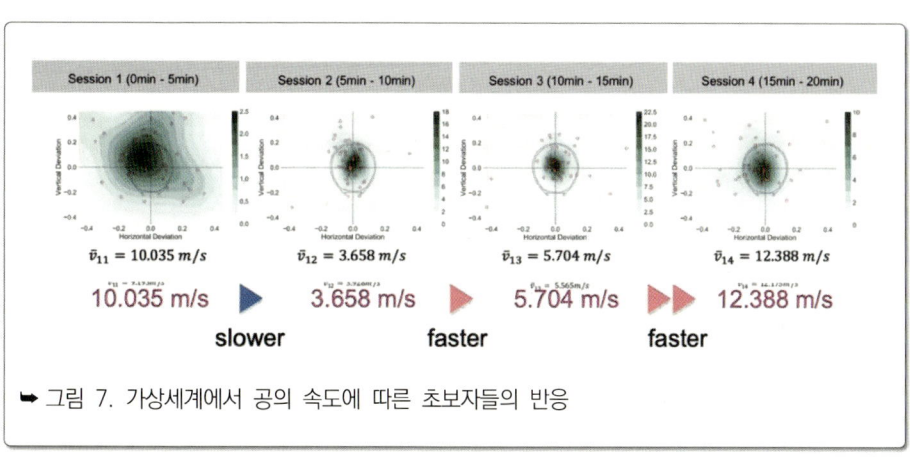

➡ 그림 7. 가상세계에서 공의 속도에 따른 초보자들의 반응

이 연구 결과는 많은 시사점을 준다. 이 연구에서는 시간이 흐르는 속도를 조절함으로써 초보의 스윙 능력 향상을 추구하였다. 그러나 가상의 메타버스 세계에서는 이러한 시간뿐만 아니라 공의 구질, 샷의 종류, 플레이 스타일 등 우리가 원하는 다양한 변수들을 자유자재로 조절할 수 있으므로 플레이어의 수준에 맞는 맞춤형 연습이 가능하다. 또한 같은 연습을 계속 반복할 수 있으므로 초보 플레이어뿐만 아니라 중수, 고수들의 실력 향상에도 크게 기여할 수 있을 것으로 보인다.

이렇게 VR을 통해 만나게 되는 가상 세계인 디지털 트윈의 특성은 크게 실시간성, 데이터 기반 모델링, 그리고 미래 예측성 등으로 요약될 수 있다. 실시간성이란 디지털 트윈이 실시간으로 현실 세계와 동기화된다는 뜻이고, 데이터 기반 모델링이란 현실의 빅데이터를 이용해 디지털 트윈이 고도화된다는 뜻이며, 마지막으로 미래 예측성이란 디지털 트윈을 이용하여 미래를 예측할 수 있다는 것이다. 따라서 이러한 디지털 트윈의 속성을 VR 기술 기반의 테니스 연습에 적용해 보면 다음과 같은 훈련이 가능할 것이다.

첫째, 메타버스 연습에 참여하는 참여자의 능력 향상에 관한 빅데이터를 분석하여 최적의 수준별 모델을 개발하여 개인별 맞춤형 훈련 프로그램을 구성한다. 둘째, 메타버스 연습 중에 참여자의 자세를 실시간으로 분석하여 가장 개선이 필요한 부분을 실시간으로 교정할 수 있는 최적의 볼 스피드, 드라이브/슬라이스 회전, 포핸드/백핸드 방향 등을 결정하여 제공한다. 셋째, 현재의 연습량과 실력 향상 속도에 따른 전체 참여자 중 나의 예상 순위를 실시간으로 예측하여, 이를 바탕으로 수준에 맞는 리그에 참여하게 함으로써 연습에 대한 동기 부여와 연습 효율성을 극대화할 수 있다.

5) AI 기술을 이용한 가상의 그랜드 슬래머와의 테니스 게임

메타버스 세상은 결국 빅데이터 및 인공지능 AI 기술과의 접목을 통해 더욱 구체적으로 실현될 것이다. 최근 논문을 통해 소개된 Vid2player 프로그램은 스탠포드 대학에서 AI 기술을 이용하여 개발 중인 테니스 게임으로, 페더러, 조코비치, 나달 등 유명 플레이어의 비디오를 입력으로 받아 이를 AI 기술을 통해 학습시켜 가상의 플레이를 창조해 내는 프로그램이다. 〈그림 8〉에서 볼 수 있듯이, 현실에서는 있을 수 없는 페더러가 페더러와 경기하는 장면과 실제 윔블던 코트에서 페더러가 세레나 윌리엄스와 경기하는 장면을 이 프로그램을 통해 새롭게 생성해 낼 수 있다.

➡ 그림 8. Vid2player에서 가상으로 생성한 페더러 대 페더러(위), 페더러 대 세레나 윌리엄스(아래) 경기 장면

또한 이 프로그램은 기존의 영상에서 기계 학습을 통해 서로 다른 상대방에 대한 각 선수들의 대응 패턴을 모델링하고, 이 모델을 이용해 새로운 플레이어에 대한 반응을 선수의 특성에 맞게 생성해 낼 수 있다. 예를 들어 조코비치 플레이 모델은, 페더러와 경기할 때는 백핸드 크로스 샷을 통해 페더러의 약점인 백핸드쪽으로 공략을 하고, 나달과 경기할 때는 포핸드로 돌아서 다운더라인을 치는 조코비치의 패턴을 보여준다. 이러한 플레이 패턴은 테니스 컴퓨터 게임에 적용되며, 만약 상대 플레이어를 페더러로 설정하면, 실제 페더러와 경기하는 것과 같은 느낌을 줄 수 있다.

또한 이 프로그램에서 개발된 각 선수의 모델을 이용하여 가상으로 선수들끼리 게임을 진행시키면 각 선수 모델이 상대 모델을 이기기 위해 학습을 통해 새로운 전략을 창조할 수도 있다고 하니 이 프로그램에서 페더러나 나달을 능가할 수 있는 새로운 가상의 스타 선수를 발굴할 수도 있을 것으로 예상된다. 물론 이 스타 선수는 메타버스에서만 존재하게 되겠지만 이 선수와 함께 하는 훈련을 통해 우리들의 기량을 향상시키는 것은 충분히 가능할 것으로 보인다. 이러한 메타버스 상의 기능은 특히 프로 선수를 대상으로 더욱 유용할 것으로 보이는데 자신보다 한 수 위인 가상의 스타 선수와의 대결을 직접 체험해 봄으로써 자기 플레이의 약점을 보완할 수 있고, 한 단계 높은 차원의 고급 기술을 배울 수도 있을 것이다.

이 프로그램은 아직은 개발 중이라 직접 사용해 볼 수는 없지만 향후 앞에서 언급한 스크린 테니스 시뮬레이터나 VR 기술과 결합된다면 진정한 메타버스 세상에서의 테니스 훈련과 경기가 가능할 것으로 보인다. VR 헤드셋을 쓰고 메타버스 상의 영국 윔블던의 잔디코트에서 내가 직접 페더러와 대결할 수 있는 날이 멀지 않았다.

4. 맺는 글

필자가 부모님을 따라 테니스를 처음 시작한 것은 초등학교 3학년 때로, 테니스 구력이 벌써 40년에 가까워진다. 어렸을 때 테니스의 길로 나를 이끌어 주셨던 부모님의 큰 은혜는 지금도 잊을 수 없다. 요즘엔 내가 아들과 함께 테니스를 치고 있으니, 테니스가 3대째 이어지고 있다고 할 수 있겠다.

최근 1년 사이에 젊은 층 사이에 테니스의 인기가 증가하면서 초보자들의 테니스 진입장벽을 낮추는 것도 중요하다는 생각이 든다. 요즘의 비대면 추세에 따라 젊은 세대의 취향에 맞는 온라인, 비대면 연습 방법, 즉, 메타버스를 활용한 조기 교육이 하나의 대안이 될 수 있겠다는 생각을 해 본다. 가정에서는 VR 기술을 이용한 메타버스 세상에서의 몰입감 높은 테니스 게임을 즐기고, 무인 실내 테니스장에서 스크린 테니스 시뮬레이터를 통해 실제 볼에 대한 감각을 익힌다면, 혼자 고독과 싸우면서 벽치기를 하다가 테니스를 중도에 포기하는 일은 많이 줄어들 것이다.

메타버스를 활용한 테니스 연습 방법은 학교 교육에도 활용이 될 수 있을 것이다. 초등학교 수준에서는 기초적인 모션 인식을 이용한 테니스 게임을 통해 테니스에 대한 친밀감을 높이고 기본적인 테니스 규칙에 대한 교육을 수행할 수 있을 것이며, 중학교나 고등학교에서는 정규 체육 시간에 코트에서의 실제 연습과 VR 기술을 이용한 타격 훈련을 병행함으로써 연습 효과를 높일 수 있을 것이다. 테니스 선수들의 훈련과 테니스 고수들의 자율 훈련을 위해서는 향후 지속적으로 성능 개선이 될 3차원 스크린 테니스 시뮬레이터를 활용하면 좋을 것이다. 앞에서 언급한 AI기술을 이용한 플레이어 모델, 대형 스크린에서 오는 몰입감 향상, 볼머신 기능 향상을 통한 다양한 구질 연습 등이 가능한 시뮬레이터가 조만간 선보일 것으로 조심스럽게 예상해 본다.

할아버지와 아버지를 통해 테니스의 즐거움을 만끽하고 있는 나의 아들이, 미래의 메타버스 세상에서 나달, 조코비치, 페더러를 차례로 이기고 그랜드 슬램을 달성하는 날이 오기를 간절히 바라 본다.

참고문헌

https://ko.wikipedia.org/wiki/메타버스

한상열(2021). 메타버스 플랫폼 현황과 전망, . 미래연구포커스 - 메타버스, 가상과 현실의 경계를 넘어, 19-24.

김지현(2021). 포스트 모바일, 메타버스 패러다임, . 미래연구포커스 - 메타버스, 가상과 현실의 경계를 넘어, 19-18

http://www.pressm.kr/news/articleView.html?idxno=24111

https://www.youtube.com/watch?v=2kLw858QBKE

Jun Rekimoto(The University of Tokyo, 2021), Human-Augmentation and the Future of Human-Computer Integration, ICMU 2021 Keynote speech

https://cs.stanford.edu/~haotianz/research/vid2player/

22장

테니스 라켓의 역학

김유일(조선해양공학과)

1. 시작하는 글

 테니스는 라켓이라는 도구를 이용하여 공을 상대방 코트로 되돌려 보내는 운동으로 라켓이 선수의 플레이에 미치는 영향은 절대적이다. 초기의 라켓들은 나무를 이용하여 제작되었는데 나무의 강도는 상대적으로 크지 않아 경기 중 라켓이 부러지는 일이 빈번히 발생하기도 하였으며 동시에 라켓 제작에 있어 품질을 정밀하게 관리하는 것도 쉽지 않았다. 금속 성형 기술이 발달함에 따라 철, 알루미늄 등을 이용한 금속 라켓들이 등장하였는데 강도 확보와 경량화의 두 마리 토끼를 한꺼번에 잡기에는 한계점이 분명히 존재하였다. 강도와 경량화라는 동전의 양면과도 같은 두 가지 목표를 동시에 달성하게 된 결정적인 계기는 복합 재료의 출현이었고, 복합 재료는 가볍고도 강한 소재를 필요로 하는 다양한 산업 분야에 널리 적용되었다. 복합 재료의 범용성은 너무나도 광범위하여 골프, 하키, 양궁, 싸이클 등 다양한 스포츠 분야로도 진출하였는데 테니스 라켓도 예외는 아니었다.

현대 테니스는 라켓 기술의 발달에 매우 많은 영향을 받았는데 그 중 가장 대표적인 사례가 프로 테니스 선수들의 전술 변화이다. 특히 남자 단식 경기의 경우 90년대 이전에는 서브를 넣고 네트로 대시하여 발리로 득점하는 서브 앤 발리 serve and volley 전술이 득세하였으나, 90년대 이후 라켓 기술의 급속한 발전에 힘입은 스트로크 위주의 베이스 라이너들이 보다 많은 타이틀을 차지하기 시작했다. 이러한 경향은 2000년대에 진입하며 더욱 공고해졌으며, 현재 남자 테니스의 탑 랭커들을 보더라도 전형적인 서브 앤 발리어는 거의 찾아보기 힘들게 되었는데, 이는 라켓 기술의 발전이 그라운드 스트로크 위주의 선수들에게 더욱 많은 이점을 가져다 주었기 때문으로 보인다. 테니스 라켓은 현대 과학의 집약체라고 보아도 무방할 정도로 많은 첨단 기술들로 무장되어 있으며 라켓의 발전은 지속적으로 진행될 것이며 선수들의 경기에 미치는 영향 또한 점점 커질 것으로 보인다. 본 장에서는 라켓의 무게 및 밸런스, 헤드 크기 및 비틀림, 강성 및 프레임, 스트링 패턴 및 그로멧 등과 같은 테니스 라켓의 기본적인 구조적/역학적 특성을 살펴보고 이를 토대로 테니스 라켓에 대한 이해를 한 단계 높여 보고자 한다.

2. 무게(weight), 밸런스(balance) 그리고 스윙 무게(swing-weight)

테니스 라켓의 선정에 있어 가장 중요한 요소는 무게와 밸런스이다. 이 두 요소는 라켓을 조작하는 선수의 근력과 밀접한 관계가 있으며, 단식과 복식, 스트로크와 발리 중 어느 부분에 주안점을 둘 것인가에 따라 신중하게 결정되어야 한다. 일반적으로 발리의 중요성이 상대적으로 강조되는 복식 경기의 경우에는 라켓의 기동성 확보가 우선시되어야 하므로 상대적으로 무게가 가볍고 밸런스가 작은 라켓을 선택하는 것이, 스트로크의 파워가 강조되는 단식 경기의 경우에는 무게가 무겁고 밸런스가 큰 라켓을 선택하는 것이 좀 더 유리하다고 할 수 있다. 그런데

이는 일반적인 경향일 뿐, 자신이 선호하는 플레이 스타일에 따라 매우 다양한 선택이 가능함을 잊어서는 안 된다.

라켓의 무게는 제조사별로 다양하게 존재하는데, 일반적으로 스트링을 장착하기 이전을 기준으로 250~340g의 범위에 분포해 있다. 주의해야 할 점은, 라켓에 스트링을 장착하고 거기에 댐프너 dampener 까지 추가하는 경우 무게의 증가분이 15~20g에 이를 수 있음을 간과해서는 안 된다. 라켓의 밸런스는 단순히 라켓의 무게중심의 위치를 의미하는 것으로 일반적으로 라켓의 버트캡으로부터 무게중심까지의 거리로 나타내거나, point라는 미리 정의된 단위를 사용한다. 통상적인 라켓의 경우 310~330mm 정도의 밸런스를 갖는 것이 보통이며 밸런스가 큰 라켓은 HH Head Heavy, 밸런스가 작은 라켓은 HL Head Light 로 명명되며, 그 중간의 경우 이븐 Even 밸런스로 일컬어진다. 라켓의 길이가 700mm 남짓인 점을 감안한다면 무게중심은 라켓의 중앙 지점에서 버트캡 방향으로 20~40mm 가량 이동한 위치인 프레임 하단부 근처에 오는 것이 일반적이다.

라켓을 조작하는 선수의 입장에는 라켓의 무게와 밸런스가 조합된 개념인 스윙 무게 swing-weight 가 보다 중요한 물리량이다. 스윙 무게는 특히 손목을 힌지 hinge 로 하여 라켓을 릴리스하는 방식의 현대 테니스의 스윙 메커니즘에서는 그 중요도가 더욱 커지게 되는데 이는 스윙 무게가 직접적으로 라켓의 파워와 직결되기 때문이다. 스윙 무게는 라켓의 무게와 밸런스의 조합에 따라 다양하게 나타나는데, 가벼운 라켓이라도 밸런스가 큰 경우 스윙 무게는 커질 수 있으며 반대로 무거운 라켓이라도 밸런스가 작은 경우 스윙 무게는 작아질 수 있다. 스윙 무게는 보다 일반적인 용어로 회전 관성 rotational inertia 으로 표현될 수 있는데, 회전 관성이 클수록 회전축에 대한 회전 가속/감속 rotational acceleration / deceleration 을 시키기가 어려우며 (큰 힘을 가해야 함), 반대로 회전 관성이 작을수록 회전축에 대한 회전 가속/감속을 시키기가 쉬워진다(작은 힘으로도 가능). 무게는 병진 운동 translational motion 하는 물체의 가속/감속에 대한 저항의 정도를 의미하는 물리량으로(무거울수록 가속/감속이 어려움) 이해한다면 회전 관성에 대한 이해를 보다 쉽게 할 수 있으리라 생각된다.

회전 관성의 개념을 라켓의 경우로 그대로 옮겨 본다면 〈그림 1〉에 보인 바와 같이 회전 축은 버트캡을 관통하는 라인이 될 것이며(회전 축은 지속적으로 이동하고 있다) 라켓의 스윙 무게는 그 축에 대한 회전 관성으로 정의할 수 있다. 스윙 무게가 큰 라켓일수록 라켓을 빠르게 회전시키기 위해 보다 큰 힘(정확히는 토크, torque)을 써야 하며 반대로 스윙 무게가 작은 라켓일수록 작은 힘으로도 가능하다. 스윙 메커니즘이 좋은 선수들의 경우 라켓의 회전은 손으로 돌리는 힘에 의해 발생한다기보다는 회전이 개시되기 전에 일어났던 라켓의 운동(테이크 백 동작에서 버트캡을 끌고 나오는 동작까지)으로 얻어진 관성력에 의해 발생하므로 라켓의 가속과 스윙 무게의 상관도는 작아질 수 있으며, 오히려 스윙 무게가 큰 라켓이 보다 수월하게 회전하는 느낌을 받을 수도 있다. 그러나 스윙 메커니즘과 관계없이, 중요한 부분은 공과의 충돌에 의한 감속은 스윙 무게가 큰 라켓이 매우 유리하다는 점이다. 스윙 무게의 절대적인 크기는 라켓의 길이방향 무게분포에 의해 결정되는 값으로 라켓의 무게에 관성반경 radius of gyration 의 제곱을 곱한 값으로 주어진다. 밸런스가 큰 HH 라켓일수록 관성반경이 크며 반대로 밸런스가 작은 라켓의 관성반경은 작아진다.

➡ 그림 1. 버트캡을 중심으로 회전하는 라켓

날아오는 공과 충돌하는 라켓은 공이 보유하고 있는 운동량(속도×질량)때문에 발생하는 충격력에 의해 자신이 보유했던 운동량의 손실을 경험하게 되는데, 이는 회전하고 있는 라켓의 각속도 저하로 이어질 수 있다. 속도의 저하는 감속을 의미하는데, 이때 스윙 무게가 작은 라켓의 경우 상대적으로 더 큰 감속을 경험할 수밖에 없으며, 이는 파워의 감소로 이어져 충돌 후 상대 코트로 향해 날아가는 공의 속도 손실로 이어진다. 일반적으로 장력이 적당한 스트링이 매여져 있는 경우 라켓과 충돌하는 공은 스트링에 잠시 동안 머무는 포케팅 pocketing 을 경험하게 되는데, 스윙 무게가 작은 라켓의 경우 포케팅이 발생하는 시간 동안 충격력에 의한 감속을 경험하고 이로 인해 공을 다시 밀어내는 파워의 손실을 겪게 되는 것이다.

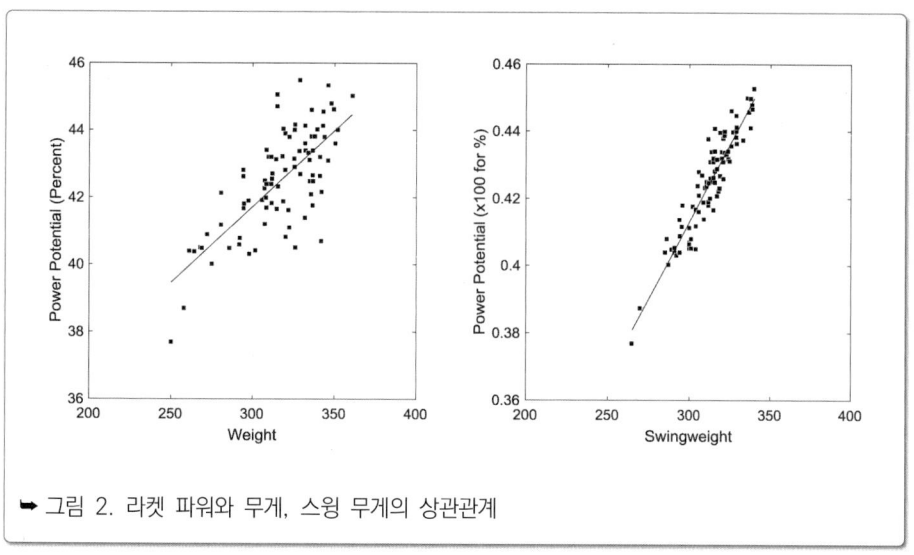

➡ 그림 2. 라켓 파워와 무게, 스윙 무게의 상관관계

　〈그림 2〉는 라켓의 파워와 무게 및 스윙 무게의 상관관계를 도시한 그림이다. 왼쪽 그림에서 보듯이 무게가 무거울수록 라켓의 파워는 증가함을 확인할 수 있는데 그 상관관계는 비교적 낮아 상황에 따라 더 무거운 라켓의 파워가 가벼운 라켓의 파워보다 낮은 경우가 많이 존재한다. 반면에 〈그림 2〉의 오른쪽과 같이 라켓의 파워와 스윙 무게의 상관관계는 상대적으로 높게 나타나는데 이러한 경향은 밸

런스를 고려하지 않은 라켓의 무게만으로는 라켓의 파워를 온전히 설명하기 어렵다는 방증이 된다(물론 라켓의 파워는 스윙 무게 외에 다른 요인에도 영향을 받는다). 이쯤 되면, 스윙 무게가 큰 라켓이 항상 옳은 선택인 것처럼 들릴지 모르나, 스윙 무게가 클수록 라켓의 조작성이 떨어지므로 빠르게 날아오는 공에 대한 발리 대처의 어려움이 동반될 수밖에 없으며, 무엇보다도 부상의 위험이 높아져 테니스 라이프의 수명을 단축시킬 수 있다는 점을 잊어서는 안 되겠다.

3. 헤드 크기 및 비틀림 무게(twist-weight)

라켓의 헤드 크기는 스트링이 매여진 영역에 대한 면적으로 측정되며 일반적으로 제곱인치 square inch 단위로 표현되는 것이 보통이다. 시판되고 있는 테니스 라켓의 경우 헤드 크기는 대부분 93~135 제곱인치의 범위에 속하며, 일반적으로 97~100 제곱인치의 헤드 크기를 가지는 라켓이 가장 광범위하게 사용된다. 〈그림 3〉에 보인 바와 같이 헤드 크기에 따라 midsize, midplus, oversize, super-oversize로 명명되기도 한다. 라켓의 헤드 크기가 커질수록 스윗 스팟의 면적이 자연스레 넓어져 발리나 스트로크 시에 발생할 수 있는 범실의 확률을 줄일 수 있다. 또한, 같은 크기의 장력으로 스트링을 매더라도 스트링 양단 지지점의 간격이 넓어짐으로 인해 스트링이 보다 유연해지는 효과가 나타나게 되고 이로 인해 보다 큰 반발력으로 공을 되밀어 낼 수 있는 장점을 가지기도 한다. 이러한 이유로 테니스에 처음 입문하는 초보자의 경우 oversize 라켓을 사용한다면 입문 과정에서 겪는 여러 가지 어려움을 극복할 가능성이 높다고 하겠다. 전설적인 테니스 선수인 안드레 아가시는 oversize 라켓을 사용하는 대표적인 선수였는데, 아가시의 강력한 베이스라인 기반 스트로크 플레이가 서브 앤 발리 위주의 80년대 테니스의 패러다임에 종지부를 찍은 시초인 점을 상기한다면 반드시 oversize 라켓이 초보자용만은 아닌 것은 자명한 사실이다. 한편, oversize 라켓은 라켓의 헤드 크기가 증가함으로 인해 라켓의 밸런스가 HH의 특성을 갖는 것이 보통이며, 라켓의 길이 또한 표준형에 비해(27인치) 0.5~1인치 긴 롱바디인 경우도 있다.

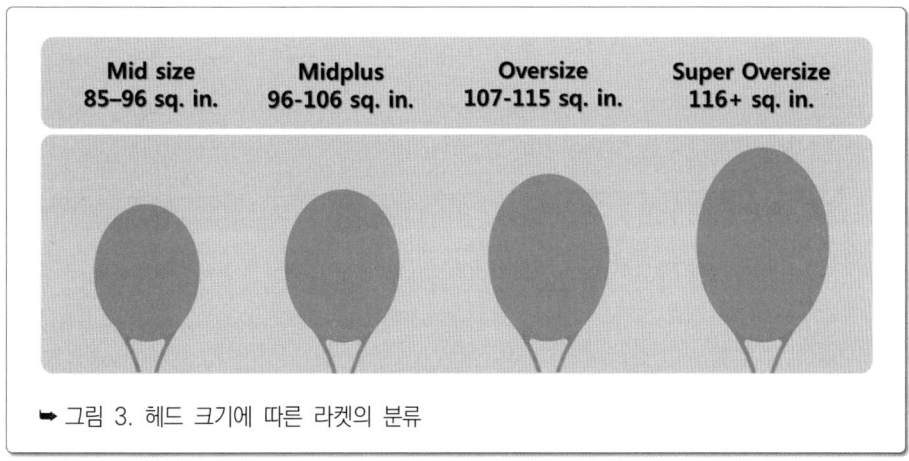

➤ 그림 3. 헤드 크기에 따른 라켓의 분류

헤드 크기는 공이 스트링에 충돌하는 순간의 라켓의 면 안정성 stability 과 매우 밀접한 관계를 갖는다. 〈그림 4〉의 왼쪽은 버트캡을 원점으로 하는 좌표계를 표현하고 있는데, 만약 공이 라켓면의 중앙부를 벗어나 A 지점에 충돌한다면 공의 충격력에 의해 라켓은 x축을 중심으로 한 회전(라켓면이 뒤로 밀려나는 운동) 뿐만 아니라 y축을 중심으로 한 회전(비틀림)도 하게 될 것이다.

앞서 언급된 바와 같이 x축을 중심으로 한 라켓의 회전은 라켓의 스윙 무게에 의존적으로 발생할 것인데, 마찬가지로 y축을 중심으로 한 라켓의 비틀림 twist 회전도 같은 개념의 회전 관성에 근거하여 발생할 것임을 짐작할 수 있다. y축에 대한 라켓의 회전 관성을 라켓의 비틀림 무게 twist-weight 라고 부르며 라켓의 무게에 x축 방향으로의 관성 반경의 제곱을 곱한 값으로 정의된다(스윙 무게에 대한 관성 반경은 y축 방향의 관성 반경이다).

헤드 크기가 큰 oversize 라켓은 라켓의 프레임 반경이 크므로 프레임 무게의 상당량이 비틀림의 중심축인 y 축으로부터 멀리 위치하게 되는데(3시 및 9시 방향) 이는 곧 라켓의 비틀림 무게의 증가로 이어진다.

라켓면의 중심부로부터 x축 방향으로 동일한 거리만큼 떨어진 위치에 공이 충돌한다면 비틀림 무게가 큰 oversize 라켓의 회전이 헤드 크기가 작은 midsize 라켓에 비해 상대적으로 작을 것임은 분명하며, 라켓의 면 안정성 측면에서 oversize 라켓이 상대적으로 유리하게 된다. 정해진 헤드 크기를 갖는 라켓의 면 안정성을 올리기 위해서는 비틀림 무게를 증가시킬 필요가 있는데, 이는 3시 및 9시 방향의 라켓 프레임에 납을 추가함으로써 확보 가능함을 짐작할 수 있겠다. 다만, 해당 위치에서의 무게의 증가는 비틀림 무게 뿐만 아니라 라켓의 무게는 물론 스윙 무게도 동시에 증가시킴을 간과해서는 안된다.

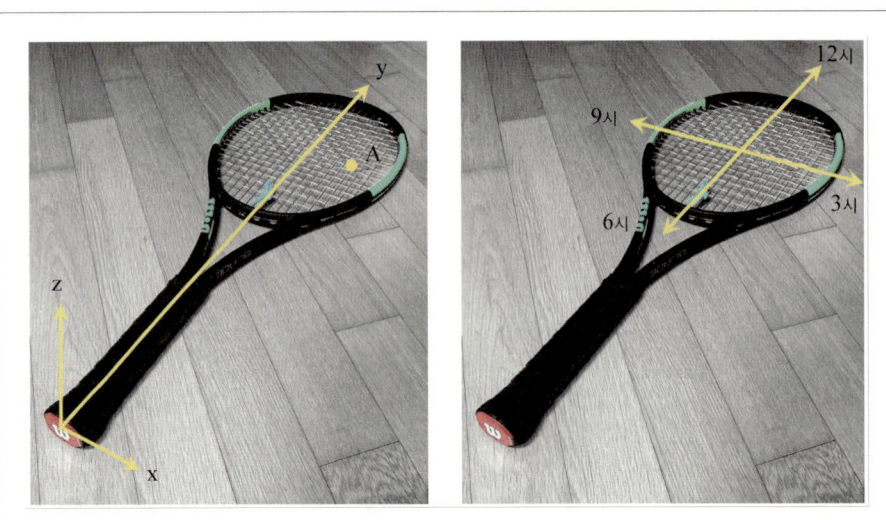

➡ 그림 4. 면 안정성과 비틀림 무게를 위한 테니스 라켓 좌표계

4. 강성(stiffness)과 프레임(frame)

현대 테니스에서 주로 사용되는 라켓들은 탄소섬유로 보강한 플라스틱 재료로서 가벼운 무게와 높은 강도를 동시에 만족시켜 선수들의 플레이를 보다 적극적으로 보완해 주고 있다.

테니스 운동은 날아오는 공을 라켓을 휘둘러 상대방 코트로 다시 되돌리는 행위가 주를 이루므로 라켓면과 공의 충돌은 항상 발생하기 마련이다. 적당한 무게를 가지고 빠른 속도로 날아오는 공은 일정량의 운동량을 보유하고 있기 때문에 라켓면과 충돌하는 경우 라켓의 변형을 유발하게 된다.

보다 정확하게 말하자면 날아오는 공은 라켓에 매여져 있는 스트링과 충돌하게 되고 라켓에 고정되어 있는 스트링은 공으로부터 전달되는 힘을 고스란히 라켓으로 전달한다.

일반적으로 테니스 라켓은 길쭉한 형상을 띠고 있으므로 스트링으로부터 전달되는 힘에 의해 라켓은 굽힘 혹은 휨 변형을 경험하게 된다. 공과 충돌하는 라켓이 얼마나 휘는지는 라켓의 강성 stiffness 에 의해 결정되는데, 라켓의 강성을 결정짓는 요인은 라켓의 재료와 형상이라고 할 수 있다.

라켓의 재료는 제조사마다 매우 다양한 형태로 존재하므로 라켓의 상세한 스펙을 살펴보지 않는 한 알기 어려운 면이 있으며, 한편으로 매우 전문적인 영역이므로 보다 수월하게 접근할 수 있는 라켓의 형상과 강성의 관계에 논의의 초점을 맞추어 보도록 하겠다.

라켓의 강성은 RA Racket Analysis 라는 테니스 라켓에 한정되어 적용되는 지표로 측정이 되며, 일반적으로 70RA 이상인 경우 강성 라켓 stiff racket, 64RA 이하인 경우 유연 라켓 flexible racket 으로 분류된다.

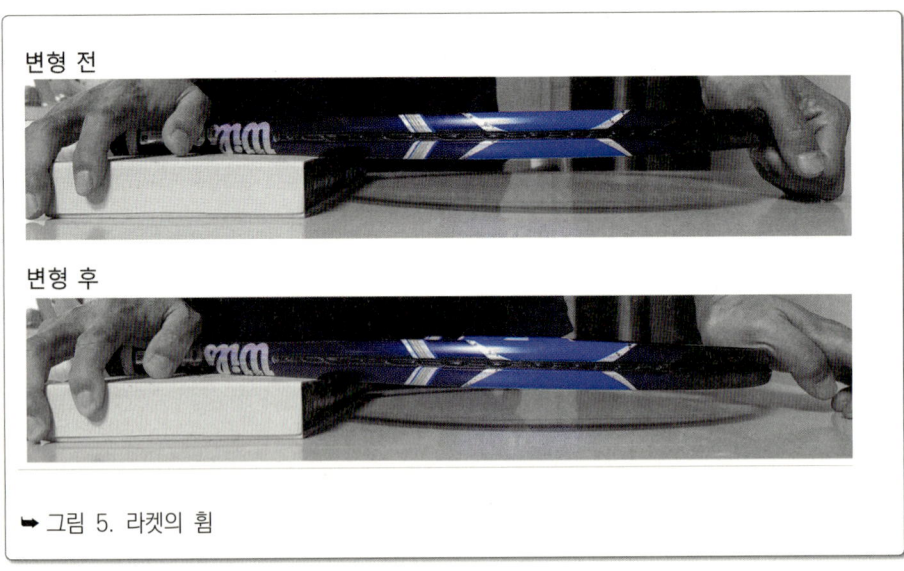

➥ 그림 5. 라켓의 휨

　라켓의 형상 인자 중 라켓의 강성에 가장 큰 영향을 미치는 것은 프레임의 두께이다. 〈그림 5〉는 공이 라켓에 충돌하는 순간에 발생하는 라켓의 휨을, 라켓을 내려 누르는 단순한 상황을 통해 재현한 것으로 라켓의 프레임이 눈에 보이는 양만큼 휘어지는 상황을 보여준다. 그림을 통해 직관적으로 알 수 있듯이 프레임의 두께가 두꺼울수록 라켓의 휘는 양은 작아질 것임을 짐작할 수 있는데, 이는 같은 재료로 제작된 라켓이라면 두꺼운 프레임을 갖는 라켓의 강성이 크다는 것을 말해준다. 라켓의 강성이 큰 경우 공이 충돌하면서 발생하는 라켓의 휨량이 작게 되는데 이것은 같은 스트링을 사용한다는 조건에서 공이 라켓에 머무는 시간이 줄어듦을 의미하며, 반대로 강성이 작은 라켓은 그 시간이 상대적으로 길어진다. 결국 강성이 다른 라켓은 공이 라켓에 전달하는 하중을 얼마나 유연하게 받아주는가 하는 문제로 귀결되는데, 같은 속도로 날아오는 공에 대해 강성이 큰 라켓은 짧은 시간 동안에 큰 힘을, 강성이 작은 라켓은 비교적 긴 시간 동안에 작은 크기의 힘을 경험하게 됨을 의미한다. 강성이 큰 라켓에 전달되는 힘의 크기가 상대적으로 클 수 있으므로 라켓을 휘두르는 선수의 팔에 더욱 부담이 될 수밖에 없을 것이며, 높은 강성의 라켓이 엘보우에 치명적이라는 악명을 얻게 된 원인이라 할 수 있다.

다른 한편으로 강성이 큰 라켓은 진동이 발생하는 경우 상대적으로 고주파수(짧은 주기)로 떨리게 되는데, 이는 진동이 발생하는 경우 강성이 큰 라켓이 동일한 시간 동안 상대적으로 더 많은 떨림을 유발함을 의미하며, 라켓을 쥐고 있는 선수의 팔에 가해지는 부담은 커질 가능성이 높다. 상대적으로 강성이 작은 라켓의 진동은 저주파이나 진폭이 크고 감쇠가 덜 되는 특성이 있는데 선수의 팔에 가해지는 부담의 경중에 대한 논란은 있을 수 있다. 한 가지 덧붙이자면, 라켓의 진동은 스트링에 부착된 댐프너로 결코 감쇠시킬 수 없을 것이라는 짐작이 가능한데, 따라서 댐프너가 테니스 엘보우에 긍정적인 영향을 미칠 가능성은 매우 낮아 보인다. 다만 댐프너가 스트링의 진동을 감쇠시키는 역할은 충분히 하는 것으로 보이는데, 이는 댐프너를 부착한 경우 스트링이 공과 충돌할 때 발생하는 소리의 특성이 달라진다는 많은 사람의 경험담으로 미루어 짐작할 수 있다(소리의 원인은 진동이다).

라켓의 강성은 반발력과 밀접한 관련을 가지는데, 이것은 라켓의 프레임이 공과 직접 충돌하는 스트링의 지지점의 역할을 하기 때문이다. 스트링이 최대의 반발력을 내기 위해서는 스트링에 저장되는 탄성 변형에너지가 최대가 되어야 하고 이는 곧 충돌하는 공에 의한 스트링의 변형이 최대가 되어야 함을 의미한다. 일반적으로 장력이 낮은 스트링은 장력이 높은 스트링에 비해 공과의 충돌에 의한 변형이 크고(탄성 변형에너지가 큼), 변형된 스트링이 복원되면서 공을 밀어내는 힘이 커지는 것은 잘 알려진 사실이다. 강성이 큰 라켓의 경우, 라켓의 변형이 매우 작음으로 인해 날아오는 공이 보유했던 운동에너지를 고스란히 스트링의 변형에너지로 변환하고 이를 다시 공의 반발에 사용할 수 있으나, 강성이 작은 라켓은 공의 운동에너지의 일부를 라켓의 변형에너지로 소모함으로 인해 스트링의 변형에너지를 극대화하지 못하는 상황이 발생하게 된다. 라켓의 변형이 다시 복원되면서 공의 반발에 이용될 수도 있다는 짐작도 가능하나 라켓의 복원은 공이 스트링을 떠난 후에 일어나므로 라켓의 복원력을 공의 반발에 이용할 수 있는 상황은 발생하기 어렵다.

제한된 근력을 가진 선수가 다른 조건(특히 스윙 무게)이 동일한 상황에서 스트로크에 있어서 보다 높은 파워를 내기 위해서는 반발력이 큰 프레임이 두꺼운 라켓을 사용할 필요가 있다(낮은 스트링 장력과 함께). 그러나 프레임이 두꺼운 라켓은 스트링의 반발력에 의존하여 파워를 추가로 얻는 것이므로 스윗 스팟에 공을 정확하게 맞추지 못하는 경우 정밀한 컨트롤을 구현함에 어려움을 겪게 된다. 반대로 충분한 근력을 소유한 선수는 충분한 파워를 본인의 근력을 통해 낼 수 있으므로 컨트롤의 손실이 상대적으로 적은 얇은 프레임의 라켓을 선택하는 것이 바람직할 것이다.

동호인들이 흔히 말하는 라켓이 "부드럽다" 혹은 "딱딱하다"라는 표현은 매우 모호하고도 주관적인 개념인데, 이는 라켓의 강성과 라켓 소재의 감쇠 능력이 복합적으로 작용한 결과인 것으로 추정된다. 반드시 그렇다고는 할 수 없으나 일반적으로 부드러운 라켓은 상대적으로 강성이 낮으며 라켓 자체의 진동을 효과적으로 흡수하는 소재를 적용한 경우이며, 반대로 딱딱한 라켓은 강성이 높고 진동 흡수가 덜 한 경우를 일컫는 것으로 짐작된다.

5. 스트링 패턴(string pattern)

서로 교차하는 형태로 설계되는 라켓의 스트링은 일반적으로 오픈형 open 과 덴스형 dense 으로 구분된다. 수직으로 교차하는 스트링 중 라켓의 길이 방향으로(6시에서 12시 방향) 배치된 것을 메인 main 으로, 그것과 수직한 방향으로(3시에서 9시 방향) 배치된 것을 크로스 cross 라고 명명하는데, 메인 스트링의 스냅백 snap-back 이 공에 회전을 전달하는 주요 메카니즘이기 때문에 그렇게 명명되는 듯 하다. 오픈형 라켓은 메인과 크로스의 숫자가 16×19인 것이 보통이며, 덴스형 라켓은 일반적으로 18×20의 형태를 지닌다. 오픈형 라켓은 스트링의 숫자가 상대적으로 적어서 다른 조건이 동일한 경우 덴스형 라켓에 비해 높은 반발력을 가지게 되며, 한편으론 적은 개수의 크로스 스트링으로 인해 스트링의 스냅백 효과가 커져(스트링 간의 마찰력 감소로 인함) 상대적으로 많은 회전량을 공에 전달할 수 있는 장점이 있다. 크로스 스트링의 숫자를 더욱 줄여 스냅백 효과를 극대화하고자 한 스핀

특화형 라켓들은 16x18의 스트링 패턴을 가지기도 한다. 이러한 오픈형 라켓은 우수한 스냅백 효과로 인해 공의 발사각이 덴스형 라켓에 비해 높은 특징을 갖는데, 동시에 많은 회전량으로 인해 비거리가 짧아 베이스 라인 안쪽으로 안정적으로 공을 안착시킬 수 있는 확률이 보다 높다고 하겠다. 덴스형 라켓은 오픈형 라켓과는 상반된 특성을 가지는데, 회전량 보다는 플랫 flat 한 타격에 적합하며 낮은 스트링 반발력으로 인해 컨트롤에 보다 유리하다고 볼 수 있다. 이러한 스트링 패턴의 특성은 다른 모든 조건이 동일한 경우에 드러나는 것으로, 서로 다른 라켓, 서로 다른 스트링 종류와 텐션이 복합적으로 작용하는 경우 일반 동호인들이 경험적으로 그 차이점을 두드러지게 느끼기는 쉽지 않다. 한 가지 간과하지 말아야 할 점은, 같은 개수의 스트링을 장착한 라켓이라 하더라도 반발력과 컨트롤 능력을 적절히 조화시키기 위해 매인 및 크로스 스트링의 간격을 라켓의 중앙부와 가장자리부에 다르게 배치할 수도 있다는 점이다.

6. 맺는 글

테니스 라켓의 선택은 선수 혹은 동호인의 경기력에 매우 큰 영향을 미치는 요인으로 개개인의 근력과 선호하는 플레이 스타일에 부합되게 선택되어야 할 필요가 있다. 적절한 라켓의 선정을 위해서는 라켓이 가지는 스펙 specification 에 대한 정확한 이해가 필요한데, 본 장에서 설명된 라켓의 구조적인 특성과 역학적인 거동에 대한 이해를 기반으로 본인에게 맞는 최적의 라켓을 선정할 수 있게 되기를 바란다. 한 가지 덧붙이자면 라켓 자체의 특성과 성능도 플레이에 큰 영향을 주는 중요한 인자이지만 라켓을 구성하고 있는 구성체의 하나인 스트링은 라켓보다 더욱 중요한 요소임을 간과하지 말아야 한다.

참고문헌

T. Allen, S. Choppin, D. Knudson, (2015). A review of tennis racket performance parameters. Sports Engineering, 19 (1), 1-11.

http://twu.tennis-warehouse.com/learning_center/specsandspeed.php

https://www.tennis-warehouse.com/LC/SelectingRacquet.html

https://tenniscompanion.org/tennis-racquet-stiffness/

23장

나의 테니스 라켓 편력 50년

이종호(정보통신공학과)

나와 테니스 인연은 고등학교시절이던 1960년대 말경으로 거슬러 올라간다. 그 무렵 세계 테니스계 강자는 단연 호주였다. 단신이었지만 그랜드 슬램 타이틀을 두번이나 휩쓴 전무후무의 테니스 레전드 로드 레이버가 호주 선수이고 여성으로서는 4대 메이저 대회(단, 복, 혼합)에서 총 62회나 우승한 불멸의 기록을 갖고있는 마가렛 코트가 세계의 코트를 누비던 시기이다. 이때 테니스 사랑에 빠진 이래 오늘까지 나는 50여년 간 아마추어(동호회)선수로 테니스의 진수를 맛보고 누릴 수 있었으니 얼마나 행운인가. 내가 그동안 애지중지 소장하던 테니스 라켓들의 특성과 변천사를 나름 조망하고 또 그때그때의 에피소드들을 엮어 보고자 한다.

1. 초보 시절의 향수

고등생이던 당시 나는 집에서 뒹굴던 윌슨 토니트라버트 라켓을 손에 쥐고서는 계란 바구니를 이고가는 소녀의 꿈 비슷한 상상에 젖어 훗날을 기약하곤 하였다. 당시 동숭동 대학천 건너 문리대 테니스장이 보였는데 그곳은 나에게 희망의 나라였다. 대학에 진학하면서 가방에 라켓을 꽂고 공릉동 캠퍼스 테니스장을 기웃거리던 시절엔 일본산 가와자키를 주무기로 애용하며 국산 한일과 영국산 던롭 라켓 등을 섭렵하였는데 당시 우드 라켓의 수명은 그리 길지 못해서 고작 1~2년이면 부러지거나 비를 맞고 뒤틀려 버리곤 했다.

➡ 그림 1. Dunlop Maxply Fort

➡ 그림 2. Wilson t-2000

이중에 Dunlop Maxply Fort 라켓은 로드레이버가 사용한 정통 우드 라켓으로 나에게 있어서도 테니스 실력을 한 단계 업그레이드 시켜 주었는데, 특히 고질이 었던 발리에서 탁월한 안정성을 나타내었다. 이 라켓은 자세히 보면 집성목 plywood 으로 제작된 것이 보이는데 약간 더 무거웠지만(400g) 진동을 감쇄하여 플랫 내지 슬라이스 타법에 적합한 특성을 보였다. 내구성도 우수하였지만 젊은 나의 에너지에 시달리다가 결국은 접착부가 떨어져 수명을 다할 때까지 나와 고락을 함께 하였다. 당시는 라켓뿐 아니라 테니스볼도 귀하긴 마찬가지여서 한 번 뜯으면 공기압축기까지 동원하며 서너번 썼던 기억. 유통되던 테니스볼로는, 부드럽고 오래가는 Dunlop Fort와 스팔딩(미국산)이 주종이었고 더 단단해서 강타자들이 선호하던 Slazenger(영국), 그리고 미군 부대에서 흘러나온 Wilson과 Penn이 있었는데 이들은 모두 수입품이었고 후에 국내 메이커 낫소와 한일이 볼을 출시하면서 국산테니스볼 장려 분위기가 일었다. 당시 서울운동장(현 동대문 역사공원)앞에는 스포츠용품매장들이 즐비하게 몰려 있어서 심심할 때 순례하곤 했는데 그중 조테니스 Joe's Tennis 는 아직도 그 자리를 지키고 있는 듯하다.

2. 지미 코너스와 Wilson t-2000

Jimmy Connors 는 1970년대에 혜성같이 나타난 미국의 신예로서 세계1위였던 호주의 노장 John Newcombe과 세기의 신구 대결(1975)이 관심을 모았는데, 여기서 그는 주목할 만한 두 가지 파격으로 팬들에게 인상을 남겼으니: 양손 백핸드샷과 스틸 라켓의 대두가 그것이다.

잘 알려진 바와 같이 백핸드를 두 손으로 컨트롤하면 보다 안정되게 타구를 구사할 수 있다. 그 이유를 살펴보면, 오른손으로 힘을 싣고 왼손으로는 컨트롤을 보완한다는 장점 때문인데 이는 양손을 한데 묶음으로써 풋워크와 리치에서 불리해지는 단점을 상쇄하고도 남는다. 백핸드에서 특히 양손 타법이 유용한데 그 이유로는 몸통과 오른팔의 위치를 생각해 보면 이해할 수 있다. 즉, 백핸드 스트로크의 경우 몸체의 전방(공오는 방향)에 오른팔이 붙어있음으로 해서 공이 맞는 위치가 자연스럽게 몸 중심보다 앞에 있게 되는데 앞에서 때리려면 플랫 내지 슬라이스가 용이한 반면 톱스핀을 구사하고자 할 경우 공 맞는 위치를 보다 몸통쪽 또는 후방까지 끌어들여야 방향 컨트롤에 효과가 있음을 알 수 있다. 따라서 백핸드 톱스핀을 위하여는 전방의 오른손 위치보다 훨씬 뒤쪽으로 데려와서 공을 맞추는 것이 유리하고 이로 인한 힘의 손실과 시각적 불리함을 극복하는 방편으로 투핸드 스트로크가 대세가 된 이유라 볼 수 있다.

물론 크리스 에버트(메이저 대회 단식 우승 18회) 같이 어린 나이에 시작하면서 라켓 무게를 감당하기 힘들어서 양손 백핸드가 습관화된 경우도 있겠다. 한때 연인사이였던 코너스와 에버트는 모두 양손 타법의 선구자였지만 당시 그들은 톱스핀 위너보다는 플랫성 타구를 상대 코트 깊숙이 꽂아 넣는 것을 주무기로 삼았다. 또한 빠른 발로 리시브가 좋은 니시코리 케이가 종종 선보이는 멋진 점핑 백핸드 스트로크를 보면 양손 타법을 잘 구사하기 위하여는 더 부지런히 공에 다가가야 하고 동적 균형감에 더욱 집중하여야 한다는 것을 알 수 있다.

한편 대다수의 양손 백핸드 선수들도 로우발리나 드롭샷처럼 언더스핀 테크닉을 요할 때는 한 손으로 컨트롤한다. 아무래도 한 손이 두 손보다는 자유자재이기 때문이리라. 한 손으로도 백핸드 스핀을 매우 잘 구사하는 도미니크 팀의 경우에도 빠른 타이밍의 오른손목 회전이 제대로 구사되지 못할 경우 불안요인이 발생하며 톱스핀 스윙아크가 큰만큼 순간동작에는 불리함이 있어 보인다.

윌슨 t2000은 어떤 라켓인가? 지미 코너스가 등장할 즈음 다양한 소재로 라켓을 만드는 시도가 더욱 빨라졌다. 전통적인 우드 소재를 떠나서 스틸, 알루미늄, 그래파이트, 카본파이버, 티타늄컴포지트, 보론 등 다양한 재질을 채택함으로서 라켓의 강도와 반발력이 증대되었고, 따라서 가볍고 강한 라켓들이 줄줄이 출현하는데 이와 때를 맞추어 파워테니스 시대가 열렸다고 할 수 있다. 힘과 기를 겸비했다고 평가받던 젊은 코너스는 스테인레스 재질의 프레임에 강선 코일로 스트링을 엮어맨 t2000 으로 세계 테니스계를 주름 잡았다(메이저 대회 8회 우승). 그에 앞서 역시 레전더리 테니스 여왕 빌리진킹도 t2000으로 윔블던을 정복한 바 있다. 우리나라에서도 이들의 유명세에 힘입어 어딜가나 윌슨 t2000을 볼 수 있었는데, 나의 경험으로는 무겁고 투박하고 스티프한데다가 칠 때마다 텅텅 소리가 나는 비호감 라켓으로 기억한다. 게다가 신형 라켓으로는 페이스 면적이 작은 편(67sq)이었으므로 국내 다수의 중장년 플레이어에게는 안 맞는 라켓이었던 것 같다. 하지만 코너스는 이 라켓을 놓지 못해 윌슨이 제작을 중단한 이후까지도 한동안 리바이벌 애용하였다.

3. 보그와 Donnay 라켓

Bjorn Borg 하면 최초로 윔블던 5회 연속 우승의 금자탑을 세운 잘 생기고 상체근육이 발달한 스웨덴의 스타이다. 그는 양손 백핸드로 톱스핀을 가장 일관되게 구사하는 선수라 평가되는데 그후 프로 테니스계에서는 파워 톱스핀이 주 공격무기로 정착되는 계기가 되었다. 아쉽게도 이 사람은 26세의 젊은 나이에 윔블던과 프렌치오픈 11회 우승(US와 호주오픈 우승 없음)의 기록을 뒤로 하고 은퇴를 선언한다.

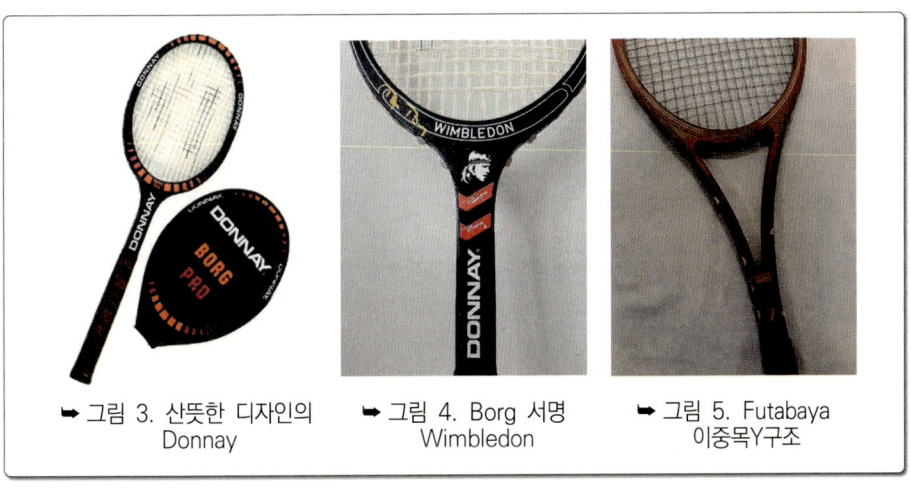

➡ 그림 3. 산뜻한 디자인의 Donnay
➡ 그림 4. Borg 서명 Wimbledon
➡ 그림 5. Futabaya 이중목Y구조

당대의 유명했던 라이벌 존 매켄로(메이저 단식 우승 7회, 복식 우승 9회)는 보그의 은퇴를 만류하였다고 한다. 왜 그랬을까? 두 사람은 스타일면에서 대척점에 서 있었는데 냉철한 승부사 보그는 베이스라인 톱스핀을 주 공격무기로 하는 플레이어이고 매켄로는 뛰어난 운동신경으로 네트플레이를 가장 잘 하는 악동 선수로 알려져 있다. 이 두 사람의 1980년 윔블던 결승(보그 3:2승) 명장면은 영화화되기도 하였다.

Borg가 사용한 라켓이 벨기에산 Donnay 우드 라켓인데, 이 라켓은 전체적으로 검은색에 오렌지 문양이 들어가 눈에 띠는 디자인으로 나의 젊은 감성을 자극하였다. 나의 무기로 채택해 보려 시도하였으나 무겁고 둔탁하여 당시 해군에 같이 근무하던 근육질의 손일헌 중위의 손에 넘어가서 한동안 존재감을 뽐내었다. Donnay 社는 보그의 윔블던 제패를 기념하여 Wimbledon 라켓을 발매하였는데 여기에는 보그의 얼굴과 사인이 새겨져 있다.

당시에는 유명 선수의 autograph 라켓들이 출시되곤 하였는데 기억나는 몇몇 브랜드를 언급하면 Wilson Stan Smith, Tony Trabert, Pete Sampras, Dunlop Rod Laver, Wilson Chris Evert, Donnay Bjorn Borg, Head Arthur Ashe 등이 있었다.

보그가 명성을 떨치던 70년대 중반을 전후하여 돈네이를 비롯한 우드 라켓 메이커들은 프레임의 강도를 보강하는 새로운 라켓 형태를 시도하는데 이중목 구조 라켓이 그것이다.

전통의 우드 라켓은 싱글넥 스타일, 즉 헤드와 그립 사이의 브리지가 한 가닥이었다. 그러다가 스틸 라켓의 출현과 더불어서 우드 라켓들은 이중 Y형목 double throat bridge 구조로 진화하는데 당시 신모델 후타바야 2중목형 우드 라켓을 체험해 보니 단일목에 비하여 단단함 solid 이 느껴졌고 스윗스팟을 벗어난 공에 대한 라켓의 좌우안정성(관성모멘트)이 뛰어났다. 다만 목의 연결부위가 페이스의 최남단 6시방향이 아니고 5시와 7시부분이 되므로 길이방향 유연성에 있어서는 훨씬 스티프해지는 것을 감수해야 했고 이 부분은 다양한 제작 기술로 극복되는 듯하다. 점차로 시중의 거의 모든 - 우드 또는 합성소재 - 라켓들은 두 가닥 스타일이 대세가 된다.

4. 디자인이 수려한 TAD classicIII

많은 우드 라켓 메이커들이 지금은 사라졌는데 미국에서 고급품으로 정교하게 제작되어 인기있던 Tad T.A.Davis 도 그중 하나이다. 이 라켓은 그립끝(바닥면)에 검은색의 8각 TAD 마크가 선명했는데 디자인 완성도가 빼어났다.

Tad에서는 Imperial이 유명했지만 그외에 classicIII 라는 모델은 매끈한 자주빛 라미네이티드 표면으로 매혹적 미모를 나타내는데 진해의 스포츠샵에서 한 번 본 후, 거금을 들여 구입하였으나 예리한 타구감은 경쾌하였지만 나의 실력 향상에는 큰 도움이 되지 못했던 듯. 그래도 오랫동안 끼고 다니다가 미국에 체류하던 시절 철지난 우드 라켓들과 함께 폐기되는 운명에 처해졌다. 요즘도 vintage collector's item이 되고 있다.

➡ 그림 6. Tad Classic 3

➡ 그림 7. Tad Davis Classic
　(+Frame press clamp)

5. Head 와 Prince, 그리고 Callaway

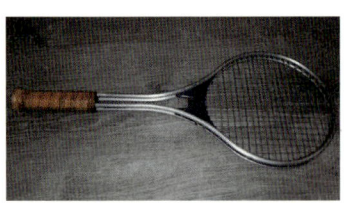

➡ 그림 8. 선풍적인 Head Master   ➡ 그림 9. A. Ashe Competition.   ➡ 그림 10. Head사의 로고

70년대 중반에 이르러 국내에서(특히 동호인 테니스계에서) 센세이셔널하게 유행했던 라켓은 Head Master 라 불리우는 알루미늄 라켓이었다. 메탈제 라켓으로는 앞에 언급되었던 윌슨 t2000, t3000등이 있었지만, 그와는 비교 안 되게 부드럽게 볼컨트롤이 좋고 가볍고 공기저항이 적어 손목으로 매니저블한데다 중심부 반발력이 뛰어나서 대학생으로부터 장년까지 상급자들 사이에서 널리 애용되었다. 이를 자유자재로 다루어 당대의 아마추어계를 주름잡던 두 사람을 기억해보면: ① 배드민턴 선수 출신으로 얼굴이 까매지도록 공릉동 테니스 코트에서 살다시피한 서행기(73학번)가 있다. 배드민턴 선수답게 그는 점프 스매싱을 구사하는데 정확성 위주의 플랫 스매싱을 주무기로 한다. 그가 2학년이 되면서 그 이전까지 부동의 1위 넘사벽이던 체육학과 박영선(72학번, 고교 테니스 유망주 출신)을 물리치고 서울대총장배를 평정하였다. 박영선은 당시 유명한 테니스 가족의 막내로 큰 키에 멋진폼으로 프로 선수 포스를 풍기는 내면적 인물이었다. 판정시비 끝에 상대의 서브공을 하늘로 냅다 쳐버리는 일이 있었는데 그 모습조차 멋져 보였다는 일화. 그는 나중에 해군2사관학교 교관이 되면서 진해에서 나, 김광회, 송용진(해사), 박중환(부관), 진태선(군의관) 등과 어울리게 된다. ② 장년 테니스계에는 정구 선수 출신으로 사교술이 뛰어난 길인영(당시 50대)이라는 스타가 있었는데 그는

헤드마스터의 진정한 마스터였다. 가벼운 몸놀림과 마술사 같은 라켓 다루기로 어떤 볼에도 원하는 스핀과 위치를 처방하였다. 나는 부친을 따라다니며 이 사람의 테니스를 관찰하고 또 배울 기회도 있었다. 그가 내게 한 한마디: '공을 기다리지 말고 대쉬하여 정상에서 맞추어야지…' 오늘날까지 내가 풋워크를 중시하는 이유가 된다. 그는 구부정한 어깨에 코트 어디고 쉴새 없이 누비고 다니는 성실성 플레이어이며 아마추어 수준을 넘어서는 실력에 사회 원로들과 사교 테니스를 즐겨 시끄럽고 존재감을 뽐내서 종종 내기를 걸곤 하였다. 그와 경기하게 되면 '잡수~'라는 소리를 종종 듣게 된다. 먹으라는 말의 존칭이다. 일본에도 원정하여 노동 테니스 상위권을 휩쓸었다는 후문. 그는 명동 코리아나 백화점 사장으로 일하기도 했는데 그가 홀연히 떠난 집무실에는 테니스 라켓 6개가 벽에 걸려 남겨져 있었다는 뒷이야기.

헤드사는 마스터에 뒤이어 나무 소재의 Y자목 double throat 라켓 Vilas를 제작하기도 하였지만 빛을 보지 못했고 그 뒤로 나온 Head Competition 으로 또 한 번 마케팅에 성공한다. 이 역시 가격은 적잖이 비쌌지만 한국에서 인기가 상당하였다. 이 라켓은 그라스파이버 몸체에 알루미늄 평판을 양면에 부착하여 번뜩이는 용모를 자랑하는데 나도 sheep gut가 장착된 이 라켓과 꽤 오랜 기간을 함께 하면서 아마추어 특A그룹으로 등극하게 된다. 성질은 스티프하되 쿠션감이 좋은 안정된 라켓이며 발리와 스매쉬가 쉽고 톱스핀도 그럭저럭 구사할수 있다. 흑인 최초로 성공한 테니스 선수인 Arthur Ashe는 헤드사의 라켓 개발에 참여하였는데 결국 Head Competition으로 윔블던과 US open을 우승함으로 대박. 자신의 이름을 새긴 라켓을 출시하니 Arthur Ashe Competition. 헤드 라켓을 개발한 하워드 헤드는 하버드 출신 항공공학자로서 테니스 레슨을 받던 중 자신의 전문 지식을 활용한 라켓을 개발해야겠다는 생각이 들어 알루미늄 라켓을 만들기 시작했다고 한다. 그러나 정작 하워드 헤드 본인은 프린스 오버사이즈 라켓을 더 좋아해서 프린스사와 M&A 하는 계기가 된다. 헤드사의 로고는 스키 앞부분을 연상시키는데 알다시피 헤드사는 스키메이커 ski maker 유전자를 지니고 있다.

Head를 비롯한 메탈계소재 라켓들이 대두되면서 내구성이 좋아졌고 페이스 면

적이 커지는 경향이 뒤따랐다. 그 선두 주자인 Prince는 지나칠 정도의 큰 면적을 자랑하는 오버사이즈 알루미늄 라켓을 출시하였는데 장년 또는 여성들에게 쉬운 발리로 도움을 줬을지언정 상급자들에게는 그라운드 스트로크의 둔감성으로 인하여 어필하지 못하였다. 이후 프린스社는 그래파이트 라켓을 출시하며 메이저 라켓 브랜드로 도약한다.

➡ 그림 11. Prince Classic Oversize Racket   ➡ 그림 12. Head Radical Racket

Head 라켓을 사용했던 톱랭커 선수중에 Andre Agassi를 빼놓을 수 없겠다. 그는 프린스 그래파이트와 헤드 래디컬을 사용하며 1992년을 시작으로 11년에 걸쳐 메이저 8승을 올리는데, 그 와중에도 연상녀 바브라 스트라이젠드와 염문을 뿌리고 브룩쉴즈와 결혼하였으며 다시 스테피 그라프의 남편이 되었다. 대단하다.

약간 다른 이야기지만 테니스에서 금속 소재가 히트치게 되면서 골프 클럽 메이커들도 분발하여 80년대에 캘러웨이라는 신생 메이커의 빅버사 메탈드라이버가 선풍적 인기를 끌게 된다. 후속으로 티타늄 소재의 더욱 커진 GBB Great BigBertha가 나오면서 작은 헤드 용적의 퍼시몬우드 드라이버를 박물관으로 보냈다. 경험해본바 이것은 혁명에 가까웠다. 스윗스팟이 커지면서 방향이 안정되었고 높은 반발력으로 거리가 늘었으므로 누구에게나 골프가 한결 쉽게 다가왔다. 골프 클럽 헤드 용적과 반발력 제한 규정이 생긴 것은 그 이후의 일이다. 때를 같이하여 샤프트도 가볍고 탄성이 좋은 그래파이트로 바뀐다. 알다시피 드라이버 무게가 가벼워지면 비거리는 늘어난다.

6. 윌슨 해머 시리즈: 발리의 대중화 시대

➡ 그림 13. Wilson SledgeHammer2.7 ➡ 그림 14. Hammer 5.3 ➡ 그림 15. Hammer6.2 stretch

80년대에 윌슨은 망치 로고가 새겨진 해머 시리즈 라켓을 선보인다. 카본계 소재로 만들어진 이 라켓은 멀리서도 눈에 띄게 폭이 두꺼운 프레임으로 진동이 전달되지 않고 스티프(휨이 적음)하여 당시 첫 경험에서는 판대기로 치는 느낌이랄까, 헤드헤비 밸런스로서 전체무게는 가벼운 편이나 공에 대한 반발력이 높았다. 짐작할 수 있는 바와 같이 아마추어들에게 네트플레이를 힘 안들이고 하기 위하여 진화되었다 할 수 있다. 해머 시리즈는 스티프네스 인덱스 혹은 swing index, SI 이 표시되어 나오는데 2.7부터 7까지 다양하며 최초에 나온 스티프 2.7 짜리 SledgeHammer가 동호인 테니스계에서 가장 널리 그리고 오래도록 사랑받았다. 교수 테니스계 강자 이대 이상호 교수는 요즘도 이 라켓으로 놀랄만큼 정확한 플랫성 타구를 만들어 내고 있으며 또한 국화부라 불리우는 5060 여성 베테랑들 사이에도 애용되는 편이다. 요즘은 짝퉁 복제품도 상당수 있지만 성능 차이는 별반 모르겠다. 이 라켓으로는 편하게 언더스핀 발리를 구사하면 좋은데 톱스핀을 치려면 집중을 요하는 듯. 나의 경우 한 15년전부터 해머5.3 Hyper carbon을 사용하고 있는데 이 라켓은 무척 가볍고(260g) 헤드 헤비밸런스에 오리지널에 비하여 얇고 플렉스

하여 베이스라인 톱스핀 컨트롤이 잘 되는 편이다. 너무 오래 사용한 관계로 여러 번 교체를 시도하여 봤으나 아직 이것만한 대체품을 발견하지 못하였다. 얼마 동안은 파란색 hammer5.0을 즐겨 사용하다가 무겁고 둔탁하여 아들한테 물려 줬고, 흰색 해머6.2 stretch 라는 모델이 있는데 이것은 단신의 대만계 미국인 마이클 창이 서브를 보강하기 위하여 헤드헤비에 손잡이 길이는 보통보다 0.5인치 길게 주문 제작한 라켓. 마이클 창은 17세이던 1989년 프렌치오픈에서 피트 샘프라스를 꺾고 결승에 올라가서 당시 세계 1위 이반 렌들에게 3:2로 역전승함으로서 역대 최연소 그랜드슬램 우승자로 기록된다. 그보다 신체 조건에서 나을 게 없었던 나도 이 라켓을 한동안 사용했는데 결과적으로는 너무 무겁고 쓸데없이 길었다. 물리학과의 영원한 현역 이기영 교수는 70넘은 나이에도 이 라켓을 계속 사용하시는 걸로 안다. Wilson은 초기의 Hammer series를 개량한 Triad Hammer를 출시하기도 하였으나 큰 호응은 받지 못하였다. Triad series는 2.0부터 Triad 5 까지 나왔으며 특이하게도 목부분에 플라스틱 판이 덧대져 있는 모양을 하고 있어서 추가적인 완충 작용을 하는 듯 하다(그림 참조). 그 뒤에 가볍고 헤드헤비의 스티프한 nCode series가 출시되었고 그중에 n3 모델(250g, 113sqft)은 아직도 장년층을 대상으로 잘 팔려 나가고 있다. 더 좋은 라켓들이 있겠지만 나이가 들어가면서 나는 윌슨 해머 시리즈 중에서 선택하는 걸로 작정하였다.

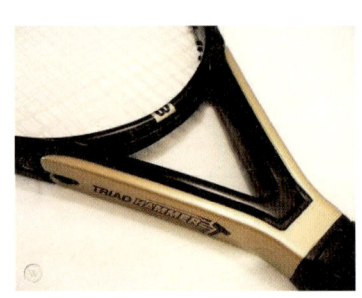
➥ 그림 16. Wilson Triad 2.0

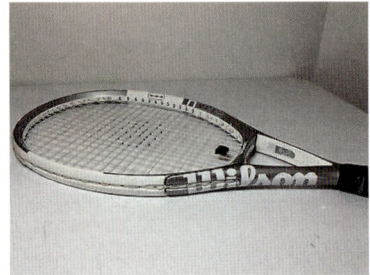
➥ 그림 17. Wilson nCode n3

윌슨 해머 시리즈는 대부분 Head-heavy balance를 갖고 있는데, 이는 eastern grip을 사용하는 전통적 스타일 (시니어) 플레이어에 적합하리라 생각된다. 근래에 라켓의 소재가 발전함에 따라 선수들이 더욱 강한 톱스핀볼이 가능하여졌고 이에 적합한 세미웨스턴그립이 대세를 이루게 되는데 head-light balance의 라켓을 사용하는 소위 windshield wiper forehand 타법은 탁구의 penholder grip처럼 톱스핀 드라이브에 효과가 있으나 손목 움직임에 부담이 가기도 할 것으로 보인다.

한편 윌슨라켓을 사용한 기념비적인 선수를 들라면 샘프라스와 페더러 아닐까. 10년 차이인 이들은 Wilson ProStaff를 사용하며 각각 6년 이상 세계1위로 군림했던 한 손 백핸드를 치는 all round player였다. 이 두 사람의 시범 경기가 2010년 잠실 올림픽코트에서 있었는데 나는 이 경기를 참관할 기회가 있었다. 아쉽게도 2:0 페더러 승으로 금방 끝났지만 샘프라스의 멋진 serve-and-volley 플레이는 단연 관중의 인기였다. 이들은 기록상 우열을 가늠하기 어려운 역대 최고의 선수들이지만 전성기 기록만 비교해 볼 때 샘프라스가 우위인 것 같다. 그의 공격형 네트플레이는 기술적 완성도가 최고라고 평가받는데 요즘의 파워톱스핀(나달)을 막아 낼수 있을지는 미지수이다.

7. 페더러와 나달의 라이벌 관계

현존하는 가장 위대한 테니스 선수로서 페더러와 나달의 라이벌 매치는 항상 볼만하다. 이들에 대한 관심은 두 사람이 많은 점에서 상반되는 선수이기 때문인데, 이를테면 나달은 왼손잡이로서 높은 rpm의 회전공을 주로 치는 정열적인 스페인 선수인데 반해 페더러는 보다 침착하고 전통적인 경기 스타일로 긴 선수 생활 동안 인기를 누리는 스위스산. 나달의 양손 백핸드는 스윙동작이 짧고 간결한 톱스핀으로 안정성이 높은 반면 페더러의 백핸드샷은 전신을 이용한 큰 아크의 팔로우 스윙을 보여준다. 사실 나는 유명 선수들의 스윙 동작 dynamics을 눈여겨 보는 편이다. 중계를 시청하면서도 공을 따라가며 인아웃에 시선을 두지 않고 어느 한 선수의 동작 흐름에 눈을 고정하여 어떻게 스트로크와 팔로스윙 follow-through 이 만들어지며 또한 리턴볼에 대응 자세를 취하는지 등을 주의깊게 관찰하는데 이것은 훌륭한 레슨이 된다. 골프 레슨 영상 중에서도 말없이 스윙 동작만 반복해서 보여주는 프로그램이 있는데 무의식중에 모방 터득하게 되는 효과가 나타난다.

➡ 그림 18. 항상 숨 막히는 접전을 벌이는 두 선수의 경기
(상대 전적은 나달이 40전 24승 16패로 우세함)

페더러-나달의 메이저 대회 맞대결 기록을 보면 나달이 10승4패로 우위에 있다. 이중 프렌치오픈에서 나달 6승0패이고 윔블던에서는 1승3패. 사용하는 라켓으로는 각각 프랑스 전통의 바볼랏과 미국의 윌슨 프로스태프이다. 빅3로 불리는 3인(페더러, 나달, 조코비치)은 각각 메이저대회 20승으로 동률 우승기록을 갖고 있었으나 페더러와 조코비치가 불참한 2022 호주 오픈에서 나달이 우승을 추가함으로써 21승으로 먼저 치고 나가는 양상이다. 두 선수는 상반되는 경기 스타일로 10년 이상 라이벌 관계를 유지하고 있다.

8. 요넥스, 바볼랏, 그리고 WAVEX

배드민턴 채로 더 유명한 요넥스는 꾸준히 팬덤을 형성하고 있는 라켓. 언젠가 친구의 요넥스 그래파이트를 휘둘러 본 경험으로는 스트로크가 너무나 편안해서 왜 다들 이런 라켓을 만들지 못하나 생각이 들 정도였다. 라켓 페이스 타원의 위쪽 부분이 약간 납작한 형태를 가져서 끝부분에 맞는 공에 대한 편안함이 있어 off-center stability 향상 효과를 기대하게 한다(연식정구 라켓의 역삼각형 형태에서 원용). 게다가 무진동으로 손에 착착 감겨서 공을 잡아서 보내는 느낌이랄까. 이 라켓이라면 힘주어 쳐도 아웃나지 않을 안도감 같은 것이 있다. (골프 클럽 중에서도 이런 느낌을 받은 적이 있는데 s-Yard 라는 일본 브랜드의 드라이버가 그것이다). 단 공이 강하다거나 스핀이 예리하지는 않은 듯 느껴졌다. 요넥스의 이런 특성이 요즘도 유지되는지는 모르지만 요넥스는 수비형, 컨트롤형, 공격형 모델을 구분하여 출시한다고 한다. 나에겐 모두 필요한 성능인데도 말이다. 프로 테니스계에서도 정현을 비롯하여 바브링카, 오사카 나오미 등이 사용하고 있고 예전에는 힝기스, 나브라틸로바 등 재능있는 선수들이 요넥스를 선택했다. 그 외 유명 브랜드로서 Babolat에 대한 특이 경험은 없다. 다만 나달이 사용하는 라켓이라니 궁금할 뿐.

➡ 그림 19. Yonex racket

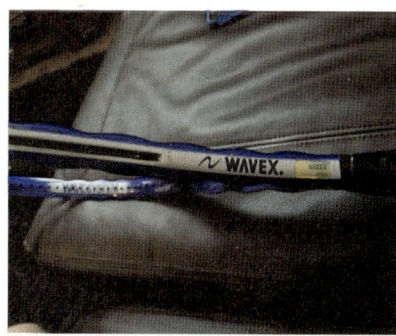

➡ 그림 20. Wavex의 웨이브형태 프레임

대한민국 원조 디자인 라켓인 WAVEX : 언제인지 정확한 기억은 없다. 다만 기발하다고 생각했다. 한 한국의 젊은이가 라켓 프레임의 단면 두께를 사인웨이브로 만들면 특정 frequency 진동이 감쇄되는 효과를 얻는다는 데이터를 들고 특허를 신청했다. 미국 특허이다 보니 큰돈을 벌 수 있을거라 생각했던 듯. 약간의 홍보를 통하여 투자자로부터 특허를 수백만 불에 넘기라는 제안을 받았는데 그는 이 특허로 세계적 센세이션을 일으킬 수 있다는 믿음으로 이 제안을 거절한 후 라켓회사를 차렸다. 제품도 나왔던 걸로 안다. 그 뒤는 모르겠다. 다만 요즘 배드민턴 라켓 중 wavex 라는 모델이 있다. 하기야 배드민턴은 유연성과 공기역학이 더 중요하리라. 앞에서 언급된 라켓 외에도 잠시잠시 경험했던 테니스 라켓 브랜드로는 대만산 ProKennex와 국산 에스콰이어 라켓이 있었는데 그리 대수롭지는 않았던 것 같다.

9. 맺는 글

돌이켜 보건대, 나의 50년 테니스 시대는 코너스와 함께 시작하여 페더러와 함께 저물어 가는 듯하다. 코너스는 10년 간 정상권 선수로 군림하였고 페더러는 20년간 우승후보로 머물렀지만 나는 50년 넘게 나만의 전성기를 구가하고 있으니 뭐니뭐니해도 내가 승자인 것 같다.

평생 테니스를 통하여 겪었던 애장품 라켓들을 하나하나 돌이키며 당시의 추억을 돌아보는 일은 또 하나의 즐거움이었다. 다양한 형태와 첨단 소재의 라켓들이 출몰하였지만 나의 변함없는 애정은 여전히 클래식으로 회귀하는 듯. 젊은 시절 함께하던 천연 소재의 hand-crafted wood racket의 탱글탱글한 감칠맛에 대한 향수가 만감하다.

재직 기간 동안 교수테니스회 멤버들과 함께 했던 소중한 추억을 오랫동안 간직하고 싶다.

> **테니스 라켓(racket)의 어원**
>
> 테니스 라켓(racket)의 단어가 어디에서 왔는지 추측이 무성하다. 테니스 사전을 집필하는 유럽의 언어학자들은 라켓의 어원이 아랍어에서 왔다고 주장한다. 라켓은 아랍어 rahah에서 온 단어로 손바닥을 의미한다. 아랍어 rahah는 중세시대 라틴어 rasceta로 변형되었고, 손바닥 놀이인 테니스의 도구를 지칭하는 단어로 사용하게 되었다. 그리고 라틴어 rasceta가 변형되어 오늘날의 라켓(racket)이 된 것이다.

자료: https://www.la-croix.com/Sport/nouveau-dictionnaire-amoureux-tennis-2019-05-28-1201025165

테니스 알쓸신잡, 열둘

유용한 테니스 상식 민 경 진(생명과학과)

● 70-68. 이게 테니스 경기 점수라고?

딱 봐도 농구 점수처럼 보이는 70-68이 2010년 윔블던 1라운드에서 나왔다. 존 이즈너(미국)와 니콜라 마위(프랑스) 두 선수가 3일에 걸쳐 11시간 5분 동안 경기를 펼쳤고 각 세트 점수가 6-4, 7-6, 6-7, 3-6, 70-68로 5세트에서 70-68의 점수가 나온 것이다. 1971년 전까지는 타이브레이크 제도가 없었고 당해부터 게임 스코어 8-8에서 타이브레이크가 도입되었고, 1979년에는 현재의 6-6 타이브레이크 제도가 도입되었다. 문제는 2010년 당시는 4대 테니스대회 중 윔블던, 프랑스, 호주오픈에서는 마지막 세트에 타이브레이크 제도가 적용되지 않았다는 점이다. 최종 승자는 타이브레이크가 아닌 진검승부로 가려야 한다는 논리이다. 하지만 2019년 호주오픈과 윔블던이 남녀 단식 마지막 세트에 타이브레이크를 적용하기 시작하며, 마라톤 매치는 점점 없어지는 추세이고, 남녀 단식 최종 세트에서 타이브레이크를 적용하지 않는 대회는 프랑스오픈만이 남았다. 프랑스오픈도 복식에서는 최종 세트 타이브레이크를 적용 중이다.

● 라파엘 나달이 시계를 차고 경기를 하는 이유는?

엔트리급이 1억원이라는 초고가 시계 회사 리차드 밀은 2010년 라파엘 나달을 홍보대사로 내세우게 된다. 세계에서 제일 예민한 선수 중 하나인 라파엘 나달이 시계를 차고 경기에 나설 정도로 편하다는 것을 전 세계에 홍보하고자 했던 것이다. 사실 2009년부터 리차드 밀은 나달의 손목에 테스트 제품을 채우기 시작했는데 한 달에 한 개씩 망가지고 말았다고 한다. 그도 그럴 것이 나달이 서브를 넣을 때 팔에 가해지는 중력가속도가 800에서 1000G에 이른다고 하니 말이다. 리차드 밀 회사는 개발에 개발을 거듭했고 결국 2010년 나달이 프랑스오픈에 차고 나온 RM027을 완성하게 된다. 시계줄을 포함한 무게가 18g으로 A4지 4장의 무게라고 하니 나달도 만족했고 그후 모든 경기에서 해당 모델을 착용하기 시작했으며, 나중에는 이 시계가 승리를 위한 행운의 부적이라는 이야기까지 나왔다는 후문이다.

24장

호크아이

정재학(전자공학과)

1. 매의 눈(Hawk-eye)의 필요성

1999년 US오픈 대회에서 마르티나 힝기스 Martina Hingis 를 물리치며 우승을 차지한 세레나 윌리엄스 Serena Williams 는 2004년 US 오픈 준준결승에서 제니퍼 카프리아티 Jennifer Capriati 를 맞아 마지막 세트에서 잘못된 라인콜 때문에 게임을 잃었는데, 이는 라인콜의 정확성과 공정성이 게임의 중요한 이슈가 되는 계기가 되었다.

라인콜 시비에 대해서 일반적인 경기에서는 녹화된 비디오를 다시 재생 replay 해서 사람이 판독하는 VAR Video Assistant Referee 같은 것을 사용한다. 그러나 공이 빠르게 움직이고 공의 크기가 작은 테니스에서 이 방법을 사용하기 위해서는 1초당 아주 많은 프레임의 사진을 찍어야하기 때문에 라인콜용으로 사용하기 어렵다.

호크아이 기술은 카메라를 이용하여 컴퓨터 연산으로 라인콜을 하는 방식이기 때문에 기술의 정확성에 대한 검증을 위해 수년에 걸쳐서 실제 시합에서 필드 테스트를 계속하였고, 2006년에 ITF International Tennis Federation 에 의해 정식 사용 승인을 받아서 현재 ATP 공식 시합에 라인콜 판정 결과로 사용되고 있다.

2. 호크아이 기술

호크아이는 영국의 롬시 Romsey 에 있는 독일 지멘스 Siemens 의 자회사인 Roke Manor Research Ltd.의 엔지니어들이 2001년에 처음 개발했다. Paul Hawkins와 Davis Sherry가 주 개발자이며 기술 개발 후 Hawk-eye Innovations Ltd.라는 회사로 분사했다. 그 후 2006년에 Wisden 그룹의

➡ 그림 1. 호크아이 회사 엠블렘

Mark Gettyrk가 회사를 인수하면서 호크아이 기술이 다양하게 활성화되어 사용되었고, 2011년 3월에 일본 소니에 인수되었다.

호크아이는 〈그림 2〉에 보인 것처럼 경기장 주변의 미리 선정된 여러 개의 카메라로부터 얻은 영상을 컴퓨터를 이용하여 고속 처리하여 라인콜을 해주는 컴퓨터 시스템을 일컫는다. 호크아이는 공의 궤적을 추적하기 위해서 6개 정도의 고성능 카메라를 설치하는데 테니스의 경우 정밀도를 높이기 위해서 10개를 설치한다. 많은 카메라가 필요한 이유는 다양한 각도에서 공을 촬영하여 공의 위치를 추정하여 여러 개의 추정값을 계산하고 이 값들에 대해 평균을 취해서 추정 오차를 줄이기 위함이다.

호크아이의 기술은 카메라에서 인식된 공의 위치와 이동 경로를 3차원 공간에서 측정하고 추정하는 기법으로 기본적으로 삼각 측량 기술을 기반으로 하고 있다. 이 기술에 대해서 좀 더 과학적으로 자세히 알아보기 위해 아래 〈그림 3〉와 같이 C_1과 C_2의 두 대 카메라가 있는 간단한 경우에 대해서 측정 절차에 대해 설명한다.

첫 번째로, 측정 전에 모든 카메라에 대해 보정을 한다. 카메라에서 기계적, 전기적으로 발생할 수 있는 렌즈의 왜곡, 화상 픽셀의 왜곡과 위치, 카메라의 위치 등을 정확하게 보정함으로써 초기 설정에 의해 발생하는 추정 오차를 최소화한다.

두 번째로, 카메라가 촬영을 시작하면 먼저 촬영된 이미지 안에서 공의 위치를 blob^{binary large objects} 검출 알고리즘을 이용하여 찾는다. 이 방법은 디지털 이미지 내에서 공과 그 주변 영역에 대한 상대적 비교를 통해 공의 크기와 모양을 검출해 내는 기법이고, 공을 검출할 때 태양의 위치와 전 프레임에서의 공의 위치와 공의 그림자에 대한 효과를 고려하여 공의 위치 추정 오차를 줄여 준다.

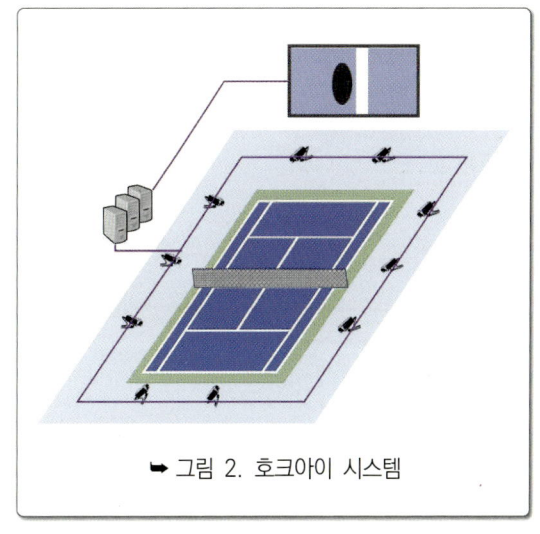

→ 그림 2. 호크아이 시스템

세 번째로, 2차원 이미지에서 공의 위치를 찾고 다중 카메라를 이용하여 공과의 거리를 3차원 영역에서 기하학적 방법을 이용하여 찾는다. 이 방법은 호크아이의 핵심 기술이기 때문에 조금 자세히 설명하기로 한다.

2개의 2차원 이미지에서 공의 위치를 찾는 방법은 등극선 기하^{epipolar geometry} 방법에 기반한다. 〈그림 3〉은 등극선 기하를 이용하여 거리를 측정하는 방법을 나타낸 것이다. 〈그림 3〉에서 M은 공의 위치, C_1과 C_2는 카메라, I_1과 I_2는 각각 카메라에서 추출된 이미지를 나타낸다고 가정하자.

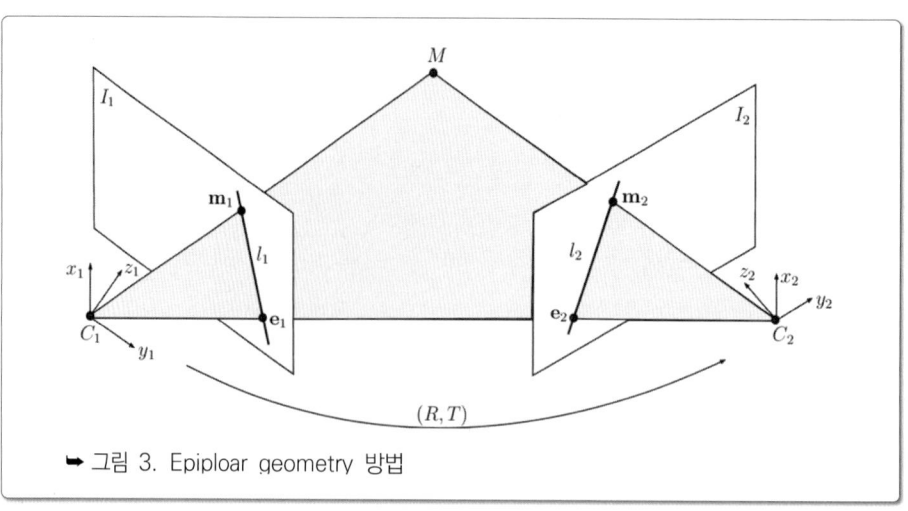

➥ 그림 3. Epiploar geometry 방법

〈그림 3〉의 이미지 I_1에서 보면 테니스공 M은 m_1 픽셀에 나타나 있고 e_2은 다른 카메라의 위치에 대한 픽셀을 나타낸다. 이 것을 I_2에 대해서도 동일하게 적용하여 m_2의 픽셀과 e_2 픽셀을 찾을 수 있다. 이렇게 얻은 두 개의 이미지를 실제 공간에 배치하면 그림에서 회색으로 된 삼각형(MC_1C_2)의 가상의 면을 얻을 수 있고 공은 그 회색면 위에 존재하게 된다.

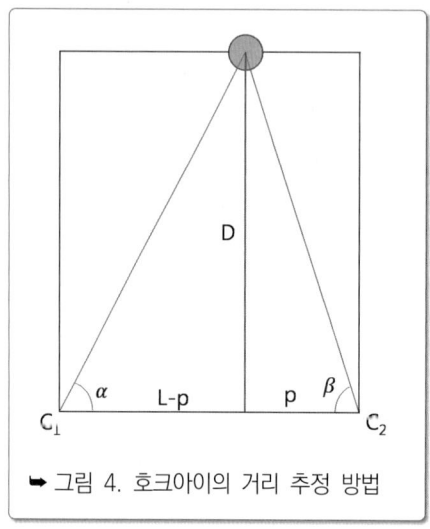

➥ 그림 4. 호크아이의 거리 추정 방법

그러므로 두 이미지의 카메라의 위치에서 공과의 각도를 각각 추정할 수 있기 때문에 〈그림 4〉에서와 같이 기하학적 형태에서 공의 위치를 추정할 수 있다.

〈그림 4〉에서 공과의 수직 거리를 D라고 하고 이 값을 추정하는 방법은 C_1과 C_2 카메라와 공사이의 추정된 각도를 각각 알파(α)와 베타(β)라고 하면, $\tan\alpha = \dfrac{D}{L-p}$ $\tan\beta = \dfrac{D}{p}$ 이므로 $L-p = \dfrac{D}{\tan\alpha}$, $p = \dfrac{D}{\tan\beta}$ 이 되고, 이 두 식을 더한 뒤에 우리가 원하는 거리 D에 대해서 다시 정리하면 $D = L / \left(\dfrac{1}{\tan\alpha} + \dfrac{1}{\tan\beta} \right)$ 을 얻을 수 있다. 여기에서 우리는 카메라 간의 거리 L은 카메라를 설치할 때 알고 있기 때문에 추정된 각도로부터 공과의 거리 D를 추정할 수 있다.

D를 구하는 연산을 설치되어 있는 모든 카메라 쌍에 대해 적용하면 다수의 D를 구할 수 있고 이 D들의 평균값을 구할 수 있다. 그러면 공의 위치를 추정하는 오차는 줄어들게 된다. 만일 카메라가 10개라고 가정하면 공의 거리를 추정할 수 있는 최대 경우의 수는 $_{10}C_2$ 로서 총 45개가 되어서 평균에 의한 추정 오차는 매우 작아지게 된다.

호크아이 측의 자료에 따르면 평균적으로 3.6mm 정도의 오차를 가지고 있다고 한다. 호크아이 회사에서 오차의 표준 편차를 공시하지 않아서 오차가 적을 때와 클 때의 값을 알 수 없지만 표준 편차가 1mm라고 가정하면 호크아이가 약 5mm 이상의 추정 오차도 가능하다고 추론해 볼 수 있다. 만일 카메라 개수가 더 늘어난다면 추정 오차는 더욱 적어지겠지만 반대로 연산량이 기하급수적으로 늘어나게 되어 컴퓨터 성능에 따라서 카메라의 대수를 결정해야 된다. 미래에 연산 장치 기술 개발이 지속적으로 진행될 것으로 기대되므로 조만간 지금보다 더 정확한 추정 성능을 가지는 호크아이가 사용될 것이다.

현재 1개의 호크아이 카메라는 1 초당 약 500 프레임을 찍는다. 매우 많은 프레임 수라고 생각되지만 빠른 공이 라인에 떨어지는 순간을 카메라가 항상 잡아낼 수 있을까라는 의문이 들 수 있다. 이를 확인하기 위해 간단한 계산을 해 보자. 예를 들어 한 선수가 T존에 220 km의 강서브를 넣었다고 가정한다면, 공은 1 초에 약 61.1 m를 이동하기 때문에 매 프레임 당 공의 이동 거리는 약 12.2 cm가 된다. 즉 매 12 cm의 이동할 때마다 공이 카메라에 잡히기 때문에 공이 코트에 닿는 순간은 대부분 카메라에 찍히지 않을 가능성이 매우 높다.

이 문제 때문에 다른 경기와 달리 테니스 경기에서는 VAR을 사용하기 어렵다. 그래서 카메라에 포착된 사진만으로는 공이 코트에 닿을 때의 상황을 알기 어렵기 때문에, 공이 이동하는 궤적 track 을 추정하여 공이 닿는 순간의 자국을 추정하고 이를 근거로 라인콜을 한다. 프레임 간의 공의 궤적을 추정하는 방법은 다항식 polynomial 보간법 같은 간단한 방법을 사용할 수 있다. 그러나 공의 궤적을 조금 더 정확히 추정하기 위해서는 칼만 필터 Kalman filter 같은 보다 정교한 방법을 적용할 필요가 있다.

그런데 공이 코트에 닿는 대부분의 순간에 대한 호크아이의 결과는 직접 카메라에 찍힌 영상에 근거한 것이 아니기 때문에, 공의 위치 판정 결과에 대해서 의구심을 가지는 경우가 종종 발생한다. 2007년도 윔블던 결승전에서 나달과 페더러가 시합할 때 공이 1 mm의 차이로 아웃이라고 판정된 경우가 있었는데, 호크아이가 가지는 3.6 mm의 오차를 고려한다면 이것이 정확한 판정인가는 논란의 여지가 충분히 있을 수 있다. 문제는 이와 같이 1 mm 차이로 인과 아웃이 결정되는 유사한 상황들이 테니스 게임을 시청하다보면 자주 나온다는 것이다.

〈그림 5〉는 공이 땅에 닿는 순간의 모습을 초당 10,000 장의 사진으로 찍은 결과이다. 〈그림 5〉로부터 공이 아웃인지 판단하기는 조금 어렵다.

➡ 그림 5. 공이 코트에 닿을 때의 고속촬영

3. 호크아이 기술 적용의 역사

호크아이가 테니스 경기에 사용되어 왔던 주요 기록을 아래에 정리하였다.
- 2003년 1월: 호크아이는 호주 오픈에서 첫 TV 방송에 선보였다.
- 2004년 9월: 제니퍼 카프리아티 Jennifer Capriati 가 US 오픈에서 심판 오심에 의해 세레나 윌리엄스 Serena Williams 를 꺾고 8강전에서 2-6, 6-4, 6-4로 승리하면서 호크아이의 중요성이 부각되었다.
- 2005년 10월: Hawk-eye는 뉴욕의 Arthur Ashe Stadium에서 국제 공인 ITF의 라인콜 테스트를 통과했고 이 결과를 바탕으로 투어 대회에서 호크아이를 라인콜 보조로 활용하게 되었다.
- 2005년 12월: 공식적으로 Royal Albert Hall의 Champions 투어에서 선보였다.
- 2006년 여름: 10개의 US Open Series 이벤트와 미국 전역의 World Team Tennis에서 공식적으로 사용되었다. 또한 그랜드 슬램 테니스 이벤트인 US Open에서 사용되어 첫 번째 공식 챌린지 시스템이 도입되었다.
- 2007년 1월: Australian Open의 Rod Laver Arena에서 공식적으로 사용되었다. 선수들에게는 세트당 2개의 챌린지가 허용되며 타이 브레이크가 되면 추가로 한 번의 챌린지 기회가 더 주어졌다.
- 2008년 6월: 보수적인 대회인 Wimbledon Championships에서 공식적으로 호크아이가 사용되었다. 선수들에게는 세트당 3 번의 챌린지가 허용되었고 타이브레이크 상황에서는 한 번 더 허용되었다.
- 2008년 9월: Hawk-eye의 자 회사인 Pulselive 기술이 US Open에 사용되었다. Pulselive는 경기 중 선수 및 토너먼트 진행 상황을 추적하고 경기의 게임별 결과를 예측할 수 있는 데이터를 제공하였다.
- 2010년~2012년: 호크아이 설비가 여러 경기장에 설치되는 기간이었다.

- 2012년 7월: 2012년 런던 올림픽에서 호크아이를 이용한 테니스 라인콜 시스템이 사용되었다.
- 2015년 3월: PowerSHARES 시리즈에서 선수들은 자신의 라인에 대해서 콜을 하고 상대방은 이의가 있을 때 호크아이 라인콜을 통해 확인하는 대회가 열렸다.
- 2017년 11월: NextGen ATP finals 대회에서 호크아이가 심판 없이 실시간으로 라인콜을 해 주는 시스템이 도입되었다.
- 2021년 8월: 2021 US Open 대회에서는 모든 선심을 호크아이가 대체하고 주심만을 심판으로 경기가 운영되는 최초의 그랜드 슬램 대회가 되었다.

4. 호크아이 정확도 적용 결과

앞서 언급한 '호크아이가 오차를 가지는데 이를 따를 것인가?'라는 의문은 항상 있었다. 그러나 기계와 사람의 특징을 생각해보면 사람도 오차가 있을 수 있기 때문에 오차를 사람보다 적게 가지고 있는 기계의 결정을 따르는 것이 보다 확률적으로 공정한 결과를 가진다고 생각할 수 있다.

테니스공은 지면에 3/1000초 정도만 접촉하기 때문에 이 짧은 순간 동안 인간의 눈으로 실제 공의 정확한 위치를 확인하는 것은 불가능하다. 사람의 눈은 시신경에 잔상이 남는 특징이 있어서 공이 빠르게 움직일 때는 정확한 공의 위치를 판단하기 어렵다. 예를 들어 일반 TV 같은 경우 1초에 24 프레임만 보여 줘도 끊김 없이 보이는 정도로 사람 눈이 정확하지 않은데 1초에 500 프레임을 찍는 카메라보다 정확하기는 어렵다. 이러한 이유로 라인맨의 판정은 개인의 경험과 직관에 근거하여 공의 인과 아웃을 결정할 수밖에 없다. 더군다나 현대 테니스에 있어 선수들의 기술은 점점 높아지고 공의 속도는 점점 더 빨라지고 있기 때문에 라인콜의 정확한 판단을 위해서는 사람보다 오차가 적다고 알려진 기계를 사용하는 것이 적절할 것이다.

경기 중에 챌린지를 부르는 경우에 경기가 잠시 중단된다. 이러한 중단이 경기 흐름에 어떤 영향을 주는지 알아보기 위해 제조사 측에서는 챌린지에 의해 경기의 끊김이 발생하는 것이 어느 정도인가에 대한 조사를 한 적이 있다. 조사 결과로 "영향이 조금 있다"라는 응답이 70%의 비율을, "영향이 전혀 없다"라는 응답이 30%의 비율을 차지하였다.

또한 미국에서 열린 대회에서 선수들이 요청한 챌린지에 의해서 라인콜이 번복된 것을 아래 표에 나타내었다. 호크아이에 의해 결정이 바뀐 경우가 적지 않음을 알 수 있다.

표 1. 챌린지에 의해 결정이 바뀐 비율

대회	챌린지 횟수	성공 횟수	성공 비율(%)
NASDAQ-100 Open	161	53	33
The United States Series	839	327	39
US Open	939	327	35
합계	1939	707	36

5. 심판을 대신할 수 있는가?

호크아이나 비디오 판독 같은 기계적인 판단을 이용하여 라인콜 판정하는 것에 대해 현재 많은 논의가 되고 있다. 호크아이 도입에 찬성을 하는 의견은 공정성이 중요한 스포츠 경기에서 '심판의 오심으로 인해 경기의 결과가 바뀌는 것은 바람직하지 않다'라는 것이고, 도입에 반대하는 의견은 심판의 권위가 추락하고 판독을 위한 시간 지연으로 인해 경기 흐름이 끊겨서 재미가 반감된다는 점 등으로 요약될 수 있다.

그런데 최근 들어 정보를 모든 사람이 공유하게 됨으로써 관람객들도 심판의 시선으로 바라보게 되면서 스포츠에서 불공정한 판단으로 인한 잘못된 결과보다는 경기 흐름이 어느 정도 끊기더라도 공정한 판단이 더욱 중요하다는 인식이 커지고 있고, 영상 처리 기술도 비약적으로 발전으로 하여 호크아이가 라인콜을 하는 시간이 라인맨을 대체할 만큼 줄어들었기 때문에 점점 더 기계적인 판단이 경기에 적극적으로 도입되고 있다.

정밀한 컴퓨터 시스템이 판정을 하는 경우가 더욱 많아질 미래에는 심판의 오심으로 인해 승부가 왜곡되는 경우는 줄어들겠지만 반대로 해커가 카메라의 결과나 컴퓨터 결과를 조작하여 승부를 뒤집는 영화 같은 장면도 미래에는 올 수 있을 것이라 조심스럽게 추정해 본다. 그리고 메타버스를 이용한 가상 세계에서 테니스 경기를 할 때 호크아이에 적용된 볼 트래킹 기술이 적용된다면 더욱 흥미진진한 경기가 될 것이다.

참고문헌

Cheng Yang, Li Guo, Study on binocular stereoscopic vision of Hawk-eye for tennis based on three-dimensional positioning, 2017.
Yan Boadong, Hawkeye technology using tennis match, 2014
Haweye tennis milestone. https://www.hawkeyeinnovations.com/sports/tennis
박성주, 심판판정과 비디오 판독 도입에 관한 윤리적 쟁점 연구, 한국체육철학회지, 2018
https://www.hawkeyeinnovations.com/sports/tennis
https://trainingwithjames.wordpress.com/?s=hawk+eye, Sayers, 2011
https://www.math.ucsd.edu/~helton/MTNSHISTORY/CONTENTS/2004LEUVEN/CDROM/papers/336.pdf

테니스 알쓸신잡, 열셋

시니어 테니스대회 소개
송 용 진(수학과)

● **1. 개요**

2020년, 2021년에는 코로나19로 인해 대회 개최가 수월하지 못해 2019년 기준으로 전국 시니어 테니스 대회는 다음과 같이 4개 단체에서 주관하여 각 지역에서 개최되고 있다.

● **2. 주관 단체 및 대회 진행**

주관 단체	대회 수	대회 진행
대한테니스협회 생활체육 (KTA : Korea Tennis Association)	20여 개	60세, 65세, 70세, 75세부 각각 금배부, 은배부로 나눔. 반면 80세, 85세는 통합으로 진행함. 대회 참가자는 소정의 참가비를 내고 각자 참가한 후 파트너를 추첨으로 선정함.
한국시니어테니스연맹 (KSTF : Korea Seniors Tennis Federation)	8개 내외	1987년에 한국베테랑테니스연맹으로 시작하여 2005년에 개칭한 가장 유서 깊은 단체임. 이 연맹에서 주관하는 대회는 다른 대회와 달리 〈페어대회〉로 운영함. 즉, 파트너를 정해서 출전하는 대회임. 따라서 금배부, 은배부의 구별이 없음. 60, 65, 70, 75, 80, 85세로 모두 6개 부가 있음.
한국이순테니스연합회 (KSTA : Korea Senior Tennis Association)	20개 내외	KTA, NSTA와 대회 요강이 동일함
전국이순테니스협회 (NSTA : Nationwide Senior Tennis Association)	9개 내외	2017년 일부 지역 테니스 동호인들이 주도하여 창설됨.

● **3. 주요 사항**

* 주관단체의 이름을 기억하기 쉽지 않아 단체 이름을 대부분 영문 약자로 부르고 있다.
* 80, 85세부는 금배, 은배 구분 없이 진행하며, 대회에 따라서는 요강에 85세부가 없는 경우도 있다.
* 대부분 각 지역 지방자치단체의 행정적 · 재정적 지원을 받아 개최되고 있다.
* 2021년 12월 1일에 열린 KSTA 주관 원주치악배 전국 시니어 테니스대회에는 약 5백여 명이 참가하였으며, 41개 면의 테니스 코트가 배정되어 성황리에 개최된 바 있다.

25장

모션 캡처와 테니스

김기창(정보통신공학과)

1. 시작하는 글

모션 캡처하면 제일 먼저 떠오르는 것은 특수 효과를 많이 사용하는 영화이다. 예를 들어 혹성탈출이나 반지의 제왕 등이다. 이들 영화에 나오는 캐릭터들은 실제 세계에서 존재하지 않는 경우가 많으므로 모션 캡처 기술을 이용해서 인간에 가까운 몸 움직임이나 소리 등을 창조한다. 예를 들어 혹성탈출에 나오는 시저나 반지의 제왕에 나오는 골룸 등은 모두 앤디 서키즈라는 배우가 그 역할을 맡았었는데 모션 캡처 기술로 그 움직임을 창조하였다.

인터넷에 혹성탈출을 검색어로 쳐보면 앤디 서키즈가 모션 캡처 장비 옷을 입고 얼굴에 모눈종이처럼 미세하게 배열된 센서를 붙인 채 시저의 (약간은 거만한) 자세를 취하고 있는 것을 종종 볼 수 있다. 이 센서들은 앤디 서키즈의 몸 움직임, 얼굴 근육의 움직임 등을 캡처하기 위한 장치들이다. 앤디 서키즈의 바디 랭귀지, 음성, 얼굴 근육 움직임 등이 고스란히 투영되었기 때문에 앤디 서키즈는 여러 영화제에서 이 영화들로 인해 주연 혹은 조연 연기상을 받았거나 후보에 올랐었다.

이 글에서는 모션 캡처 기술의 역사를 살펴보고 모션 캡처 기술이 어떤 분야에 적용되었으며 특히 테니스에는 어떤 영향을 끼치고 있는지를 살펴보고자 한다.

2. 모션 캡처 기술의 역사

모션 캡처 기술은 1919년에 막스 플라이셔가 발명한 로토스코핑 Rotoscoping 기술이 그 원조라고 할 수 있다. 로토스코핑은 사람의 움직임을 카메라로 촬영한 후 각 영상 프레임을 그림으로 다시 제작하는 기술이다. 이 그림들을 빠르게 순차적으로 보여주면 그림이 살아 움직이게 되는데 각 그림이 실제 사람의 움직임을 복사한 것이므로 매우 사실적인 애니메이션을 만들 수 있다. 현대의 모션 캡처 기술과 비교한다면 센서만 붙이지 않았을 뿐 기본 원리는 같다고 할 수 있다. 이 기술은 이상한 나라의 앨리스, 백설 공주와 일곱 난쟁이 등의 영화에 적용되었다고 한다.

다음 그림 1은 미국 특허청에 제출된 로토스코핑 과정을 설명하는 그림으로서 왼쪽에 서 있는 사람이 애니메이션 아티스트이고 오른쪽에 있는 것이 영사기이다. 영사기가 영상을 아티스트 앞에 있는 투명 화면에 쏘아주면 그 영상을 보고 그림을 그리는 작업을 하게 된다.

처음에는 영화 기술로 출발하였지만 모션 캡처 기술은 이후 영화에서뿐만이 아니고 의학, 바이오메카닉스(생체역학) 등으로 뻗어나가 여러 분야에서 독자적으로 혹은 서로 영향을 끼치면서 발전되었다. 의학 방면으로는 1970년대부터 주로 환자들 특히 거동이 불편한 환자들을 대상으로 걸음걸이를 분석하여 치료에 활용하는 기술들에 적용되었다.

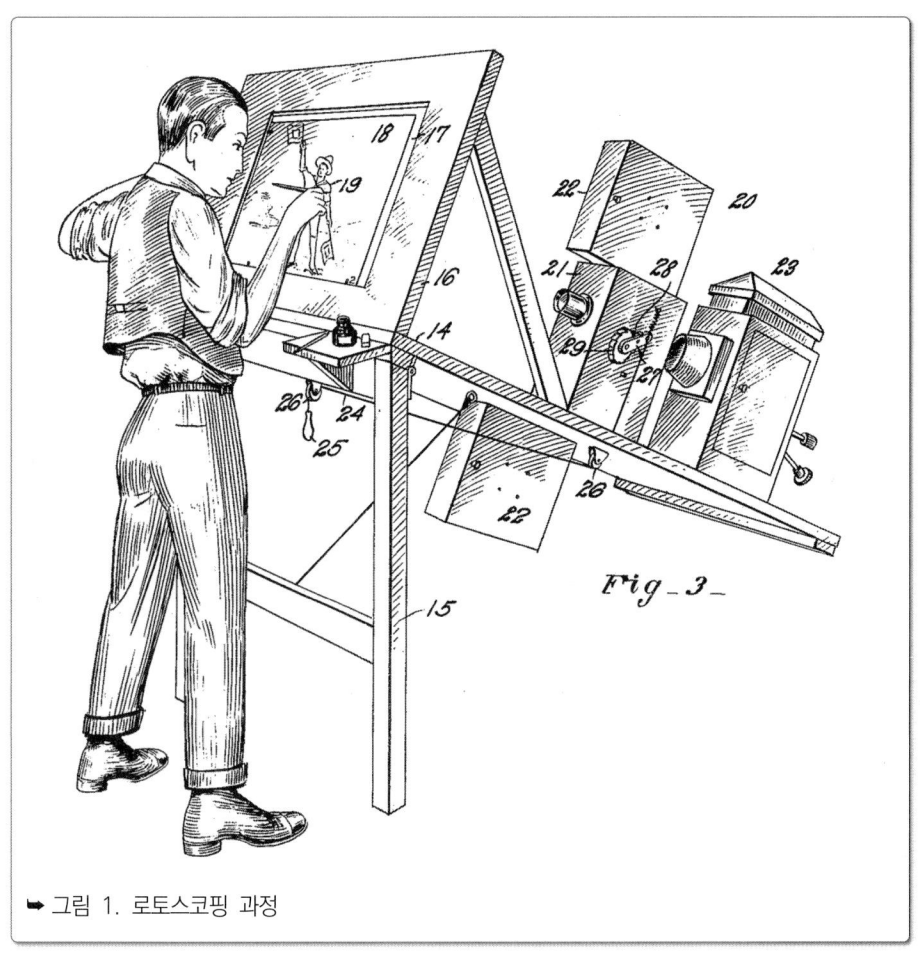

➡ 그림 1. 로토스코핑 과정

    생체역학 방면으로는 1980년대부터 MIT 등에서 바디슈트에 LED 센서를 붙이고 이 옷을 입힌 후에 모션 트래킹을 하는 기술들이 개발되었다. 아래 그림 2에서 제일 오른쪽에 있는 것이 센서가 부착된 옷을 입고 있는 사람을 보여주고 있다. 그리고 왼쪽으로 갈수록 이 사람의 동작을 센싱하여 가공하는 과정을 보여주고 있다. 처음에는 센서들의 위치만 표시되다가 볼륨을 부여하고 마지막으로 목표로 하는 애니메이션 캐릭터가 만들어진다. 이러한 과정을 통해 실험 대상의 움직임이 자연스럽게 애니메이션 캐릭터에 반영된다.

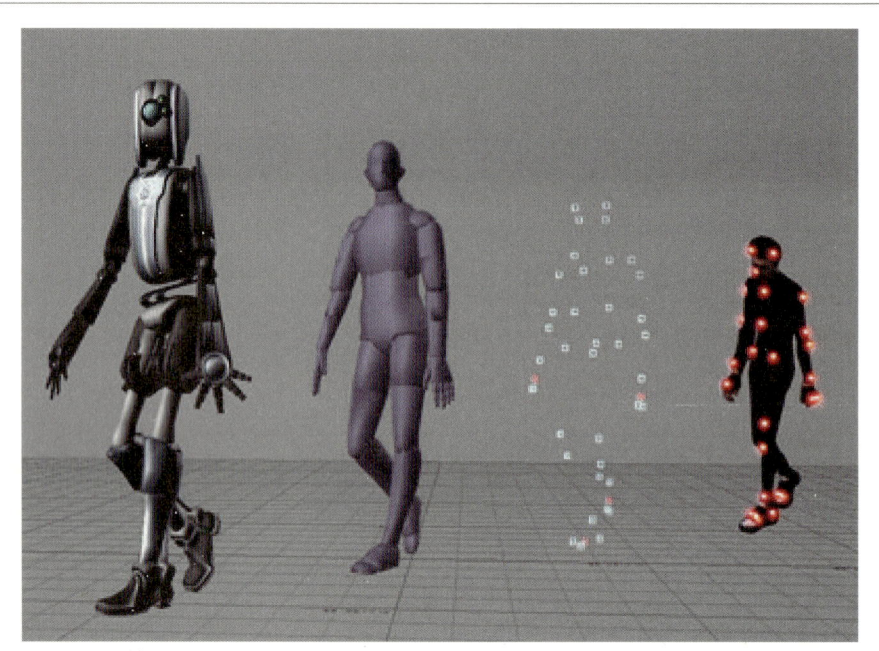

➥ 그림 2. 모션트랙킹 과정

3. 모션 캡처 기술과 테니스

이 모션 캡처 기술은 영화, 의학, 생체역학 외에도 스포츠에도 광범위하게 적용되기 시작하였다. 테니스의 경우도 모션 캡처 기술을 이용하여 테니스 선수들의 기량을 향상시키려는 노력이 진행되었다.

테니스를 좋아하는 사람들은 테니스 세계 1위 선수들을 여러 명 키워낸 전설적인 코치 닉 볼레티에리를 알고 있을 것이다. 닉 볼레티에리는 국제 테니스 명예의 전당에 이름이 등재된 코치로서 안드레 아가시, 모니카 셀레스, 짐 쿠리어, 세레나 윌리엄즈, 마리아 샤라포바 등 쟁쟁한 선수들을 어릴 때부터 훈련시켜 세계 정상에 올려놓은 명코치이다. 닉 볼레티에리는 최근 실리콘밸리의 웨어러블 스포츠 기술의 선도 회사인 튜링센스사와 협력하여 피봇이라는 제품을 마케팅하고 있다.

피봇은 위 그림 3에 나오는 것처럼 선수의 몸이나 옷에 부착되는 웨어러블 센서 패키지로서 선수의 몸동작을 캡처하여 실시간으로 데이터 분석 컴퓨터로 전송하는 모션 캡처 시스템이다. 그림에서 오렌지색 선들이 센서가 부착된 라인을 표시하고 있다.

이 시스템은 유선이나 카메라 등의 복잡한 보조 장치가 필요 없이 선수의 몸이나 옷 등에 부착만 하면 됨으로 야외에서 실제 훈련 상황에 사용될 수 있으며 실시간으로 선수의 움직임을 관찰할 수 있다. 코치들은 이 시스템을 사용해서 선수들의 여러 가지 종류의 스

➡ 그림 3. 피봇 제품을 착용한 모습

윙 동작을 분석하고 문제점들을 파악할 수 있다. 예를 들어 해당 선수의 포핸드가 일으키는 톱스핀을 분석하고 비슷한 포핸드 궤적을 보이는 다른 톱클래스 선수와 비교하여 개선점을 찾아볼 수 있다.

볼레티에리는 특히 자신의 다년간의 선수 훈련 과정에서 얻은 노하우를 피봇 시스템에 융합하여 선수 트레이닝 프로토콜을 세팅하는 작업을 하였다. 선수들은 자신의 여러 가지 스윙을 피봇 시스템에서 캡처함으로써 특정 스윙 동작들이 갖는 흔한 문제점들에 대해 지적받고 개선 방향들을 조언받으며 개선된 스윙들을 눈으로 확인하는 과정을 거칠 수 있다.

튜링센스사 외에도 많은 회사들이 모션 캡처 관련 제품을 개발하고 출시하고 있다. 무어헤드 박사는 엑스센스사와 협력해서 주니어 테니스 선수들을 대상으로 연구를 수행하고 있다. 주니어 선수들은 아직 몸이 완전히 성인이 안 된 상태이므로

특히 부상에 취약한데 무어헤드 박사는 모션 캡처 기술을 이용해서 테니스의 어떤 동작이 근육에 무리를 가져오는가에 대해 집중 연구하고 있다.

그에 의하면 테니스 서브에서는 오버헤드 스쿼트 동작과 유사한 근육이 사용된다고 한다. 오버헤드 스쿼트는 역도에서 인상 동작의 후기 동작에 해당하는 것으로서 바벨을 머리 위로 들어 올린 상태에서 스쿼트를 수행하는 것인데 이때 사용하는 어깨 근육이 테니스의 서브 동작에 사용되는 어깨 근육과 동일하다는 것을 모션 캡처 기술을 통해 발견한 것이다.

이 발견을 토대로 무어헤드 박사는 주니어 선수들이 어깨 부상으로부터 안전하면서도 파괴력을 갖는 서브를 개발할 수 있도록 도와주고 있다. 무어헤드 박사는 또한 상위권 선수들의 서브 동작을 모션 캡처 기술로 분석하여 발에서 복부, 어깨, 엘보우, 그리고 마지막으로 손에 이르는 키네틱 체인이 차례로 사용된다는 것을 발견하였고 이 순서대로 진행했을 때 가장 높은 서브 파워가 나오고 부상도 방지된다는 것을 확인하였다. 이런 발견들은 모션 캡처 기술이 운동선수들의 기량을 안전하게 높이는 데 큰 역할을 할 수 있다는 것을 확인해 주는 것들이다.

상용 모션 캡처 제품 중 대표적인 것으로는 BoB Biomechanics of Bodies를 들 수 있다. BoB의 특징은 인간 근골격계를 모델링한다는 것인데 선수들이 착용하는 특수 의상과 라켓 등에 17개의 센서를 부착해서 600개가 넘는 근육들을 모니터링한다고 한다. 이 모니터링으로 선수들의 뼈, 관절 및 근육 내에서 발생하는 힘과 토크에 대한 수치 데이타를 제공한다고 하니 놀랍기만 하다.

또한 모션 캡처 기술로 선수들의 기량만 향상시키는 것이 아니고 테니스 게임 산업에도 많은 응용이 되고 있다. 테니스의 여러 샷 중 포핸드 스트로크는 선수들뿐 아니라 취미로 운동하는 동호인들도 가장 잘 치고 싶어하는 샷 중의 하나이다. 포핸드 스트로크를 가장 아름답게 구사하는 선수는 로저 페더러로 알려져 있다.

포핸드 스트로크를 페더러처럼 구사하고 싶다면 "테니스 월드 투어"라는 게임을 해 보는 것도 한 방법이 될 수 있다. 이 게임은 세계적인 상위 랭킹에 포함된 30명의 테니스 선수들에 대해 각 선수의 시합 중 움직임을 모션 캡처 기술로 스캔하여 아바타를 만들고 이 아바타들로 테니스 시합을 하는 게임이다. 사용자들은 자신이 좋아하는 선수를 선택해서 그 선수로서 게임 상의 리그에 참석하여 시합 전략도 짜고 실제 시합도 하는 등 테니스 선수로서의 삶을 살아 보는 일종의 롤 플레잉 게임이다. 한국어 판에는 2018년 호주 오픈에서 4강까지 올라갔던 정현 선수도 아바타가 만들어져 있다고 하니 게임을 통해서 테니스를 배워 보고 싶은 사람들에게 권해 볼 만하다.

4. 맺는 글

아직 모션 캡처 장비들은 주 수요층이 전문 운동선수나 연구기관 등이라서 가격이 높게 형성되어 있다. 하지만 일반 동호인들에게도 접근 가능하도록 가격을 낮추는 기술 혁신이 계속 일어나고 있다. 간단하게 라켓 헤드나 손잡이 끝에 센서를 부착하고 블루투스로 스마트폰과 연결하여 라켓의 가속도, 회전 평면, 회전 반경 등을 분석하는 제품들은 이미 저렴한 가격에 판매되고 있다. 모션 캡처 장비의 소형화 속도와 스마트폰 앱의 발전 속도로 본다면 가까운 시일 내에 누구나 손쉽게 모션 캡처 센서를 부착하고 테니스 게임을 하면서 자신의 스윙 폼을 분석하고 업그레이드하는 날이 곧 올 것이라고 기대해본다. 그렇게 된다면 처음 배우기가 어렵기로 소문난 테니스의 난이도가 낮아져서 많은 동호인들이 생겨나고 우리나라에 테니스 붐이 일어나지 않을까 즐거운 상상을 해 본다.

참고문헌

https://en.wikipedia.org/wiki/Rotoscoping

https://en.wikipedia.org/wiki/Motion_capture

부록 인하대 테니스회 경기방식

아래의 표는 비슷한 실력의 선수들이 파트너를 바꾸면서 순위를 정하는 복식 대회(월례대회 등)에서 코트의 면수와 참가 인원에 따라 다양하게 활용될 수 있도록 제작된 경기 방식으로서 모든 참가 선수가 4경기씩 하는 것을 전제 조건으로 설계되었다. 이 표는 본문(11장)의 수학적인 방법을 이용하여 제작하였으며, 공식적인 이름은 '인하대 테니스회 경기방식'이라 칭한다.

인하대 테니스회 경기방식

〈코트가 1면인 경우〉

인원	5명	6명	7명	8명	9명
경기 1	12:34	12:34	12:34	12:34	12:34
경기 2	15:23	23:56	23:56	23:56	23:56
경기 3	24:35	14:35	35:47	35:47	35:47
경기 4	13:54	26:45	16:45	45:68	45:68
경기 5	14:25	13:46	27:46	17:46	46:79
경기 6		16:25	13:67	28:67	18:67
경기 7			17:25	13:78	29:78
경기 8				18:25	13:89
경기 9					19:25

Note: 8명 이하의 경우 같은 상대를 2번 만날 수 있음. 연속경기가 어려운 선수를 배려하기 위하여 경기순서는 바꾸어도 무방함.

〈코트가 2면인 경우〉

인원	8명	9명	10명	11명	12명	13명	14명	15명
경기 1	12:34	12:34	12:34	12:34	12:34	12:34	12:34	12:34
경기 2	56:78	56:78	56:78	56:78	56:78	56:78	56:78	56:78
경기 3	14:58	15:29	23:59	23:9B	23:9B	23:9B	23:9B	9A:BC
경기 4	23:67	37:48	1A:67	1A:67	67:AC	67:AC	67:AC	23:5D
경기 5	15:26	14:58	39:46	39:45	39:45	39:4D	39:4D	67:9E
경기 6	37:48	23:69	28:7A	28:7A	18:7A	18:7A	7A:8E	1F:AB
경기 7	16:47	24:89	49:57	49:6B	49:6B	49:5B	49:5B	3D:46
경기 8	25:38	36:57	13:8A	13:8A	2C:8A	2C:8A	1C:8A	7E:8A
경기 9		19:67	45:6A	4B:57	4B:57	4B:6D	4B:6D	2C:BF
경기 10			18:29	18:29	13:8C	13:8C	2E:8C	4D:57
경기 11				5B:6A	5B:6A	57:BD	57:BD	8E:9B
경기 12					1C:29	1C:29	13:CE	13:CF
경기 13						5D:6A	5D:6A	45:6E
경기 14							1E:29	89:AF
경기 15								1C:2D

Note: 8명과 9명의 경우 같은 상대를 2번 만날 수 있음. 16명 이상인 경우 코트가 4면인 경우를 참조할 것.

〈코트가 3면인 경우〉

인원	12명	13명	14명	15명	16명	17명	18명	19명	20명
경기 1	12:34	12:34	12:34	12:34	12:34	12:34	12:34	12:34	12:34
경기 2	56:78	56:78	56:78	56:78	56:78	56:78	56:78	56:78	56:78
경기 3	9A:BC	9A:BC	9A:BC	9A:BC	9A:BC	9A:BC	9A:BC	9A:BC	9A:BC
경기 4	1A:29	29:AD	27:AD	23:5D	23:DG	23:DG	23:DG	23:DG	DE:FG
경기 5	3C:58	13:58	13:58	67:9E	67:9E	67:EH	67:EH	67:EH	23:5H
경기 6	4B:67	4B:67	4B:6E	1F:AB	1F:AB	1F:AB	AB:FI	AB:FI	67:9I
경기 7	19:57	57:9D	5E:9D	3D:46	3D:45	3D:45	3D:45	3D:4J	AB:DJ
경기 8	3B:4C	3B:4C	4C:7B	7E:8A	7E:8A	7E:89	7E:89	7E:89	1K:EF
경기 9	2A:68	18:2A	18:2A	2C:BF	2C:BF	2C:BF	1C:BF	1C:BF	3H:46
경기 10	13:AB	3D:AB	3D:AB	4D:57	4D:6G	4D:6G	4D:6G	4D:5G	7I:8A
경기 11	26:59	26:59	26:59	8E:9B	8E:9B	8E:AH	8E:AH	8E:AH	BJ:CE
경기 12	47:8C	47:8C	4E:8C	13:CF	13:CF	13:CF	2I:CF	2I:CF	2G:FK
경기 13		1D:6C	1D:6C	45:6E	4G:57	4G:57	4G:57	4G:6J	4H:57
경기 14			37:9E	89:AF	89:AF	8H:9B	8H:9B	8H:9B	8I:9B
경기 15				1C:2D	1C:2D	1C:2D	13:CI	13:CI	CJ:DF
경기 16					5G:6E	5G:6E	5G:6E	57:GJ	13:GK
경기 17						9H:AF	9H:AF	9H:AF	46:6I
경기 18							1I:2D	1I:2D	89:AJ
경기 19								5J:6E	CD:EK
경기 20									1G:2H

〈코트가 4면인 경우〉

인원	16명	17명	18명	19명	20명	21명	22명	23명	24명
경기 1	12:34	12:34	12:34	12:34	12:34	12:34	12:34	12:34	12:34
경기 2	56:78	56:78	56:78	56:78	56:78	56:78	56:78	56:78	56:78
경기 3	9A:BC	9A:BC	9A:BC	9A:BC	9A:BC	9A:BC	9A:BC	9A:BC	9A:BC
경기 4	DE:FG	DE:FG	DE:FG	DE:FG	DE:FG	DE:FG	DE:FG	DE:FG	DE:FG
경기 5	14:67	4H:67	4H:67	4H:67	23:5H	23:HL	23:HL	23:HL	23:HL
경기 6	23:58	23:58	3I:58	3I:58	67:9I	67:9I	67:IM	67:IM	67:IM
경기 7	9C:EF	9C:EF	9C:EF	9C:FJ	AB:DJ	AB:DJ	AB:DJ	AB:JN	AB:JN
경기 8	AB:DG	AB:DG	AB:DG	AB:DG	1K:EF	1K:EF	1K:EF	1K:EF	EF:KO
경기 9	15:9D	15:9D	15:9D	15:9D	3H:46	3H:45	3H:45	3H:45	3H:45
경기 10	26:AE	26:AE	26:AE	26:AE	7I:8A	7I:8A	7I:89	7I:89	7I:89
경기 11	37:BF	37:BF	37:BI	7J:BI	BJ:CE	BJ:CE	BJ:CE	BJ:CD	BJ:CD
경기 12	48:CG	48:CH	48:CH	48:CH	2G:FK	2G:FK	2G:FK	2G:FK	1G:FK
경기 13	16:25	16:25	16:25	1J:25	4H:57	4H:6L	4H:6L	4H:6L	4H:6L
경기 14	38:47	38:47	38:47	38:47	8I:9B	8I:9B	8I:AM	8I:AM	8I:AM
경기 15	9E:AD	9E:DH	DH:EI	DH:EI	CJ:DF	CJ:DF	CJ:DF	CJ:EN	CJ:EN
경기 16	BG:CF	BG:CF	BG:CF	BG:CF	13:GK	13:GK	13:GK	13:GK	2O:GK
경기 17		1H:AG	1H:AG	1H:AG	45:6I	4L:57	4L:57	4L:57	4L:57
경기 18			2I:9F	2I:9F	89:AJ	89:AJ	8M:9B	8M:9B	8M:9B
경기 19				3J:6E	CD:EK	CD:EK	CD:EK	CN:DF	CN:DF
경기 20					1G:2H	1G:2H	1G:2H	1G:2H	13:GO
경기 21						5L:6I	5L:6I	5L:6I	5L:6I
경기 22							9M:AJ	9M:AJ	9M:AJ
경기 23								DN:EK	DN:EK
경기 24									1O:2H

〈코트가 5면인 경우〉

인원	20명	21명	22명	23명	24명	25명	26명	27명	28명
경기 1	12:34	12:34	12:34	12:34	12:34	12:34	12:34	12:34	12:34
경기 2	56:78	56:78	56:78	56:78	56:78	56:78	56:78	56:78	56:78
경기 3	9A:BC	9A:BC	9A:BC	9A:BC	9A:BC	9A:BC	9A:BC	9A:BC	9A:BC
경기 4	DE:FG	DE:FG	DE:FG	DE:FG	DE:FG	DE:FG	DE:FG	DE:FG	DE:FG
경기 5	HI:JK	HI:JK	HI:JK	HI:JK	HI:JK	HI:JK	HI:JK	HI:JK	HI:JK
경기 6	14:67	4L:67	4L:67	4L:67	27:AN	23:5L	23:LQ	23:LQ	23:LQ
경기 7	23:HK	23:HK	3M:HK	HK:MN	13:58	67:9M	67:9M	67:MR	67:MR
경기 8	58:AB	58:AB	58:AB	58:AB	4B:6O	AB:DN	AB:DN	AB:DN	AB:NS
경기 9	9C:EF	9C:EF	9C:EF	9C:EF	EF:HL	EF:HO	EF:HO	EF:HO	EF:HO
경기 10	DG:IJ	DG:IJ	DG:IJ	DG:IJ	DM:IJ	1P:IJ	1P:IJ	1P:IJ	1P:IJ
경기 11	17:28	17:28	17:28	17:2N	5O:9N	3L:46	3L:45	3L:45	3L:45
경기 12	3H:4I	3H:4I	3H:4I	3H:4I	4C:7B	7M:8A	7M:8A	7M:89	7M:89
경기 13	5B:6C	5B:6C	5B:6M	5B:6M	18:2A	BN:CE	BN:CE	BN:CE	BN:CD
경기 14	9F:AG	9F:GL	9F:GL	9F:GL	FL:GI	FO:GI	FO:GI	FO:GI	FO:GI
경기 15	DJ:EK	DJ:EK	DJ:EK	DJ:EK	EK:JM	2K:JP	2K:JP	2K:JP	2K:JP
경기 16	13:CE	13:CE	13:CE	13:CE	3N:AB	4L:57	4L:6Q	4L:6Q	4L:6Q
경기 17	2K:9B	2K:9B	2K:9B	2K:9B	26:59	8M:9B	8M:9B	8M:AR	8M:AR
경기 18	46:DF	46:DF	46:DM	4N:DM	4O:8C	CN:DF	CN:DF	CN:DF	CN:ES
경기 19	57:GI	7L:GI	7L:GI	7L:GI	GL:HJ	GO:HJ	GO:HJ	GO:HJ	GO:HJ
경기 20	8A:HJ	8A:HJ	8A:HJ	8A:HJ	DF:MK	13:PK	13:PK	13:PK	13:PK
경기 21		1L:5A	1L:5A	1L:5A	1N:6C	45:6M	4Q:57	4Q:57	4Q:57
경기 22			2M:CF	2M:CF	37:9O	89:AN	89:AN	8R:9B	8R:9B
경기 23				3N:68	GH:IM	CD:EO	CD:EO	CD:EO	CS:DF
경기 24					DK:EL	GH:IP	GH:IP	GH:IP	GH:IP
경기 25						1K:2L	1K:2L	1K:2L	1K:2L
경기 26							5Q:6M	5Q:6M	5Q:6M
경기 27								9R:AN	9R:AN
									DS:EO

Note: 21~23명인 경우 20명인 경우로부터 귀납적으로 구성. 24명인 경우 23명인 경우로부터 귀납적 구성도 가능하나 이 표에서는 코트3면에 14명인 경우와 코트 2면에 10명인 경우로부터 구성하였음.

집필진 소개

성명	집필	소속	테니스 관(觀)	테니스 구력
강청훈	13장	체육교육과	인생과 스트로크는 길고도 깊게	5년
김기창	25장	정보통신공학과	운동은 재미있어야 계속하게 되는데 테니스가 바로 그런 운동	30년
김우성	18장	스포츠과학과	인생의 전환점과 함께 삶의 재미를 선물해준 고마운 친구	40년
김유일	22장	조선해양공학과	곧 죽어도 페더러처럼	6년
노재우	9장	물리학과	항상 재미있고 줄기차게 운동하자	30년
명 성	11장	수학교육과	원리의 발견과 기술 향상 그리고 이것의 증명	20년
민경진	알쓸신잡	생명과학과	그깟 공놀이? 내겐 철학이고 삶이다	7년
박민규	17장	국제통상학과	테니스는 삶의 활력	5년
박찬민	19장 20장	스포츠과학과	패배에서 배우고 질릴 때까지 즐기자	8년
백승국	7장	문화콘텐츠 문화경영학과	삶의 기술인 테니스 미학을 실천하자	15년
송용진	16장	수학과	테니스는 한 번 더 넘기는 사람이 이긴다	50년
안명철	4장	한국어문학과	함께 하는 삶의 에너지 충전소	25년
원동준	21장	전기공학과	포핸드 스트로크로 코트를 지배한다	40년
이경주	5장	법학전문대학원	테니스는 수행이다.	25년
이기영	6장	물리학과	테니스는 즐거움을 주는 운동이다. 그러나 어떨 때는 어려운 운동이기도 하다	45년
이동주	10장	의학과	공을 쫓아가다 보면 저절로 행복	10년
이영호	1장	사학과	연구체력 다지기	30년
이종호	23장	정보통신공학과	테니스는 문명의 이기	50년
장경호	14장	사회교육과	아프지 말고 즐겁게 테니스 치자(아말즐테)	15년
장은욱	12장	스포츠과학과	정복하자, 테니스	5년
정기섭	3장	교육학과	테니스는 그래도 폼이다(폼생폼사)	15년
정승연	15장	국제통상학과	테니스는 도전과 즐거움 그 자체	20년
정재학	24장	전자공학과	나이 들어서도 부상 없이 치는 것이 이기는거다	10년
최권진	8장	국제학부 KLC학과	테니스는 나의 보약	20년
최영식	2장	화학과	테니스로 건강하고 활기찬 삶을	41년